FRIEDRICH HÖLDERLIN

Sämtliche Werke und Briefe

2

Friedrich
HÖLDERLIN

Sämtliche Werke und Briefe

Herausgegeben von Günter Mieth

HYPERION
THEORETISCHE VERSUCHE

Aufbau-Verlag

Hölderlin, Sämtl. Werke und Briefe 1–4
ISBN 3-351-02338-3

2. Auflage 1995

Fotomechanischer Nachdruck der 1. Auflage 1970
Einbandgestaltung Ute Henkel/Torsten Lemme
Druck und Binden Clausen & Bosse, Leck
Printed in Germany

HYPERION

FRAGMENT VON HYPERION

Es gibt zwei Ideale unseres Daseins: einen Zustand der höchsten Einfalt, wo unsre Bedürfnisse mit sich selbst, und mit unsern Kräften, und mit allem, womit wir in Verbindung stehen, *durch die bloße Organisation der Natur*, ohne unser Zutun, gegenseitig zusammenstimmen, und einen Zustand der höchsten Bildung, wo dasselbe stattfinden würde bei unendlich vervielfältigten und verstärkten Bedürfnissen und Kräften, *durch die Organisation, die wir uns selbst zu geben imstande sind.* Die exzentrische Bahn, die der Mensch, im allgemeinen und einzelnen, von einem Punkte (der mehr oder weniger reinen Einfalt) zum andern (der mehr oder weniger vollendeten Bildung) durchläuft, scheint sich, *nach ihren wesentlichen Richtungen*, immer gleich zu sein.

Einige von diesen sollten, nebst ihrer Zurechtweisung, in den Briefen, wovon die folgenden ein Bruchstück sind, dargestellt werden.

Der Mensch möchte gerne *in* allem und *über* allem sein, und die Sentenz in der Grabschrift des Loyola:

non coerceri maximo, contineri tamen a minimo

kann ebenso die alles begehrende, alles unterjochende gefährliche Seite des Menschen, als den höchsten und schönsten ihm erreichbaren Zustand bezeichnen. In welchem Sinne sie für jeden gelten soll, muß sein freier Wille entscheiden.

Zante

Ich will nun wieder in mein Ionien zurück: umsonst hab ich mein Vaterland verlassen, und *Wahrheit gesucht.*

Wie konnten auch Worte meiner durstenden Seele genügen?

Worte fand ich überall; Wolken, und keine Juno.

Ich hasse sie, wie den Tod, alle die armseligen Mitteldinge von Etwas und Nichts. Meine ganze Seele sträubt sich gegen das Wesenlose.

Was mir nicht *alles,* und ewig *alles* ist, ist mir *nichts.*

Mein Bellarmin! wo finden wir das Eine, das uns Ruhe gibt, Ruhe? Wo tönt sie uns einmal wieder, die Melodie unsers Herzens in den seligen Tagen der Kindheit?

Ach! einst sucht ich sie in *Verbrüderung mit Menschen.* Es war mir, als sollte die Armut unsers Wesens Reichtum werden, wenn nur ein Paar solcher Armen *ein* Herz, *ein* unzertrennbares Leben würden, als bestände der ganze Schmerz unsers Daseins nur in der Trennung von dem, was zusammengehörte.

Mit Freud und Wehmut denk ich daran, wie mein ganzes Wesen dahin trachtete, nur dahin, ein herzlich Lächeln zu erbeuten, wie ich mich hingab für einen Schatten von Liebe, wie ich mich wegwarf. Ach! wie oft glaubt ich das Unnennbare zu finden, das mein, mein werden sollte, dafür, daß ich es wagte, mich selbst an das Geliebte zu verlieren! Wie oft glaubt ich den heiligen Tausch getroffen zu haben, und forderte nun, forderte, und da stand das arme Wesen, verlegen und betroffen, oft auch hämisch – es wollte ja nur Kurzweil, nichts so Ernstes!

Ich war ein blinder Knabe, lieber Bellarmin! Perlen wollt ich kaufen von Bettlern, die ärmer waren, als ich, so arm, so begraben in ihr Elend, daß sie nicht wußten, wie arm sie waren, und sich recht wohl gefielen in den Lumpen, womit sie sich behangen hatten.

Aber die mannigfaltige Täuschung drückte mich unaussprechlich nieder.

Ich glaubte wirklich unterzugehn. Es ist ein Schmerz ohnegleichen, ein fortdaurendes Gefühl der Zernichtung, wenn das Dasein so ganz seine Bedeutung verloren hat. Eine unbegreifliche Mutlosigkeit drückte mich. Ich wagte das Auge nicht aufzuschlagen vor den Menschen. Ich fürchtete das Lachen eines Kindes. Dabei war ich oft sehr still und geduldig; hatte oft auch einen recht wunderbaren Aberglauben an die Heilkraft mancher Dinge. Oft konnte ich ingeheim von einem kleinen erkauften Besitztum, von einer Kahnfahrt, von einem Tale, das mir ein Berg verbarg, erwarten, was ich suchte.

Mit dem Mute schwanden auch sichtbar meine Kräfte.

Ich hatte Mühe, die Trümmer ehemals gedachter Gedanken zusammenzulesen; der rege Geist war veraltet; ich fühlte, wie sein himmlisch Licht, das mir kaum erst aufgegangen war, sich allmählich verdunkelte.

Freilich, wenn es einmal, wie mir deuchte, den letzten Rest meiner verlornen Existenz galt, wenn mein Stolz sich regte, dann war ich lauter Wirksamkeit, und die Allmacht eines Verzweifelten war in mir; oder wenn sie einen Tropfen Freuden eingesogen hatte, die welke dürftige Natur, dann drang ich mit Gewalt unter die Menschen, sprach, wie ein Begeisterter, und fühlte wohl manchmal auch die Träne der Seligen im Auge; oder wenn einmal wieder ein Gedanke, oder das Bild eines Helden in die Nacht meiner Seele strahlte, dann staunt ich, und freute mich, als kehrte ein Gott ein in dem verarmten Gebiete, dann war mir, als sollte sich eine Welt bilden in mir; aber je heftiger sich die schlummernden Kräfte aufgerafft hatten, desto müder sanken sie hin, und die unbefriedigte Natur kehrte zu verdoppeltem Schmerze zurück.

Wohl dem, Bellarmin! wohl dem, der sie überstanden hat, diese Feuerprobe des Herzens, der es verstehen gelernt hat, das Seufzen der Kreatur, das Gefühl des verlornen Paradieses. Je höher sich die Natur erhebt über das Tierische, desto größer die Gefahr, zu verschmachten im Lande der Vergänglichkeit!

Aber eines hab ich dir noch mitzuteilen, brüderliches Herz!

Ich fürchtete mich noch vor gewissen Erinnerungen, als wir uns fanden über den Trümmern des alten Roms. Unser Geist gleitet so leicht aus seiner Bahn; müssen wir doch oft dem Säuseln eines Blatts entgehen, um ihn nicht zu stören in seinem stillen Geschäfte!

Itzt kann ich wohl manchmal spielen mit den Geistern vergangner Stunden.

Mein alter Freund, der Frühling, hatte mich überrascht in meiner Finsternis. Sonst hätt ich ihn noch von ferne gefühlt, wenn die erstarrten Zweige sich regten, und ein lindes Wehen meine Wange berührte. Sonst hätt ich für jedes Weh Linderung von ihm gehofft. Aber das Hoffen und Ahnden war allmählich aus meiner Seele verschwunden.

Itzt war er da, in aller Glorie der Jugend.

Mir war, als sollt ich doch auch wieder fröhlich werden. Ich öffnete meine Fenster, und kleidete mich, wie zu einem Feste. Er sollte auch mich besuchen, der himmlische Fremdling.

Ich sah, wie alles hinausströmte ins Freie, aufs freundliche Meer von Smyrna, und sein Gestade. Sonderbare Erwartungen regten sich in mir. Ich ging auch hinaus.

Da zeigte sich recht die Allmacht der Natur. Fast jedes Gesicht war herzlicher; überall wurde offner gescherzt, und wo man sich sonst recht feierlich begrüßt hatte, bot man sich itzt die Hände. Alles verjüngte und begeisterte der herrliche süße Frühling.

Der Hafen wimmelte von jauchzenden Schiffen, wo Blumenkränze wehten, und Chierwein blinkte, die Myrtenlauben tönten von fröhlichen Melodien, und Tanz und Spiel durchrauschte die Ulmen und Platanen.

Ach! ich suchte mehr, als das. Das konnte nicht vom Tode retten. Unwillkürlich, verloren in meinem Gram, kam ich in den Garten des Gorgonda Notara, meines Bekannten. –

Ein Rauschen aus einem Seitengange störte mich auf. –

Ach! mir – in diesem schmerzlichen Gefühl meiner Einsamkeit, mit diesem freudeleeren blutenden Herzen – erschien mir *sie*; hold und heilig, wie eine Priesterin der Liebe stand sie da vor mir; wie aus Licht und Duft gewebt, so geistig und zart; über dem Lächeln voll Ruh und himmlischer Güte thronte mit eines Gottes Majestät ihr großes begeistertes Auge, und, wie Wölkchen ums Morgenlicht, wallten im Frühlingswinde die goldnen Locken um ihre Stirne.

Mein Bellarmin! könnt ich dir's mitteilen, ganz und lebendig, das Unaussprechliche, das damals vorging in mir! – Wo waren nun die Leiden meines Lebens, seine Nacht und Armut? die ganze dürftige Sterblichkeit?

Gewiß, er ist das höchste und seligste, was die unerschöpfliche Natur in sich faßt, ein solcher Augenblick der Befreiung! Er wiegt Äonen unsers Pflanzenlebens auf! Tot war mein irdisches Leben, die Zeit war nicht mehr, und entfesselt und auferstanden fühlte mein Geist seine Verwandtschaft und seinen Ursprung.

Jahre sind vorüber; Frühlinge kamen und gingen; manch herrlich Bild der Natur, manche Reliquie deines Italiens, aus himmlischer Phantasie hervorgegangen, erfreute mein Auge; aber das meiste verwischte die Zeit; nur *ihr* Bild ist mir geblieben, mit allem, was mit ihm verwandt ist. Noch steht sie da vor mir, wie in dem heiligen trunknen Momente, da ich sie fand; ich preß es an mein glühendes Herz, das süße Phantom; ich höre ihre Stimme, das Lispeln ihrer Harfe; wie ein friedlich Arkadien, wo Blüte und Saat in ewig stiller Luft sich wiegt, wo ohne des Mittags Schwüle die Ernte reift, und die süße Traube gedeiht, wo keine Furcht das sichere Land umzäunt, wo man von nichts weiß, als von dem ewigen Frühling der Erde, und dem wolkenlosen Himmel und seiner Sonne, und seinen freundlichen Gestirnen, so stehet es offen da vor mir, das Heiligtum ihres Herzens und Geistes.

Melite! o Melite! himmlisches Wesen!

Ich möchte wohl wissen, ob sie meiner noch zuweilen gedächte. Sie bedauert mich vielleicht. Ich werde sie wiederfinden, in irgendeiner Periode des ewigen Daseins. Gewiß! was sich verwandt ist, kann sich nicht ewig fliehen.

Ach! der Gott in uns ist immer einsam und arm. Wo findet er alle seine Verwandten? Die einst da waren, und da sein werden? Wenn kömmt das große Wiedersehen der Geister? Denn einmal waren wir doch, wie ich glaube, alle beisammen.

Gute Nacht, Bellarmin, gute Nacht!

Morgen werd ich ruhiger erzählen.

Zante

Der Abend jenes Tages meiner Tage ist mir mit allem, was ich noch gewahr ward in meiner Trunkenheit, unvergeßlich. Mir war er das schönste, was der Frühling der Erde geben kann, und der Himmel und sein Licht. Wie eine Glorie der Heiligen, umfloß *sie* das Abendrot, und die zarten goldnen Wölkchen im Äther lächelten herunter, wie himmlische Genien, die sich freuten über ihre Schwester auf Erden, wie sie unter uns einherging in aller Herrlichkeit der Geister, und doch so gut, und freundlich war gegen alles, was um sie war.

Alles drängte sich an sie. Allen schien sich ein Teil ihres Wesens mitzuteilen. Ein neuer zarter Sinn, eine süße Traulichkeit war unter alle gekommen, und sie wußten nicht, wie ihnen geschah.

Ohne zu fragen, erfuhr ich, sie komme von den Ufern des Paktols, aus einem einsamen Tale des Tmolus, wohin ihr Vater, ein sonderbarer Mann, aus Verdruß über die itzige Lage der Griechen sich schon gar lange von Smyrna weg begeben hätte, um dort seines finstern Grams zu pflegen, und ihre Mutter, ehemals die Krone von Ionien, sei eine Verwandte des Gorgonda Notara.

Notara bat uns, den Abend mit ihm unter seinen Bäumen zuzubringen, und, so, wie wir itzt gestimmt waren, dachte keines gerne an ein Auseinandergehen.

Allmählich kam immer mehr Leben und Geist unter uns. Wir sprachen viel von den herrlichen Kindern des alten Ioniens, von Sappho und Alcäus, und Anakreon, sonderlich von Homer, seinem Grabe zu Nio, von einer nahen Felsengrotte, am Ufer des Meles, wo der Herrliche manche Stunde der Begeisterung gefeiert haben soll, und manchem andern; wie neben uns die freundlichen Bäume des Gartens, wo vom Hauche des Frühlings gelöst, die Blüten auf die Erde regneten, so teilten unsre Gemüter sich mit; jedes nach seiner Art, und auch die Ärmsten gaben etwas. Melite sprach manch himmlisches Wort, kunstlos, ohne alle Absicht, in lautrer heiliger Einfalt. Oft wenn ich sie sprechen hörte, fielen mir die Bilder des Dädalus ein, von denen Pausanias sagt, ihr Anblick habe bei all ihrer Einfachheit etwas Göttliches gehabt.

Lange saß ich stumm, und verschlang die himmlische Schönheit, die, wie Strahlen des Morgenlichts, in mein Inneres drang, und die erstorbenen Keime meines Wesens ins Leben rief.

Man sprach endlich auch von so manchen Wundern griechischer Freundschaft, von den Dioskuren, von Achill und Patroklus, von der Phalanx der Sparter, von all den Liebenden und Geliebten, die auf- und untergingen über der Welt, unzertrennlich, wie die ewigen Lichter des Himmels.

Da wacht ich auf. „Wir sollten davon nicht sprechen", rief ich.

„Solche Herrlichkeit zernichtet uns Arme. Freilich waren es goldne Tage, wo man die Waffen tauschte, und sich liebte bis zum Tode, wo man unsterbliche Kinder zeugte in der Begeisterung der Liebe und Schönheit, Taten fürs Vaterland, und himmlische Gesänge, und ewige Worte der Weisheit, ach! wo der ägyptische Priester dem Solon noch vorwarf: ‚Ihr Griechen seid alle Zeit Jünglinge!' Wir sind nun Greise geworden, klüger, als alle die Herrlichen, die dahin sind; nur schade, daß so manche Kraft verschmachtet in diesem fremden Elemente!"

„Vergiß das zum wenigsten für heute, Hyperion!" rief Notara; und ich gab ihm recht.

Melites Auge ruhte so ernst und groß auf mir. Wer hätte nicht alles vergessen.

Auf dem Wege nach der Stadt kam ich an ihre Seite. Ich drückte die Arme mit Macht gegen mein schauderndes Herz. Ich zwang den verwirrenden Tumult in mir, daß ich sprechen konnte.

O mein Bellarmin! Wie ich sie verstand, und wie sie das freute! wie ein zufällig Wörtchen von ihr eine Welt von Gedanken in mir hervorrief! Sie war ein wahrer Triumph der Geister über alles Kleine und Schwache, diese stille Vereinigung unsers Denkens, und Dichtens.

An Notaras Hause schieden wir. Ich taumelte fort in rasender Freude, schalt und lachte über den Kleinmut meines Herzens in den vergangenen Tagen, und sah mit namenlosem Stolze auf meine alten Leiden zurück.

Wie ich aber nun nach Hause kam, und vor die offnen Fenster trat, und meine verwilderten, und halb verdorrten Blumen, und hinaufsah zu der verfallnen Burg von Smyrna, die vor mir lag im dämmernden Lichte, wie sonderbar überfiel mich das alles!

Ach! da war ich ehmals so oft gestanden um Mitternacht, wenn ich den Schlaf nicht finden konnte auf meinem einsamen Lager, und hatte den Trümmern aus beßrer Zeit, und ihren Geistern meinen Jammer geklagt!

Itzt war er wiedergekehrt, der Frühling meines Herzens. Itzt hatt ich, was ich suchte. Ich hatt es wiedergefunden in der himmlischen Grazie Melites. Es tagte wieder in mir. Das hohe Wesen hatte meinen Geist aus seinem Grabe gerufen.

Aber was ich war, war ich durch sie. Die Gute freute sich über dem Lichte, das in mir leuchtete, und dachte nicht, daß es nur der Widerschein des ihrigen war. Ich fühlte nur zu bald, daß ich ärmer wurde, als ein Schatten, wenn sie nicht in mir, und um mich, und für mich lebte, wenn sie nicht mein ward; daß ich zu nichts ward, wenn sie sich mir entzog. Es konnte nicht anders kommen, ich mußte mit dieser Todesangst jede Miene, und jeden Laut von ihr befragen, ihrem Auge folgen, als wollte mir mein Leben entfliehen, es mochte gen Himmel sich wenden, oder zur Erde; o Gott! es mußte ja ein Todesbote für mich sein, jedes Lächeln ihres heiligen Friedens, jedes ihrer Himmelsworte, das mir sagte, wie ihr an ihrem, ihrem Herzen genüge: Sie mußte ja über mich kommen, diese Verzweiflung, daß das Herrliche, was ich liebte, so herrlich war, daß es mein nicht bedurfte. Verzeih es mir die Heilige! oft flucht ich der Stunde, wo ich sie fand, und raste im Geiste gegen das himmlische Geschöpf, daß es mich nur darum ins Leben geweckt hätte, um mich wieder niederzudrücken mit seiner Hoheit. Kann so viel Unmenschliches in eines Menschen Seele kommen?

Pyrgo in Morea

Schlummer und Unruhe, und manche andre seltsame Erscheinung, die halb sich bildete in mir, und verschwand, ließen indes nichts, was ich dir mitteilen wollte, zur Sprache kommen. Oft hab ich schöne Tage. Dann laß ich mein Innres walten, wie es will, träumen und sinnen, lebe meist unter freiem Himmel, und die heiligen Höhn und Tale von Morea stimmen oft recht freundlich in die reineren Töne meiner Seele.

Alles muß kommen, wie es kömmt. Alles ist gut. Ich sollte das Vergangne schlummern lassen. Wir sind nicht fürs Einzelne, Beschränkte geschaffen. Nicht wahr, mein Bellarmin? Mir wuchs ja nur darum kein Arkadien auf, daß das Dürftige, das in mir denkt und lebt, sich ausbreiten sollte, und das Unendliche umfassen. –

Das möcht ich auch, o das möcht ich! Zernichten möcht ich die Vergänglichkeit, die über uns lastet, und unsrer heiligen Liebe spottet, und wie ein Lebendigbegrabner sträubt sich mein Geist gegen die Finsternis, worin er gefesselt ist.

Ich wollte erzählen. Ich will es tun. Von außen stört mich

nichts in meinen Erinnerungen. Meer und Erde schläft in der Schwüle des Mittags, und selbst die Quelle, die sonst hier unter mir rieselte, ist vertrocknet. Kein Lüftchen säuselt durch die Zweige. Ein leises Ächzen der Erde, wenn der brennende Strahl den Boden spaltet, hör ich zuweilen. Aber das stört wohl nicht. Auch gibt die Zypresse, die über mir trauert, Schatten genug.

Der Abend, da ich von ihr ging, hatte mit der Nacht gewechselt, und die Nacht mit dem Tage; aber für mich nicht. In meinem Leben war kein Schlaf und kein Erwachen mehr. Es war nur *ein* Traum von ihr, ein seliger schmerzlicher Traum; ein Ringen zwischen Angst und Hoffnung. Endlich ging ich hin zu ihr.

Ich erschrak, wie sie nun vor mir stand, so ganz anders, als in mir es aussah, so ruhig und selig, in der Allgenügsamkeit einer Himmlischen. Ich war verwirrt und sprachlos. Mein Geist war mir entflohen.

Ich glaube nicht, daß sie es ganz bemerkte, wie sie überhaupt bei all ihrer himmlischen Güte nicht sehr genau darauf zu achten schien, was um sie vorging.

Sie hatte Mühe, mich dahin zurückzubringen, wo wir den Abend zuvor geendet hatten. Endlich regte sich doch hie und da ein Gedanke in mir, und schloß sich fröhlich an die ihrigen an.

Sie wußte nicht, wie unendlich viel sie sagte, und wie ihr Bild zum Überschwenglichen sich verherrlichte, wenn das Hohe ihrer Gedanken an ihrer Stirne sich offenbarte, und der königliche Geist sich vereinigte mit der Huld des arglosen alliebenden Herzens. Es war, als träte die Sonne hervor im freundlichen Äther, oder als stiege ein Gott hernieder zu einem unschuldigen Volke, wenn das Selbständige, das Heilige neben ihrer Grazie sichtbar ward.

Solang ich bei ihr war, und ihr begeisterndes Wesen mich emporhub über alle Armut der Menschen, vergaß ich oft auch die Sorgen und Wünsche meines dürftigen Herzens. Aber wenn ich weg war, dann verbarg ich's mir umsonst, dann klagt' es laut auf in mir, sie liebt dich nicht! Ich zürnte und kämpfte. Aber mein Gram ließ nicht ab von mir. Meine Unruhe stieg von Tage zu Tage. Je höher und mächtiger ihr Wesen über mir leuchtete, desto düstrer und verwilderter ward meine Seele.

Sie schien mir endlich auszuweichen. Auch ich beschloß, sie nimmer zu sehen, und hatt es auch wirklich unter namenloser Peinigung meinem Herzen abgetrotzt, daß ich einige Tage wegblieb.

Um diese Zeit begegnete mir, da ich eben von der Einöde des Korax zurückkehrte, wohin ich vor Tagesanbruch hinausgegangen war, Notara mit seinem Weibe. Er sagte mir, daß sie zu einem benachbarten Verwandten geladen wären, und auf den Abend wieder da zu sein gedenken. Melite, setzte er hinzu, sei zu Hause geblieben; die fromme Tochter müsse Briefe schreiben an Vater und Mutter.

Alle meine niedergedrückten Wünsche erwachten wieder. Einen Augenblick darauf ermannt ich mich zwar, und sagte dem Sturm in mir, daß ich heute gerade sie schlechterdings nicht sehen wolle, ging aber doch an ihrem Hause vorüber, gedankenlos und zitternd, als hätt ich einen Mord im Sinne. Darauf zwang ich mich nach Hause, schloß die Türe ab, warf die Kleider von mir, schlug mir, nachdem meine Wahl ziemlich lange gezögert hatte, den Ajax Mastigophoros auf, und sah hinein. Aber nicht eine Silbe nahm mein Geist in sich auf. Wo ich hinsah, war ihr Bild. Jeder Fußtritt störte mich auf. Unwillkürlich, ohne Sinn sagt ich abgerissene Reden vor mich hin, die ich aus ihrem Munde gehört hatte. Oft streckt ich die Arme nach ihr aus, oft floh ich, wenn sie mir erschien.

Endlich ergrimmt ich über meinen Wahnsinn, und sann mit Ernst darauf, es von Grund aus zu vertilgen, dieses tötende Sehnen. Aber mein Geist versagte mir den Dienst. Dafür schien es, als drängen sich falsche Dämonen mir auf, und böten mir Zaubertränke dar, mich vollends zu verderben mit ihren höllischen Arzneien.

Ermattet von dem wütenden Kampfe sank ich endlich nieder. Mein Auge schloß sich, meine Brust schlug sanfter, und, wie der Bogen des Friedens nach dem Sturme, ging ihr ganzes himmlisches Wesen wieder auf in mir.

Der heilige Frieden ihres Herzens, den sie mir oft auf Augenblicke mitgeteilt hatte durch Red und Miene, daß mir's ward, als wandelte ich wieder im verlassenen Paradiese der Kindheit, ihre fromme Scheue, nichts zu entweihen durch übermütigen Scherz oder Ernst, wenn es nur ferne verwandt war mit Schönem und Gutem, ihre anspruchlose Gefälligkeit, ihr Geist mit seinen königlichen Idealen, woran ihre stille Liebe so einzig hing, daß sie nichts suchte und nichts fürchtete in der Welt – alle die lieben, seelenvollen Abende, die ich zugebracht hatte mit ihr, ihre Stimme und ihr Saitenspiel, jeder Reiz ihrer Bewegung, die, wo sie stand und ging, nur sie – ihre Güte und ihre Größe bezeichnete; ach! das alles und mehr ward so lebendig in mir.

Und diesem himmlischen Geschöpfe zürnt ich? Und warum zürnt ich ihr? Weil sie nicht verarmt war, wie ich, weil sie den Himmel noch im Herzen trug, und nicht sich selbst verloren hatte, wie ich, nicht eines andern Wesens, nicht fremden Reichtums bedurfte, um die verödete Stelle auszufüllen, weil sie nicht unterzugehen fürchten konnte, wie ich, und sich mit dieser Todesangst an ein anderes zu hängen, wie ich; ach! gerade, was das göttlichste an ihr war, diese Ruhe, diese himmlische Genügsamkeit hatt ich gelästert mit meinem Unmut, mit unedlem Groll sie um ihr Paradies beneidet. Durfte sie sich befassen mit solch einem zerrütteten Geschöpfe? Mußte sie mich nicht fliehen? Gewiß! ihr Genius hatte sie gewarnt vor mir.

Das alles ging mir, wie ein Schwert, durch die Seele.

Ich wollte anders werden. Oh! ich wollte werden, wie sie. Ich hörte schon aus ihrem Munde das Himmelswort der Vergebung, und fühlte mit tausend Wonnen, wie es mich umschuf.

So eilt ich zu ihr. Aber mit jedem Schritte ward ich unruhiger. Melite erblaßte, wie ich hereintrat. Dies brachte mich vollends aus der Fassung. Doch war mir das gänzliche Verstummen von beiden Seiten, so kurz es dauerte, zu schmerzhaft, als daß ich es nicht mit aller Macht zu brechen versucht hätte.

„Ich mußte kommen", sagt ich. „Ich war es dir schuldig, Melite!" Das Gemäßigte meines Tons schien sie zu beruhigen, doch fragte sie etwas verwundert, warum ich dann kommen *müßte*?

„Ich habe so viel dir abzubitten, Melite!" rief ich.

„Du hast mich ja nicht beleidigt."

„O Melite! wie straft mich diese himmlische Güte! Mein Unmut ist dir sicher aufgefallen." –

„Aber beleidigt hat er mich nicht, du wolltest ja das nicht, Hyperion! Warum sollt ich's dir nicht sagen? Getrauert hab ich über dich. Ich hätte dir so gerne Frieden gegönnt. Ich wollte dich oft auch bitten, ruhiger zu sein. Du bist so ganz ein andrer, in deinen guten Stunden. Ich gestehe dir, ich fürchte für dich, wenn ich dich so düster und heftig sehe. Nicht wahr, guter Hyperion! du legst das ab?"

Ich konnte kein Wort vorbringen. Du fühlst es wohl auch, Bruder meiner Seele! wie mir sein mußte. Ach! so himmlisch der Zauber war, womit sie dies sprach, so unaussprechlich war mein Schmerz.

„Ich habe manchmal gedacht", fuhr sie fort, „woher es wohl kommen möchte, daß du so sonderbar bist. Es ist so ein schmerzlich Rätsel, daß ein Geist, wie der deinige, von solchen Leiden gedrückt werden soll. Es war gewiß eine Zeit, wo er frei war von dieser Unruhe. Ist sie dir nicht mehr gegenwärtig? Könnt ich sie dir zurückbringen, diese stille Feier, diese heilige Ruhe im Innern, wo auch der leiseste Laut vernehmbar ist, der aus der Tiefe des Geistes kömmt, und die leiseste Berührung von außen, vom Himmel her, und aus den Zweigen, und Blumen – ich kann es nicht aussprechen, wie mir oft ward, wenn ich so dastand vor der göttlichen Natur, und alles Irdische in mir verstummte – da ist er uns so nahe, der Unsichtbare!"

Sie schwieg, und schien betroffen, als hätte sie Geheimnisse verraten.

„Hyperion!" begann sie wieder, „du hast Gewalt über dich; ich weiß es. Sage deinem Herzen, daß man vergebens den Frieden außer sich suche, wenn man ihn nicht sich selbst gibt. Ich habe diese Worte immer so hoch geachtet. Es sind Worte meines Vaters, eine Frucht seiner Leiden, wie er sagt. Gib ihn dir, diesen Frieden, und sei fröhlich! Du wirst es tun. Es ist meine erste Bitte. Du wirst sie mir nicht versagen."

„Was du willst, wie du willst, Engel des Himmels!" rief ich, indem ich, ohne zu wissen, wie mir geschah, ihre Hand ergriff, und sie mit Macht gegen mein jammerndes Herz hinzog.

Sie war, wie aus einem Traume geschreckt, und wand sich los, mit möglichster Schonung, aber die Majestät in ihrem Auge drückte mich zu Boden.

„Du mußt anders werden", rief sie etwas heftiger, als gewöhnlich. Ich war in Verzweiflung. Ich fühlte, wie klein ich war, und rang vergebens empor. Ach! daß es dahin kommen konnte mit mir! Wie die gemeinen Seelen, sucht ich darin Trost für mein Nichts, daß ich das Große verkleinerte, daß ich das Himmlische – Bellarmin! es ist ein Schmerz ohnegleichen, so einen schändlichen Fleck an sich zu zeigen. Sie will deiner los sein, dacht ich, das ist's all! – „Nun ja, ich will anders werden!" Das stieß ich Elender unter erzwungenem Lächeln heraus, und eilte, um fortzukommen.

Wie von bösen Geistern getrieben, lief ich hinaus in den Wald, und irrte herum, bis ich hinsank ins dürre Gras.

Wie eine lange entsetzliche Wüste lag die Vergangenheit da vor mir, und mit höllischem Grimme vertilgt ich jeden Rest von dem, was einst mein Herz gelabt hatte und erhoben.

Dann fuhr ich wieder auf mit wütendem Hohngelächter

über mich und alles, lauschte mit Lust dem gräßlichen Widerhall, und das Geheul der Tschakale, das durch die Nacht her von allen Seiten gegen mich drang, tat meiner zerrütteten Seele wirklich wohl.

Eine dumpfe, fürchterliche Stille folgte diesen zernichtenden Stunden, eine eigentliche Totenstille! Ich suchte nun keine Rettung mehr. Ich achtete nichts. Ich war, wie ein Tier unter der Hand des Schlächters.

„Auch sie! auch sie!" Das war der erste Laut, der nach langer Zeit mir über die Lippen kam, und Tränen traten mir ins Auge.

„Sie kann ja nicht anders; sie kann sich ja nicht geben, was sie nicht haben kann, deine Armut und deine Liebe!" Das sagt ich mir endlich auch. Ich ward nach und nach ruhig, und fromm, wie ein Kind. Ich wollte nun gewiß nichts mehr suchen, wollte mir forthelfen von einem Tage zum andern, so gut ich konnte, ich war mir selbst nichts mehr, forderte auch nicht, daß ich andern etwas sein sollte, und es gab Augenblicke, wo es mir möglich schien, die Einzige zu sehn, und nichts zu wünschen.

So hatt ich einige Zeit gelebt, als eines Tages Notara zu mir kam mit einem jungen Tinioten, sich über meine sonderbare Eingezogenheit beschwerte, und mich bat, mich den andern Tag abends bei Homers Grotte einzufinden, er habe etwas Eignes vor, dem Tinioten zulieb, der so recht mit ganzer Seele am alten Griechenlande hänge, und itzt auf dem Wege sei, die äolische Küste, und das alte Troas zu besuchen, es wäre mir heilsam, setzte er hinzu, wenn ich seinen Freund dahin geleitete, er erinnere sich ohnedies, daß ich einmal den Wunsch geäußert hätte, diesen Teil von Kleinasien zu sehn. Der Tiniote bat auch, und ich nahm es an, so wie ich alles angenommen hätte, beinahe mit willenloser Lenksamkeit.

Der andre Tag verging unter Anstalten zur Abreise, und abends holte Adamas, so hieß der Tiniote, mich ab, zur Grotte hinaus.

„Es ist kein Wunder“ (begann ich, um andern Erscheinungen in mir nicht Raum zu geben, nachdem wir eine Weile am Meles auf und nieder unter den Myrten und Platanen gegangen waren), „daß die Städte sich zankten um die Abkunft Homers. Der Gedanke ist so erheiternd, daß der holde Knabe da im Sande gespielt habe, und die ersten Eindrücke empfangen, aus denen so ein schöner gewaltiger Geist sich mählich entwickelte.“

„Du hast recht“, erwiderte er, „und ihr Smyrner müßt euch den erfreulichen Glauben nicht nehmen lassen. Mir ist es heilig, dieses Wasser und dies Gestade! Wer weiß, wie viel das Land hier, nebst Meer und Himmel, teilhat an der Unsterblichkeit des Mäoniden! Das unbefangne Auge des Kindes sammelt sich Ahndungen und Regungen aus der Beschauung der Welt, die manches beschämen, was später unser Geist auf mühsamem Wege erringt.“

In diesem Tone fuhr er fort, bis Notara mit Melite und einigen andern herankam.

Ich war gefaßt. Ich konnte mich ihr nähern, ohne merkliche Änderung im Innern. Es war gut, daß ich unmittelbar zuvor nicht mir selbst überlassen war.

Sie litt auch. Man sah es. Aber o Gott! wie unendlich größer!

In die Regionen des Guten und Wahren hatte sich ihr Herz geflüchtet. Ein stiller Schmerz, wie ich ihn nie bemerkt hatte an ihr, hielt die frohen Bewegungen ihres Angesichts gefangen; aber ihren Geist nicht. In unwandelbarer Ruhe leuchtete dieser aus dem himmlischen Auge, und ihre Wehmut schloß sich an ihn, wie an einen göttlichen Tröster.

Adamas fuhr fort, wo er unterbrochen worden war; Melite nahm teil; ich sprach auch zuweilen ein Wörtchen.

So kamen wir an die Grotte Homers.

Stille traurende Akkorde empfingen uns vom Felsen herab, unter den wir traten; die Saitenspiele ergossen sich über mein Innres, wie über die tote Erde ein warmer Regen im Frühlinge. Innen, im magischen Dämmerlichte der Grotte, das durch die verschiedenen Öffnungen des Felsen, durch Blätter und Zweige hereinbricht, stand eine Marmorbüste des göttlichen Sängers, und lächelte gegen die frommen Enkel.

Wir saßen um sie herum, wie die Unmündigen um ihren Vater, und lasen uns einzelne Rhapsodien der Ilias, wie sie jedes nach seinem Sinne sich auswählte; denn alle waren wir vertraut mit ihr.

Eine Nänie, die mein Innerstes erschütterte, sangen wir drauf dem Schatten des lieben blinden Mannes, und seinen Zeiten. Alle waren tiefbewegt. Melite sah fast unverwandt auf seinen Marmor, und ihr Auge glänzte von Tränen der Wehmut und der Begeisterung.

Alles war nun stille. Wir sprachen kein Wort, wir berührten uns nicht, wir sahen uns nicht an, so gewiß von ihrem Einklang schienen alle Gemüter in diesem Augenblicke, so über Sprache und Äußerung schien das zu gehen, was jetzt in ihnen lebte.

Es war Gefühl der Vergangenheit, die Totenfeier von allem, was einst da war.

Errötend beugte sich endlich Melite gegen Notara hin, und flüsterte ihm etwas zu.

Notara lächelte, voll Freude über das süße Geschöpf, nahm die Schere, die sie ihm bot, und schnitt sich eine Locke ab.

Ich verstand, was das sollte, und tat stillschweigend dasselbe.

„Wem sonst, als dir?“ rief der Tiniote, indem er seine Locke gegen den Marmor hielt.

Auch die andern gaben, ergriffen von unsrem Ernste, ihr Totenopfer.

Melite sammelte das andere zu dem ihrigen, band es zusammen, und legte es an der Büste nieder, indes wir andern wieder die Nänie sangen.

Das alles diente nur, um mein Wesen aus der Ruhe zu locken, in die es gesunken war. Mein Auge verweilte wieder auf ihr, und meine Liebe und mein Schmerz ergriffen mich gewaltiger, als je.

Ich strengte mich umsonst an, auszuhalten. Ich mußte weggehn. Meine Trauer war wirklich grenzenlos. Ich ging hinab an den Meles, warf mich nieder aufs Gestade und weinte laut. Oft sprach ich mir leise ihren Namen vor, und mein Schmerz schien davon besänftigt zu werden. Aber er war es nur, um desto unaufhaltsamer zurückzukehren. Ach! für mich war keine Ruhe zu finden, auf keiner Stelle der Welt! Ihr nahe zu sein, und ferne von ihr, die ich so namenlos liebte, und so namenlos, so unaussprechlich schändlich gequält hatte, das war gleich! Beides war Hölle für mich geworden! ich konnte nicht lassen von ihr, und konnte nicht um sie bleiben!

Mitten in diesem Tumulte hört ich etwas durch die Myrten rauschen. Ich raffte mich auf – und o Himmel! es war Melite!

Sie mußte wohl erschrecken, so ein zerstörtes Geschöpf vor sich zu sehen. Ich stürzte hin zu ihr in meiner Verzweiflung und rang die Hände und flehte nur um ein, ein Wort ihrer Güte. Sie erblaßte und konnte kaum sprechen. Mit himmlischen Tränen bat sie mich endlich, den edlern stärkern Teil meines Wesens kennenzulernen, wie sie ihn kenne, auf das Selbständige, Unbezwingliche, Göttliche, das wie in allen, auch in mir sei, mein Auge zu richten – was nicht aus dieser Quelle entspringe, führe zum Tode – was von ihr komme, und in sie zurückgehe, sei ewig – was Mangel und Not vereinige, höre auf, *eines* zu sein, sowie die Not aufhöre; was sich vereinige in dem und für das, was allein groß, allein heilig, allein unerschütterlich seie, dessen Vereinigung müsse ewig bestehen, wie das Ewige, wodurch und wofür sie bestehe und so –. Hier mußte sie enden. Die andern kamen ihr nach. Ich hätte in diesem Augenblicke tausend Leben daran gewagt, sie auszuhören! Ich habe sie nie ausgehört. Über den Sternen hör ich vielleicht das übrige.

Nahe bei der Grotte, zu der wir wieder zurückkehrten,

fing sie noch von meiner Reise an, und bat mich, die Ufer des Skamanders, und den Ida und das ganze alte Trojer-Land von ihr zu grüßen. Ich beschwur sie, kein Wort mehr zu sprechen von dieser verhaßten Reise, und wollte geradezu den Adamas bitten, mich loszusprechen von meinem gegebnen Worte. Aber mit all ihrer Grazie flehte Melite, das nicht zu tun; sie sei so gewiß, nichts seie vermögend, Frieden und Freude zwischen ihr und mir zu stiften, wie diese Reise, ihr wäre, als hänge Leben und Tod daran, daß wir uns auf eine kleine Weile trennten, sie gestände mir, es sei ihr selbst nicht so deutlich, warum sie mich so sehr bitten müßte, aber sie müßte, und wenn es ihr das Leben kostete, sie müßte.

Ich sah sie staunend an, und schwieg. Mir war, als hätt ich die Priesterin zu Dodona gehört. Ich war entschlossen zu gehn, und wenn es mir das Leben kostete. Es war schon dunkel geworden, und die Sterne gingen herauf am Himmel.

Die Grotte war erleuchtet. Wolken von Weihrauch stiegen aus dem Innern des Felsen, und mit majestätischem Jubel brach die Musik nach kurzen Dissonanzen hervor.

Wir sangen heilige Gesänge von dem, was besteht, was fortlebt unter tausend veränderten Gestalten, was war und ist und sein wird, von der Unzertrennlichkeit der Geister, und wie sie *eines* sei'n von Anbeginn und immerdar, so sehr auch Nacht und Wolke sie scheide, und aller Augen gingen über vom Gefühle dieser Verwandtschaft und Unsterblichkeit.

Ich war ganz ein andrer geworden. „Laßt vergehen, was vergeht", rief ich unter die Begeisterten, „es vergeht, um wiederzukehren, es altert, um sich zu verjüngen, es trennt sich, um sich inniger zu vereinigen, es stirbt, um lebendiger zu leben."

„So müssen", fuhr nach einer kleinen Weile der Tiniote fort, „die Ahndungen der Kindheit dahin, um als Wahrheit wieder aufzustehen im Geiste des Mannes. So verblühen die schönen jugendlichen Myrten der Vorwelt, die Dichtungen

Homers und seiner Zeiten, die Prophezeiungen und Offenbarungen, aber der Keim, der in ihnen lag, gehet als reife Frucht hervor im Herbste. Die Einfalt und Unschuld der ersten Zeit erstirbt, daß sie wiederkehre in der vollendeten Bildung, und der heilige Friede des Paradieses gehet unter, daß, was nur Gabe der Natur war, wiederaufblühe, als errungnes Eigentum der Menschheit."

„Herrlich! herrlich!" rief Notara.

„Doch wird das Vollkommne erst im fernen Lande kommen", sagte Melite, „im Lande des Wiedersehens, und der ewigen Jugend. Hier bleibt es doch nur Dämmerung. Aber anderswo wird er gewiß uns aufgehen, der heilige Morgen; ich denke mit Lust daran; da werden auch wir uns alle wiederfinden, bei der großen Vereinigung alles Getrennten."

Melite war ungewöhnlich bewegt. Wir sprachen sehr wenig auf unserem Rückwege. An Notaras Hause bot sie mir noch die Hand; „lebe wohl, guter Hyperion!" das waren ihre letzten Worte, und so entschwand sie.

Lebe wohl, Melite, lebe wohl! Ich darf deiner nicht oft gedenken. Ich muß mich hüten vor den Schmerzen und Freuden der Erinnerung. Ich bin, wie eine kranke Pflanze, die die Sonne nicht ertragen kann. Leb auch du wohl, mein Bellarmin! Bist du indes dem Heiligtum der Wahrheit näher gekommen? Könnt ich ruhig suchen, wie du! –

Ach! bin ich nur dort einmal angekommen, dann soll es anders werden mit mir. Tief unter uns rauscht dann der Strom der Vergänglichkeit mit den Trümmern, die er wälzt, und wir seufzen nicht mehr, als wenn das Jammern derer, die er hinunterschlingt, in die stillen Höhen des Wahren und Ewigen heraufdringt.

Kastri am Parnaß

Vom Gegenwärtigen ein andermal! Auch von meiner Reise mit Adamas vielleicht ein andermal! Unvergeßlich ist mir besonders die Nacht vor unserem Abschiede, wo wir an den Ufern des alten Ilion unter Grabhügeln, die vielleicht dem Achill und Patroklus, und Antilochus, und Ajax Telamon errichtet wurden, vom vergangnen und künftigen Griechenlande sprachen, und manchem andern, das aus den Tiefen und in die Tiefen unsers Wesens kam und ging.

Der herzliche Abschied Melites, Adamas Geist, die heroischen Phantasien und Gedanken, die, wie Sterne aus der Nacht, uns aufgingen aus den Gräbern und Trümmern der alten Welt, die geheime Kraft der Natur, die überall sich an uns äußert, wo das Licht und die Erde, und der Himmel und das Meer uns umgibt, all das hatte mich gestärkt, daß jetzt etwas mehr sich in mir regte, als nur mein dürftiges Herz; Melite wird sich freuen über dich! sagt ich mir oft ingeheim mit inniger Lust, und tausend güldne Hoffnungen schlossen sich an, an diesen Gedanken. Dann konnte mich wieder eine sonderbare Angst überfallen, ob ich sie wohl auch noch treffen werde, aber ich hielt es für ein Überbleibsel meines finstern Lebens und schlug es mir aus dem Sinne.

Ich hatte am Sigäischen Vorgebirge ein Schiff getroffen, das geradezu nach Smyrna segelte, und es war mir ganz lieb, den Rückweg auf dem Meere an Tenedos und Lesbos hin zu machen.

Ruhig schifften wir dem Hafen von Smyrna zu. Im süßen Frieden der Nacht wandelten über uns die Helden des Sternenhimmels. Kaum kräuselten sich die Meereswellen im Mondenlichte. In meiner Seele war's nicht ganz so stille. Doch fiel ich gegen Morgen in einen leichten Schlaf. Mich weckte das Frohlocken der Schwalben und der erwachende Lärm im Schiffe. Mit allen seinen Hoffnungen jauchzte mein Herz dem freundlichen Gestade meiner Heimat zu, und dem Morgenlichte, das über dem Gipfel des dämmernden Pagus, und seiner alternden Burg, und über den Spitzen der Moskeen und dunkeln Zypressenhaine hereinbrach, und ich lächelte treuherzig gegen die Häuserchen am Ufer, die mit ihren glühenden Fenstern wie Zauberschlösser hervorleuchteten hinter den Oliven und Palmen.

Freudig säuselte mir der Inbat in den Locken. Freudig

hüpften die kleinen Wellen vor dem Schiffe voran ans Ufer.

Ich sah, und fühlte das, und lächelte.

Es ist schön, daß der Kranke nichts ahndet, wenn der Tod ihm schon ans Herz gedrungen ist.

Ich eilte vom Hafen zu Notaras Hause. Melite war fort. Sie sei schnell abgeholt worden auf Befehl ihres Vaters, sagte mir Notara, wohin wisse man nicht. Ihr Vater habe die Gegend des Tmolus verlassen, und er habe weder seinen jetzigen Aufenthalt, noch die Ursache seiner Entfernung erfahren können. Melite hab es wahrscheinlich selbst nicht gewußt. Sie habe übrigens am Tage des Abschieds überhaupt beinahe nichts mehr gesprochen. Sie hab ihm aufgetragen, mich noch zu grüßen.

Mir war, als würde mir mein Todesurteil gesprochen. Aber ich war ganz stille dazu. Ich ging nach Hause, berichtigte notwendige Kleinigkeiten, und war sonst im Äußern ganz, wie die andern. Ich vermied alles, was mich an das Vergangne erinnern konnte; ich hielt mich ferne von Notaras Garten, und dem Ufer des Meles. Alles, was irgend mein Gemüt bewegen konnte, floh ich, und das Gleichgültige war mir noch gleichgültiger geworden. *Abgezogenheit von allem Lebendigen*, das war es, was ich suchte. Über den ehrwürdigen Produkten des altgriechischen Tiefsinns brütet ich Tage und Nächte. Ich flüchtete mich in ihre Abgezogenheit von allem Lebendigen. Allmählich war mir das, was man vor Augen hat, so fremde geworden, daß ich es oft beinahe mit Staunen ansah. Oft, wenn ich Menschenstimmen hörte, war mir's, als mahnten sie mich, aus einem Lande zu flüchten, worein ich nicht gehörte, und ich kam mir vor, wie ein Geist, der sich über die Mitternachtsstunde verweilt hat, und den Hahnenschrei hört.

Während dieser ganzen Zeit war ich nie hinausgekommen. Aber mein Herz schlug noch zu jugendlich: sie war noch nicht in mir gestorben, die Mutter alles Lebens, die unbegreifliche Liebe.

Ein rätselhaft Verlangen zog mich fort. Ich ging hinaus.

Es war ein stiller Herbsttag. Wunderbar erfreute mich die sanfte Luft, wie sie die welken Blätter schonte, daß sie noch eine Weile am mütterlichen Stamme blieben.

Ein Kreis von Platanen, wo man über das felsige Gestade weg ins Meer hinaussah, war mir immer heilig gewesen.

Dort saß ich und ging umher.

Es war schon Abend geworden, und kein Laut regte sich ringsumher.

Da ward ich, was ich jetzt bin. Aus dem Innern des Hains schien es mich zu mahnen, aus den Tiefen der Erde und des Meers mir zuzurufen, warum liebst du nicht m i c h?

Von nun an konnt ich nichts mehr denken, was ich zuvor dachte, die Welt war mir heiliger geworden, aber geheimnisvoller. Neue Gedanken, die mein Innerstes erschütterten, flammten mir durch die Seele. Es war mir unmöglich, sie festzuhalten, ruhig fortzusinnen.

Ich verließ mein Vaterland, um jenseits des Meeres Wahrheit zu finden.

Wie schlug mein Herz von großen jugendlichen Hoffnungen!

Ich fand nichts, als dich. Ich sage das dir, mein Bellarmin! Du fandest ja auch nichts, als mich.

Wir sind nichts; was wir suchen, ist alles.

Auf dem *Kithäron*

Noch ahnd ich, ohne zu finden.

Ich frage die Sterne, und sie verstummen, ich frage den Tag, und die Nacht; aber sie antworten nicht. Aus mir selbst, wenn ich mich frage, tönen mystische Sprüche, Träume ohne Deutung.

Meinem Herzen ist oft wohl in dieser Dämmerung. Ich weiß nicht, wie mir geschieht, wenn ich sie ansehe, diese unergründliche Natur; aber es sind heilige selige Tränen, die ich weine vor der verschleierten Geliebten. Mein ganzes

Wesen verstummt und lauscht, wenn der leise geheimnisvolle Hauch des Abends mich anweht. Verloren ins weite Blau, blick ich oft hinauf an den Äther, und hinein ins heilige Meer, und mir wird, als schlösse sich die Pforte des Unsichtbaren mir auf und ich verginge mit allem, was um mich ist, bis ein Rauschen im Gesträuche mich aufweckt aus dem seligen Tode, und mich wider Willen zurückruft auf die Stelle, wovon ich ausging.

Meinem Herzen ist wohl in dieser Dämmerung. Ist sie unser Element, diese Dämmerung? Warum kann ich nicht ruhen darinnen?

Da sah ich neulich einen Knaben am Wege liegen. Sorgsam hatte die Mutter, die ihn bewachte, eine Decke über ihn gebreitet, daß er sanft schlummre im Schatten, und ihm die Sonne nicht blende. Aber der Knabe wollte nicht bleiben, und riß die Decke weg, und ich sah, wie er's versuchte, das freundliche Licht anzusehn, und immer wieder versuchte, bis ihm das Auge schmerzte und er weinend sein Gesicht zur Erde kehrte.

Armer Knabe! dacht ich, andern ergeht's nicht besser, und hatte mir beinahe vorgenommen, abzulassen von dieser verwegnen Neugier. Aber ich kann nicht! ich soll nicht!

Es muß heraus, das große Geheimnis, das mir das Leben gibt oder den Tod.

[DIE METRISCHE FASSUNG]

[Entwurf]

Unschuldigerweise hatte mich die Schule des Schicksals und der Weisen ungerecht und tyrannisch gegen die Natur gemacht. Der gänzliche Unglaube, den ich gegen alles hegte, was ich aus ihren Händen empfing, ließ keine Liebe in mir gedeihen. Der reine freie Geist, glaubt ich, könne sich nie mit den Sinnen und ihrer Welt versöhnen und es gebe keine Freuden, als die des Siegs; zürnend fodert ich oft von dem Schicksal die ursprüngliche Freiheit unseres Wesens zurück, ich freute mich oft des Kampfs, den die Vernunft mit dem Unvernünftigen kämpft, weil es mir ingeheim mehr darum zu tun war, im Sieg das Gefühl der Überlegenheit zu erringen, als den gesetzlosen Kräften, die des Menschen Brust bewegen, die schöne Einigkeit mitzuteilen. Ich achtete der Hülfe nicht, womit die Natur dem großen Geschäfte der Bildung entgegenkömmt, denn ich wollte allein arbeiten, ich nahm die Bereitwilligkeit, womit sie der Vernunft die Hände bietet, nicht an, denn ich wollte sie beherrschen. Unangenehmes achtet ich wenig. Gefahr war mir oft fast willkommen. Ich beurteilte die andern strenge, wie mich selbst.

Für die stillen Melodien des menschlichen Lebens, für das Häusliche, und Kindliche hatt ich den Sinn beinahe ganz verloren.

Unbegreiflich war's mir, wie mir ehmals Homer hatte gefallen können. Ich reiste; und wünschte oft, ewig zu reisen.

Eben auf dieser Reise war es, daß ich in W., wo ich mich länger als sonstwo aufhielt, auf einen Fremden aufmerksam gemacht wurde, der seit einiger Zeit ein benachbartes Landhaus bewohnte, und die Gemüter der dortigen Menschen desto mehr beschäftigte, je ruhiger diese das seinige zu lassen schienen. Im Grunde beschäftigte er auch die meisten nur, weil er fremd war. Nur wenige schienen ihn zu verstehn, und zu ahnden.

Ich ging hinaus, ihn zu besuchen. Ich traf ihn in seinem Pappelwalde. Er saß an einer Statue, und ein holder Knabe stand vor ihm. Lächelnd streichelt' er diesem die Locken aus der Stirne und schien mit tiefem Schmerz das friedliche Geschöpf zu betrachten, das frei und zutraulich an dem majestätischen Manne hinaufsah.

Jetzt sah er sich um, und trat mir entgegen.

Ich widerstrebte dem ungewohnten Zauber, der mich umfing, mit Gewalt, um die Freiheit meines Geistes zu behalten.

Seine Ruhe und Freundlichkeit half mir auch mehr, als ich selbst konnte, zur Besonnenheit.

Er fragte mich, wie ich die Menschen auf meiner Reise gefunden hätte?

„Mehr tierisch, als göttlich", antwortet ich ihm.

„Das kömmt daher", sagte er, „daß so wenige menschlich sind."

Ich ahndete tiefen Sinn in seiner Rede, und war um so begieriger, ihn darüber zu hören, weil das, was ich ahndete, mit meiner bisherigen Art zu leben und zu denken, meinem Gefühle nach, in ziemlichem Kontraste stand. Ich bat ihn, mir das Gesagte zu entwicklen, und er fuhr fort:

„Wir sollen unsern Adel nicht verleugnen, wir sollen das Vorbild alles Daseins in uns rein und heilig behalten. Der Maßstab, woran wir die Natur messen, soll grenzenlos sein, und unbezwinglich der Trieb, das Formlose zu bilden, nach jenem Urbilde, das wir in uns tragen, und die widerstrebende Materie dem heiligen Gesetze der Einheit zu unterwerfen. Aber desto bitterer ist freilich der Schmerz im Kampfe mit ihr, desto größer die Gefahr, daß wir im Unmut die Götterwaffen von uns werfen, dem Schicksal und unsern Sinnen uns gefangen geben, die Vernunft verleugnen, und zu Tieren werden – oder auch daß wir, erbittert über den Widerstand der Natur, gegen sie kämpfen, nicht um in ihr und so zwischen ihr und dem Göttlichen in uns Frieden und Einigkeit zu stiften, sondern um sie zu vernichten, daß wir gewaltsam jedes Bedürfnis zerstören, jede Empfänglichkeit verleugnen, und so das schöne Vereinigungsband, das uns mit andern Geistern zusammenhält, zerreißen, die Welt um uns zu einer Wüste machen, und die Vergangenheit zum Vorbild einer hoffnungslosen Zukunft."

Er hielt einen Augenblick inne; ich glaubte, zu bemerken, daß an den letzten Worten sein Gemüt mehr Anteil genommen hatte, als zuvor. „Wir können's nicht verleugnen", fuhr er erheitert fort, „es ist etwas in uns, was selbst im Kampfe mit der Natur Hülfe von ihr erwartet und hofft. Und sollten wir nicht? Begegnet nicht in allem, was da ist, unserem Geiste ein freundlicher Geist? Birgt sich nicht, indes er die Waffen gegen uns kehrt, ein guter Meister hinter dem Schilde? Nenn ihn, wie du willst! Er ist derselbe.

Oft treten Erscheinungen vor unsre Sinne, wo es uns ist, als wäre das Göttlichste in uns sichtbar geworden, Symbole des Heiligen und Unvergänglichen in uns. Oft offenbart sich im Kleinsten das Größte. Das Urbild aller Einigkeit, das wir im Geiste bewahren, es scheint uns wider in den friedlichen Bewegungen unsres Herzens, es stellt sich im Angesichte dieses Kindes dar.

Und hörten wir nie die Melodie des Schicksals rauschen? – Seine Dissonanzen bedeuten dasselbe.

Denke nicht, ich spreche zu jugendlich, lieber Fremdling!

Ich weiß, daß nur Bedürfnis uns dringt, der Natur eine Verwandtschaft mit dem Unsterblichen in uns zu geben und in der Materie einen Geist zu glauben, aber ich weiß, daß dieses Bedürfnis uns dazu berechtigt, ich weiß, daß wir da, wo die schönen Formen der Natur uns die gegenwärtige Gottheit verkündigen, wir selbst die Welt mit *unserer* Seele beseelen, aber was ist dann, das nicht durch uns so wäre, wie es ist?

Laß mich menschlich sprechen. Als unser ursprünglich unendliches Wesen zum ersten Male leidend ward und die freie volle Kraft die ersten Schranken empfand, als die Armut mit dem Überflusse sich paarte, da ward die Liebe. Fragst du, wann das war? Plato sagt: Am Tage, da Aphrodite geboren ward. Also da, als die schöne Welt für uns anfing, da wir zum Bewußtsein kamen, da wurden wir endlich.

Nun fühlen wir tief die Beschränkung unseres Wesens, und die gehemmte Kraft sträubt sich ungeduldig gegen ihre Fesseln, und doch ist etwas in uns, das diese Fesseln gerne behält – denn würde das Göttliche in uns von keinem Widerstande beschränkt, so wüßten wir von nichts außer uns, und so auch von uns selbst nichts, und von sich nichts zu wissen, sich nicht zu fühlen, und vernichtet sein, ist für uns eines.

Wir können den Trieb, uns zu befreien, zu veredlen, fortzuschreiten ins Unendliche, nicht verleugnen. Das wäre tierisch, wir können aber auch den Trieb, bestimmt zu werden, zu empfangen, nicht verleugnen, das wäre nicht menschlich. Wir müßten untergehn im Kampfe dieser widerstreitenden Triebe. Aber die Liebe vereiniget sie. Sie strebt unendlich nach dem Höchsten und Besten, denn ihr Vater ist der Überfluß, sie verleugnet aber auch ihre Mutter, die Dürftigkeit, nicht; sie hofft auf Beistand. So zu lieben ist menschlich. Jenes höchste Bedürfnis unseres Wesens, das uns dringt, der Natur eine Verwandtschaft mit dem Unsterblichen in uns beizulegen, und in der Materie einen Geist zu glauben, es ist diese Liebe.“

[DIE METRISCHE FASSUNG]

[Ausführung]

Gestählt vom Schicksal und den Weisen war
Durch meine Schuld mein jugendlicher Sinn
Tyrannisch gegen die Natur geworden.
Unglaubig nahm ich auf, was ich wie sonst
Aus ihrer mütterlichen Hand empfing,
So konnte keine Lieb in mir gedeihen.
Ich freute mich des harten Kampfs, in dem
Das Licht die alte Finsternis bekämpft,
Doch kämpft ich mehr, damit ich das Gefühl
Der Überlegenheit erbeutete,
Als um die Einigkeit und hohe Stille
Den Kräften mitzuteilen, die gesetzlos
Der Menschen Herz bewegen, achtet auch
Der Hülfe nicht, womit uns die Natur
Entgegenkömmt, in jeglichem Geschäfte
Des Bildens, nahm die Willigkeit nicht an,
Womit der Stoff dem Geiste sich erbietet,
Ich wollte zähmen, herrschen wollt ich, richtete
Mit Argwohn und mit Strenge mich, und andre.
Auch hört ich nicht die zarten Melodien
Der Häuslichkeit, des reinen Kindersinns.
Einst hatte wohl der fromme Mäonide
Mein junges Herz gewonnen, auch von ihm
Und seinen Göttern war ich abgefallen. –
Ich wanderte durch fremdes Land, und wünscht
Im Herzen oft, ohn Ende fort zu wandern.

Da hört ich einst von einem weisen Manne,
Der nur seit kurzem erst ein nahes Landhaus
Bewohn, und unbekannt, doch aller Herzen,
Der kleinen, wie der größern, mächtig sei,
Der meisten freilich, weil er fremd' und schön
Und stille wäre, doch auch einiger,
Die seinen Geist verständen, ahndeten.
Ich ging hinaus, den seltnen Mann zu sprechen.
Ich traf ihn bald in seinem Pappelwalde.
Er saß an einer Statue; vor ihm
Ein Knabe; lächelnd streichelt' er die Locken
Mit sanfter Hand dem Knaben aus der Stirne,
Und blickte stumm mit Schmerz und Wohlgefallen
Das holde Wesen an, das frei und freundlich
Dem königlichen Mann ins Auge sah.
Ich stand von fern und ruht auf meinem Stabe.
Doch da er um sich wandt, und sich erhub
Und mir entgegentrat, da widerstand ich
Dem neuen Zauber, der mich itzt umfing,
Mit Mühe kaum, daß ich den Geist mir frei
Erhielt, doch stärkte mich des Mannes Ruh
Und Freundlichkeit auch wieder wunderbar.

Und wie ich wohl auf meinen Wanderungen
Die Menschen fände, fragt er traulich mich
Nach einer Weile. „Tierisch mehr als göttlich",
Versetzt ich hart und strenge, wie ich war.
„Sie wären's nicht", erwidert' er mit Ernst,
Und Liebe, „wenn ihr Sinn nur menschlich wäre."
Ich bat ihn, was er dächte, zu enthüllen.

„Das volle Maß", begann er nun, „woran
Des Menschen edler Geist die Dinge mißt,
Ist grenzenlos, und soll es sein und bleiben.
Das Ideal von allem, was erscheint,
Wir sollen rein und heilig es bewahren.

Der Trieb in uns, das Ungebildete
Zu bilden nach dem Göttlichen in uns,
Die mächtig widerstrebende Natur
Dem Geist, der in uns herrscht, zu unterwerfen,
Soll nie auf halbem Wege sich begnügen.
Doch um so bitterer ist auch der Schmerz
Im Kampfe, desto größer die Gefahr,
Daß oft der blut'ge Streiter unmutsvoll
Die Götterwaffen ferne von sich wirft,
Der ehernen Notwendigkeit sich schmieget,
Sich selbst verleugnet, und zum Tiere wird –
Oft, daß er auch, vom Widerstand erbittert,
Nicht, wie er sollte, die Natur bekämpft,
Um Frieden ihr und Einigkeit zu geben,
Nur um die Widerspenstige zu drücken.
So töten wir das menschlichste Bedürfnis,
Verleugnen die Empfänglichkeit in uns,
Die uns vereinigte mit andern Geistern.
So wird die Welt um uns zu einer Wüste
Und das Vergangene zum bösen Zeichen
Der hoffnungslosen Folgezeit entstaltet.

Wir können's nicht verleugnen", fuhr er nun
Erheitert fort, „wir rechnen selbst im Kampfe
Mit der Natur auf ihre Willigkeit.
Und irren wir? begegnet nicht in allem,
Was da ist, unsrem Geist ein freundlicher
Verwandter Geist? Und birgt sich lächelnd nicht,
Indes er gegen uns die Waffen kehrt,
Ein guter Meister hinter seinem Schilde? –
Benenn ihn, wie du willst! Er ist derselbe.
Verborgnen Sinn enthält das Schöne! – deute
Sein Lächeln dir! – denn so erscheint vor uns
Das Heilige, das Unvergängliche.
Im Kleinsten offenbart das Größte sich.
Das hohe Urbild aller Einigkeit,

Es scheint uns wider in den friedlichen
Bewegungen des Herzens, stellt sich hier
Im Angesichte dieses Kindes dar. –
Und rauschten nahe dir die Melodien
Des Schicksals nie? verstandst du sie? dasselbe
Bedeuten seine Dissonanzen auch.

Du denkest wohl, ich spreche jugendlich.
Ich weiß, es ist Bedürfnis, was uns dringt,
Der ewig wechselnden Natur Verwandtschaft
Mit dem Unsterblichen in uns zu geben,
Doch dies Bedürfnis gibt das Recht uns auch.
Auch ist mir nicht verborgen, daß wir da,
Wo uns die schönen Formen der Natur
Die Gegenwart des Göttlichen verkünden,
Mit unsrem Geiste nur die Welt beseelen.
Doch, lieber Fremdling, sage mir, was ist,
Das nicht durch uns so wäre, wie es ist?"

Er schwieg und sah mich forschend an; ich sagt ihm,
Wohl mancher hätt am Ende des, was er
Mir da gesagt, ein kleines Ärgernis
Genommen, doch ich hätte, wenn ich anders
Nicht irrte, sein Geheimnis durchgeschaut.
„So kann ich ja wohl mehr noch wagen", rief
Er traut und heiter, „doch erinnre mich
Zu rechter Zeit! – Als unser Geist", begann
Er lächelnd nun, „sich aus dem freien Fluge
Der Himmlischen verlor, und erdwärts sich,
Vom Äther neigt', und mit dem Überflusse
Sich so die Armut gattete, da ward
Die Liebe. Das geschah, am Tage, da
Den Fluten Aphrodite sich entwand.
Am Tage, da die schöne Welt für uns
Begann, begann für uns die Dürftigkeit
Des Lebens und wir tauschten das Bewußtsein

Für unsre Reinigkeit und Freiheit ein. –
Der leidensfreie reine Geist befaßt
Sich mit dem Stoffe nicht, ist aber auch
Sich keines Dings und seiner nicht bewußt,
Für ihn ist keine Welt, denn außer ihm
Ist nichts. – Doch, was ich sag, ist nur Gedanke. –
Nun fühlen wir die Schranken unsers Wesens
Und die gehemmte Kraft sträubt ungeduldig
Sich gegen ihre Fesseln, und es sehnt der Geist
Zum ungetrübten Äther sich zurück.
Doch ist in uns auch wieder etwas, das
Die Fesseln gern behält, denn würd in uns
Das Göttliche von keinem Widerstande
Beschränkt – wir fühlten uns und andre nicht.
Sich aber nicht zu fühlen, ist der Tod,
Von nichts zu wissen und vernichtet sein
Ist eins für uns. – Wie sollten wir den Trieb,
Unendlich fortzuschreiten, uns zu läutern,
Uns zu veredlen, zu befrein, verleugnen?
Das wäre tierisch. Doch wir sollten auch
Des Triebs, beschränkt zu werden, zu empfangen,
Nicht stolz uns überheben. Denn es wäre
Nicht menschlich, und wir töteten uns selbst.
Den Widerstreit der Triebe, deren keiner
Entbehrlich ist, vereiniget die Liebe.

Wenn deine Pflicht ein feurig Herz begleitet,
Verschmähe nicht den rüstigen Gefährten.
Und wenn dem Göttlichen in dir ein Zeichen
Der gute Sinn erschafft, und goldne Wolken
Den Äther des Gedankenreichs umziehn,
Bestürme nicht die freudigen Gestalten!
Denn du bedarfst der Stärkung der Natur.

Dem Höchsten und dem Besten ringt unendlich
Die Liebe nach, und wandelt kühn und frei

Durch Flammen und durch Fluten ihre Bahn,
Sie wartet aber auch in fröhlichem
Vertraun der Hülfe, die von außen kömmt,
Und überhebt sich ihrer Armut nicht.
Doch irret mannigfaltig auch die Liebe.

So reich sie ist, so dürftig fühlt sie sich,
Je mächtiger in ihr das Göttliche
Sich regt – sie dünket nur sich um so schwächer.
Wie kann sie so den Reichtum, den sie tief
Im Innersten bewahrt, in sich erkennen?
Sie trägt der Armut schmerzliches Gefühl,
Und füllt den Himmel an mit ihrem Reichtum.
Mit ihrer eignen Herrlichkeit veredelt
Sie die Vergangenheit, wie ein Gestirn
Durchwandelt sie der Zukunft weite Nacht
Mit ihrem reinen Licht, und sie vergißt,
Daß nur von ihr die Dämmerung entspringt,
Die heilig ihr und hold entgegenkömmt.
In ihr ist nichts, und außer ihr ist alles.
Sie hat den Adel ihres Vaters nun
Verloren, und der freie Sinn ist hin.
. . .

. . .
Das beste Wort verwirrt den Menschen oft,
Wenn er den treuen Tadel nicht versteht,
Er soll sich reinigen von einer Schlacke,
Er möcht es wohl, und weiß nicht, wie und wo,
Und fällt sein Gutes an im Mißverstande.
Besiegt er es, so fühlt er wohl, er tue
Nicht recht daran, und siegt die Meinung nicht,
Behält ihr Recht die bessere Natur,

So straft er sich doch auch und zwiefach quält,
Im Kampfe mit sich selbst, der Arme sich.

Von lieben Phantasien sollte sich
Zu rechter Zeit des Knaben Sinn enthalten.
In seiner Folgsamkeit verwundete
Der Törige die Wurzel seines Wesens,
Den jungen Trieb, zu wirken und zu siegen,
Und grämte sich, in seiner schmerzlichen
Erniedrigung, und wähnte doch sie nötig.

So ging ich einst vorüber an der Kirche.
Das Tor war offen, und ich trat hinein.
Ich sahe keinen Menschen und es war
So stille, daß mein Fußtritt widerhallte.
Von dem Altare, wo ich weilte, sah
Panagia mit Wehmut und mit Liebe
Zu mir herab. Ich beugte stumm vor ihr
Das Knie, und weint und blickte lächelnd wieder
Hinauf zu ihr, und konnte lange nicht
Das Auge von ihr wenden, bis ein Wagen,
Der rasselnd nah vorüberfuhr, mich schröckte.
Itzt trat ich leise wieder an die Türe
Und sahe durch den Spalt, und wartete
Des Augenblicks, wo leer die Straße war,
Da schlüpft ich schnell hinaus, und flog davon
Und schloß mich sorgsam ein in meine Kammer.

Oft sah und hört ich freilich nur zur Hälfte,
Und sollt ich rechtwärts gehn, so ging ich links,
Und sollt ich eilig einen Becher bringen,
So bracht ich einen Korb, und hatt ich auch
Das Richtige gehört, so waren, ehe noch
Getan war, was ich sollte, meine Völker
Vor mich getreten, mich zum Rat, und Feinde,
Zu wiederholter Schlacht mich aufzufordern,

Und über dieser größern Sorg entfiel mir dann
Die kleinre, die mir anbefohlen war.
Oft sollt ich stracks in meine Schule wandern,
Doch ehe sich der Träumer es versah,
So hatt er in den Garten sich verirrt,
Und saß behäglich unter den Oliven,
Und baute Flotten, schifft' ins hohe Meer.

Dies kostete mich tausend kleine Leiden.
Verzeihlich war es immer, wenn mich oft
Die Klügeren mit herzlichem Gelächter
Aus meiner seligen Ekstase schröckten,
Doch unaussprechlich wehe tat es mir.
Mir schien, als wäre nun mein Heldentum
Zum Spotte vor der argen Welt geworden,
Und was mit Recht dem Träumer galt, das nahm
Der Fürst der Heere für Entwürdigung.
Und lange drauf, als schon der Knabe sich
Für mündig hielt, ertappt ich mich einmal
Auf einer kindischen Erinnerung,
Als einst ich las, wie der Pelide tief
Gekränkt an seiner Ehre, weinend sich
Ans Meeresufer setzt', und seiner Mutter
Der Herrliche den bittern Kummer klagte
..."

HYPERIONS JUGEND

ERSTER TEIL

Herausgegeben von Friedrich Hölderlin

ERSTES KAPITEL

In den ersten Jahren der Mündigkeit, wenn der Mensch vom glücklichen Instinkte sich losgerissen hat, und der Geist seine Herrschaft beginnt, ist er gewöhnlich nicht sehr geneigt, den Grazien zu opfern.

Ich war fester und freier geworden in der Schule des Schicksals und der Weisen, aber streng ohne Maß, in vollem Sinne tyrannisch gegen die Natur, wiewohl ohne die Schuld meiner Schule. Der gänzliche Unglaube, womit ich alles aufnahm, ließ keine Liebe in mir gedeihen. Der reine freie Geist, glaubt ich, könne sich nie mit den Sinnen und ihrer Welt versöhnen. Ich kämpfte überall mit dem Vernunftlosen, mehr, um mir das Gefühl der Überlegenheit zu erbeuten, als um den regellosen Kräften, die des Menschen Brust bewegen, die schöne Einigkeit mitzuteilen, deren sie fähig sind. Stolz schlug ich die Hülfe aus, womit uns die Natur in jedem Geschäfte des Bildens entgegenkömmt, die Bereitwilligkeit, womit der Stoff dem Geiste sich hingibt; ich wollte zähmen und zwingen. Ich richtete mit Argwohn und Härte mich und andre.

Für die stillen Melodien des Lebens, für das Häusliche und Kindliche hatt ich den Sinn beinahe ganz verloren.

Einst hatte Homer mein junges Herz so ganz gewonnen; auch von ihm, und seinen Göttern war ich abgefallen.

Ich reiste, und wünscht oft, ewig fortzureisen.

Da hört ich einst von einem guten Manne, der seit kurzem ein nahes Landhaus bewohne, und ohne sein Bemühn recht wunderbar sich aller Herzen bemeistert habe, der kleineren, wie der größern, der meisten freilich, weil er fremd und freundlich wäre, doch wären auch einige, die seinen Geist verständen, ahndeten.

Ich ging hinaus, den Mann zu sprechen. Ich traf ihn in seinem Pappelwalde. Er saß an einer Statue, und ein lieblicher Knabe stand vor ihm. Lächelnd streichelt' er diesem die Locken aus der Stirne, und schien mit Schmerz und Wohlgefallen das holde Wesen zu betrachten, das so ganz frei und traulich dem königlichen Mann ins Auge sah.

Ich stand von fern und ruhte auf meinem Stabe; doch da er sich umwandte, und sich erhub, und mir entgegentrat, da widerstand ich dem neuen Zauber, der mich umfing, mit Mühe, daß ich mir den Geist frei erhielt, doch stärkte mich auch wieder die Ruhe und Freundlichkeit des Mannes. –

Und wie ich wohl die Menschen fände auf meinen Wanderungen, fragt' er mich nach einer Weile. „Mehr tierisch, als göttlich", versetzt ich hart und strenge, wie ich war. „O wenn sie nur erst menschlich wären!" erwidert' er mit Ernst und Liebe. Ich bat ihn, sich darüber zu erklären.

„Es ist wahr", begann er nun, „das Maß ist grenzenlos, woran der Geist des Menschen die Dinge mißt, und so soll es sein! wir sollen es rein und heilig bewahren, das Ideal von allem, was erscheint, der Trieb in uns, das Ungebildete nach dem Göttlichen in uns zu bilden, und die widerstrebende Natur dem Geiste, der in uns herrscht, zu unterwerfen, er soll nie auf halbem Wege sich begnügen; doch um so ermüdender ist auch der Kampf, um so mehr ist zu fürchten, daß nicht der blutige Streiter die Götterwaffen im Unmut von sich werfe, dem Schicksal sich gefangen gebe, die Vernunft verleugne, und zum Tiere werde, oder auch, erbittert vom Widerstande, verheere, wo er schonen sollte, das Friedliche mit dem Feindlichen vertilge, die Natur aus roher

Kampflust bekämpfe, nicht um des Friedens willen, seine Menschlichkeit verleugne, jedes schuldlose Bedürfnis zerstöre, das mit andern Geistern ihn vereinigte, ach! daß die Welt um ihn zu einer Wüste werde, und er zu Grunde gehe in seiner finstern Einsamkeit."

Ich war betroffen; auch er schien bewegt.

„Wir können es nicht verleugnen", fuhr er wieder erheitert fort, „wir rechnen selbst im Kampfe mit der Natur auf ihre Willigkeit. Wie sollten wir nicht? Begegnet nicht in allem, was da ist, unsrem Geiste ein freundlicher verwandter Geist? und birgt sich nicht, indes er die Waffen gegen uns kehrt, ein guter Meister hinter dem Schilde? – Nenn ihn, wie du willst! Er ist derselbe. – Verborgnen Sinn enthält das Schöne. Deute sein Lächeln dir! Denn so erscheint vor uns der Geist, der unsern Geist nicht einsam läßt. Im Kleinsten offenbart das Größte sich. Das hohe Urbild aller Einigkeit, es begegnet uns in den friedlichen Bewegungen des Herzens, es stellt sich hier, im Angesichte dieses Kindes dar. – Hörtest du nie die Melodien des Schicksals rauschen? – Seine Dissonanzen bedeuten dasselbe.

Du denkst wohl, ich spreche jugendlich. Ich weiß, es ist Bedürfnis, was uns dringt, der ewig wechselnden Natur Verwandtschaft mit dem Unsterblichen in uns zu geben. Doch dies Bedürfnis gibt uns auch das Recht. Es ist die Schranke der Endlichkeit, worauf der Glaube sich gründet; deswegen ist er allgemein, in allem, was sich endlich fühlt."

Ich sagt ihm, daß es mir sonderbar ginge mit dem, was er gesagt; es sei so fremdartig mit meiner bisherigen Denkart, und doch scheine mir es so natürlich, als wär es bis jetzt mein einziger Gedanke gewesen. „So kann ich ja wohl noch mehr wagen", rief er traut und heiter, „doch erinnre mich zu rechter Zeit! – Als unser Geist", fuhr er nun lächelnd fort, „sich aus dem freien Fluge der Himmlischen verlor, und sich erdwärts neigte vom Äther, als der Überfluß mit der Armut sich gattete, da ward die Liebe. Das geschah am Tage, da Aphrodite geboren ward. Am Tage, da die schöne

Welt für uns begann, begann für uns die Dürftigkeit des Lebens. Wären wir einst mangellos und frei von aller Schranke gewesen, umsonst hätten wir doch nicht die Allgenügsamkeit verloren, das Vorrecht reiner Geister. Wir tauschten das Gefühl des Lebens, das lichte Bewußtsein für die leidensfreie Ruhe der Götter ein. Denke, wenn es möglich ist, den reinen Geist! Er befaßt sich mit dem Stoffe nicht; drum lebt auch keine Welt für ihn; für ihn geht keine Sonne auf und unter; er ist alles, und darum ist er nichts für sich. Er entbehrt nicht, weil er nicht wünschen kann; er leidet nicht, denn er lebt nicht. – Verzeih mir den Gedanken! er ist auch nur Gedanke und nichts mehr. – Nun fühlen wir die Schranken unsers Wesens, und die gehemmte Kraft sträubt sich ungeduldig gegen ihre Fesseln, und der Geist sehnt sich zum ungetrübten Äther zurück. Doch ist in uns auch wieder etwas, das die Fesseln gerne trägt; denn würde der Geist von keinem Widerstande beschränkt, wir fühlten uns und andre nicht. Sich aber nicht zu fühlen, ist der Tod. Die Armut der Endlichkeit ist unzertrennlich in uns vereiniget mit dem Überflusse der Göttlichkeit. Wir können den Trieb, uns auszubreiten, zu befreien, nie verleugnen; das wäre tierisch. Doch können wir auch des Triebs, beschränkt zu werden, zu empfangen, nicht stolz uns überheben. Denn es wäre nicht menschlich, und wir töteten uns selbst. Den Widerstreit der Triebe, deren keiner entbehrlich ist, vereiniget die Liebe, die Tochter des Überflusses und der Armut. Dem Höchsten und Besten ringt unendlich die Liebe nach, ihr Blick geht aufwärts und das Vollendete ist ihr Ziel, denn ihr Vater, der Überfluß, ist göttlichen Geschlechts. Doch pflückt sie auch die Beere von den Dornen, und sammelt Ähren auf dem Stoppelfelde des Lebens, und wenn ihr ein freundlich Wesen einen Trank am schwülen Tage reicht, verschmähet sie nicht den irdnen Krug, denn ihre Mutter ist die Dürftigkeit. – Groß und rein und unbezwinglich sei der Geist des Menschen in seinen Forderungen, er beuge nie sich der Naturgewalt! Doch acht er auch der Hülfe, wenn sie schon vom Sinnenlande kömmt, verkenne nie, was edel ist, im sterblichen Gewande, stimmt hie und da nach ihrer eignen Weise die Natur in seine Töne, so schäm er sich nicht der freundlichen Gespielin! Wenn deine Pflicht ein feurig Herz begleitet, verschmähe den rüstigen Gefährten nicht! Wenn dem Geistigen in dir die Phantasie ein Zeichen erschafft, und goldne Wolken den Äther des Gedankenreichs umziehn, bestürme nicht die freudigen Gestalten! Wenn dir als Schönheit entgegenkömmt, was du als Wahrheit in dir trägst, so nehm es dankbar auf, denn du bedarfst der Hülfe der Natur.

Doch erhalte den Geist dir frei! verliere nie dich selbst! für diesen Verlust entschädiget kein Himmel dich. Vergiß dich nicht im Gefühle der Dürftigkeit! Die Liebe, die den Adel ihres Vaters verleugnet, und immer außer sich ist, wie mannigfaltig irrt sie nicht, und doch wie leicht!

Wie kann sie den Reichtum, den sie tief im Innersten bewahrt, in sich erkennen? So reich sie ist, so dürftig dünkt sie sich. Sie trägt der Armut schmerzliches Gefühl, und füllt den Himmel mit ihrem Überfluß an. Mit ihrer eignen Herrlichkeit veredelt sie die Vergangenheit; wie ein Gestirn, durchwandelt sie die Nacht der Zukunft mit ihren Strahlen, und ahndet nicht, daß nur von ihr die heilige Dämmerung ausgeht, die ihr entgegenkömmt. In ihr ist nichts, und außer ihr ist alles. Ihre Männlichkeit ist hin. Sie hofft und glaubt nur; und trauert nur, daß sie noch da ist, um ihr Nichts zu fühlen, und möchte lieber in das Heilige verwandelt sein, das ihr vorschwebt. Aber sie fühlt sich so ferne von ihm; die Fülle des Göttlichen ist zu grenzenlos, um von ihrer Dürftigkeit umfaßt zu werden. Wunderbar! vor ihrer eignen Herrlichkeit erschrickt sie. Laß ihr das Unsichtbare sichtbar werden! es erschein ihr im Gewande des Frühlings! es lächl' ihr vom Menschenangesichte zu! Wie ist sie nun so selig! Was so fern ihr war, ist nahe nun, und ihresgleichen, und die Vollendung, die sie an der Zeiten Ende nur dunkel ahndete, ist da. Ihr ganzes Wesen trachtet, das Göttliche, das ihr so nah ist, sich nun recht innig zu vergegenwärtigen, und seiner, als ihres Eigentums, bewußt zu werden. Sie ahndet nicht, daß es verschwinden wird im Augenblicke, da sie es umfaßt, daß der unendliche Reichtum zu nichts wird, sowie sie ihn sich zu eigen machen will. In ihrem Schmerze verläßt sie das Geliebte, hängt sich dann oft ohne Wahl an dies und das im Leben, immer hoffend und immer getäuscht; oft kehrt sie auch in ihre Ideenwelt zurück; mit bittrer Reue nimmt sie oft den Reichtum zurück, womit sie sonst die Welt verherrlichte, wird stolz, haßt und verachtet nun; oft tötet sie der Schmerz der ersten Täuschung ganz, dann irrt der Mensch ohne Heimat umher, müd und hoffnungslos, und scheint ruhig, denn er lebt nicht mehr. Sie sind unendlich, die Verirrungen der Liebe. Doch überall möcht ich ihr sagen: verstehe das Gefühl der Dürftigkeit, und denke, daß der Adel deines Wesens im Schmerze nur sich offenbaren kann! Kein Handeln, kein Gedanke reicht, so weit du willst. Das ist die Herrlichkeit des Menschen, daß ihm ewig nichts genügt. In deiner Unmacht tut sie dir sich kund. Denke dieser Herrlichkeit! Denn wer nur seiner Unmacht denkt, muß immer mit Angst nach fremder Stütze sich umsehn, und wer sich beredet, er habe nichts zu geben, will immer nur aus fremder Hand empfangen, und wird nie genug haben. Denn würd ihm auch alles gegeben, es müßte doch mangelhaft vor ihm erscheinen. Auf dem schmalen Wege des Empfangens wird auch der Reichtum für uns zur Dürftigkeit. Wer umspannt den Olymp mit seinen Armen? Wer faßt den Ozean in eine Schale? Und welchem Auge stellte sich ein Gott in unverhüllter Glorie dar? Es ist so unmöglich für uns, das Mangellose ins Bewußtsein aufzunehmen, als es unmöglich ist, daß wir es hervorbringen. Was blieb' uns auch zum Tagewerk noch übrig, wenn die Natur sich überwunden gäbe, und der Geist den letzten Sieg feierte?

Doch soll es werden, das Vollkommene! Es soll! so kündet die geheime Kraft in dir sich an, woraus, vom heißen Strahle genährt, dein ewig Wachstum sich entwickelt. Laß deine Blüte fallen, wenn sie fällt, und deine Zweige dürre werden! Du trägst den Keim zur Unendlichkeit in dir! Erhalt ihn in der Dürftigkeit des Lebens! Dein freier Geist verübe sein Recht unüberwindlich am Widerstande der Natur! Wenn sie uns zum Kampfe fordert, will sie nicht, daß wir um Gnade rufen, sie schützt die Feigen nicht, sie straft den Schmeichler, wenn er im Hochgefühle seines Adels und seiner Macht der alten Kämpferin begegnen sollte, und wimmernd zu ihr spricht: Du meinst es gut, meine Freundin! Ich gebe mich und meine Waffen dir. Den stößt des Schicksals eherner Wagen um, der seinen Rossen nicht mit Mut in die Zügel fällt. – Auch will die Natur nicht, daß man vor ihren Stürmen sich ins Gedankenreich flüchte, zufrieden, daß man der Wirklichkeit vergessen könne im stillen Reiche des Möglichen. Ergründe sie, die Tiefen deines Wesens, doch nur, um unüberwindlicher aus ihnen in den Kampf hervorzutreten, wie Achill, da er im Styx sich gebadet. Vollbringe, was du denkst! – Wenn aber die Natur dir freundlich entgegenkömmt, im Gewande des Friedens, und lächelnd dir zu deinem Tagewerke die Hände reicht, wenn, freudig überrascht, im Sinnenlande dein Geist, wie in einem Spiegel, sein Ebenbild beschaut, die Formen der Natur zum einsamen Gedanken sich schwesterlich gesellen, so freue dich, und liebe, doch vergiß dich nie! Verlaß dein Steuer nicht, wenn eine fröhliche Luft in deine Segel weht! Entehre nicht des Schicksals gute Göttin! du machst sie zur Sirene, wenn sie dich mit ihren Melodien in den Schlummer wiegt.

Es ist das beste, frei und froh zu sein; doch ist es auch das schwerste, lieber Fremdling! – In seinen Höhn den Geist emporzuhalten, im stillen Reiche der Unvergänglichkeit, und heiter doch hinab ins wechselnde Leben der Menschen, auch ins eigne Herz zu blicken, und liebend aufzunehmen, was von ferne dem reinen Geiste gleicht, und menschlich auch dem Kleinsten die fröhliche Verwandtschaft mit dem, was göttlich ist, zu gönnen! Gewaffnet zu stehn vor den feindlichen Bewegungen der Natur, daß ihre Pfeile stumpf vom unverwundbaren Geschmeide fallen, doch ihre friedlichen Erscheinungen mit friedlichem Gemüte zu empfangen, den düstern Helm vor ihnen abzunehmen, wie Hektor, als er sein Knäblein herzte! Des Lebens Nächte mit dem Rosenlichte der Hoffnung und des Glaubens zu beleuchten, doch die Hände nicht müßig fromm zu falten! was wahr und edel ist, aus fesselfreier Seele den Dürftigen mitzuteilen, doch nie der eignen Dürftigkeit zu vergessen, dankbar aufzunehmen, was ein reines Wesen gibt und der brüderlichen Gabe sich zu freuen! Dies ist das Beste! so lehrte mich – ich ehre sie – die Schule meines Lebens." –

Der seltne Mann erschien vor meinem Innern so sanft und groß. Froh bot ich ihm die Hand, und dankte, und sagt ihm meinen Irrtum.

„Nur zu lange", rief er, „irrt auch ich, und die Geschichte meiner Jugend ist ein Wechsel widersprechender Extreme; ich kenne das, wo wir traurend und verarmt des hohen Eigentums nicht gedenken und alles ferne wähnen, was wir doch in uns finden sollten, und das verlorne in der Zukunft suchen und in der Gegenwart, im ganzen Labyrinthe der Welt, in allen Zeiten und ihrem Ende; ich kenn auch das, wo das feindliche verhärtete Gemüt jede Hülfe verschmäht, jedes Glaubens lacht in seiner Bitterkeit, auch die Empfänglichkeit für unsre Wünsche der guten Natur mißgönnt, und lieber seine Kraft an ihrem Widerstande mißt.

Doch auch diesen Verirrungen gönn ich itzt oft einen freundlichen Blick, wenn sie mir erscheinen. Wie sollt ich sie noch mit Strenge bekämpfen? Sie schlummern friedlich in ihrem Grabe. Wie sollt ich sie aus meinem Sinne bannen? Sie sind doch alle Kinder der Natur, und wenn sie oft der Mutter Art verleugnen, so ist es, weil ihr Vater, der Geist, vom Geschlechte der Götter ist. Genügsam hält sich ewig in ihrer sichern Grenze die Natur; die Pflanze bleibt der Mutter Erde treu, der Vogel baut im dunkeln Strauche sein Haus, und nimmt die Beere, die er gibt; genügsam ist die Natur, und ihres Lebens Einfalt verliert sich nie, denn sie erhebt sich nie in ihren Forderungen über ihre Armut. Genügsam ist der mangellose Geist, in seiner ewigen Fülle, und in dem Vollkommenen ist kein Wechsel. Der Mensch ist nie genügsam. Denn er begehrt den Reichtum einer Gottheit, und seine Kost ist Armut der Natur. – Verdamme nicht, wenn in dem Sinnenlande das niebefriedigte Gemüt von einem zum andern eilt! es hofft Unendliches zu finden: durch die Dornen irrt der Bach; er sucht den Vater Ozean. Wenn sein vergessen, des Menschen Geist über seine Grenze sich verliert, ins Labyrinth des Unerkennbaren, und vermessen seiner Endlichkeit sich überhebt, verdamme nicht! Er dürstet nach Vollendung. Es rollten nicht über ihr Gestade die regellosen Ströme, würden sie nicht von den Fluten des Himmels geschwellt."

Der schöne Knabe, der indes im Garten sich beschäftigt hatte, kam und bracht uns Blumen, erzählt' uns auch manches, und wies uns das goldne Feuer über den Gebirgen. Es war schon Abend geworden. Ich nahm die freundliche Herberge mit Dank an. Das Leben ist nicht so reich, daß wir ein reines Wesen, wie der Mann war, den ich gefunden hatte, so schnell verlassen könnten.

ZWEITES KAPITEL

Noch denk ich gerne des Morgens, der uns jetzt umfing, und wie sein Zauber uns verjüngte. Doch fand ich nie ein treues Bild für meine goldnen Stunden, um andern zu verkünden, was ich genoß. Die Natur gab ihren Mutterpfennigen ein ungangbares Gepräge, damit wir sie nicht, wie Scheidemünze, verschleudern sollten. Auch mir war sie lange fremd gewesen, diese Ruhe und Regsamkeit, wo alle Kräfte ineinanderspielen, wie die stillen Farben am Bogen des Friedens.

Es war ein heiterer blauer Apriltag. Wir setzten uns in den Sonnenschein, auf den Balkon; es säuselten um uns die

Zweige und durch die sonntägliche Stille tönte ferner Türme Geläut und gegenüber das Spiel der Orgel vom Hügel der Kapelle.

„Du machtest mich begierig", fing ich endlich an, „auf die Geschichte deines jugendlichen Lebens –"

„Ich bin auch itzt gerade gestimmt", unterbrach er mich freundlich, „die wunderbaren unschuldigen Gestalten erscheinen zu lassen, auch die wildern. Du bleibst so lange bei mir, bis ich zu Ende bin. Ich gestehe dir, ich mußte mich lange von ihnen ferne halten um deswillen, was ich verlor, ich mußte mich hüten vor den Freuden und Schmerzen der Erinnerung, ich war, wie eine kranke Pflanze, die die Sonne nicht ertragen kann . . ."

DRITTES KAPITEL

„. . .

tum der Heroen, unter den Augen der Miltiade und Aristide, beim Wettgesange der edeln Dichter und im Kampfspiel, wo der Lorbeer winkte! und deine Gespielen – du hättest sie gewiß recht lieb gewonnen, die starken bildsamen Jünglinge! ihr hättet euch in eures Herzens Fröhlichkeit eure Geheimnisse vertraut, wie es euch schmerze, noch nichts getan zu haben, wie ihr oft in der Stille über euch trauertet vor dem Bilde eines Helden, wie ihr nicht lassen könntet von der Liebe zum Lorbeer, und euch oft berauschtet im Gedanken der Unsterblichkeit, ihr hättet euch gefreut, daß es einem ergehe wie dem andern, und kühn geschworen, des

Herzens Triebe Genüge zu tun. – Nun ist es freilich anders, gutes Herz! Du siehest vor dir, wie es ist. Aber laß dich das nicht irren! – Siehe das Licht des Himmels an! Bedarf es fremden Feuers, um zu leuchten und zu wärmen? bedarf es eines Dankes, um wohlzutun? und wenn sich die Erde mit Dünsten umwölkt, und seine reinen Strahlen nicht aufnimmt, in ihr Innres, leuchtet es minder, wie sonst? So sei auch du! Denk und tue, wie du sollst, und siehe nicht um dich; und wenn der kleinen Menschen kleiner Tadel in deinem sichern Gange dir nachtönt, so denke dir recht lebendig, wie der arme Perser den ungehorsamen Ozean peitschte! – Es ist dein liebster Gedanke, zu werden, wie die Herrlichen, die einst waren. Erhalt ihn! werde nicht mutlos! Gib dich nie auf halbem Wege zufrieden! Verweile nicht an Armseligkeiten! Sei still und harre, bis deine Zeit kömmt! Lebe in Gemeinschaft mit deinen Heroen! Du findest ihresgleichen schwerlich so bald unter den Lebendigen. Bewahre dich, junge Seele! Du gehörst einer andern Welt. Befasse dich nicht zu viel mit dieser, bis deine Zeit kommt, und du unter ihr wirkst. Nähre dein Herz mit der Geschichte besserer Tage, suche nichts unter den jetzigen! Das wenige, was sie dir geben, ist, wenigstens jetzt, nicht für dich. – Denke meiner Worte, Lieber! wenn ich ferne bin. Ich muß dich bald verlassen. Wer weiß? es könnten die letzten Worte sein, die ich dir sagte! Wenn ich sterbe, so sterb ich mit der Hoffnung, daß mein bestes Leben fortdaure in dir und denen, die du einst bildest, daß sie wieder in andern pflanzen, was in ihnen reifte durch dich. Und was sprech ich von mir? Stehet ihr wieder auf im Geiste meines Lieblings, ihr Herrlichen, die ihr schläft unter den Trümmern des gefallenen Griechenlands! verjüngt euch wieder in ihm, ihr alten Tugenden von Athen und Sparta! o kehret wieder, goldne Tage, Tage der Wahrheit und der Schönheit, kehret wieder in ihm!" – Er sah, daß ich zu tief erschüttert war, um noch zu hören, auch ihm mochte zu viel sich aufdringen, um es der jungen Seele mitzuteilen. Er umschlang mich schweigend, innigst bewegt, ich Glücklicher! in seinen Armen barg ich meine heftigen Seufzer und meine Tränen.

Wir fuhren zurück nach Tina, und, wie ich ihn des andern Tags besuchen wollte, war er fort.

VIERTES KAPITEL

Ich trauerte lang um meinen Freund. Im Innersten betrübt dacht ich oft, wenn ich an seinem Hause vorüberging, wie er vormals dagestanden wäre am Fenster, und mir entgegengenickt hätte, wenn ich die Straße heraufgekommen wäre, und wenn die Türe offen stand, sah ich wehmütig hinein in den dunkeln Vorsaal, und hörte seine Stimme wieder, wie er mir die Treppe herunter nachrief: „Schlaf wohl, lieber Junge!" wenn das Volk versammelt war, und von ungefähr die Farbe seines Mantels mir erschien, erschrak ich, als wär er da, und wenn ich einen Schiffer hörte, wie er von seiner Fahrt sprach, und von fremden Menschen, die er gesehn, glaubt ich immer, es müßt ihm auch der Herrliche, den ich liebte, bekannt sein; oft, wenn ich draußen herumging, weilte mein Blick am Horizont; dort wär er wohl hinausgefahren, dacht ich, und meine Tränen rannen ins Meer. Der kleinste Laut, den ich von ihm im Herzen bewahrte, war mir heilig, wie der letzte Wille eines Verstorbenen. Ich folgte ihm fast zu treu. Ich verschloß mich, so sehr ich nur konnte vor den Menschen. Neben den Geistern des Altertums fand nur er in meiner Seele Platz. Mein Herz gehörte denen, die ferne waren. Wo ich ging und stand, geleiteten mich die ehrwürdigen Gestalten. Wie Flammen, verloren sich in meinem Sinne die Taten aller Zeiten, die ich kannte, ineinander. Nur *ein* großer Sieg waren für mich die hundertfältigen Siege der Olympiaden. Was durch Jahrhunderte getrennt war, versammelte sich vor meinem jugendlichen Geiste. Ich vergaß mich so ganz über all der Größe, die mich umgab.

So war ich allmählich herangewachsen. Ich fing jetzt an,

mich über mich selbst zu befragen. Ich kehrt itzt oft von den Halbgöttern, denen mein Herz gehörte, auf mich zurück; ich maß, und erschrak über mein Nichts. Mein ganzes Wesen raffte sich auf, dem tödlichen Schmerze zu entgehen, der im Gefühle meines Mangels lag. Ich wollt im härtesten Kampfe mir einen Wert erringen. Aber wo sollt ich? – Ach! ich hätte gerne eine Stunde aus eines großen Mannes Leben mit Blut erkauft. Traurend sah ich itzt oft in meinen Plutarch, und bittre Tränen rannen mir aufs Blatt. Oft wenn über mir die Gestirne aufgingen, nannt ich ihre Namen, die Namen der Heroen, die einst auf Erden lebten – „erbarmt euch meiner, ihr Göttlichen", rief ich, „laßt mich vergessen, was ihr wart, oder tötet mich mit eurer Herrlichkeit, ihr seligen Jünglinge!" –

Ich suchte endlich Trost unter den Menschen. Was ich mir selbst nicht geben konnte, dacht ich unter andern zu finden. Man hatte mir schon oft gesagt, es würde mir gut sein, wenn ich nicht so sehr einsam lebte. Man würde so leicht exzentrisch in seinen Meinungen bei gänzlicher Zurückgezogenheit. In der Gesellschaft lerne man die Fülle des Guten friedlich unter sich teilen, man lerne, aus sich nicht alles zu machen, aus andern auch nicht, und sich zu begnügen mit dem, was jedem beschieden sei, man lerne Geduld, und das wäre Gewinns genug. Aber ich war damals so gar nicht gestimmt, etwas Verständiges der Art auf mich wirken zu lassen. Ich trat mit ganz andrem Sinne unter die Menschen.

Es ist sonderbar, wie ein jugendlich Gemüt oft in die Kinderspiele des Lebens so viel Gehalt legt. Es war mir unbegreiflich, wie die Menschen so befriedigt zurückkommen könnten von ihren kleinen Festen, wenn nicht seltne Dinge dabei zu finden wären. Wenn ich mir dachte, daß ich dort wohl auch so fröhlich werden könnte, wie sie, wie unendlich viel mußt ich erwarten!

Auch versprach mir jedes ehrliche Gesicht so viel. Ich habe manchen vergöttert, im ersten Augenblicke, der sich recht sehr begnügte mit seiner Menschlichkeit. Mit Bedauren denk ich daran, wie ich itzt oft mit all meiner Liebe trachtete, ein herzlich Lächeln zu erbeuten, wie ich oft in einem Worte meine ganze Seele gab, und einen witzigen Spruch dafür zurückbekam, wie bei einem andern ein wenig Gutmütigkeit mich so innig freute, und wie ich mich verstanden glaubte von ihm, bis auch er mitteilte, was ihm am Herzen lag, und ich dann Dinge hörte, woran ich so gar keinen Wert finden konnte, wie ich dastand und huldigte vor prächtigen Sentenzen – ach! wie ich oft glaubte, das Unnennbare zu finden, das mein werden sollte, dafür, daß ich mich selbst an das Geliebte verlor! – Das arme Wesen dachte, zwei Menschen könnten sich alles sein, dacht oft wirklich den heiligen Tausch getroffen zu haben, wo einer des andern Gott sein sollte, und machte nun freilich Forderungen, worüber der andre sich wunderte. Er wollte ja nur Kurzweil, nichts so Ernstes!

Einem jungen Manne, Gorgonda Notara nannt er sich, war ich immer gut geblieben. Ich hatte so oft umsonst gehofft, ein Wesen zu finden, wo ich sagen könnte, nun bin ich zufrieden auf ewig! hatte so oft mit Schmerzen mich losgerissen, wo mein Herz so schnell und innig sich angehängt hatte, ich hatte mich durch Dornen gewunden, und sie hatten mit jedem Schritte mich festgehalten, um mich ihren Stachel fühlen zu lassen, ich hatte so oft mich hingedrängt, wo es besser gewesen wäre, auszuweichen, ich war nun froh, doch etwas an ihm zu haben, und wenn ich mich entfernen wollte in meiner Ungenügsamkeit, zog er mich immer wieder an sich. Er war etwas vielseitig, und das kam mir zustatten; gab mir freilich auch oft ein Mißtrauen gegen ihn. Er wußte jedem Dinge einen Wert zu geben; er war äußerst duldsam gegen mich, das tat mir wohl, aber er war es auch gegen andre, die meine Gegenteile waren, und das war mir unbegreiflich. Er bestritt mich oft gerade in meinen liebsten Überzeugungen, aber mit Freundlichkeit und Bedacht – ich verglich uns, wenn wir so zusammen stritten, oft mit den jungen Lämmern, die sich scherzend einander an die Stirne stießen, als wollten sie sich so das Gefühl ihres Daseins in sich wecken –, und, wie es schien, mehr um das Gespräch zu beleben, mehr zum Versuche, was wohl aus dem Für und Wider sich ergeben möchte, als in strengem Ernste, und indes er wider mich sprach, schien er doch auch seine Freude zu haben an dem sonderbaren Geschöpfe, das so ungelenksam und unersättlich wäre in seinen Forderungen, und doch so leicht und oft gerade dem Kleinsten sich hingäbe; ich hätte in meinem Leben noch keinen Menschen gesehen, meinte er, ich wandelte von je her unter Geistererscheinungen, und es wäre nur schade, daß diese verschwänden, sobald ich näher käme, aber man müßt ihm doch gut sein, dem wunderlichen Phantasten! –

Einst saßen wir mit andern zusammen; es war ein alter Bekannter von einer Fahrt zurückgekommen, und wir feierten das fröhliche Wiedersehn. Alle waren inniger, wie sonst; ich glühte, und sprach ungewöhnlich viel. Ich fühlte wirklich zum ersten Male die Freude jugendlicher Verbrüderung ganz. „O man lebt doch nicht umsonst, ihr Lieben!" rief ich in meines Herzens Trunkenheit, und streckte die Hand aus über dem Tische, und jeder bot die seinige dar. – „Öffne geschwinde die Fenster", rief ich einem, der gegen mir über saß, nach einer Weile zu. „Was hast du, Hyperion?" fragt' ein andrer. „Dort gehn die Dioskuren am Meer herauf", rief ich freudig. Zufällig sah ich einen Augenblick darauf in den Spiegel, und glaubte drin ein zweideutig Lächeln an Notara zu bemerken. Betroffen blickt ich um mich, und es war mir, als fänden sich auch auf andern Gesichtern solche Spuren. Das war mir ein Dolch ins Herz! Ich glaubte mein Innerstes verunehrt, meine beste Freude verlacht, von meinem letzten Freunde mein Herz verspottet. Ich sprang auf, und eilte fort. – Alle die traurigen Täuschungen, die ich von jeher erfahren, jede Miene, jeder Laut, der mein Herz zurückgestoßen hatte, seit ich unter die Menschen gekommen war mit meinen Hoffnungen, jeder unfreundliche Scherz, womit man sich an meinen kleinen Unaufmerksamkeiten gerächt, jede Mißdeutung, womit man meine unbefangenen innigen Äußerungen lächerlich gemacht, jede Falschheit, womit man, wie mir itzt schien, meine Liebe und meinen Glauben nachgeäfft hatte, alles, was ich längst verziehen hatte und vergessen, gesellte sich nun zu den unverhofften Entdeckungen, die ich eben gemacht – ich dachte mir einen um den andern aus dem Zirkel, den ich verlassen hatte, wie er mir wohl seine bittern Bemerkungen nachschicken werde; der rauhe Seemann stand lebendig vor mir mit seinem Ärger und gegenüber Notara mit seinen hämischen Entschuldigungen. Itzt kam ich an dem Hause vorüber, wo der edle Fremdling gewohnt hatte. Du hattest recht, guter Mann! dacht ich, o du hattest recht! Ich sollte mich nicht zu viel befassen mit dieser Welt, sagtest du. Ach! daß ich dir nicht folgte, mein Schutzgeist! Nun bist du gerächt.

Man belächelt oft den Menschen, und findet es ungereimt, wenn oft von einer kleinen Wunde sein Innerstes erkrankt, und nur sehr schwer genest. Man würde besser tun, wenn man teilnehmend das Übel zu ergründen suchte. Man würde dann finden, daß auch dem schwächsten Feinde der Sieg sehr leicht wird, wenn ihm ingeheim ein Stärkerer vorarbeitete, und unsre stärksten Feinde sind wir selbst.

Das arme Wesen wollte sich nun zurückflüchten in sich selbst, und hatte doch längst sein Selbst verloren. Ich hatte mich gewöhnt, Ruh und Freude aus fremder Hand zu erwarten, und war nun dürftiger geworden, als zuvor. Ich war, wie ein Bettler, den der Reiche von seiner Türe stieß, und der nun heimkehrt in seine Hütte, sich da zu trösten, und nur um so bittrer sein Elend fühlt zwischen den ärmlichen Wänden. Je mehr ich über mir brütete in meiner Einsamkeit, um so öder ward es in mir. Es ist wirklich ein Schmerz ohnegleichen, ein fortdaurendes Gefühl der Zernichtung, wenn das Dasein so ganz seine Bedeutung verloren hat. Eine unbeschreibliche Mutlosigkeit drückte mich. Ich wagt oft das Auge nicht aufzuschlagen vor den Menschen. Ich hatte Stunden, wo ich das Lachen eines Kindes fürchtete.

Dabei war ich sehr still und geduldig; hatt oft einen wunderbaren Aberglauben an die Heilkraft mancher Dinge; oft konnt ich ingeheim von einem kleinen erkauften Besitztum, von einer Kahnfahrt, von einem Tale, das mir ein Berg verbarg, Trost erwarten. Mit dem Mute schwanden auch sichtbar meine Kräfte. Ich glaubte wirklich unterzugehn.

Ich hatte Mühe, die Trümmer ehmals gedachter Gedanken zusammenzulesen, der rege Geist war entschlummert; ich fühlte, wie sein himmlisch Licht, das mir kaum erst aufgegangen war, sich allmählich verdunkelte. – Freilich, wenn es einmal, wie mir deuchte, den letzten Rest meiner verlornen Existenz galt, wenn mein Stolz sich regte, dann war ich lauter Wirksamkeit, und die Allmacht eines Verzweifelten war in mir, oder wenn sie von einem Tropfen der Freude getränkt war, die welke dürftige Natur, dann drang ich mit Gewalt unter die Menschen, sprach, wie ein Begeisterter, und fühlte wohl manchmal auch die Träne der Seligen im Auge, oder wenn einmal wieder ein Gedanke oder das Bild eines Helden in die Nacht meiner Seele strahlte, dann staunt ich und freute mich, als kehrte ein Gott ein in dem verarmten Gebiete, dann war mir, als sollte sich eine Welt bilden in mir; aber je heftiger die schlummernden Kräfte sich aufgerafft hatten, um so müder sanken sie hin; versuche nur nichts mehr, sagt ich mir dann, es ist doch aus mit dir!

Wohl dem, der das Gefühl seines Mangels versteht! wer in ihm den Beruf zu unendlichem Fortschritt erkennt, zu unsterblicher Wirksamkeit, wer im Schmerze der Erniedrigung den kleinen Trost verachten kann, unter den Kleinen groß zu sein, ohne an sich zu verzweifeln, und den Glauben an die Götterkraft des Geistes aufzugeben, wer sie überstanden hat, diese Feuerprobe des Herzens, wenn es überall eine Leere findet, und das wenige, was es geben kann, verschmäht fühlt! – Wohl manches jugendliche Gemüt trauert, wie ich einst trauerte, im Gefühle menschlicher Armut, und je trefflicher die Natur, desto größer die Gefahr, daß es verschmachte im Lande der Dürftigkeit. Mir ist er heilig, dieser Schmerz, so wahr mich's freuet, wenn mir ein freundlich Auge begegnet! Aber sagen möcht ich der Seele, die mir ihn klagte, daß sie nur darum ihr Paradies verloren hätte, damit sie ein Paradies erschaffe, doch werde dies mitnichten am siebenten Tage vollendet sein, denn der Ruhetag der Geister würd ihr Tod sein, sagen würd ich ihr, daß sie um ihres Adels willen nicht einzig fremder Hülfe vertrauen soll, die treuste Pflege müsse den zu Grunde richten, der müßig von ihr allein sein Heil erwarte; in brüderlichem Zusammenwirken bestehe das Beste, doch sei es auch herrlich, allein zu stehn, und sich hindurchzuarbeiten durch die Nacht, wenn es an Kampfgenossen gebreche.

Mich hatte nun der Frühling überrascht in meiner Finsternis. Ich hatt ihn wohl zuweilen von ferne gefühlt, wenn die toten Zweige sich regten, und ein lindes Wehen meine Wange berührte. Das junge Grün hatte mich oft wunderbar belebt auf Augenblicke, und manchmal, wann das freundliche Morgenlicht mich weckte, hatte die Ahndung, daß es wohl noch besser werden könnte, mein hülflos Herz erfreut. Aber das war vorübergegangen, wie der Schatten einer Geliebten.

Ich hatte mich häuslicher Geschäfte wegen einige Wochen in einem andern Teile der Insel aufgehalten, und kehrte nun zurück nach San-Nicolo.

Er war itzt da in meinen Hainen, der holde Frühling, in aller Fülle der Jugend.

Mir war, als sollt ich doch auch wieder fröhlich werden. Ich öffnete meine Fenster, und kleidete mich, wie zu einem Feste. Auch für mich sollt er wiederkehren, der himmlische Fremdling! Was hofft dann der Arme? möchten die Toten auferstehn? dacht ich bei mir selbst. Aber mein Herz ließ sich nicht abweisen. Es ging mir, wie den Kindern, die so gerne Zutraun fassen zu einem heiter farbigen Kleide. Mit jedem Blicke wuchs in mir der Glaube an bessere Tage vor dem fröhlichen Bilde der Natur.

Ich sah, wie alles hinausströmte aufs freundliche Meer von Tina, und sein Gestade. Ich ging auch hinaus.

Alles verjüngte und begeisterte der süße zauberische Frühling. Fast jedes Gesicht war herzlicher, lebendiger; überall wurde gutmütiger gescherzt, und die sonst mit fremdem Gruße vorübergegangen waren, boten sich itzt die Hände.

Das fröhliche Volk bestieg die Boote, steuerte hinaus ins Meer und jauchzte von ferne der holden Insel zu, kehrte dann zurück in die Platanenwälder, zu seinen zephirlichen Tänzen, lagerte sich unter Zelten zum lieblichen Mahle, und pries und freute sich hoch, daß keiner sich verirrt hätte in den Labyrinthen des Ronnecatanzes.

Aber mein Herz suchte mehr, als das. Das konnte nicht vom Tode retten.

Ich ging fort, und streifte herum auf einsamen Hügeln, sah oft hinunter nach der fröhlichen Welt, und dachte, warum ich dann darben müßte, wo alles so selig wäre. Doch wollt ich keinem seine Freude mißgönnen, und hoffte, auch meiner warte vielleicht noch eine gute Stunde. So kehrt ich zurück.

An Notaras Hause, wo ich vorüberkam, saß seine Mutter, deren Liebling ich war, und um sie ein Zirkel edler Mädchen, die Seide spannen, und kindliche Liedchen sangen. „Da kömmt der Menschenfeind", rief die Mutter mir zu. Ich trat näher, und dankt ihr für den freundlichen Gruß. „Du bist gestraft, daß du so lange wegbliebst", fuhr sie lächelnd fort, „etwas Lieberes hat indes in meinem Hause Platz genommen. Man kann dich nun entbehren, du Stolzer!"

Ich sah mich um. Da stand sie vor mir, die Herrliche, wie eine Priesterin der Liebe, heilig und hold! – ach! über dem Lächeln voll Ruh und himmlischer Duldsamkeit thronte mit eines Gottes Majestät ihr großes begeistertes Auge, und wie Wölkchen ums Morgenlicht, wallt' im Frühlingswinde der dunkle Schleier um ihre Stirne.

Ich kann es nicht anders nennen, es war Gefühl der Vollendung, was sie mir gab in diesem Augenblicke; war doch die Nacht und Armut meines Lebens, die ganze dürftige

Sterblichkeit, mit allem, was sie gibt und nimmt, so dahin, als wäre sie nie gewesen! Oft trauert ich, daß wir nur dann erst wissen, von diesen Momenten der Befreiung, wann sie vorüber sind. Sie wägen Äonen unsers Pflanzenlebens auf, sprach ich oft bei mir selbst, wenn ich ihr Andenken feierte, diese namenlosen Begeisterungen, wo das irdische Leben tot und die Zeit nicht mehr ist, und der entfesselte Geist zum Gotte wird.

Jahre gingen vorüber, Meere trennten mich von ihr, tausendfältig verwandelte sich vor mir die Gestalt der Welt, aber ihr Bild verließ mich nie. Oft, wenn ich am heißen Mittag, ermattet von meinen Wanderungen, unter fremdem Himmel ruhte, erschien sie mir, wie in dem trunknen Momente, da ich sie fand, ich preßt es an mein glühendes Herz, das süße Phantom, ich hörte ihre Stimme, das Lispeln ihrer Harfe; wie ein friedlich Arkadien, wo in ewigstiller Luft die Blüte sich wiegt, wo ohne Zwang die Frucht der Ernte und die süße Traube gedeiht, wo keine Furcht das sichre Land umzäunt, wo man von nichts weiß, als von dem ewigen Frühling der Erde, und dem wolkenlosen Himmel und seiner Sonne, und seinen heiligen Gestirnen, so stand es offen vor mir, das Heiligtum ihres Herzens und Geistes.

Und später, unter den Bitterkeiten und Mühen des Lebens, bei stürmischer Fahrt, am Schlachttag, unter namenlosem Unmut, wo er mir auf ewig verschwunden schien, der gute Geist, den ich sonst so gerne ahndete, in allem, was lebt, wo ich kalt und stolz mir sagte: hilf dir selber, es ist kein Gott! ach! da trat oft ihr Schatten vor mich, wie ein Engel des Friedens, und besänftigte mein verwildertes Herz mit seiner himmlischen Weisheit.

Jetzt ehr ich als Wahrheit, was mir einst dunkel in ihrem Bilde sich offenbarte. Das Ideal meines ewigen Daseins, ich hab es damals geahndet, als sie vor mir stand in ihrer Grazie und Hoheit, und darum kehr ich auch so gerne zurück, zu dieser seligen Stunde, zu dir, Diotima, himmlisches Wesen!

Der Abend jenes Tages meiner Tage ist mir mit allem, was ich noch gewahr ward in meiner Trunkenheit, unvergeßlich. Mir war er das schönste, was der Frühling der Erde geben kann, und der Himmel und sein Licht. Wie eine Glorie der Heiligen, umfloß sie das Abendrot, und die zarten goldnen Wölkchen im Äther lächelten herunter, wie himmlische Genien, die sich freuten über ihrer Schwester auf Erden, wie sie unter uns wandelte in aller Herrlichkeit der Geister, und doch so gut und freundlich war gegen alles, was um sie war.

Alles drängte an sie. Allen schien sich ein Teil ihres Wesens mitzuteilen. Ein freundlicher Ernst, ein zärteres Aufmerken, eine innigere Traulichkeit war unter alle gekommen, und sie wußten nicht, wie ihnen geschah.

Mit Begeisterung erzählte mir die Mutter, indes die andern um Diotima beschäftigt waren, wie ihr das liebe Mädchen Freude mache mit ihrem stillen nachdenklichen Wesen, und ihrer steten Zufriedenheit, wie sie sich scheue vor allem, was einem menschlichen Herzen wehe tun könne, vor allem, was nicht schön und schicklich wäre; auch sehe man es sogleich, wenn etwas durch ihre Hände gegangen wäre, man könne gewiß nicht sagen, ihr Herz hänge an kleinen Dingen, und doch wär es immer, als wäre sie mit ihrer ganzen Seele an der Sache gewesen; ein Gartenbeet gewinne ein ganz andres Ansehn, wenn sie es ordne; es wär ihr auch so leicht nicht abzulernen, das Eigentliche, was einem an den Gewändern gefiele, die sie geschnitten, und den Kränzen, die sie gewunden hätte; – ihr Element seien aber die alten Dichter und Weisen, hierin seie sie ein eignes Wesen, sie sei zwar sehr geheim damit, aber man hätte doch schon bemerkt, daß sie im Herzen das Andenken großer Menschen im alten Griechenlande ungefähr ebenso feire, wie die andern frommen Gemüter das Fest der Panagia, und anderer Seligen; auch sonst sei etwas – sie müßte nur sagen – Übermenschliches an ihr. „Hättest du sie gestern gesehn", setzte sie hinzu, „es wäre dir wohl so sonderbar zu Mut gewesen, wie mir. Es hatte kaum getagt, als ich hinunterging in den Garten. Da sah ich, ohne daß sie mich bemerken konnte, das liebe Mädchen in dem heimlichen Plätzchen unter den Platanen, wie sie dastand mit ausgebreiteten Armen, und emporrief: ‚Dir opfr' ich mein Herz, ewige Schönheit!' – Ich werde den Anblick im Leben nicht vergessen."

Sie komme von den Ufern des Paktols, fuhr die Mutter nach einer Weile fort, aus einem einsamen Tale des Tmolus, wohin ihr Vater, ein Verwandter der Notara, aus Verdruß über sein Volk sich von Smyrna zurückgezogen hätte, und ihre Mutter, ehmals die Krone von Ionien, seie seit einem Jahre tot.

Der junge Notara trat itzt auch noch zu uns, grüßte mich freundlich, und fragte, ob ich immer noch zürne, er wisse nicht einmal seine Schuld genau, die Mutter ließ ihn aber nicht weiterreden, zog ihn auf die Seite, und flüsterte ihm, herzlich zu mir herüberlächelnd, einige Worte zu, daß ich fast etwas Freudiges vermuten mußte. – Ich bat Notara, mir zu verzeihen.

...

Staunen. Mein Geist verzehrte sich über der frohen Mühe, den ganzen Reichtum zu fassen, der vor ihm sich auftat. – Es fiel mir lange nicht ein, ein Wort zu sprechen, und, da es mir einfiel, ließ es meine Verwirrung nicht zu.

Man sprach endlich auch von so manchen Wundern griechischer Freundschaft, von Achill und Patroklus, von der Kohorte der Thebaner, von der Phalanx der Sparter, von Dion und Plato, von all den Liebenden und Geliebten, die auf- und untergingen in der Welt, unzertrennlich, wie die brüderlichen Gestirne.

Da wacht ich auf. „Solche Herrlichkeit zernichtet uns Arme!" rief ich; „freilich waren es goldne Tage, wo man die Waffen tauschte und sich liebte bis zum Tode, wo man unsterbliche Kinder zeugte in der Begeisterung der Liebe, Taten und Gesänge und ewige Gedanken, ach! wo der ägyptische Priester dem Solon noch vorwarf, ‚ihr Griechen seid allzeit Jünglinge!', wir sind nun doch Greise bei all unsrem leichten Sinne! – Es ist alles so anders geworden. Man lebt bequem, und hat daran genug. Der Mensch bedarf des Menschen nicht mehr; er braucht nur Hände und Arme, zu seinem Dienste."

„So spricht mein Vater auch", versetzte Diotima, und ihr Auge verweilte ernster an mir.

„Nun kann ich's ihm nicht länger vorenthalten!" rief die Mutter; „spricht dein Vater auch so, Diotima? Ich glaub es wohl. Wißt ihr auch, ihr guten Kinder, daß ihr aus einer Quelle geschöpft habt? Der fremde Mann, Hyperion, mit dem ich so oft dich lustwandeln sah, und dich an so manches Steinchen stoßen, weil du kein Auge von ihm wandtest, dem du so oft nachweintest am Meere draußen, als er fort war, wie du mir selbst gestandst, der ist Diotimas Vater."

„Tausend Herzensgrüße von ihm!" rief Diotima freudig – „ich hab auch etwas mitgebracht; die böse Mutter hätt es wohl eher sagen können", setzte sie lächelnd hinzu, und eilte hinein ins Haus.

„O ihr Lieben!" rief ich außer mir vor Freude, und faßte die Hände Notaras und seiner Mutter. „Nun seh ich erst, wie herzlich gut du dem Manne bist", versetzte die Mutter. „Ja wohl bin ich ihm herzlich gut", erwidert ich etwas betroffen, denn ich fühlte wohl, daß meine Freude nicht ihm allein galt.

Itzt kam Diotima zurück, und brachte mir zwei goldne Münzen. Auf einer stand Minerva mit der Ägide, und warf die Lanze, und eine Palme sproßte zu ihren Füßen; die andre mit dem Apollonskopfe gab mir Diotima mit dem Zusatze, ich möchte dabei an Delos und den Cynthus denken.

Sie erzählte mir noch viel von ihrem Vater, und wie er oft von mir gesprochen habe; wir sprachen auch noch manches im allgemeinen.

Wie ich sie da verstand! und wie sie das freute! wie ein zufällig Wörtchen von ihr eine Welt von Gedanken in mir hervorrief! sie war wirklich ein Triumph des jugendlichen Geistes, die stille Vereinigung unsers Denkens und Dichtens, und ich erfuhr zum ersten Male ganz, wie die Freude begeistern kann.

„Kinder! es wird spät!" fiel endlich die Mutter ein, „und Hyperion kann uns immer Dank sagen für diesen Abend. Leer ist er nicht ausgegangen."

Sie gingen hinein. Ich stürzte fort in rasender Freude, schalt und lachte über den Kleinmut meines Herzens in den vergangnen Tagen, und der stolze Knabe konnte gar nicht begreifen, wie es möglich gewesen wäre, so ein ärmlich Wesen zu sein.

Wunderbar war mir's zu Mut, als ich in mein Zimmer trat. Es war mir alles so fremd geworden. Jedes Geräte schien mir etwas Trauriges an sich zu haben, und ich war doch so selig. „Auch ihr mußtet es entgelten, ihr Armen!" sagt ich vor mich hin in meines Herzens Trunkenheit, als ich vor die offnen Fenster trat, und meine verwilderten und halbverwelkten Blumen sah, nahm das Wassergefäß und begoß sie lächelnd.

Ich brachte die Nacht unter dem Fenster zu. Es waren zauberische Stunden. Aus goldnen Träumen, wo an ein Wörtchen von ihr meine ganze Seele sich hing, um es hundertfach zu deuten, und über ihrem Bilde mir jedes Dasein schwand, weckte mich das Wehen der Nachtluft um meine glühende Wange; die stille Natur schien mir das Fest meines Herzens mitzufeiern; die Sterne blickten freundlicher durch die Zweige; lieblicher duftete der Othem der Blüten. Ich schlummert endlich stehend ein, süßberauscht, wie von holden Melodien eingewiegt. – Bald spielte, wie eines Freundes warme Hand, das kommende Tageslicht um meine Stirne, und ich lächelt empor.

Es war ein seliger Morgengruß, den itzt mein Herz dem Himmel und der schönen Erde brachte. Himmel und Erde schienen mir neugeboren, wie ich es war.

Ich ging hinaus zu meinen alten Lieblingsplätzen. Die längstvergangnen Stunden, die Stunden des Erwachens, wo der Knabe dasaß in dunklem Sehnen, und nicht wußte, was es war, als die Fittiche der jungen Seele sich regten, wo zum ersten Male tiefer atmend die Brust sich hob, und das Auge nun nicht mehr so gerne verweilte an dem, was nahe war, und lieber nach der blauen geheimnisvollen Ferne sich richtete, die ahndungsvollen Stunden des Erwachens dämmerten wieder auf in mir. Damals, dacht ich, weissagtest du dir diesen Frühling! o damals sahst du hinaus in die beßre Welt, die dich itzt umgibt!

Ich dünkte mir nun so reich und stark. Mein Innerstes war so befriedigt. Es gab für mich in der Welt nichts Feindliches mehr. Meine Insel hatt ich nun auch recht lieb gewonnen. Mit innigem Wohlgefallen sah ich hinab auf ihre grünen Ufer, wo die Wellchen unschädlich um die Myrtengebüsche spielten, und wie das friedliche San-Nicolo mit seinen Blütenwäldern aus dem Morgendufte sein rötlich Haupt erhub, und die Fenster an Notaras Hause glühten, und der Rauch aufstieg von seinem Herde; bald sah ich, wie die Türe sich öffnete, die in den Garten führte, und Diotima die Marmortreppen hinunterging; ich erkannte sie an der hohen schlanken Gestalt, und dem purpurnen Oberkleide, das um den weißen Leibrock flog. Wie mein Auge an diesen Farben sich weidete! Es ist nichts, was sich nicht in der Nähe eines solchen Geschöpfs beseelte, für einen Sinn, wie der meinige war. Nach einer Weile . . .

...
Notara begleitete sie, und die Mutter war im Hause beschäftiget. Diotima ging allein umher unter den Blumen. Es schien ihr etwas widerfahren zu sein. Der Schmerz auf ihren Lippen ging mir durch die Seele, so mild er schien. Wir gingen eine Weile schweigend auf und nieder.

„Mich verfolgt ein bittrer Gedanke", rief sie endlich, „ich wag es kaum, ihn zu sagen, und kann doch von ihm nicht ablassen. Schon manchmal hat er sich mir aufgedrungen, auch heute wieder. Ist es dann wahr – je mehr Menschen, je weniger Freude?" – „O wie oft ich das fühlen mußte!" rief ich, „wie oft – es ist unbegreiflich, wie man des Zusammenlaufens nicht müde wird!" – „Als wüßtest du nicht", erwiderte Diotima, „daß der bunteste Wechsel diesen Menschen das Beste dünkt, und diesen finden sie doch untereinander." – „Ihr bunter uneiniger Wechsel", fuhr ich fort, „der ist gerade die wahre Gestalt des Übels; ich mag es nicht nachempfinden, wie er mich oft verwirrte, und verzerrte, wie in dem Kriege, den man unter der Larve des Friedens führt, wo man immer das, woran das eigne Herz hängt, vor fremden Pfeilen sichern, wo man so ängstlich jede unschuldige Blöße verhüllen muß, wo der andere bei aller Ruh und Freundlichkeit, die er zeigt, doch mißtrauisch jede Bewegung belauert, ob sie nicht für Feindesanfall gelte, wie in diesem kleinen schlechten Kriege die Kräfte so heillos zu Grunde gehn; nein! es ist eine unerhörte Ungereimtheit! sie bieten allem auf, um zusammenzusein, und dann, wann sie zusammen sind, strengen sie mit aller erdenklichen Mühe sich an, um einsam zu sein im eigentlichen Sinne, sie öffnen die Türe und verschließen ihr Herz – dem Himmel sei Dank, daß ich los bin!"

„Das betrübt mich eben, daß es rätlicher scheint, für sich zu leben", fuhr Diotima fort; „ich trage ein Bild der Geselligkeit in der Seele; guter Gott! wie viel schöner ist's nach diesem Bilde, zusammen zu sein, als einsam! Wenn man nur solcher Dinge sich freute, denk ich oft, nur solcher, die jedem Menschenherzen lieb und teuer sind, wenn das Heilige, das in allen ist, sich mitteilte durch Rede und Bild und Gesang, wenn in *einer* Wahrheit sich alle Gemüter vereinigten, in *einer* Schönheit sich alle wiedererkennten, ach! wenn man so Hand in Hand hinaneilte in die Arme des Unendlichen –"

„O Diotima", rief ich, „wenn ich wüßte, wo sie wäre, diese göttliche Gemeinde, noch heute wollt ich den Wanderstab ergreifen, mit Adlerseile wollt ich mich flüchten in die Heimat unsers Herzens!"

„Oft leb ich unter ihr im Geiste", fuhr Diotima fort, „und mir ist, als wär ich ferne in einer andern Welt, und ich entbehre der gegenwärtigen so leicht; – wir singen andre Lieder, wir feiern neue Feste, die Feste der Heiligen in allen Zeiten und Orten, der Heroen des Morgen- und Abendlands; da wählt jedes einen aus, der seinem Herzen, seinem Leben am nächsten ist, und nennt ihn, und der herrliche Tote tritt mitten unter uns in der Glorie seiner Taten, auch wer, geschäftig am stillen Herde, mit reinem Sinne das Seine tat, wird nie von uns vergessen, und Kronen blühn für jede Tugend; und wenn auf unsern Wiesen die goldne Blume glänzt, in seiner bläulichen Blüte das Ährenfeld uns umrauscht, und am heißen Berge die Traube schwillt, dann freun wir uns der lieben Erde, daß sie noch immer ihr friedlich schönes Leben lebt, und die sie bauen, singen von ihr, wie von einer freundlichen Gespielin; auch sie lieben wir alle, die Ewigjugendliche, die Mutter des Frühlings, willkommen, herrliche Schwester! rufen wir aus der Fülle unsers Herzens, wenn sie heraufkömmt zu unsern Freuden, die Geliebte, die Sonne des Himmels; doch ist's nicht möglich, ihrer allein zu denken! Der Äther, der uns umfängt, ist er nicht das Ebenbild unsers Geistes, der reine, unsterbliche? und der Geist des Wassers, wenn er unsern Jünglingen in der heiligen Woge begegnet, spielt er nicht die Melodie ihres Herzens? Er ist ja wohl eines Festes wert, der selige Friede mit allem, was da ist! – Den Einen, dem wir huldigen, nennen wir nicht; ob er gleich uns nah ist, wie wir uns selbst sind, wir sprechen ihn nicht aus. Ihn feiert kein Tag; kein Tempel ist ihm angemessen; der Einklang unserer Geister, und ihr unendlich Wachstum feiert ihn allein."

Es ist mir unmöglich, die Begeisterung des heiligen Mädchens nachzusprechen. „O schone dich, Diotima, schone dich und mich", rief ich endlich, da sie mit so grenzenloser Liebe sich in ihre bessere Welt verlor, „wer will es aushalten, nach solchen Stunden, in der Armseligkeit, in die man zurück muß? Aber du bist glücklich, du fühlst die Gegenwart nur selten, hast sie nie gefühlt, wie ich es mußte." – „Ach! sie sind doch Menschen", fuhr Diotima fort, „die Armen, die sich vor uns müde ringen, und abkümmern, ohne daß sie wissen worüber; weil ihnen das Eine, was not ist, nicht erscheint, da möchte man so gerne helfen." – „Wie gerne", rief ich, „möcht ich es ihnen gönnen, daß sie lebten, wie du! –"

„Guter Hyperion!" unterbrach sie mich mit ihrer stillen Herzlichkeit, und ihr großes Auge glänzte von freundlichen Tränen. Mir ging ein Himmel auf in diesen Worten. Es war mir ohnedies schon lange eine Qual gewesen, so ruhig vor ihr zu bleiben. „O Schwester meines Herzens!" rief ich, „mir hast du den Frieden gegeben! erhalt ihn mir, um dieser Stunde willen! ich lebe dein Leben durch dich – o deinen Himmel, Diotima", fuhr ich fort, da sie mich unterbrechen wollte, „ich hab ihn umsonst gesucht auf dem dürren Felde des Lebens, ich war so lange ohne Heimat; ach! es war die Nacht vor dem erfreulichen Tage; ich seh es nun, wir sterben nur, um neu zu leben, ich war hingewelkt vor der Zeit, nun kömmt mir ein ewiger Frühling, ich fühl es, hier ist unsterbliche Jugend, hier, wo du bist!" – „Stille, stille, jugendlicher Geist!" rief Diotima.

Ich war, indes sie es sprach, selbst über mich erschrocken. Es schwebte mir noch manches warme Wort auf der Zunge; ich verschwieg es, aber bei jedem ward ich bestürzter. Ich war stille, aber ich fühlte nur um so brennender, wie ich an ihr hing. Sonst war ich ruhiger von ihr gegangen als heute. Ich wollte noch an demselben Abend zurück, aus mancherlei Gründen, die ich mir einredete, aber ich hatte kaum drei Schritte gewagt, so verwies ich es mir. Mit quälender Ungeduld erwartet ich den andern Tag. Tausend Dinge wollt ich ihr sagen. Ich stand im Geiste vor ihr, faßte ihre Hände zum ersten Male, und drückte sie so mit Zittern an meine Stirne. Wenn Diotima nicht wäre, dacht ich, und es war mir, als fühlt ich Zernichtung.

Ich erschrak über diese Heftigkeit; ich hielt mir die schönen Tage vor, wo ich freier und stiller um Diotima lebte, ich suchte, ihre zarten Melodien in mein Herz zurückzurufen, aber die Unruhe blieb, und ich ward nur um so verwirrter, je mehr ich mein unbändiges Herz mit Vorstellungen plagte. – Es war mir unerklärlich, daß ich gerade heute so sein sollte.

Ich wußte mir nicht zu helfen, wie ich des andern Tages vor sie trat. Sie schien mir so fremd, so unbekümmert um mich. Sie war auch meist abwesend mit der Mutter, bei häuslichen Geschäften. Sie wollten mit Diotima die Insel ein wenig durchwandern, sagte mir die Mutter, es würde dem lieben Mädchen doch Freude machen, das schöne Land zu sehn, und so hätte sie jetzt noch manches zu besorgen, weil sie einige Tage ausbleiben würden.

Es war gut, daß sie meine Antwort nicht abwartete, und wieder hinauseilte. So schnell hätt ich ihr nichts darauf zu sagen gewußt.

„Und morgen schon wird die Reise vor sich gehn?" fragt ich die Mutter, als sie wieder hereintrat, „wohl auch sehr frühe?" – „Vor Tagesanbruch!" versetzte sie; „wir wollen möglichst in der Kühle reisen." – „Die Seeluft mildert zwar die Hitze ziemlich", erwidert ich, „doch ist der Morgen freilich lieblicher. Und wann werdet ihr zurückkommen?"

In sechs Tagen würden die Ältesten gewählt, versetzte sie, da möchte sie doch wieder in San-Nicolo sein. Es wäre schön, wenn ich entgegenkäme.

Wie doch das unerfahrne Herz so klug ist, wenn es liebt! Beredsamkeit war sicher meine Tugend nie gewesen, und heut am wenigsten. Jetzt, da Diotima wieder gegenwärtig war, konnt ich gar kein Ende finden in meinen Schilderungen von dem Wege, den sie zu machen gedachte. In meinem Leben malt ich nie lebendiger. Nicht eine der lieblichen und großen Stellen ließ ich unbemerkt, die sie unterweges finden würde. Alles Erfreuliche, was ihr begegnen konnte, sucht ich an mich anzuknüpfen. Bei jedem Reize der herrlichen Insel sollte Diotima mein gedenken. –

Ich hatte keine Ruhe die Nacht über. Die Sterne leuchteten noch am Himmel, als ich hinausging. Ich lagerte mich unter dunkeln Platanen an einem Hügel, der nicht sehr ferne von der Straße lag. Mancherlei bewegte sich mir in der Seele. Auch meine trüben Tage, ehe ich Diotima gefunden hatte, erschienen mir wieder. Der Mensch kann manches tragen, dacht ich. Die Freude gehet über ihm auf und unter. Aber er wandert doch auch in der Nacht seinen Weg so hin. Ist er nur einmal vertraut damit geworden, so wird ihm auch das Unerträgliche leidlich. Nur muß er nicht zurücksehn, auf das, was er verlor. Ein Tropfe aus der Schale der Vergessenheit, das ist alles, was er bedarf!

Ich hatte einige Tage zuvor einen alten Schiffer gesprochen, der im Gefechte mit den Korsaren den rechten Arm verloren hatte, auch sonst zur Fahrt zu schwach geworden war. Der hatte mir erzählt, wie er anfangs jedesmal hinausgegangen sei an den Hafen, wenn ein Schiff ausgelaufen sei, oder wiedergekommen, wie er sich immer da der alten Zeiten erinnert habe, wo ihm der Vater noch seinen Segen mitgegeben hätte auf die Fahrt, und wie er dann mit klopfendem Herzen hinausgewandert wäre aufs herrliche Meer, wie ihm ein frischer Trunk vom Brunnen das Herz erfreuet hätte bei einer Landung, oder der blaue Himmel nach einer stürmischen Nacht, und dann bei glücklicher Rückkunft der Gruß seines Alten – das wär ihm immer eingefallen, wenn er draußen am Hafen hätte Schiffe gehn und kommen gesehn, und ihm hätte oft vor Sehnsucht das Herz geblutet, und er hätte oft geweint in seinen alten Tagen, wie ein Kind, wenn er wieder in seine Hütte geschlichen wäre mit seinem einen Arme, aber seitdem ihn seine Füße nicht mehr tragen wollten, und er nicht mehr ans Meer hinaus käme, und nicht mehr so oft seiner Jugend gedächte, trag er sein Schicksal geduldiger. – So ist der Mensch, dacht ich, ist nur erst die Freude recht ferne, so hält er dem Kummer stille, und hilft sich, so gut er kann.

Der erwachende Morgen weckte mich aus meinen Gedanken. Es schien mir sonderbar, daß ich darauf gekommen war.

Jetzt sah ich unten auf der Straße die lieben Reisenden herankommen. Ich raffte schnell mich auf, und wollte hinab. Aber ich dachte, es möchte doch wohl auffallen, und so blieb ich. Ich hörte, wie sie sangen. Siehst du, wie entbehrlich du bei ihrer Freude bist, sagt ich mir, und mir war es doch, als könnt ich eher die Luft, die ich atmete, vermissen, als Diotima. Nun war mir der Gesang allmählich verhallt, auch die dunkeln Gestalten, die mein Auge, solang es konnte, verschlang, waren verschwunden. Ich lauschte noch eine Weile, und blickte da hinaus, wo ich sie verloren hatte; aber ich hörte nur das tropfende Wasser in den Ritzen des Hügels; kein menschliches Geschöpf zeigte sich in der ganzen Strecke, wohin ich sah. „Lebe wohl, Diotima! Herrliche! Gute!" rief ich endlich und kehrte nach Hause.

Ich geleitete sie im Geiste; ich belauschte ihr Auge, wie es hinaussah in die schöne Welt; jetzt ist sie wohl in dem Tale, dacht ich, wo die lieblichen Gruppen von Ulmen und Pappeln stehn, wovon du ihr sagtest; da denkt sie vielleicht, du hättest nicht uneben geweissagt, und sagt den andern, sie möchte dir wohl gönnen, daß du auch da wärst, und deine Freude hättest. – Aber entbehren kann sie dich doch gar leicht! du sahst es ja! Das dacht ich auch, doch zürnt ich mir dabei, und schlug mir's aus dem Sinne, weil es klein und eigennützig wäre, daß ich wünschen könnte, sie sollte nicht fröhlich sein, wann ich gerade mich nicht freuen könnte.

Mit meiner ganzen Liebe hing ich an der Stunde, wo ich sie wiedersehen sollte. Es war ein fröhliches Gewebe von Hoffnungen, womit ich das Herz mir schweigte, und war ich damit zu Ende, so löst ich's wieder auf, es lieblicher zu erneuern.

Mit süßem Zauber wehten mir, wie Boten der Holdin, die Lüfte des Himmels vom Tal entgegen, wo ich ihrer wartete. Blütenflocken umtanzten mich, und Nachtigallen schlugen unter den Rosen am Wege. Sonst war es stille ringsumher; ich konnte jeden Laut vernehmen, der von ferne kam.

Itzt wanderte mir ein freundlicher Pilger vorüber. Ob er nicht auf seinem Wege Reisenden begegnet wäre, fragt ich ihn. Er hätte Reisende gesehn in einem Haine, erwiderte der Pilger, sie hätten dort sich vor dem Mittagsstrahle unter die Ulmen geflüchtet; ein holdes Mädchen hätte Namen in die Bäume geschnitten. Ich wünscht ihm herzlich für seine frohen Worte frohe Wandertage und eilte fort. Jetzt, wo das Tal sich öffnete, sah ich hinaus; da kamen sie!

Diotima warf den Schleier zurück, und nickt' und lächelte mir entgegen, und ich flog hinan. Da bot sie traulich mir die Hand; ich mußt ihr geschwind erzählen, wie ich jeden Tag indes gelebt; ich sagt ihr, daß ich früh am Tage, wo sie abgereist, den Hügel bei San-Nicolo besucht, und sie von da gesehen hätt und gehört, daß ich indes ihre Harfe gestimmt, und den Gesang gelernt, den sie am Abend, da ich sie zum ersten Male begrüßte, gesungen hätte, daß ich oft nach ihren liebsten Blumen in Notaras Garten gesehn, und ihrer gepflegt; auch hätt ich aus dem seltnen Buche, das ein Fremder mir geliehn, die Blätter für sie abgeschrieben, die am meisten sie vergnügten. – „So warst du ja recht fleißig", sagte Diotima, fuhr dann fort, wie sie meinen Sinn geahndet hätte in jeder Stelle der Insel, die ich ihr beschrieben, wie man so ganz zusammentreffen könne in einem Urteil, einer Freude, gerade da, wo die andern so selten einig wären; man hätt auch einmal von Delos gesprochen, da hätte sie den Knaben Hyperion vor sich gesehn, wie er mit ihrem

Vater so fromm umhergegangen wäre unter den heiligen Ruinen, wie er staunend oben auf dem Cynthus gestanden, und schweigend mit dem Auge nur gefragt; sie hätte dann so herzlich gewünscht, daß sie damals auch mit uns umhergewandert wäre; sie wäre zwar ein unverständig Kind gewesen, doch hätte sie gewiß auch etwas geahndet, weil der Vater so ernst gewesen wäre, und der kleine Gespiele – so und anders dacht ich mir Diotimas Empfang, und war selig in meinen kindischen Träumen.

SECHSTES KAPITEL

Es wäre gut, wenn die Hoffnung etwas seltner wäre im Gemüte des Menschen. Er waffnete sich dann zu rechter Zeit gegen die Zukunft.

Der Abend war nun wirklich da, wo ich sie wiedersehen sollte. Ich war auch kaum hinausgegangen, so ward ich die Reisenden in einiger Entfernung gewahr. Diotima grüßte mich auch freundlich, aber die Diotima, von der ich geträumt hatte, war sie doch nicht. Ihr reiner immertätiger Geist äußerte sich gegen mich, wie zuvor; aber es ward mir schwerer, als sonst, auf sie zu merken; ich war zerstreut, und hört oft Augenblicke lang kein Wort von allem, was sie sprach, und wenn ich lauschte, so war es, weil das arme Wesen trachtete, für seine sterblichen Wünsche ein erfreulich Wörtchen zu erhaschen. Oft, wenn sie während ihrer Rede meinen Namen nannte, war ich plötzlich mit meiner ganzen Seele gegenwärtig; aber mit Schmerzen fühlt ich bald, daß ihr Geist nur einen Augenblick mir nahe gewesen war.

Ich ahndete nun allmählich trübe Tage. Es war jetzt oft, als warnte mich etwas, als ging' ich nicht auf rechtem Wege.

Sie war das einzige, woran mein Leben sich erhielt, mein Herz hatte sich nach und nach so gewöhnt, daß auch nicht der Schatte in mir war von einer Hoffnung, die ohne sie bestanden wäre, und sie schien sich doch mit jedem Tage mehr von mir zu entfernen. Ich fühlte den sterbenden Frühling meines Herzens. Der milde Himmel, der es umfangen hatte, und genährt, die stille Seligkeit, die ich gefunden hatte im sorglosen Anschaun der Grazie und Hoheit dieses seltnen Wesens, verschwand mit jedem Tage merklicher. Mit Todesangst konnt ich itzt jede Miene und jeden Laut von ihr befragen, ob sie mich verlassen würde; ihr Auge mochte gen Himmel sich wenden, oder zur Erde, ich folgt ihm, als wollte mir mein Leben entfliehn. Ich muß es nur geradezu sagen, ich war oft ärgerlich über alles Gute und Wahre, wovon sie sprach, weil sie mich darüber zu vergessen schien. O es ist mir sehr begreiflich geworden, wie der Mensch dahin geraten kann, daß er das Beste, was wir haben, das edle freie Leben des Geistes zu morden strebt in dem Wesen, woran sein Herz hängt. Es geht mir durch die Seele, wenn ich mir die guten Kinder denke, die sich das Mein! und Dein! so unbedingt, mit solcher Entzückung sagen. Der Mißverstand ist so leicht. Und weh ihnen, wenn sie sich mißverstehn!

Solang ich bei ihr war, und ihr begeisterndes Wesen mich emporhub über alle Armut der Menschen, vergaß ich oft auch die Sorgen und Wünsche meines dürftigen Herzens. Aber das dauerte nicht lange. Sowie ich zu mir selbst kam, begann auch wieder meine Not, und je höher und heller ihr Geist über mir leuchtete, um so brennender fühlt ich meinen Jammer. Aber tief in mein Innerstes begrub ich ihn. Es ging mir, wie den Menschen, denen die Flamme ihre Kammern verzehrt, und die nicht um Hülfe rufen mögen, aus Scham und Scheue vor andern. Keine Stelle war mir sicher genug, um mich der Klage meines Herzens zu entlasten. Ich erinnere mich nicht eines Worts, das ich über meinen Gram gesprochen hätte. Ich sah auch nicht, was es mir fruchten könnte, irgendein Wesen um Hülfe anzusprechen; ich hatte ja schon einmal Trost in der Welt gesucht, und war ärmer zurückgekommen.

Ich verzehrte mich in verworrenem gewaltsamem Ringen

nach ihr, und mein Wesen mattete sich um so schröcklicher ab, je mehr ich meine glühenden Wünsche verbarg.

So kam ich eines Tags zu Diotima. Ich war nicht lange da, so fing sie an: es hätte jemand einen Dank von ihr zu fordern, es wär ihr gestern eingefallen, daß sie ihrer Harfe so ganz vergäße, sie hätte sie hervorgeholt, ihren Mißklang, so gut sie könnte, zu mildern, und sie ganz wohllautend gefunden.

Der Himmel weiß, wie viel ich mir unter dem versprochenen Danke dachte.

Ich hätte sie gestimmt, rief ich, und wußte mir kaum zu helfen in meiner Freude, ich hätte nichts Besseres zu tun gewußt für meine Freundin, solange sie verreist gewesen wäre. Auch fiele mir eben ein, daß ich damals einiges für sie abgeschrieben hätte; ich wüßte nicht, wie es gekommen wäre, daß ich nicht eher daran gedacht hätte – ich lief sogleich fort, die Papiere zu holen; ich konnte kaum sie finden in meiner freudigen Eile; „o einen Dank von dir, herrliches Wesen!“ rief ich, und segnete mit Tränen meine Schmerzenstage, um meiner neuen Hoffnung willen!

Sie bat mich, wie ich zurück war, ihr das Geschriebne vorzulesen, freute sich innig über die goldnen Stellen, und sprach darüber ungewöhnlich heiter und lebendig. Anfangs, solange noch die süße Erwartung sich in mir regte, stimmt ich mit allem Feuer des seligen Herzens in ihre frohen Töne ein, doch wie sie endlich so lange mit dem Danke zögerte, da verstummt ich freilich; es war etwas in meiner Betrübnis, wovon bisher keine Spur in mir erschienen war; ich möchte fast sagen, es sei Bitterkeit gewesen.

Mit einer sonderbaren Gelassenheit schied ich, als ich endlich zu gehen genötigt war. Ich hörte kaum darauf, als sie mir noch nachrief, „ich danke dir, Hyperion!“

Ich kam nun immer seltner hin; blieb endlich ganz weg. Eine Totenstille, die ich kaum an mir begreife, war allmählich über mich gekommen. Ich lebte so hin, mit halbem Bewußtsein, ich suchte nichts mehr, ich half mir fort von einem Tage zum andern, so gut ich konnte; ich achtete nichts, war mir selbst nichts mehr, trachtete auch nicht, andern etwas zu sein.

Um diese Zeit begegnete mir, da ich so in meiner Finsternis draußen herumirrte, Notara mit seiner Mutter und einigen andern. Er beschwerte sich über meine Eingezogenheit; ich sagt ihm, daß ich sein Haus nicht hätte mit der bösen Laune plagen mögen, die mich seit einiger Zeit heimgesucht hätte, und wagt es, zu fragen, wo dann Diotima wäre? – Sie sei zu Hause, rief die Mutter, die fromme Tochter schreibe an ihren Vater.

Es war traurig, wie die unschuldigen Worte mich aus meiner Dumpfheit weckten. Jetzt mußt du hin! rief es augenblicklich in mir, und Feuer und Schrecken wechselten in meinem verwilderten Herzen. Zitternd, gedankenlos ging ich vorüber an ihrem Fenster – nein! nein! du gehest nicht hinauf, dacht ich, und taumelte fort nach Hause, und schloß die Türe ab. Aber wo ich hinsah, war ihr Bild, und alle die freundlichen Worte, die ich einst gehört hatte von ihr, umtönten mich. – „Was willst du von mir?" rief ich vor mich hin; „was störst du meine Ruhe?" – Ich war, wie ein zürnender Geist, den die Stimme des Beschwörers aus seinem Grabe zwang. Verzeih es mir die Gute! ich fluchte der Stunde, wo ich sie fand, und rast' im Geiste gegen das himmlische Geschöpf, daß es mich nur darum ins Leben geweckt hätte, um mich wieder niederzudrücken mit seinem Stolze. Wie eine lange entsetzliche Wüste lag die Vergangenheit da vor mir, und wütend vertilgt ich jeden Rest von dem, was einst mein Herz gelabt hatte und erhoben. Ich muß dir danken, dacht ich, ich bettelte vor deiner Türe, und du nährtest mich mit Brosamen. Wer will es dir vergen, daß du das Beste für dich behieltst? Was solltest du auch dich an ein Geschöpf verschwenden, das kaum des Rettens wert war? Nein! du hast keine Schuld auf dir. Ich war ja zertrümmert, zertreten von den andern, eh ich zu dir kam. Da war nichts mehr zu verderben, nichts mehr gutzumachen! – Aber es ist doch wahrlich auch ein grausames Erbarmen, das Wesen, das der langen Ruhe schon nah ist, mit einer Balsamtropfe zu wecken, daß es zwiefach stirbt! – Ich danke nun dafür; ich wollte, du hättest dich nie bemüht. Nein! sie hat nicht gut an mir gehandelt. Sie ist, wie alle. Die andern begannen, und sie hat's vollendet – meisterlich! – Ich erschrak endlich doch über meine Lästerungen. Die reinen Melodien ihres Herzens, die sie mir oft auf Augenblicke mitgeteilt hatte durch Red und Miene, daß mir's ward, als wandelt ich wieder im verlassenen Paradiese der Kindheit, ihre fromme Scheue, nichts zu entweihen durch übermütigen Scherz oder Ernst, wenn es nur ferne verwandt war mit Schönem und Gutem, ihre absichtlose Güte, ihr Geist mit seinen hohen Idealen, woran ihre stille Liebe so einzig hing, daß sie nichts suchte, und nichts fürchtete in der Welt, alle die lieben seelenvollen Abende, die ich zugebracht hatte mit ihr, jeder Reiz ihrer Bewegung, die, wo sie stand und ging, nur sie – das edle, unbefangne, stille Gemüt – bezeichnete, das alles und mehr, ihr ganzes himmlisches Wesen, ging wieder auf mir, wie der Boge des Friedens nach Gewittern. – Und dieser Einzigen zürnst du? sagt ich mir; und warum? weil sie nicht verarmt ist, wie du, weil sie den Himmel noch im Herzen trägt, nicht eines andern Wesens, nicht fremden Reichtums bedarf, um die verödete Stelle auszufüllen, weil sie nicht unterzugehen fürchten kann, wie du, um sich mit dieser Todesangst an ein andres zu hängen; ach! gerade das Göttlichste an ihr, diese Ruhe, diese himmlische Genügsamkeit hast du gelästert, die Unschuld hast du um ihr Paradies beneidet; und mit einem so zerrütteten Geschöpfe sollte sie sich befassen? muß sie dich nicht fliehen? o warnt, ihr guten Geister! warnt sie vor diesem Gefallenen! –

Ich hätte nun gerne alle Last des Lebens über mich genommen, um mein Unrecht gutzumachen. Nun war es mir nicht mehr um mich zu tun. Ich hätte nun keinen Dank begehrt, für die Tugend eines Halbgotts! Ich wollte nun ganz werden, wie sie, um ihretwillen! um ihr mit tausendfacher Freude zu vergüten, was ich ihr zu Leide getan!

Ich wollte mich überhaupt einmal herausarbeiten aus meiner Nichtigkeit. Ich sah mit Begeisterung hinaus auf mein künftig Leben. Es war mir, als hätte schon itzt ein heilig Feuer mich geläutert, und meine Schlacken weggetilgt auf ewig. „O Diotima! Diotima!" rief ich, „wenn ich einst vor dir stehe, wie ein neuer Mensch, im Siegsgefühle, wenn es da ist, was ich einst als Knabe träumte – und es muß kommen, es muß, so wahr ein göttlich Wesen des Menschen Brust bewegt! – wenn du dann in deiner reinen Freude mich begrüßest, und denkst, es hätte doch ein guter Funke geschlummert in dem ärmlichen Geschöpfe – dann will ich dir ganz bekennen, wie klein, wie arm ich war, und du wirst nicht zürnen, daß der Schmerz zum Manne mich schmiedete."

Ich glaubte, nun endlich auf dem rechten Wege zu sein. Ich war es nicht. Indes brachte mich doch dieser neue Stoß wieder ins Leben. Ich war doch aus der trägen Resignation heraus, wo man nichts mehr will, und nichts mehr achtet, aus der Totenruhe, die bei allem Scheine von Weisheit, womit sie von den Feigen geprediget wird, gewiß das Nichtswürdigste ist, worein der Mensch geraten kann. Entschuldige sich keiner, ihn habe die Welt gemordet! Er selbst ist's, der sich mordete! in jedem Falle! –

Nun erst fiel mir Diotimas Vater wieder ein. Ich schrieb ihm: Du hast meiner gedacht, edler Geist! ich denke deiner, jetzt, . . .

[DIE VORLETZTE FASSUNG]

VORREDE

Von früher Jugend an lebt ich lieber, als sonstwo, auf den Küsten von Ionien und Attika und den schönen Inseln des Archipelagus, und es gehörte unter meine liebsten Träume, einmal wirklich dahin zu wandern, zum heiligen Grabe der jugendlichen Menschheit.

Griechenland war meine erste Liebe und ich weiß nicht, ob ich sagen soll, es werde meine letzte sein.

Dieser Liebe dank ich nun auch dies kleine Eigentum und es war mein geworden, geraume Zeit, ehe ich wußte, daß andere sich auf ähnliche Art, wie es scheint, und glücklicher, als ich, bereichert hatten.

Ich hoffte, daß es mir doch vielleicht *einen* Freund gewinnen könnte, und so beschloß ich, es mitzuteilen.

Ich wünschte um alles nicht, daß es originell wäre. Originalität ist uns ja Neuheit; und mir ist nichts lieber, als was so alt ist, wie die Welt.

Mir ist Originalität Innigkeit, Tiefe des Herzens und des Geistes. Aber davon scheint man jetzt gerade, wenigstens in der Kunst, sehr wenig wissen zu wollen; und wenn nicht andere siegen, so wird es neuester Geschmack werden, von der Natur zu sprechen, wie eine spröde Schöne von den Männern, und seinen Stoff zu behandeln, wie ein geschworner Berichterstatter; wo man dann am Ende recht gut weiß, daß ein Hase über den Weg lief und kein anderes Tier, aber hiemit sich auch begnügen muß. Es wäre übrigens grober Mißverstand, wenn man dächte, ich spreche hier von den trefflichen Menschen, die uns das schöne Detail der Natur mit so unverkennbarer Liebe vergegenwärtigen. –

Um auf meine Briefe zurückzukommen, so bitt ich, diesen ersten Teil für nichts weiter, als für notwendige Prämisse anzusehn, und sich mit guter Hoffnung zu trösten, wenn man z. B. über den Mangel an äußerer Handlung gähnen und auch das Wenige, was von dieser Seite vielleicht befriedigen könnte, planlos, unnatürlich finden möchte. Was vereinzelt gefallen kann, kann nicht wohl als Ganzes gefallen und umgekehrt. –

Auch wird man manches Unverständliche, Halbwahre, Falsche in diesen Briefen finden. Man wird vielleicht sich ärgern an diesem Hyperion, an seinen Widersprüchen, seinen Verirrungen, an seiner Stärke, wie an seiner Schwachheit, an seinem Zorn, wie an seiner Liebe. Aber es muß ja Ärgernis kommen. –

Wir durchlaufen alle eine exzentrische Bahn, und es ist kein anderer Weg möglich von der Kindheit zur Vollendung.

Die selige Einigkeit, das Sein, im einzigen Sinne des Worts, ist für uns verloren, und wir mußten es verlieren, wenn wir es erstreben, erringen sollten. Wir reißen uns los vom friedlichen *Εν και Παν* der Welt, um es herzustellen, durch uns selbst. Wir sind zerfallen mit der Natur, und was einst, wie man glauben kann, *eins* war, widerstreitet sich jetzt, und Herrschaft und Knechtschaft wechselt auf beiden Seiten. Oft ist uns, als wäre die Welt *alles* und wir *nichts*, oft aber auch, als wären wir *alles* und die Welt *nichts*. Auch Hyperion teilte sich unter diese beiden Extreme.

Jenen ewigen Widerstreit zwischen unserem Selbst und der Welt zu endigen, den Frieden alles Friedens, der höher ist, denn alle Vernunft, den wiederzubringen, uns mit der Natur zu vereinigen zu *einem* unendlichen Ganzen, das ist das Ziel all unseres Strebens, wir mögen uns darüber verstehen oder nicht.

Aber weder unser Wissen noch unser Handeln gelangt in irgendeiner Periode des Daseins dahin, wo aller Widerstreit aufhört, wo *alles eins* ist; die bestimmte Linie vereiniget sich mit der unbestimmten nur in unendlicher Annäherung.

Wir hätten auch keine Ahndung von jenem unendlichen Frieden, von jenem Sein, im einzigen Sinne des Worts, wir strebten gar nicht, die Natur mit uns zu vereinigen, wir dächten und wir handelten nicht, es wäre überhaupt gar nichts (für uns), wir wären selbst nichts (für uns), wenn nicht dennoch jene unendliche Vereinigung, jenes Sein, im einzigen Sinne des Worts vorhanden wäre. Es ist vorhanden – als Schönheit; es wartet, um mit Hyperion zu reden, ein neues Reich auf uns, wo die Schönheit Königin ist. –

Ich glaube, wir werden am Ende alle sagen: heiliger Plato, vergib! man hat schwer an dir gesündigt.

Der Herausgeber

„. . .
gemacht; du weißt, ich konnte sie nirgends lernen, die süßen Bitten der Liebe, ihre freundlichen mächtigen Töne; aber sieh in mein Herz! gewiß, Hyperion, du findst kein Falsch in ihm! und du verlässest es, du wirfst es in den Kot?"

„Komme mit mir!"

„Bleibe, bleibe! Ein Wort, ein einzig Wort hat dich von uns getrieben. Prüfe wenigstens! Was fürchtest du? will einer dein Verderben? Ich wollt ihn treffen! beim ewigen Gott! und wenn er mein Bruder wäre, wollt ich ihn –"

„Laß das", fiel ich ein, „ich bleibe nun einmal nicht!"

„Du mußt!"

„Du wirst mir doch nicht Gewalt antun?"

„O ich habe ein Recht dazu!" rief er wütend, „ein herrlich Vorrecht hab ich! Wer keine Hand hat, hilft sich mit den Zähnen. Ich bin ja nicht gemacht, geliebt zu werden, o ich seh es nun! das ist meine Sache nicht; ich bin verstoßen aus dem Reiche solcher Freuden – aber zwingen kann ich! Morden kann ich auch!"

„Wer weiß? du könntest sogar den Auftrag haben!"

„Das wüßt ich nicht, mein Freund! aber sieh! das weiß ich –" Er hielt inne; wir standen am Rande eines Felsen, und neben uns lag tief unten das Meer; einen schnellen fürchterlichen Blick warf er hinab und wieder auf mich „– das weiß ich", rief er, „eher wanderst du da hinunter als nach Tina!" und schlug die Arme um mich.

„Rasender!" schrie ich, und stieß ihn von mir.

In eben dem Augenblicke erhub sich hinter uns Geschrei und Getümmel. Es waren die Schiffer, mit denen mein Diener kam, nebst andern, die ihr Tagwerk zum Hafen trieb.

„Geh!" rief ich dem Adamas zu, „geh! meine Leute sind da! es wäre nicht gut, wenn ein Lärm aus der Sache entstünde."

„Du hast recht!“ versetzt’ er kalt, wandte mir den Rükken, und verschwand in die benachbarten Wälder.

So schied ich von Smyrna, von allen meinen Wünschen und Hoffnungen.

Meines Frühlings Ende war gekommen, ehe er noch da war. Es war ein traurig Ende. Ich beweint es nicht einmal, ich sahe der schwindenden Jugend nach, wie man der Leiche eines Kinderlosen nachsieht, und meine guten Sterne gingen unter, wie die Sterne des Himmels über verödeten Wüsten, wo kein Auge nach ihnen fragt.

Mit kaltem Herzen sagt ich allem, was ich gekannt hatte, und geliebt, ein Lebewohl.

Adamas war mir nichts mehr. Ich konnte nicht einen Augenblick an ihn denken.

So ging ich, sagte mir, ich hätte nichts verloren, und hatte doch alles verloren – meinen Glauben. Vertraue dir, sagt ich mir, erhalte dich dir! und laß das übrige seinen Gang gehen.

Das Schiff war segelfertig. Wir stiegen ein, und in zwei Tagen waren wir in Tina.

...

setzte sie gutmütig hinzu, und wurde über und über rot.

Ich war sicher, daß das Kind keiner Seele wehe tun wollte, und doch ging das Wort mir durch die Seele wie ein Schwert. Aber ich zwang mich wieder und gab dann auch ein Gleichnis, das zum Lachen war. –

Ich fühlte mich abgemattet, wie ich mich schlafen legte, schlief auch bald. Aber des andern Tages mußt ich büßen, was ich an mir gesündiget hatte.

Lieber! bewahre dich dein guter Geist vor solchen Tagen! Hast du nie einen Unglücklichen gesehn, dem die Flamme sein Haus verwüstete, wie er dastand vor seinem Aschenhaufen und hinsah, als betrachtete er etwas, wo er doch nichts betrachtete? So brütet ich jetzt über mir selber, so sah ich den Tod meines Herzens an.

Es gibt ein Vergessen alles Daseins, ein Verstummen unsers Wesens, wo uns ist, als hätten wir alles gefunden; es gibt aber auch ein Verstummen, ein Vergessen des Daseins, wo uns ist, als hätten wir alles verloren, eine Nacht unserer Seele, wo kein Schimmer eines Sterns, wo nicht einmal ein faules Holz uns leuchtet.

Der „Ajax" des Sophokles lag vor mir aufgeschlagen. Zufällig sah ich hinein, traf auf die Stelle, wo der Heroe Abschied nimmt von den Strömen und Grotten und Hainen am Meere: „– ihr habt mich lange behalten", sagt er, „nun aber, nun atm' ich nimmer Lebensothem unter euch! Ihr nachbarlichen Wasser des Skamanders, die ihr so freundlich die Argiver empfingt, ihr werdet nimmer mich sehen! – Hier lieg ich ruhmlos!"

Ich schauderte; eine Träne fühlt ich wohl auch im Auge; aber sie vertrocknete schnell, wie eine Tropfe auf glühendem Eisen.

Mein guter Diener trat herein; treuherzig sah er eine Weile mich an. „Ihr habt ein übel Gemüt in Smyrna geholt", rief er endlich bewegt.

„Meinst du, das komme von Smyrna?" fragt ich.

„Ja, das mein ich. Weiß Gott, was Euch alles widerfahren sein mag! Freilich denk ich auch manchmal, Ihr könntet wohl die Sachen etwas leichter nehmen."

Das „leicht nehmen" war nun leider! meine Antipathie, besonders ließ ich mir's nicht gerne zumuten, und so sucht ich, so sanft, wie möglich, ihn von dieser Stelle wegzurücken.

„Wie geht denn dir's?" fragt ich. „Gut", rief er, „mir ist so wohl, wie einem Vogel in der Luft, seit ich wieder hier bin." – „Hattest du unser Heimweh?" fragt ich. „Das könnt ich eben nicht sagen. Ich grämte mich nicht, wie ich weg war, aber doch gefällt mir's besser, daß ich da bin. Ein dummes Leben war's doch immer da drüben. Die Leute tun, als gehörten sie gar nicht zusammen. Hier hab ich meinen Vater und meinen Bruder –" – „Wie lebten sie, seit du weg warst?" – „Wie es eben kömmt! Die Hungersnot hat freilich auch den Tinioten wehe getan."

„Das glaub ich!" rief ich. „Und seht, lieber Herr!" fuhr er fort, „das war's nicht allein, daß man wenig hatte, sondern das war's, daß kein Segen in dem war, was man noch hatte."

„Wie meinst du das?" fragt ich.

„Lieber Gott!" rief er, „da ißt man eben mit Bekümmernis und Sorge, da hat man keinen Glauben mehr an Gottes Gabe, und da sättigt nichts, gar nichts und wenn sonst alles genug dran hatte."

Er sah, daß ich betroffen war.

„Drum ist auch", fuhr er fort, „mein einfältig Gebet: lieber Gott! erhalt mich gutes Muts! In der Kirche komm ich selten dazu; denn da betet man andre Dinge und gelehrter; aber wenn's zuweilen herbe Tage gibt und es will mir werden, als gäb es nicht auch gute, und wenn ich ein scheel Gesicht machen will zum Weizen, wie zum Unkraut, und den Brunnen gar einschlagen, weil er nicht immer Wasser gibt – seht! da bet ich's, und da hab ich schon oft erfahren, wie viel einem das Wenige werden kann, das man mit Wohlgefallen annimmt, wie es einen stärkt und einem das Herz dabei aufgeht – o lieber Herr! sagt, was Ihr wollt! Das Leben ist doch schön."

„Geh, guter Stephani!" rief ich, „geh! ich kann dir jetzt nicht antworten." Er ging. Der Mensch hatte mich wehmütig gemacht. Ach! es war so leicht, mich zu entwaffnen, mit der Welt mich auszusöhnen. Mein Herz hatte sich selbst genug gesträubt gegen den gewaltsamen Zustand, den ich ihm aufgedrungen hatte. Wer warst du denn, sagt ich mir, daß du so viel erwarten, wo siegtest du denn, daß du so stolz nach Beute fragen durftest? Wer hat, dem wird gegeben, und wer nichts in sich ist, der helfe sich mit wenigem. O mein Bellarmin! was tut der Mensch nicht, um lieben zu können? um lieben zu können, setzte mein Herz sich selbst herunter, um an den Brosamen mich zu freun, sagt ich mir, daß man den Kindern des Hauses nicht das Brot nehme und gebe es den Knechten! O laß mich weinen! Denn hier darf ich's. Dahin hatten mich die Menschen gebracht, das hatt ich ihnen zu danken, daß ich mich endlich beredete, ich sei, wie sie, um vorlieb mit ihnen zu nehmen, daß ich mir nahm, was ich ihnen nicht zusetzen, daß ich mich niederdrückte, weil ich sie nicht erheben konnte! Sage mir nicht, ich spreche stolz! Ich sage wenig genug, wenn ich sage: ich war besser, wie sie!

Und so nahm ich denn einmal vorlieb, war nun wirklich gesellig, lau, ohne Sinn und Seele, wie sie, legte oft fast einen Wert darein, so zu sein; wie sollt ich nicht? es hatte mich ja Überwindung, Aufopferung gekostet!

Meine Plane gab ich allmählich auch auf. Du verkanntest deine Bestimmung, sagt ich mir, die sonderbaren Zufälle deiner frühern Jahre trieben dich aus deinem Kreise heraus, und es ist Zeit, daß du in deine Grenzen zurücktrittst!

Wollt ich zuweilen auffahren, als wär es Mißhandlung, die ich an mir verübte, so schlug ich mich gewöhnlich mit der Frage nieder, was bist du denn, um mehr zu fordern? Trauert ich über das, was jetzt mich beschäftigte, so sagt ich mir, daß ich ja dazu kaum taugte, und wirklich benahm ich mich dabei sehr schwerfällig. Oft konnt es freilich kommen, daß mich mitten unter den Fröhlichen ein Weh überfiel, daß ich forteilte und mich verbarg, wo ich doch nicht zu erröten brauchte, ach! da, wo das Seufzen, wo die Träne der entwürdigten Natur nur die friedlichen Bäume des Walds und die stillen Pflanzen zu Zeugen hatte; aber gerade darüber demütigte ich mich nur um so mehr, daran schämte ich mich am meisten. Der Tod des Lebens, den ihr „gesetzt sein" nennt, der war mein edles Ideal geworden; denn, sagt ich äußerst weise, ein Wesen, das sich leicht bewegt, kann leicht zur Unzeit, leicht über die gemeßne Grenze sich bewegen, und wo viele Kräfte sind, da gibt's leicht Anarchie, da ist die Ordnung wenigstens ein selten

Beispiel; deswegen ist es besser, wenn der Mensch nur eine kleine Dose Willen und noch weniger Empfänglichkeit besitzt – ach! und daran dacht ich nimmer, daß nur der Friede des Lebendigen, die Einigkeit der ungeschwächten Kräfte Ordnung, Gottes Ordnung, und daß die heilige Flamme des Altars kein fressend Feuer ist – o Bellarmin! dein Freund war tief gesunken! – Freilich wacht ich oft auf und schalt mich einen Mörder, einen Rasenden, der sich selbst verstümmle, aber das nahm ich dann für böse Laune, nannt es oft ein fieberhaft, unzeitig Gären und mißtraute mir nur um so mehr.

Seit kurzem war der Sohn meines Pflegevaters aus Paros herübergekommen, wo er noch nicht lange etabliert war. Er war einige Jahre älter, als ich, hatte die Welt gesehn und Erfahrungen gemacht; er war etwas vielseitig, behandelte alles mit Schonung, wußte jedem Dinge einen Wert zu geben, gegen mich besonders war er äußerst duldsam und gefällig, ich nahm auch etwas mehr, als gewöhnliches Interesse an ihm, und wir hießen uns bald Freunde. Ich hatte doch etwas an ihm, und wollt ich mich ja ein wenig entfernen, in einem Anfall von Ungenügsamkeit, so zog er mich immer wieder an sich. Ich lebte wirklich halb wieder auf in der Gegenwart dieses Menschen, ich sagt ihm auch oft, er verwöhne, verzärtle mich, man überhebe sich so gerne seiner Schwachheit. Nicht, daß er mich gerade gehalten hätte, wie die wunderlichen Kranken, und zu allem ja! gesagt; dazu war seine Gefälligkeit nicht schülermäßig genug, dazu war ich ihm doch wohl auch zu gut; er tadelte mich, aber sein Tadel berührte die Saite kaum; er widersetzte sich mir, aber nur, um mich gegen mich selbst zu verteidigen; er war oft etwas karg mit sich, aber nur, um sich gewinnen, verschlossen, aber nur, um sich aufschließen zu lassen, und wenn ich ihm das vorhielt, so konnt er mir sagen, es könne niemand für sich selber, er sei eben so gemacht, und möchte nicht anders sein, denn darin bestehe der ganze Reiz des Lebens, daß man zusammen Versteckens spiele. – Er bestritt mich oft gerade in meinen entschiedensten Überzeugungen, aber mit Freundlichkeit und Bedacht, und wie es schien, mehr um das Gespräch zu beleben, mehr zum Versuche, was wohl aus dem Für und Wider sich ergeben möchte, als in strengem Ernste, und ich verglich uns einmal in einer heitern Stunde mit den jungen Lämmern, die sich scherzend einander an die Stirne stießen, vielleicht um ineinander das Lebensgefühl zu wecken. Er hingegen konnte mir darüber sagen, es wäre recht gut, wenn meinesgleichen zuweilen einen fänden, der ihnen ein wenig wehe tue, der sie im kleinen Kriege übe, denn wir möchten immer gerne nur großen Krieg, wo Himmel und Hölle aneinander, oder einen Frieden, der wie der Friede der Umarmung wäre, gänzliche Vereinigung oder gänzliche Scheidung, und das Hälftige sei doch eben einmal das, wofür wir Menschenkinder da wären. Setzt ich ihm entgegen, daß er sich in mir irre, daß er für Charakter nehme, was doch nur ein Überrest zufälliger Verirrung wäre, so lacht' er herzlich und sagte: daran könn ich gerade erkennen, daß ich einer von denen wäre, die den kleinen Krieg nicht leiden könnten, daß ich lieber mein Eigenstes verleugne, um mich andern gleichzusetzen, als daß ich etwas Widerwärtiges ertrage, an dem doch nicht die ganze Kraft sich messen könnte. „O ihr seid sonderbare Geschöpfe!" rief er, „verzärtelt, wie die kranken Kinder, und heroisch, wie die Riesen; Nadelstiche könnten euch zur Desperation bringen und einer Megäre gegenüber wäre vielleicht euch wohl. Ihr habt Vernunft, aber keinen Verstand, Mut, aber keine Geduld; doch könnt ihr lernen, was ihr nicht habt, aber ihr lernt sehr ungern, wenn ich nicht irre, und das kommt daher, weil euch zu wohl ist, bei dem, was sich nicht lernt."

Im allgemeinen verstand ich das, aber anwenden konnt ich es nicht wohl.

Nach und nach wagt ich mich wieder heraus aus der Gefangenschaft, der Unterdrückung, in der ich mich erhalten hatte, aber eine geheime Scheue, etwas Ängstiges, das mir zuvor ganz fremd gewesen war, konnt ich mir nicht verbergen. Ach! einst hielt ich mein Herz so offen und unbesorgt der Welt entgegen! – Auch war es nie so leicht verwundbar gewesen, wie jetzt, aber auch nie so selig!

O es war ein himmlisch Ahnden, womit ich jetzt den kommenden Frühling wieder grüßte! wie fernher in schweigender Luft, wenn alles schläft, das Saitenspiel der Geliebten, so umfingen mir seine leisen Laute die Brust, wie von Elysium herüber, vernahm ich seine Zukunft, wenn die toten Zweige sich regten und ein lindes Wehen meine Wange berührte. – O Himmel meines Ioniens! so war ich nie an dir gehangen, aber so ähnlich war dir auch nie mein Herz gewesen, wie jetzt, in seinen heitern zärtlichen Spielen!

Aber auch dies ging vorüber.

Einst saß ich mit dem Freunde von Paros und mit einigen andern zusammen. Es war ein alter Bekannter von einer langen Fahrt zurückgekommen, und wir feierten das fröhliche Wiedersehn. Alle waren inniger, wie sonst, auch ich wurde warm und sprach ungewöhnlich viel. Die Freude jugendlicher Verbrüderung füllte mich so ganz. „O man lebt doch nicht umsonst, ihr Lieben!" rief ich in meines Herzens Trunkenheit und streckte die Hand aus über dem Tische und jeder bot die seinige dar. Wir erinnerten uns an manche liebe kindische Geschichte, und wie wir unsere frühern Jahre unter Streit und Freundschaft genossen hätten, wie man sich ändern könne und doch immer noch die alte Anhänglichkeit aneinander behalte. – Die Freundschaft sei ein wunderbar Geschenk der Natur – man könne wohl ihr Leben in Begriffen aufbewahren und von ihren Pflichten sprechen, aber ihr Eigenstes lasse sich doch nicht machen, sondern müsse sich geben, sei ein Kind des guten Schicksals, gediegen Gold und nicht erarbeitet – so sprachen wir lange fort; schwiegen endlich; es war ein erfreulich Schweigen; „öffne geschwinde die Fenster", rief ich einem, der gegen mir über saß, jetzt zu; „was hast du, Hyperion?" fragt' ein andrer. „Dort gehn die Dioskuren am Meer herauf!" rief ich freudig. Zufällig sah ich einen Augenblick drauf in den Spiegel; ich glaubte drin ein zweideutig Lächeln an Notara zu bemerken. Betroffen blickt ich um mich und es war mir, als fänden sich auch auf andern Gesichtern solche Spuren. Das war mir ein Dolch ins Herz. Ich glaubte mein Heiligstes verunehrt, meine beste Freude verlacht, von meinem letzten Freunde mein Innerstes verspottet. Ich sprang auf und eilte fort.

Wunderst du dich, mein Bellarmin! daß ich eine ungewisse Miene so tief empfand? Was wirst du denken, wenn ich dir sage, daß es nicht nur eine böse Stunde war, ein vorübergehender Unmut, eine Erschütterung, die meinetwegen oft gesund sein kann – wollte Gott! es wäre dabei geblieben! – Aber sieh! es war auch nicht diese Miene allein. All die Täuschungen, die mir das Herz zerrissen, all die Schlechtigkeiten, die mich empört, seit ich unter die Menschen getreten war mit meinen Hoffnungen, alle Beleidigungen meiner Liebe, ach! jeder elende Scherz, womit man sich an meinen kleinen Unaufmerksamkeiten gerächt, jede gemeine Mißdeutung, womit man meine unbefangenen innigen Äußerungen lächerlich gemacht, jede Falschheit, womit man mein Verlangen, mein Vertrauen nachgeäfft hatte – alle die knechtischen Tücke, womit man sich schadlos hält für seine Demut, alle die bäurischen Anmaßungen, womit man der anspruchlosen friedlichen Seele sich aufdringt, aller Schmutz der Gesellschaft, alles, was ich verziehen hatte und nicht verziehen – sieh! das alles brach, wie eine Diebsbande, aus seinem Hinterhalt und wütete auf mich los! Freilich erschienen mir die Menschen, von denen ich eben herkam, auch nicht freundlich; ich dachte mir einen um den andern, wie er mir wohl seine bittern Bemerkungen nachschicken werde; der rauhe Seemann stand lebendig vor mir mit seinem Ärger und Notara daneben mit seinen hämischen Entschuldigungen.

Jetzt kam ich an dem Hause vorüber, wo einst mein alter herrlicher Freund gelebt hatte, und das Andenken jener Tage brach mir vollends das Herz. Ach! er würde dich nicht mehr kennen, sagt ich mir, keine Spur seiner Hoffnungen würd er in dir finden. Er warnte dich; du solltest dich nicht befassen mit diesem Geschlechte, sagt' er dir; aber das achtetest du nicht! armer Mensch, das Wort war dir zu groß! – Sei nun zufrieden! du hast's an ihm verschuldet! – Du sollst zu Grunde gehn, du mußt! für dich ist keine Rettung! was du warst, das wirst du nie mehr.

Mein Zustand war wirklich trauriger, als je. Gerne hätt ich mich zurückgeflüchtet in mich selbst, mich umgeben, wie ich mich einst umgab, mit den Blüten und Früchten meines Herzens, hätte gelebt, wie die Glücklichen, die der Sturm von ihrem Markte hinweg auf eine freundliche Insel warf, aber ich hatte mich ja selbst nicht mehr, ach! ich hatte mich ja verloren, hatte mich um ein paar taube Nüsse verkauft – nun erst war ich arm! ganz arm! ich hatte vor den Türen gebettelt und sie hatten mich weggewiesen, fortgestoßen und nun kehrt' er heim, der Bettler, und sperrte sich ein und betrachtete sein Elend zwischen seinen finstern, ärmlichen Wänden. Je länger ich über mir brütete in meiner Einsamkeit, um so öder ward es in mir. – Es ist ein Schmerz ohnegleichen, ein fortdauerndes Gefühl der Zernichtung, wenn das Dasein so ganz seine Bedeutung verloren hat. Eine unbeschreibliche Mutlosigkeit drückte mich. Ich wagte oft das Auge nicht aufzuschlagen vor den Leuten. Ich hatte Stunden, wo ich das Lachen der Menschen fürchtete, wie den Tod. Dabei war ich sehr still und geduldig, hatte oft auch einen recht wunderbaren Aberglauben an die Heilkraft mancher Dinge; oft konnt ich ingeheim von einem kleinen erkauften Besitztum, von einer Kahnfahrt, von einem Tale, das mir ein Berg verbarg, Trost erwarten.

Mit dem Mute schwanden auch sichtbar die Kräfte. Ich glaubte wirklich, unterzugehn.

Ich hatte Mühe, die Trümmer ehemals gedachter Gedanken zusammenzulesen; der rege Geist war entschlummert; ich fühlte, wie sein himmlisch Licht, das mir kaum erst aufgegangen war, sich mählich verdunkelte. –

Freilich, wenn es einmal, wie ich dachte, den letzten Rest meiner verlorenen Existenz galt, wenn mein Stolz sich regte, dann war ich lauter Wirksamkeit und die Allmacht eines Verzweifelten war in mir oder wenn sie von einem Tropfen Freude getränkt war, die welke dürftige Natur, dann drang ich mit Gewalt unter die Menschen, sprach, wie ein Begeisterter, und fühlte wohl manchmal auch die Träne der Seligen im Auge oder wenn einmal wieder ein Gedanke oder das Bild eines Helden in die Nacht meiner Seele strahlte, dann staunt ich und freute mich, als kehrte ein Gott ein in dem verarmten Gebiete, dann war mir, als sollte sich eine Welt bilden in mir; aber je heftiger die schlummernden Kräfte sich aufgerafft hatten, um so müder sanken sie hin; versuche nur nichts mehr, sagt ich mir dann, es ist doch aus mit dir!

Oft saß ich stundenlang, versuchte zu schreiben, was in mir vorging – armes Wesen! als wäre der Jammer weg aus dir, wenn er einmal auf dem Papiere stände! – Ich trage sie noch bei mir, diese traurigen Blätter. Ein sonderbar Mitleiden hielt mich immer ab, sie zu zernichten.

Lieber! du hast's ja einmal über dich genommen, mit mir zu trauern, du magst auch dies lesen. Ich weiß, du ärgerst dich nicht daran. Auch sind's nur wenig abgerißne Töne. – Ach! hätte doch mein Herz sich ausgeschüttet, sich verblutet, sich begraben in den armen vergänglichen Worten! –

Da ich ein Kind war, heißt es, da streckt ich meine Arme aus nach Freude und Sättigung und die Erde bot ihre Blumen und Beere mir dar, und die mächtige Natur gab lächelnd sich dem Kinde zum Spiele.

Da das Meer mich ausstieß und ich hülflos unter den Trümmern lag, da hub ein Mensch mich auf und wie ich erwachte, sah ein erbarmend Auge mich an.

War das nicht Liebe? nicht sie, die die Pflanzen mit Regen und Tau erquickt, die das Licht des Himmels über die Blumen gießt, daß ihr Herz sich öffnet und sie hervorgehn zur Freude? Auch mein Herz öffnete sich, auch ich bin hervorgegangen zur Freude. – Warum bin ich denn nun verlassen? verlassen! –

Zwar hab ich nichts mehr, was ein Herz zur Hülfe bewegen könnte; die Toten danken ja nicht.

Ja! laßt mich, laßt mich nur! –

Was wollt ich dann? was ist mir fehlgeschlagen?

Was wird man antworten, wenn du dahin bist und die Leute fragen: was hat ihm gefehlt?

Ach! man wird nicht fragen und nicht antworten.

Aber was wollt ich dann? –

Daß ich sah, was ein sterblich Auge nicht sieht, daß einst die Liebe mir erschien in einem seligen Traume – sollte das töten?

Die Fabel sagt von Menschen, sie hätte die gegenwärtige Gottheit getötet. – Ja! nun versteh ich's. Die Fabel ist Wahrheit.

Aber sag es nicht aus! Sie glauben dir nicht und glauben sie dir, so ist's ihr Tod – ein stiller langsamer Tod! O spottet, wenn ich hin bin, spottet und sagt: er starb, weil ihm ein Traum sich nicht erfüllte.

Also ein Traum war's, da mir die Liebe erschien? Und man fände beim Erwachen keine Spur von ihm? Spuren mag man finden, wenn man eifrig genug herumsucht und lange genug hinsieht. Oh! davon kann ich reden. Hab ich doch herumgesucht, bis ich hinsank, hab ich mich doch blind gesehen an diesen Spuren, daß nun Nacht vor mir ist, Nacht, wie im Grabe! – Ach! beredete mich doch einer, . . .

...
sich unter Zelten zum lieblichen Mahle und pries und freute sich hoch, daß keiner sich verirrt hätte in den Labyrinthen des Ronnecatanzes.

Ich konnte mich selbst nicht sehn, wie ich so dastand unter den lieblichen Spielen, als könnt ich die Freude nicht leiden; mein Herz gönnte sie ihnen so gerne; nur teilen konnt es sie nicht, ach! es mußte so viel finden, wenn ihm geholfen werden sollte.

Ich ging; aber nach Hause konnt ich noch nicht.

An den Hügeln, worauf wir wohnten, lag ein Wald von herrlichen Ulmen. Ich hatte sie den Morgen vom Fenster aus liebgewonnen, hatte mir manche Ruhestunde geweissagt, manchen friedlichen Traum in den stillen sicheren Schatten.

Mir war jetzt, als wandelt ich in einem Heiligtum unter den hohen freundlichen Bäumen. Ich sah zurück auf die vergangnen Tage, auf den heutigen, ich rief die abgeschiednen Stunden aus ihrem Grabe und befragte sie über die Zukunft. Es war, als antworteten sie, aber geheimnisvoll, und ich wußt es nicht zu deuten, wußte nicht, ob sie mich nach Elysium wiesen oder sonst wohin.

„Ach!“ rief ich, „daß der Mensch um Mittag fragen muß, wie es mit ihm sein wird um den Abend“; und wie ich wieder aufblickte und mein Auge durch die dunkeln Zweige drang – o Himmel! was sah ich? wo war ich? –

Ich möchte sprechen können, mein Bellarmin! möchte gerne mit Ruhe dir schreiben, aber es ist umsonst! –

Zwar konnt ich doch lange genug davon schweigen, konnte oft mich halten, wenn unter den andern Erinnerungen diese mich ergriff; siehe nur hin! du wirst tobende Tränen finden auf mancher unbedeutenden Seite; sie gehören hieher; ich trocknete sie und schrieb von andern Dingen – das konnt ich; so sollt ich auch sprechen können – sprechen? o ich bin ein Laie in der Freude! ich will sprechen! – Wohnt doch die Stille im Lande der Seligen. Ja! über den Sternen vergißt das Herz seine Not und seine Sprache. –

(Daß mir noch *einmal* werden sollte, wie damals! O jetzt, jetzt war mir so! –

Es ist vorüber. Ich bin nun wieder ein Kind der Zeit. Ich weiß es und sage mit Weinen: es gibt eine Vergangenheit!)

Ach! noch jetzt ist sie vor mir, wie damals, die Einzige, Herrliche; heilig und hold, wie eine Priesterin der Liebe schwebt sie vor mir noch jetzt; sie saß; ein Buch lag vor ihr aufgeschlagen; über ihr bebten die Zweige, wiegten sich in der Luft, wo ihr Othem sich regte, berührten leise ihre Lokken, und wie Wölkchen ums Morgenlicht, wallt' im Frühlingswinde der dunkle Schleier um ihre Stirne. Ruhig und selig lächelte sie herab, zu den Blumen, die um sie versammelt waren, aber über dem Lächeln thronte, mit eines Gottes Majestät, ein Auge – o ich bitte dich, denke, ich habe dir nichts von ihr gesagt! ich bitte dich, frage dich nicht, wie war sie? versuch es nicht, dir ein Bild von ihr zu machen! – – Doch gibt es ja Stunden, wo dem trunknen Geiste das Beste und Schönste, wie in Wolken, gegenwärtig ist, und die Liebe frohlockend in dem Schoß der Vollendung sich begräbt, da da denke dieses Wesens, da beuge die Knie mit mir und denke meiner Seligkeit! aber vergiß nicht, daß ich hatte, was du ahndest, daß ich mit diesen Augen sah, was dir nur, wie in Wolken, erscheint.

Lieber! Teurer! Treuer! ich möchte dir's gerne gönnen, möchte so gerne dir mitteilen, was in mir ist, aber ich fühle, mir sind die Hände gebunden. Ich trage den Himmel in mir; aber er ist verschlossen für die andern.

Daß die Menschen so oft sich einbilden können, sie freuen sich! O glaubt, ihr habt von Freude noch nichts geahndet, euch ist der Schatten ihres Schattens nicht erschienen! O geht und sprecht vom blauen Äther nicht, ihr Blinden! –

Ja! wenn euch der Othem süßer Blüten umfängt, und ihr selig und trunken hinschlummert unter den Sträuchen, wenn um euch ein himmlisch Saitenspiel rauscht, wie ein Regen, wenn ihm das Herz der Erde sich öffnet, wenn die goldne

Flut des Morgenrots euch überschwemmt und ihr euch verliert, untergehet in den Wogen des Himmels, da könnt ihr sagen, daß ihr den Schatten habt, den Nachhall meiner Freude. –

Daß man werden kann, wie die Kinder, daß noch die goldne Zeit der Unschuld wiederkehrt, die Zeit des Friedens und der Freiheit, daß doch *eine* Freude ist, *eine* Ruhestätte auf Erden! – Ist der Mensch nicht veraltert, verwelkt, ist er nicht, wie ein abgefallen Blatt, das seinen Stamm nicht wieder findet und umhergescheucht wird von den Winden, bis es der Sand begräbt? Und dennoch kehrt sein Frühling wieder! – O weint nicht, wenn das Trefflichste verblüht! bald wird es auferstehen! Trauert nicht, wenn eures Herzens Melodie verstummt! bald findet eine Hand sich wieder, es zu stimmen.

HYPERION

ODER

DER EREMIT IN GRIECHENLAND

ERSTER BAND

Non coercere maximo, contineri minimo, divinum est.

VORREDE

Ich verspräche gerne diesem Buche die Liebe der Deutschen. Aber ich fürchte, die einen werden es lesen, wie ein Kompendium, und um das fabula docet sich zu sehr bekümmern, indes die andern gar zu leicht es nehmen, und beede Teile verstehen es nicht.

Wer bloß an meiner Pflanze riecht, der kennt sie nicht, und wer sie pflückt, bloß, um daran zu lernen, kennt sie auch nicht.

Die Auflösung der Dissonanzen in einem gewissen Charakter ist weder für das bloße Nachdenken, noch für die leere Lust.

Der Schauplatz, wo sich das Folgende zutrug, ist nicht neu, und ich gestehe, daß ich einmal kindisch genug war, in dieser Rücksicht eine Veränderung mit dem Buche zu versuchen, aber ich überzeugte mich, daß er der einzig angemessene für Hyperions elegischen Charakter wäre, und schämte mich, daß mich das wahrscheinliche Urteil des Publikums so übertrieben geschmeidig gemacht.

Ich bedaure, daß für jetzt die Beurteilung des Plans noch nicht jedem möglich ist. Aber der zweite Band soll so schnell, wie möglich, folgen.

ERSTES BUCH

HYPERION AN BELLARMIN

Der liebe Vaterlandsboden gibt mir wieder Freude und Leid.

Ich bin jetzt alle Morgen auf den Höhn des Korinthischen Isthmus, und, wie die Biene unter Blumen, fliegt meine Seele oft hin und her zwischen den Meeren, die zur Rechten und zur Linken meinen glühenden Bergen die Füße kühlen.

Besonders der eine der beeden Meerbusen hätte mich freuen sollen, wär ich ein Jahrtausend früher hier gestanden.

Wie ein siegender Halbgott, wallte da zwischen der herrlichen Wildnis des Helikon und Parnaß, wo das Morgenrot um hundert überschneite Gipfel spielt, und zwischen der paradiesischen Ebene von Sicyon der glänzende Meerbusen herein, gegen die Stadt der Freude, das jugendliche Korinth, und schüttete den erbeuteten Reichtum aller Zonen vor seiner Lieblingin aus.

Aber was soll mir das? Das Geschrei des Jakals, der unter den Steinhaufen des Altertums sein wildes Grablied singt, schröckt ja aus meinen Träumen mich auf.

Wohl dem Manne, dem ein blühend Vaterland das Herz erfreut und stärkt! Mir ist, als würd ich in den Sumpf geworfen, als schlüge man den Sargdeckel über mir zu, wenn einer an das meinige mich mahnt, und wenn mich einer einen Griechen nennt, so wird mir immer, als schnürt' er mit dem Halsband eines Hundes mir die Kehle zu.

Und siehe, mein Bellarmin! wenn manchmal mir so ein Wort entfuhr, wohl auch im Zorne mir eine Träne ins Auge trat, so kamen dann die weisen Herren, die unter euch Deutschen so gerne spuken, die Elenden, denen ein leidend Gemüt so gerade recht ist, ihre Sprüche anzubringen, die taten dann sich gütlich, ließen sich beigehn, mir zu sagen: „Klage nicht, handle!"

O hätt ich doch nie gehandelt! um wie manche Hoffnung wär ich reicher! –

Ja, vergiß nur, daß es Menschen gibt, darbendes, angefochtenes, tausendfach geärgertes Herz! und kehre wieder dahin, wo du ausgingst, in die Arme der Natur, der wandellosen, stillen und schönen.

HYPERION AN BELLARMIN

Ich habe nichts, wovon ich sagen möchte, es sei mein eigen.

Fern und tot sind meine Geliebten, und ich vernehme durch keine Stimme von ihnen nichts mehr.

Mein Geschäft auf Erden ist aus. Ich bin voll Willens an die Arbeit gegangen, habe geblutet darüber, und die Welt um keinen Pfenning reicher gemacht.

Ruhmlos und einsam kehr ich zurück und wandre durch mein Vaterland, das, wie ein Totengarten, weit umher liegt, und mich erwartet vielleicht das Messer des Jägers, der uns Griechen, wie das Wild des Waldes, sich zur Lust hält.

Aber du scheinst noch, Sonne des Himmels! Du grünst noch, heilige Erde! Noch rauschen die Ströme ins Meer, und schattige Bäume säuseln im Mittag. Der Wonnegesang des Frühlings singt meine sterblichen Gedanken in Schlaf. Die Fülle der allebendigen Welt ernährt und sättiget mit Trunkenheit mein darbend Wesen.

O selige Natur! Ich weiß nicht, wie mir geschiehet, wenn ich mein Auge erhebe vor deiner Schöne, aber alle Lust des Himmels ist in den Tränen, die ich weine vor dir, der Geliebte vor der Geliebten.

Mein ganzes Wesen verstummt und lauscht, wenn die

zarte Welle der Luft mir um die Brust spielt. Verloren ins weite Blau, blick ich oft hinauf an den Äther und hinein ins heilige Meer, und mir ist, als öffnet' ein verwandter Geist mir die Arme, als löste der Schmerz der Einsamkeit sich auf ins Leben der Gottheit.

Eines zu sein mit allem, das ist Leben der Gottheit, das ist der Himmel des Menschen.

Eines zu sein mit allem, was lebt, in seliger Selbstvergessenheit wiederzukehren ins All der Natur, das ist der Gipfel der Gedanken und Freuden, das ist die heilige Bergeshöhe, der Ort der ewigen Ruhe, wo der Mittag seine Schwüle und der Donner seine Stimme verliert und das kochende Meer der Woge des Kornfelds gleicht.

Eines zu sein mit allem, was lebt! Mit diesem Worte legt die Tugend den zürnenden Harnisch, der Geist des Menschen den Zepter weg, und alle Gedanken schwinden vor dem Bilde der ewigeinigen Welt, wie die Regeln des ringenden Künstlers vor seiner Urania, und das eherne Schicksal entsagt der Herrschaft, und aus dem Bunde der Wesen schwindet der Tod, und Unzertrennlichkeit und ewige Jugend beseliget, verschönert die Welt.

Auf dieser Höhe steh ich oft, mein Bellarmin! Aber ein Moment des Besinnens wirft mich herab. Ich denke nach und finde mich, wie ich zuvor war, allein, mit allen Schmerzen der Sterblichkeit, und meines Herzens Asyl, die ewigeinige Welt, ist hin; die Natur verschließt die Arme, und ich stehe, wie ein Fremdling, vor ihr, und verstehe sie nicht.

Ach! wär ich nie in eure Schulen gegangen. Die Wissenschaft, der ich in den Schacht hinunter folgte, von der ich, jugendlich töricht, die Bestätigung meiner reinen Freude erwartete, die hat mir alles verdorben.

Ich bin bei euch so recht vernünftig geworden, habe gründlich mich unterscheiden gelernt von dem, was mich umgibt, bin nun vereinzelt in der schönen Welt, bin so ausgeworfen aus dem Garten der Natur, wo ich wuchs und blühte, und vertrockne an der Mittagssonne.

O ein Gott ist der Mensch, wenn er träumt, ein Bettler, wenn er nachdenkt, und wenn die Begeisterung hin ist, steht er da, wie ein mißratener Sohn, den der Vater aus dem Hause stieß, und betrachtet die ärmlichen Pfennige, die ihm das Mitleid auf den Weg gab.

HYPERION AN BELLARMIN

Ich danke dir, daß du mich bittest, dir von mir zu erzählen, daß du die vorigen Zeiten mir ins Gedächtnis bringst.

Das trieb mich auch nach Griechenland zurück, daß ich den Spielen meiner Jugend näher leben wollte.

Wie der Arbeiter in den erquickenden Schlaf, sinkt oft mein angefochtenes Wesen in die Arme der unschuldigen Vergangenheit.

Ruhe der Kindheit! himmlische Ruhe! wie oft steh ich stille vor dir in liebender Betrachtung, und möchte dich denken! Aber wir haben ja nur Begriffe von dem, was einmal schlecht gewesen und wieder gut gemacht ist; von Kindheit, Unschuld haben wir keine Begriffe.

Da ich noch ein stilles Kind war und von dem allem, was uns umgibt, nichts wußte, war ich da nicht mehr, als jetzt, nach all den Mühen des Herzens und all dem Sinnen und Ringen?

Ja! ein göttlich Wesen ist das Kind, solang es nicht in die Chamäleonsfarbe der Menschen getaucht ist.

Es ist ganz, was es ist, und darum ist es so schön.

Der Zwang des Gesetzes und des Schicksals betastet es nicht; im Kind ist Freiheit allein.

In ihm ist Frieden; es ist noch mit sich selber nicht zerfallen. Reichtum ist in ihm; es kennt sein Herz, die Dürftigkeit des Lebens nicht. Es ist unsterblich, denn es weiß vom Tode nichts.

Aber das können die Menschen nicht leiden. Das Göttliche muß werden, wie ihrer einer, muß erfahren, daß sie auch da sind, und eh es die Natur aus seinem Paradiese treibt, so schmeicheln und schleppen die Menschen es heraus, auf das Feld des Fluchs, daß es, wie sie, im Schweiße des Angesichts sich abarbeite.

Aber schön ist auch die Zeit des Erwachens, wenn man nur zur Unzeit uns nicht weckt.

O es sind heilige Tage, wo unser Herz zum ersten Male die Schwingen übt, wo wir, voll schnellen feurigen Wachstums, dastehn in der herrlichen Welt, wie die junge Pflanze, wenn sie der Morgensonne sich aufschließt, und die kleinen Arme dem unendlichen Himmel entgegenstreckt.

Wie es mich umhertrieb an den Bergen und am Meeresufer! ach wie ich oft da saß mit klopfendem Herzen, auf den Höhen von Tina, und den Falken und Kranichen nachsah, und den kühnen fröhlichen Schiffen, wenn sie hinunterschwanden am Horizont! Dort hinunter! dacht ich, dort wanderst du auch einmal hinunter, und mir war, wie einem Schmachtenden, der ins kühlende Bad sich stürzt und die schäumenden Wasser über die Stirne sich schüttet.

Seufzend kehrt ich dann nach meinem Hause wieder um. Wenn nur die Schülerjahre erst vorüber wären, dacht ich oft.

Guter Junge! sie sind noch lange nicht vorüber.

Daß der Mensch in seiner Jugend das Ziel so nahe glaubt! Es ist die schönste aller Täuschungen, womit die Natur der Schwachheit unsers Wesens aufhilft.

Und wenn ich oft dalag unter den Blumen und am zärtlichen Frühlingslichte mich sonnte, und hinaufsah ins heitre Blau, das die warme Erde umfing, wenn ich unter den Ulmen und Weiden, im Schoße des Berges saß, nach einem erquickenden Regen, wenn die Zweige noch bebten von den Berührungen des Himmels, und über dem tröpfelnden Walde sich goldne Wolken bewegten, oder wenn der Abendstern voll friedlichen Geistes heraufkam mit den alten Jünglingen, den übrigen Helden des Himmels, und ich so sah, wie das Leben in ihnen in ewiger müheloser Ordnung durch den Äther sich fortbewegte, und die Ruhe der

Welt mich umgab und erfreute, daß ich aufmerkte und lauschte, ohne zu wissen, wie mir geschah – „hast du mich lieb, guter Vater im Himmel!“ fragt ich dann leise, und fühlte seine Antwort so sicher und selig am Herzen.

O du, zu dem ich rief, als wärst du über den Sternen, den ich Schöpfer des Himmels nannte und der Erde, freundlich Idol meiner Kindheit, du wirst nicht zürnen, daß ich deiner vergaß! – Warum ist die Welt nicht dürftig genug, um außer ihr noch Einen zu suchen?[1]

O wenn sie eines Vaters Tochter ist, die herrliche Natur, ist das Herz der Tochter nicht sein Herz? Ihr Innerstes, ist's nicht Er? Aber hab ich's denn? kenn ich es denn?

Es ist, als säh ich, aber dann erschreck ich wieder, als wär es meine eigne Gestalt, was ich gesehn, es ist, als fühlt ich ihn, den Geist der Welt, wie eines Freundes warme Hand, aber ich erwache und meine, ich habe meine eignen Finger gehalten.

HYPERION AN BELLARMIN

Weißt du, wie Plato und sein Stella sich liebten?

So liebt ich, so war ich geliebt. O ich war ein glücklicher Knabe!

Es ist erfreulich, wenn Gleiches sich zu Gleichem gesellt, aber es ist göttlich, wenn ein großer Mensch die kleineren zu sich aufzieht.

Ein freundlich Wort aus eines tapfern Mannes Herzen, ein Lächeln, worin die verzehrende Herrlichkeit des Geistes sich verbirgt, ist wenig und viel, wie ein zauberisch Losungswort, das Tod und Leben in seiner einfältigen Silbe verbirgt, ist, wie ein geistig Wasser, das aus der Tiefe der Berge quillt, und die geheime Kraft der Erde uns mitteilt in seinem kristallenen Tropfen.

1 Es ist wohl nicht nötig, zu erinnern, daß derlei Äußerungen als bloße Phänomene des menschlichen Gemüts von Rechts wegen niemand skandalisieren sollten.

Wie haß ich dagegen alle die Barbaren, die sich einbilden, sie seien weise, weil sie kein Herz mehr haben, alle die rohen Unholde, die tausendfältig die jugendliche Schönheit töten und zerstören, mit ihrer kleinen unvernünftigen Mannszucht!

Guter Gott! Da will die Eule die jungen Adler aus dem Neste jagen, will ihnen den Weg zur Sonne weisen!

Verzeih mir, Geist meines Adamas! daß ich dieser gedenke vor dir. Das ist der Gewinn, den uns Erfahrung gibt, daß wir nichts Treffliches uns denken, ohne sein ungestaltes Gegenteil.

O daß nur du mir ewig gegenwärtig wärest, mit allem, was dir verwandt ist, traurender Halbgott, den ich meine! Wen du umgibst, mit deiner Ruhe und Stärke, Sieger und Kämpfer, wem du begegnest mit deiner Liebe und Weisheit, der fliehe, oder werde, wie du! Unedles und Schwaches besteht nicht neben dir.

Wie oft warst du mir nahe, da du längst mir ferne warst, verklärtest mich mit deinem Lichte, und wärmtest mich, daß mein erstarrtes Herz sich wieder bewegte, wie der verhärtete Quell, wenn der Strahl des Himmels ihn berührt! Zu den Sternen hätt ich dann fliehn mögen mit meiner Seligkeit, damit sie mir nicht entwürdigt würde von dem, was mich umgab.

Ich war aufgewachsen, wie eine Rebe ohne Stab, und die wilden Ranken breiteten richtungslos über dem Boden sich aus. Du weißt ja, wie so manche edle Kraft bei uns zu Grunde geht, weil sie nicht genützt wird. Ich schweifte herum, wie ein Irrlicht, griff alles an, wurde von allem ergriffen, aber auch nur für den Moment, und die unbehülflichen Kräfte matteten vergebens sich ab. Ich fühlte, daß mir's überall fehlte, und konnte doch mein Ziel nicht finden. So fand er mich.

Er hatt an seinem Stoffe, der sogenannten kultivierten Welt, lange genug Geduld und Kunst geübt, aber sein Stoff war Stein und Holz gewesen und geblieben, nahm wohl zur

Not die edle Menschenform von außen an, aber um dies war's meinem Adamas nicht zu tun; er wollte Menschen, und, um diese zu schaffen, hatt er seine Kunst zu arm gefunden. Sie waren einmal dagewesen, die er suchte, die zu schaffen, seine Kunst zu arm war, das erkannt er deutlich. Wo sie dagewesen, wußt er auch. Da wollt er hin und unter dem Schutt nach ihrem Genius fragen, mit diesem sich die einsamen Tage zu verkürzen. Er kam nach Griechenland. So fand ich ihn.

Noch seh ich ihn vor mich treten in lächelnder Betrachtung, noch hör ich seinen Gruß und seine Fragen.

Wie eine Pflanze, wenn ihr Friede den strebenden Geist besänftigt, und die einfältige Genügsamkeit wiederkehrt in die Seele – so stand er vor mir.

Und ich, war ich nicht der Nachhall seiner stillen Begeisterung? wiederholten sich nicht die Melodien seines Wesens in mir? Was ich sah, ward ich, und es war Göttliches, was ich sah.

Wie unvermögend ist doch der gutwilligste Fleiß der Menschen gegen die Allmacht der ungeteilten Begeisterung.

Sie weilt nicht auf der Oberfläche, faßt nicht da und dort uns an, braucht keiner Zeit und keines Mittels; Gebot und Zwang und Überredung braucht sie nicht; auf allen Seiten, in allen Tiefen und Höhen ergreift sie im Augenblick uns, und wandelt, ehe sie da ist für uns, ehe wir fragen, wie uns geschiehet, durch und durch in ihre Schönheit, ihre Seligkeit uns um.

Wohl dem, wem auf diesem Wege ein edler Geist in früher Jugend begegnete!

O es sind goldne unvergeßliche Tage, voll von den Freuden der Liebe und süßer Beschäftigung!

Bald führte mein Adamas in die Heroenwelt des Plutarch, bald in das Zauberland der griechischen Götter mich ein, bald ordnet' und beruhigt' er mit Zahl und Maß das jugendliche Treiben, bald stieg er auf die Berge mit mir; des Tags, um die Blumen der Heide und des Walds und die wilden

Moose des Felsen, des Nachts, um über uns die heiligen Sterne zu schauen, und nach menschlicher Weise zu verstehen.

Es ist ein köstlich Wohlgefühl in uns, wenn so das Innere an seinem Stoffe sich stärkt, sich unterscheidet und getreuer anknüpft und unser Geist allmählich waffenfähig wird.

Aber dreifach fühlt ich ihn und mich, wenn wir, wie Manen aus vergangner Zeit, mit Stolz und Freude, mit Zürnen und Trauern an den Athos hinauf und von da hinüberschifften in den Hellespont und dann hinab an die Ufer von Rhodus und die Bergschlünde von Tänarum, durch die stillen Inseln alle, wenn da die Sehnsucht über die Küsten hinein uns trieb, ins düstre Herz des alten Peloponnes, an die einsamen Gestade des Eurotas, ach! die ausgestorbnen Tale von Elis und Nemea und Olympia, wenn wir da, an eine Tempelsäule des vergeßnen Jupiters gelehnt, umfangen von Lorbeerrosen und Immergrün, ins wilde Flußbett sahn, und das Leben des Frühlings und die ewig jugendliche Sonne uns mahnte, daß auch der Mensch einst da war, und nun dahin ist, daß des Menschen herrliche Natur jetzt kaum noch da ist, wie das Bruchstück eines Tempels oder im Gedächtnis, wie ein Totenbild – da saß ich traurig spielend neben ihm, und pflückte das Moos von eines Halbgotts Piedestal, grub eine marmorne Heldenschulter aus dem Schutt, und schnitt den Dornbusch und das Heidekraut von den halbbegrabnen Architraven, indes mein Adamas die Landschaft zeichnete, wie sie freundlich tröstend den Ruin umgab, den Weizenhügel, die Oliven, die Ziegenherde, die am Felsen des Gebirgs hing, den Ulmenwald, der von den Gipfeln in das Tal sich stürzte; und die Lazerte spielte zu unsern Füßen, und die Fliegen umsummten uns in der Stille des Mittags – Lieber Bellarmin! ich hätte Lust, so pünktlich dir, wie Nestor, zu erzählen; ich ziehe durch die Vergangenheit, wie ein Ährenleser über die Stoppeläcker, wenn der Herr des Lands geerntet hat; da liest man jeden Strohhalm auf. Und wie ich neben ihm stand auf den Höhen von Delos, wie das ein Tag war, der mir graute, da ich mit ihm an der Granitwand des Cynthus die alten Marmortreppen hinaufstieg. Hier wohnte der Sonnengott einst, unter den himmlischen Festen, wo ihn, wie goldnes Gewölk, das versammelte Griechenland umglänzte. In Fluten der Freude und Begeisterung warfen hier, wie Achill in den Styx, die griechischen Jünglinge sich, und gingen unüberwindlich, wie der Halbgott, hervor. In den Hainen, in den Tempeln erwachten und tönten ineinander ihre Seelen, und treu bewahrte jeder die entzückenden Akkorde.

Aber was sprech ich davon? Als hätten wir noch eine Ahnung jener Tage! Ach! es kann ja nicht einmal ein schöner Traum gedeihen unter dem Fluche, der über uns lastet. Wie ein heulender Nordwind, fährt die Gegenwart über die Blüten unsers Geistes und versengt sie im Entstehen. Und doch war es ein goldner Tag, der auf dem Cynthus mich umfing! Es dämmerte noch, da wir schon oben waren. Jetzt kam er herauf in seiner ewigen Jugend, der alte Sonnengott, zufrieden und mühelos, wie immer, flog der unsterbliche Titan mit seinen tausend eignen Freuden herauf, und lächelt' herab auf sein verödet Land, auf seine Tempel, seine Säulen, die das Schicksal vor ihn hingeworfen hatte, wie die dürren Rosenblätter, die im Vorübergehen ein Kind gedankenlos vom Strauche riß, und auf die Erde säete.

„Sei, wie dieser!“ rief mir Adamas zu, ergriff mich bei der Hand und hielt sie dem Gott entgegen, und mir war, als trügen uns die Morgenwinde mit sich fort, und brächten uns ins Geleite des heiligen Wesens, das nun hinaufstieg auf den Gipfel des Himmels, freundlich und groß, und wunderbar mit seiner Kraft und seinem Geist die Welt und uns erfüllte.

Noch trauert und frohlockt mein Innerstes über jedes Wort, das mir damals Adamas sagte, und ich begreife meine Bedürftigkeit nicht, wenn oft mir wird, wie damals ihm sein mußte. Was ist Verlust, wenn so der Mensch in seiner eignen Welt sich findet? In uns ist alles. Was kümmert's dann den Menschen, wenn ein Haar von seinem Haupte fällt? Was ringt er so nach Knechtschaft, da er ein Gott sein könnte! „Du wirst einsam sein, mein Liebling!“ sagte mir damals Adamas auch, „du wirst sein wie der Kranich, den seine Brüder zurückließen in rauher Jahrszeit, indes sie den Frühling suchen im fernen Lande.“

Und das ist's, Lieber! Das macht uns arm bei allem Reichtum, daß wir nicht allein sein können, daß die Liebe in uns, so lange wir leben, nicht erstirbt. Gib mir meinen Adamas wieder, und komm mit allen, die mir angehören, daß die alte schöne Welt sich unter uns erneure, daß wir uns versammeln und vereinen in den Armen unserer Gottheit, der Natur, und siehe! so weiß ich nichts von Notdurft.

Aber sage nur niemand, daß uns das Schicksal trenne! Wir sind's, wir! wir haben unsre Lust daran, uns in die Nacht des Unbekannten, in die kalte Fremde irgendeiner andern Welt zu stürzen, und, wär es möglich, wir verließen der Sonne Gebiet und stürmten über des Irrsterns Grenzen hinaus. Ach! für des Menschen wilde Brust ist keine Heimat möglich; und wie der Sonne Strahl die Pflanzen der Erde, die er entfaltete, wieder versengt, so tötet der Mensch die süßen Blumen, die an seiner Brust gedeihten, die Freuden der Verwandtschaft und der Liebe.

Es ist, als zürnt ich meinem Adamas, daß er mich verließ, aber ich zürn ihm nicht. O er wollte ja wieder kommen!

In der Tiefe von Asien soll ein Volk von seltner Trefflichkeit verborgen sein; dahin trieb ihn seine Hoffnung weiter.

Bis Nio begleitet ich ihn. Es waren bittere Tage. Ich habe den Schmerz ertragen gelernt, aber für solch ein Scheiden hab ich keine Kraft in mir.

Mit jedem Augenblicke, der uns der letzten Stunde näher brachte, wurd es sichtbarer, wie dieser Mensch verwebt war in mein Wesen. Wie ein Sterbender den fliehenden Othem, hielt ihn meine Seele.

Am Grabe Homers brachten wir noch einige Tage zu, und Nio wurde mir die heiligste unter den Inseln.

Endlich rissen wir uns los. Mein Herz hatte sich müde gerungen. Ich war ruhiger im letzten Augenblicke. Auf den Knien lag ich vor ihm, umschloß ihn zum letzten Male mit diesen Armen; „gib mir einen Segen, mein Vater!“ rief ich leise zu ihm hinauf, und er lächelte groß, und seine Stirne breitete vor den Sternen des Morgens sich aus und sein Auge durchdrang die Räume des Himmels. – „Bewahrt ihn mir“, rief er, „ihr Geister besserer Zeit! und zieht zu eurer Unsterblichkeit ihn auf, und all ihr freundlichen Kräfte des Himmels und der Erde, seid mit ihm!“

„Es ist ein Gott in uns“, setzt' er ruhiger hinzu, „der lenkt, wie Wasserbäche, das Schicksal, und alle Dinge sind sein Element. Der sei vor allem mit dir!“

So schieden wir. Leb wohl, mein Bellarmin!

HYPERION AN BELLARMIN

Wohin könnt ich mir entfliehen, hätt ich nicht die lieben Tage meiner Jugend?

Wie ein Geist, der keine Ruhe am Acheron findet, kehr ich zurück in die verlaßnen Gegenden meines Lebens. Alles altert und verjüngt sich wieder. Warum sind wir ausgenommen vom schönen Kreislauf der Natur? Oder gilt er auch für uns?

Ich wollt es glauben, wenn *eines* nicht in uns wäre, das ungeheure Streben, *alles* zu sein, das, wie der Titan des Ätna, heraufzürnt aus den Tiefen unsers Wesens.

Und doch, wer wollt es nicht lieber in sich fühlen, wie ein siedend Öl, als sich gestehn, er sei für die Geißel und fürs Joch geboren? Ein tobend Schlachtroß oder eine Mähre, die das Ohr hängt, was ist edler?

Lieber! es war eine Zeit, da auch meine Brust an großen Hoffnungen sich sonnte, da auch mir die Freude der Unsterblichkeit in allen Pulsen schlug, da ich wandelt unter herrlichen Entwürfen, wie in weiter Wäldernacht, da ich glücklich, wie die Fische des Ozeans, in meiner uferlosen Zukunft weiter, ewig weiter drang.

Wie mutig, selige Natur! entsprang der Jüngling deiner Wiege! wie freut' er sich in seiner unversuchten Rüstung! Sein Bogen war gespannt und seine Pfeile rauschten im Köcher, und die Unsterblichen, die hohen Geister des Altertums führten ihn an, und sein Adamas war mitten unter ihnen.

Wo ich ging und stand, geleiteten mich die herrlichen Gestalten; wie Flammen, verloren sich in meinem Sinne die Taten aller Zeiten ineinander, und wie in *ein* frohlockend Gewitter die Riesenbilder, die Wolken des Himmels sich vereinen, so vereinten sich, so wurden *ein* unendlicher Sieg in mir die hundertfältigen Siege der Olympiaden.

Wer hält das aus, wen reißt die schröckende Herrlichkeit des Altertums nicht um, wie ein Orkan die jungen Wälder umreißt, wenn sie ihn ergreift, wie mich, und wenn, wie mir, das Element ihm fehlt, worin er sich ein stärkend Selbstgefühl erbeuten könnte?

O mir, mir beugte die Größe der Alten, wie ein Sturm, das Haupt, mir raffte sie die Blüte vom Gesichte, und oftmals lag ich, wo kein Auge mich bemerkte, unter tausend Tränen da, wie eine gestürzte Tanne, die am Bache liegt und ihre welke Krone in die Flut verbirgt. Wie gerne hätt ich einen Augenblick aus eines großen Mannes Leben mit Blut erkauft!

Aber was half mir das? Es wollte ja mich niemand.

O es ist jämmerlich, so sich vernichtet zu sehn; und wem dies unverständlich ist, der frage nicht danach, und danke der Natur, die ihn zur Freude, wie die Schmetterlinge, schuf, und geh, und sprech in seinem Leben nimmermehr von Schmerz und Unglück.

Ich liebte meine Heroen, wie eine Fliege das Licht; ich suchte ihre gefährliche Nähe und floh und suchte sie wieder.

Wie ein blutender Hirsch in den Strom, stürzt ich oft mitten hinein in den Wirbel der Freude, die brennende Brust zu kühlen und die tobenden herrlichen Träume von Ruhm und Größe wegzubaden, aber was half das?

Und wenn mich oft um Mitternacht das heiße Herz in den Garten hinuntertrieb unter die tauigen Bäume, und der Wiegengesang des Quells und die liebliche Luft und das Mondlicht meinen Sinn besänftigte, und so frei und friedlich über mir die silbernen Gewölke sich regten, und aus der Ferne mir die verhallende Stimme der Meeresflut tönte, wie freundlich spielten da mit meinem Herzen all die großen Phantome seiner Liebe!

Lebt wohl, ihr Himmlischen! sprach ich oft im Geiste, wenn über mir die Melodie des Morgenlichts mit leisem Laute begann, ihr herrlichen Toten lebt wohl! ich möcht euch folgen, möchte von mir schütteln, was mein Jahrhundert mir gab, und aufbrechen ins freiere Schattenreich!

Aber ich schmachte an der Kette und hasche mit bitterer Freude die kümmerliche Schale, die meinem Durste gereicht wird.

HYPERION AN BELLARMIN

Meine Insel war mir zu enge geworden, seit Adamas fort war. Ich hatte Jahre schon in Tina Langeweile. Ich wollt in die Welt.

„Geh vorerst nach Smyrna“, sagte mein Vater, „lerne da die Künste der See und des Kriegs, lerne die Sprache gebildeter Völker und ihre Verfassungen und Meinungen und Sitten und Gebräuche, prüfe alles und wähle das Beste! – Dann kann es meinetwegen weiter gehn.“

„Lern auch ein wenig Geduld!“ setzte die Mutter hinzu, und ich nahm's mit Dank an.

Es ist entzückend, den ersten Schritt aus der Schranke der Jugend zu tun, es ist, als dächt ich meines Geburtstags, wenn ich meiner Abreise von Tina gedenke. Es war eine neue Sonne über mir, und Land und See und Luft genoß ich wie zum ersten Male.

Die lebendige Tätigkeit, womit ich nun in Smyrna meine Bildung besorgte, und der eilende Fortschritt besänftigte mein Herz nicht wenig. Auch manches seligen Feierabends erinnere ich mich aus dieser Zeit. Wie oft ging ich unter den immer grünen Bäumen am Gestade des Meles, an der Geburtsstätte meines Homer, und sammelt Opferblumen und warf sie in den heiligen Strom! Zur nahen Grotte trat ich dann in meinen friedlichen Träumen, da hätte der Alte, sagen sie, seine Iliade gesungen. Ich fand ihn. Jeder Laut in mir verstummte vor seiner Gegenwart. Ich schlug sein göttlich Gedicht mir auf und es war, als hätt ich es nie gekannt, so ganz anders wurd es jetzt lebendig in mir.

Auch denk ich gerne meiner Wanderung durch die Gegenden von Smyrna. Es ist ein herrlich Land, und ich habe tausendmal mir Flügel gewünscht, um des Jahres *einmal* nach Kleinasien zu fliegen.

Aus der Ebne von Sardes kam ich durch die Felsenwände des Tmolus herauf.

Ich hatt am Fuße des Bergs übernachtet in einer freundlichen Hütte, unter Myrten, unter den Düften des Ladanstrauchs, wo in der goldnen Flut des Paktolus die Schwäne mir zur Seite spielten, wo ein alter Tempel der Cybele aus den Ulmen hervor, wie ein schüchterner Geist, ins helle Mondlicht blickte. Fünf liebliche Säulen trauerten über dem Schutt, und ein königlich Portal lag niedergestürzt zu ihren Füßen.

Durch tausend blühende Gebüsche wuchs mein Pfad nun aufwärts. Vom schroffen Abhang neigten lispelnde Bäume sich, und übergossen mit ihren zarten Flocken mein Haupt. Ich war des Morgens ausgegangen. Um Mittag war ich auf der Höhe des Gebirgs. Ich stand, sah fröhlich vor mich hin, genoß der reineren Lüfte des Himmels. Es waren selige Stunden.

Wie ein Meer, lag das Land, wovon ich heraufkam, vor mir da, jugendlich, voll lebendiger Freude; es war ein himmlisch unendlich Farbenspiel, womit der Frühling mein Herz begrüßte, und wie die Sonne des Himmels sich wiederfand im tausendfachen Wechsel des Lichts, das ihr die Erde zurückgab, so erkannte mein Geist sich in der Fülle des Lebens, die ihn umfing, von allen Seiten ihn überfiel.

Zur Linken stürzt' und jauchzte, wie ein Riese, der Strom in die Wälder hinab, vom Marmorfelsen, der über mir hing, wo der Adler spielte mit seinen Jungen, wo die Schneegipfel hinauf in den blauen Äther glänzten; rechts wälzten Wetterwolken sich her über den Wäldern des Sipylus; ich fühlte nicht den Sturm, der sie trug, ich fühlte nur ein Lüftchen in den Locken, aber ihren Donner hört ich, wie man die Stimme der Zukunft hört, und ihre Flammen sah ich, wie das ferne Licht der geahneten Gottheit. Ich wandte mich südwärts und ging weiter. Da lag es offen vor mir, das ganze paradiesische Land, das der Kayster durchströmt, durch so manchen reizenden Umweg, als könnt er nicht lange genug verweilen in all dem Reichtum und der Lieblichkeit, die ihn umgibt. Wie die Zephyre, irrte mein Geist von Schönheit zu Schönheit selig umher, vom fremden friedlichen Dörfchen, das tief unten am Berge lag, bis hinein, wo die Gebirgkette des Messogis dämmert.

Ich kam nach Smyrna zurück, wie ein Trunkener vom Gastmahl. Mein Herz war des Wohlgefälligen zu voll, um nicht von seinem Überflusse der Sterblichkeit zu leihen. Ich hatte zu glücklich in mich die Schönheit der Natur erbeutet, um nicht die Lücken des Menschenlebens damit auszufüllen. Mein dürftig Smyrna kleidete sich in die Farben meiner Begeisterung, und stand, wie eine Braut, da. Die geselligen Städter zogen mich an. Der Widersinn in ihren Sitten vergnügte mich, wie eine Kinderposse, und weil ich von Natur hinaus war über all die eingeführten Formen und Bräuche, spielt ich mit allen, und legte sie an und zog sie aus, wie Fastnachtskleider.

Was aber eigentlich mir die schale Kost des gewöhnlichen Umgangs würzte, das waren die guten Gesichter und Gestalten, die noch hie und da die mitleidige Natur, wie Sterne, in unsere Verfinsterung sendet.

Wie hatt ich meine herzliche Freude daran! wie glaubig deutet ich diese freundlichen Hieroglyphen! Aber es ging mir fast damit, wie ehemals mit den Birken im Frühlinge. Ich hatte von dem Safte dieser Bäume gehört, und dachte wunder, was ein köstlich Getränk die lieblichen Stämme geben müßten. Aber es war nicht Kraft und Geist genug darinnen.

Ach! und wie heillos war das übrige alles, was ich hört und sah.

Es war mir wirklich hie und da, als hätte sich die Menschennatur in die Mannigfaltigkeiten des Tierreichs aufgelöst, wenn ich umher ging unter diesen Gebildeten. Wie überall, so waren auch hier die Männer besonders verwahrlost und verwest.

Gewisse Tiere heulen, wenn sie Musik anhören. Meine bessergezognen Leute hingegen lachten, wenn von Geistesschönheit die Rede war und von Jugend des Herzens. Die Wölfe gehen davon, wenn einer Feuer schlägt. Sahn jene Menschen einen Funken Vernunft, so kehrten sie, wie Diebe, den Rücken.

Sprach ich einmal auch vom alten Griechenland ein warmes Wort, so gähnten sie, und meinten, man hätte doch auch zu leben in der jetzigen Zeit; und es wäre der gute Geschmack noch immer nicht verlorengegangen, fiel ein anderer bedeutend ein.

Dies zeigte sich dann auch. Der eine witzelte, wie ein Bootsknecht, der andere blies die Backen auf und predigte Sentenzen.

Es gebärdet' auch wohl einer sich aufgeklärt, machte dem Himmel ein Schnippchen und rief, um die Vögel auf dem Dache hab er nie sich bekümmert, die Vögel in der Hand, die seien ihm lieber! Doch wenn man ihm vom Tode sprach, so legt' er stracks die Hände zusammen, und kam so nach und nach im Gespräche darauf, wie es gefährlich sei, daß unsere Priester nichts mehr gelten.

Die einzigen, deren zuweilen ich mich bediente, waren die

Erzähler, die lebendigen Namenregister von fremden Städten und Ländern, die redenden Bilderkasten, wo man Potentaten auf Rossen und Kirchtürme und Märkte sehn kann.

Ich war es endlich müde, mich wegzuwerfen, Trauben zu suchen in der Wüste und Blumen über dem Eisfeld.

Ich lebte nun entschiedner allein, und der sanfte Geist meiner Jugend war fast ganz aus meiner Seele verschwunden. Die Unheilbarkeit des Jahrhunderts war mir aus so manchem, was ich erzähle und nicht erzähle, sichtbar geworden, und der schöne Trost, in *einer* Seele meine Welt zu finden, mein Geschlecht in einem freundlichen Bilde zu umarmen, auch der gebrach mir.

Lieber! was wäre das Leben ohne Hoffnung? Ein Funke, der aus der Kohle springt und verlischt, und wie man bei trüber Jahrszeit einen Windstoß hört, der einen Augenblick saust und dann verhallt, so wär es mit uns?

Auch die Schwalbe sucht ein freundlicher Land im Winter, es läuft das Wild umher in der Hitze des Tags und seine Augen suchen den Quell. Wer sagt dem Kinde, daß die Mutter ihre Brust ihm nicht versage? Und siehe! es sucht sie doch.

Es lebte nichts, wenn es nicht hoffte. Mein Herz verschloß jetzt seine Schätze, aber nur, um sie für eine bessere Zeit zu sparen, für das Einzige, Heilige, Treue, das gewiß, in irgendeiner Periode des Daseins, meiner dürstenden Seele begegnen sollte.

Wie selig hing ich oft an ihm, wenn es, in Stunden des Ahnens, leise, wie das Mondlicht, um die besänftigte Stirne mir spielte? Schon damals kannt ich dich, schon damals blicktest du, wie ein Genius, aus Wolken mich an, du, die mir einst, im Frieden der Schönheit, aus der trüben Woge der Welt stieg! Da kämpfte, da glüht' es nimmer, dies Herz.

Wie in schweigender Luft sich eine Lilie wiegt, so regte sich in seinem Elemente, in den entzückenden Träumen von ihr, mein Wesen.

Smyrna war mir nun verleidet. Überhaupt war mein Herz allmählich müder geworden. Zuweilen konnte wohl der Wunsch in mir auffahren, um die Welt zu wandern oder in den ersten besten Krieg zu gehn, oder meinen Adamas aufzusuchen und in seinem Feuer meinen Mißmut auszubrennen, aber dabei blieb es, und mein unbedeutend welkes Leben wollte nimmer sich erfrischen.

Der Sommer war nun bald zu Ende; ich fühlte schon die düstern Regentage und das Pfeifen der Winde und Tosen der Wetterbäche zum voraus, und die Natur, die, wie ein schäumender Springquell, emporgedrungen war in allen Pflanzen und Bäumen, stand jetzt schon da vor meinem verdüsterten Sinne, schwindend und verschlossen und in sich gekehrt, wie ich selber.

Ich wollte noch mit mir nehmen, was ich konnte, von all dem fliehenden Leben, alles, was ich draußen liebgewonnen hatte, wollt ich noch hereinretten in mich, denn ich wußte wohl, daß mich das wiederkehrende Jahr nicht wieder finden würde unter diesen Bäumen und Bergen, und so ging und ritt ich jetzt mehr, als gewöhnlich, herum im ganzen Bezirke.

Was aber mich besonders hinaustrieb, war das geheime Verlangen, einen Menschen zu sehn, der seit einiger Zeit vor dem Tore unter den Bäumen, wo ich vorbeikam, mir alle Tage begegnet war.

Wie ein junger Titan, schritt der herrliche Fremdling unter dem Zwergengeschlechte daher, das mit freudiger Scheue an seiner Schöne sich weidete, seine Höhe maß und seine Stärke, und an dem glühenden verbrannten Römerkopfe, wie an verbotner Frucht mit verstohlnem Blicke sich labte, und es war jedesmal ein herrlicher Moment, wann das Auge dieses Menschen, für dessen Blick der freie Äther zu enge schien, so mit abgelegtem Stolze sucht' und strebte, bis es sich in meinem Auge fühlte und wir errötend uns einander nachsahn und vorübergingen.

Einst war ich tief in die Wälder des Mimas hineingeritten und kehrt erst spätabends zurück. Ich war abgestiegen, und führte mein Pferd einen steilen wüsten Pfad über Baumwurzeln und Steine hinunter, und, wie ich so durch die Sträuche mich wand, in die Höhle hinunter, die nun vor mir sich öffnete, fielen plötzlich ein paar karabornische Räuber über mich her, und ich hatte Mühe, für den ersten Moment die zwei gezückten Säbel abzuhalten; aber sie waren schon von anderer Arbeit müde, und so half ich doch mir durch. Ich setzte mich ruhig wieder aufs Pferd und ritt hinab.

Am Fuße des Berges tat mitten unter den Wäldern und aufgehäuften Felsen sich eine kleine Wiese vor mir auf. Es wurde hell. Der Mond war eben aufgegangen über den finstern Bäumen. In einiger Entfernung sah ich Rosse auf dem Boden ausgestreckt und Männer neben ihnen im Grase.

„Wer seid ihr?" rief ich.

„Das ist Hyperion!" rief eine Heldenstimme, freudig überrascht. „Du kennst mich", fuhr die Stimme fort; „ich begegne dir alle Tage unter den Bäumen am Tore."

Mein Roß flog, wie ein Pfeil, ihm zu. Das Mondlicht schien ihm hell ins Gesicht. Ich kannt ihn; ich sprang herab.

„Guten Abend!" rief der liebe Rüstige, sah mit zärtlich wildem Blicke mich an und drückte mit seiner nervigen Faust die meine, daß mein Innerstes den Sinn davon empfand.

O nun war mein unbedeutend Leben am Ende!

Alabanda, so hieß der Fremde, sagte mir nun, daß er mit seinem Diener von Räubern wäre überfallen worden, daß die beiden, auf die ich stieß, wären fortgeschickt worden von ihm, daß er den Weg aus dem Walde verloren gehabt und darum wäre genötigt gewesen, auf der Stelle zu bleiben, bis ich gekommen. „Ich habe einen Freund dabei verloren", setzt' er hinzu, und wies sein totes Roß mir.

Ich gab das meine seinem Diener, und wir gingen zu Fuße weiter.

„Es geschah uns recht", begann ich, indes wir Arm in

Arm zusammen aus dem Walde gingen; „warum zögerten wir auch so lange und gingen uns vorüber, bis der Unfall uns zusammenbrachte."

„Ich muß denn doch dir sagen", erwidert' Alabanda, „daß du der Schuldigere, der Kältere bist. Ich bin dir heute nachgeritten."

„Herrlicher!" rief ich, „siehe nur zu! an Liebe sollst du doch mich nimmer übertreffen."

Wir wurden immer inniger und freudiger zusammen.

Wir kamen nahe bei der Stadt an einem wohlgebauten Khan vorbei, das unter plätschernden Brunnen ruhte und unter Fruchtbäumen und duftenden Wiesen.

Wir beschlossen, da zu übernachten. Wir saßen noch lange zusammen bei offnen Fenstern. Hohe geistige Stille umfing uns. Erd und Meer war selig verstummt, wie die Sterne, die über uns hingen. Kaum, daß ein Lüftchen von der See her uns ins Zimmer flog und zart mit unserm Lichte spielte, oder daß von ferner Musik die gewaltigern Töne zu uns drangen, indes die Donnerwolke sich wiegt' im Bette des Äthers, und hin und wieder durch die Stille fernher tönte, wie ein schlafender Riese, wenn er stärker atmet in seinen furchtbaren Träumen.

Unsre Seelen mußten um so stärker sich nähern, weil sie wider Willen waren verschlossen gewesen. Wir begegneten einander, wie zwei Bäche, die vom Berge rollen, und die Last von Erde und Stein und faulem Holz und das ganze träge Chaos, das sie aufhält, von sich schleudern, um den Weg sich zueinander zu bahnen, und durchzubrechen bis dahin, wo sie nun ergreifend und ergriffen mit gleicher Kraft, vereint in *einen* majestätischen Strom, die Wanderung ins weite Meer beginnen.

Er, vom Schicksal und der Barbarei der Menschen heraus, vom eignen Hause unter Fremden hin und her gejagt, von früher Jugend an erbittert und verwildert, und doch auch das innere Herz voll Liebe, voll Verlangens, aus der rauhen Hülse durchzudringen in ein freundlich Element; ich, von allem schon so innigst abgeschieden, so mit ganzer Seele fremd und einsam unter den Menschen, so lächerlich begleitet von dem Schellenklange der Welt in meines Herzens liebsten Melodien; ich, die Antipathie aller Blinden und Lahmen, und doch mir selbst zu blind und lahm, doch mir selbst so herzlich überlästig in allem, was von ferne verwandt war mit den Klugen und Vernünftlern, den Barbaren und den Witzlingen – und so voll Hoffnung, so voll einziger Erwartung eines schönern Lebens –.

Mußten so in freudig stürmischer Eile nicht die beiden Jünglinge sich umfassen?

O du, mein Freund und Kampfgenosse, mein Alabanda, wo bist du? Ich glaube fast, du bist ins unbekannte Land hinübergegangen, zur Ruhe, bist wieder geworden, wie einst, da wir noch Kinder waren.

Zuweilen, wenn ein Gewitter über mir hinzieht, und seine göttlichen Kräfte unter die Wälder austeilt und die Saaten, oder wenn die Wogen der Meersflut unter sich spielen, oder ein Chor von Adlern um die Berggipfel, wo ich wandre, sich schwingt, kann mein Herz sich regen, als wäre mein Alabanda nicht fern; aber sichtbarer, gegenwärtiger, unverkennbarer lebt er in mir, ganz, wie er einst dastand, ein feurig strenger furchtbarer Kläger, wenn er die Sünden des Jahrhunderts nannte. Wie erwachte da in seinen Tiefen mein Geist, wie rollten mir die Donnerworte der unerbittlichen Gerechtigkeit über die Zunge! Wie Boten der Nemesis, durchwanderten unsre Gedanken die Erde, und reinigten sie, bis keine Spur von allem Fluche da war.

Auch die Vergangenheit riefen wir vor unsern Richterstuhl, das stolze Rom erschröckte uns nicht mit seiner Herrlichkeit, Athen bestach uns nicht mit seiner jugendlichen Blüte.

Wie Stürme, wenn sie frohlockend, unaufhörlich fort durch Wälder über Berge fahren, so drangen unsre Seelen in kolossalischen Entwürfen hinaus; nicht, als hätten wir, unmännlich, unsre Welt, wie durch ein Zauberwort, geschaffen, und kindisch unerfahren keinen Widerstand berechnet, dazu war Alabanda zu verständig und zu tapfer. Aber oft ist auch die mühelose Begeisterung kriegerisch und klug.

Ein Tag ist mir besonders gegenwärtig.

Wir waren zusammen aufs Feld gegangen, saßen vertraulich umschlungen im Dunkel des immergrünen Lorbeers, und sahn zusammen in unsern Plato, wo er so wunderbar erhaben vom Altern und Verjüngen spricht, und ruhten hin und wieder aus auf der stummen entblätterten Landschaft, wo der Himmel schöner, als je, mit Wolken und Sonnenschein um die herbstlich schlafenden Bäume spielte.

Wir sprachen darauf manches vom jetzigen Griechenland, beede mit blutendem Herzen, denn der entwürdigte Boden war auch Alabandas Vaterland.

Alabanda war wirklich ungewöhnlich bewegt.

„Wenn ich ein Kind ansehe", rief dieser Mensch, „und denke, wie schmählich und verderbend das Joch ist, das es tragen wird, und daß es darben wird, wie wir, daß es Menschen suchen wird, wie wir, fragen wird, wie wir, nach Schönem und Wahrem, daß es unfruchtbar vergehen wird, weil es allein sein wird, wie wir, daß es – o nehmt doch eure Söhne aus der Wiege, und werft sie in den Strom, um wenigstens vor eurer Schande sie zu retten!"

„Gewiß, Alabanda!" sagt ich, „gewiß es wird anders."

„Wodurch?" erwidert' er; „die Helden haben ihren Ruhm, die Weisen ihre Lehrlinge verloren. Große Taten, wenn sie nicht ein edel Volk vernimmt, sind mehr nicht als ein gewaltiger Schlag vor eine dumpfe Stirne, und hohe Worte, wenn sie nicht in hohen Herzen widertönen, sind, wie ein sterbend Blatt, das in den Kot herunterrauscht. Was willst du nun?"

„Ich will", sagt ich, „die Schaufel nehmen und den Kot in eine Grube werfen. Ein Volk, wo Geist und Größe keinen Geist und keine Größe mehr erzeugt, hat nichts mehr gemein, mit andern, die noch Menschen sind, hat keine Rechte mehr, und es ist ein leeres Possenspiel, ein Aberglauben, wenn man solche willenlose Leichname noch ehren will, als wär ein Römerherz in ihnen. Weg mit ihnen! Er darf nicht stehen, wo er steht, der dürre faule Baum, er stiehlt ja Licht und Luft dem jungen Leben, das für eine neue Welt heranreift."

Alabanda flog auf mich zu, umschlang mich, und seine Küsse gingen mir in die Seele. „Waffenbruder!" rief er, „lieber Waffenbruder! o nun hab ich hundert Arme!"

„Das ist endlich einmal meine Melodie", fuhr er fort, mit einer Stimme, die, wie ein Schlachtruf, mir das Herz bewegte, „mehr braucht's nicht! Du hast ein herrlich Wort gesprochen, Hyperion! Was? vom Wurme soll der Gott abhängen? Der Gott in uns, dem die Unendlichkeit zur Bahn sich öffnet, soll stehn und harren, bis der Wurm ihm aus dem Wege geht? Nein! nein! Man frägt nicht, ob ihr wollt! Ihr wollt ja nie, ihr Knechte und Barbaren! Euch will man auch nicht bessern, denn es ist umsonst! man will nur dafür sorgen, daß ihr dem Siegeslauf der Menschheit aus dem Wege geht. Oh! zünde mir einer die Fackel an, daß ich das Unkraut von der Heide brenne! die Mine bereite mir einer, daß ich die trägen Klötze aus der Erde sprenge!"

„Wo möglich, lehnt man sanft sie auf die Seite", fiel ich ein.

Alabanda schwieg eine Weile.

„Ich habe meine Lust an der Zukunft", begann er endlich wieder, und faßte feurig meine beeden Hände. „Gott sei Dank! ich werde kein gemeines Ende nehmen. Glücklich sein, heißt schläfrig sein im Munde der Knechte. Glücklich sein! mir ist, als hätt ich Brei und laues Wasser auf der Zunge, wenn ihr mir sprecht von glücklich sein. So albern und so heillos ist das alles, wofür ihr hingebt eure Lorbeerkronen, eure Unsterblichkeit.

O heiliges Licht, das ruhelos, in seinem ungeheuren Reiche wirksam, dort oben über uns wandelt, und seine Seele auch mir mitteilt, in den Strahlen, die ich trinke, dein Glück sei meines!

Von ihren Taten nähren die Söhne der Sonne sich; sie leben vom Sieg; mit eignem Geist ermuntern sie sich, und ihre Kraft ist ihre Freude." –

Der Geist dieses Menschen faßte einen oft an, daß man sich hätte schämen mögen, so federleicht hinweggerissen fühlte man sich.

„O Himmel und Erde!" rief ich, „das ist Freude! – Das sind andre Zeiten, das ist kein Ton aus meinem kindischen Jahrhundert, das ist nicht der Boden, wo das Herz des Menschen unter seines Treibers Peitsche keucht. – Ja! ja! bei deiner herrlichen Seele, Mensch! Du wirst mit mir das Vaterland erretten."

„Das will ich", rief er, „oder untergehn."

Von diesem Tag an wurden wir uns immer heiliger und lieber. Tiefer unbeschreiblicher Ernst war unter uns gekommen. Aber wir waren nur um so seliger zusammen. Nur in den ewigen Grundtönen seines Wesens lebte jeder, und schmucklos schritten wir fort von einer großen Harmonie zur andern. Voll herrlicher Strenge und Kühnheit war unser gemeinsames Leben.

„Wie bist du denn so wortarm geworden?" fragte mich einmal Alabanda mit Lächeln. „In den heißen Zonen", sagt ich, „näher der Sonne, singen ja auch die Vögel nicht."

Aber es geht alles auf und unter in der Welt, und es hält der Mensch mit aller seiner Riesenkraft nichts fest. Ich sah einmal ein Kind die Hand ausstrecken, um das Mondlicht zu haschen; aber das Licht ging ruhig weiter seine Bahn. So stehn wir da, und ringen, das wandelnde Schicksal anzuhalten.

O wer ihm nur so still und sinnend, wie dem Gange der Sterne, zusehn könnte!

Je glücklicher du bist, um so weniger kostet es, dich zu Grunde zu richten, und die seligen Tage, wie Alabanda und ich sie lebten, sind wie eine jähe Felsenspitze, wo dein Reisegefährte nur dich anzurühren braucht, um unabsehlich, über die schneidenden Zacken hinab, dich in die dämmernde Tiefe zu stürzen.

Wir hatten eine herrliche Fahrt nach Chios gemacht, hatten tausend Freude an uns gehabt. Wie Lüftchen über die Meeresfläche, walteten über uns die freundlichen Zauber der Natur. Mit freudigem Staunen sah einer den andern, ohne ein Wort zu sprechen, aber das Auge sagte, so hab ich dich nie gesehen! So verherrlicht waren wir von den Kräften der Erde und des Himmels.

Wir hatten dann auch mit heitrem Feuer uns über manches gestritten, während der Fahrt; ich hatte, wie sonst, auch diesmal wieder meines Herzens Freude daran gehabt, diesem Geist auf seiner kühnen Irrbahn zuzusehn, wo er so regellos, so in ungebundner Fröhlichkeit, und doch meist so sicher seinen Weg verfolgte.

Wir eilten, wie wir ausgestiegen waren, allein zu sein.

„Du kannst niemand überzeugen", sagt ich jetzt mit inniger Liebe, „du überredest, du bestichst die Menschen, ehe du anfängst; man kann nicht zweifeln, wenn du sprichst, und wer nicht zweifelt, wird nicht überzeugt."

„Stolzer Schmeichler", rief er dafür, „du lügst! aber gerade recht, daß du mich mahnst! nur zu oft hast du schon mich unvernünftig gemacht! Um alle Kronen möcht ich von dir mich nicht befreien, aber es ängstiget denn doch mich oft, daß du mir so unentbehrlich sein sollst, daß ich so gefesselt bin an dich; und sieh", fuhr er fort, „daß du ganz mich hast, sollst du auch alles von mir wissen! wir dachten bisher unter all der Herrlichkeit und Freude nicht daran, uns nach Vergangenem umzusehn."

Er erzählte mir nun sein Schicksal; mir war dabei, als säh ich einen jungen Herkules mit der Megära im Kampfe.

„Wirst du mir jetzt verzeihen", schloß er die Erzählung seines Ungemachs, „wirst du jetzt ruhiger sein, wenn ich oft rauh bin und anstößig und unverträglich?"

„O stille, stille!" rief ich innigst bewegt; „aber daß du noch da bist, daß du dich erhieltest für mich!"

„Ja wohl! für dich!" rief er, „und es freut mich herzlich, daß ich dir denn doch genießbare Kost bin. Und schmeck ich auch, wie ein Holzapfel, dir zuweilen, so keltre mich so lange, bis ich trinkbar bin."

„Laß mich! laß mich!" rief ich; ich sträubte mich umsonst; der Mensch machte mich zum Kinde; ich verbarg's ihm auch nicht; er sah meine Tränen, und weh ihm, wenn er sie nicht sehen durfte!

„Wir schwelgen", begann nun Alabanda wieder, „wir töten im Rausche die Zeit."

„Wir haben unsre Bräutigamstage zusammen", rief ich erheitert, „da darf es wohl noch lauten, als wäre man in Arkadien. – Aber auf unser vorig Gespräch zu kommen!

Du räumst dem Staate denn doch zu viel Gewalt ein. Er darf nicht fordern, was er nicht erzwingen kann. Was aber die Liebe gibt und der Geist, das läßt sich nicht erzwingen. Das laß er unangetastet, oder man nehme sein Gesetz und schlag es an den Pranger! Beim Himmel! der weiß nicht, was er sündigt, der den Staat zur Sittenschule machen will. Immerhin hat das den Staat zur Hölle gemacht, daß ihn der Mensch zu seinem Himmel machen wollte.

Die rauhe Hülse um den Kern des Lebens und nichts weiter ist der Staat. Er ist die Mauer um den Garten menschlicher Früchte und Blumen.

Aber was hilft die Mauer um den Garten, wo der Boden dürre liegt? Da hilft der Regen vom Himmel allein.

O Regen vom Himmel! o Begeisterung! Du wirst den Frühling der Völker uns wiederbringen. Dich kann der Staat nicht hergebieten. Aber er störe dich nicht, so wirst du kommen, kommen wirst du, mit deinen allmächtigen Wonnen, in goldne Wolken wirst du uns hüllen und empor uns tragen über die Sterblichkeit, und wir werden staunen und fragen, ob wir es noch seien, wir, die Dürftigen, die wir die Sterne fragten, ob dort uns ein Frühling blühe – frägst du mich, wann dies sein wird? Dann, wann die Lieblingin der Zeit, die jüngste, schönste Tochter der Zeit, die neue Kirche, hervorgehn wird aus diesen befleckten veralteten Formen, wann das erwachte Gefühl des Göttlichen dem Menschen seine Gottheit, und seiner Brust die schöne Jugend wiederbringen wird, wann – ich kann sie nicht verkünden, denn ich ahne sie kaum, aber sie kömmt gewiß, gewiß. Der Tod ist ein Bote des Lebens, und daß wir jetzt schlafen in unsern Krankenhäusern, dies zeugt vom nahen gesunden Erwachen. Dann, dann erst sind wir, dann ist das Element der Geister gefunden!"

Alabanda schwieg, und sah eine Weile erstaunt mich an. Ich war hingerissen von unendlichen Hoffnungen; Götterkräfte trugen, wie ein Wölkchen, mich fort –

„Komm!" rief ich, und faßt Alabanda beim Gewande, „komm, wer hält es länger aus im Kerker, der uns umnachtet?"

„Wohin, mein Schwärmer", erwidert' Alabanda trocken, und ein Schatte von Spott schien über sein Gesicht zu gleiten.

Ich war, wie aus den Wolken gefallen. „Geh!" sagt ich, „du bist ein kleiner Mensch!"

In demselben Augenblicke traten etliche Fremden ins Zimmer, auffallende Gestalten, meist hager und blaß, soviel ich im Mondlicht sehen konnte, ruhig, aber in ihren Mienen war etwas, das in die Seele ging, wie ein Schwert, und es war, als stünde man vor der Allwissenheit; man hätte gezweifelt, ob dies die Außenseite wäre von bedürftigen Naturen, hätte nicht hie und da der getötete Affekt seine Spuren zurückgelassen.

Besonders einer fiel mir auf. Die Stille seiner Züge war die Stille eines Schlachtfelds. Grimm und Liebe hatt in diesem Menschen gerast, und der Verstand leuchtete über den Trümmern des Gemüts, wie das Auge eines Habichts, der auf zerstörten Palästen sitzt. Tiefe Verachtung war auf seinen Lippen. Man ahnete, daß dieser Mensch mit keiner unbedeutenden Absicht sich befasse.

Ein andrer mochte seine Ruhe mehr einer natürlichen Herzenshärte danken. Man fand an ihm fast keine Spur einer Gewaltsamkeit, von Selbstmacht oder Schicksal verübt.

Ein dritter mochte seine Kälte mehr mit der Kraft der Überzeugung dem Leben abgedrungen haben, und wohl noch oft im Kampfe mit sich stehen, denn es war ein geheimer

Widerspruch in seinem Wesen, und es schien mir, als müßt er sich bewachen. Er sprach am wenigsten.

Alabanda sprang auf, wie gebogner Stahl, bei ihrem Eintritt.

„Wir suchten dich", rief einer von ihnen.

„Ihr würdet mich finden", sagt' er lachend, „wenn ich in den Mittelpunkt der Erde mich verbärge. Sie sind meine Freunde", setzt' er hinzu, indes er zu mir sich wandte.

Sie schienen mich ziemlich scharf ins Auge zu fassen.

„Das ist auch einer von denen, die es gerne besser haben möchten in der Welt", rief Alabanda nach einer Weile, und wies auf mich.

„Das ist dein Ernst?" fragt' einer mich von den dreien.

„Es ist kein Scherz, die Welt zu bessern", sagt ich.

„Du hast viel mit einem Worte gesagt!" rief wieder einer von ihnen. „Du bist unser Mann!" ein andrer.

„Ihr denkt auch so?" fragt ich.

„Frage, was wir tun!" war die Antwort.

„Und wenn ich fragte?"

„So würden wir dir sagen, daß wir da sind, aufzuräumen auf Erden, daß wir die Steine vom Acker lesen, und die harten Erdenklöße mit dem Karst zerschlagen, und Furchen graben mit dem Pflug, und das Unkraut an der Wurzel fassen, an der Wurzel es durchschneiden, samt der Wurzel es ausreißen, daß es verdorre im Sonnenbrande."

„Nicht, daß wir ernten möchten", fiel ein andrer ein; „uns kömmt der Lohn zu spät; uns reift die Ernte nicht mehr."

„Wir sind am Abend unsrer Tage. Wir irrten oft, wir hofften viel und taten wenig. Wir wagten lieber, als wir uns besannen. Wir waren gerne bald am Ende und trauten auf das Glück. Wir sprachen viel von Freude und Schmerz, und liebten, haßten beide. Wir spielten mit dem Schicksal und es tat mit uns ein Gleiches. Vom Bettelstabe bis zur Krone warf es uns auf und ab. Es schwang uns, wie man ein glühend Rauchfaß schwingt, und wir glühten, bis die Kohle zu Asche ward. Wir haben aufgehört von Glück und Mißgeschick zu sprechen. Wir sind emporgewachsen über die Mitte des Lebens, wo es grünt und warm ist. Aber es ist nicht das Schlimmste, was die Jugend überlebt. Aus heißem Metalle wird das kalte Schwert geschmiedet. Auch sagt man, auf verbrannten abgestorbenen Vulkanen gedeihe kein schlechter Most."

„Wir sagen das nicht um unsertwillen", rief ein anderer jetzt etwas rascher, „wir sagen es um euertwillen! Wir betteln um das Herz des Menschen nicht. Denn wir bedürfen seines Herzens, seines Willens nicht. Denn er ist in keinem Falle wider uns, denn es ist alles für uns, und die Toren und die Klugen und die Einfältigen und die Weisen und alle Laster und alle Tugenden der Roheit und der Bildung stehen, ohne gedungen zu sein, in unsrem Dienst, und helfen blindlings mit zu unsrem Ziel – nur wünschten wir, es hätte jemand den Genuß davon, drum suchen wir unter den tausend blinden Gehülfen die besten uns aus, um sie zu sehenden Gehülfen zu machen – will aber niemand wohnen, wo wir bauten, unsre Schuld und unser Schaden ist es nicht. Wir taten, was das unsre war. Will niemand sammeln, wo wir pflügten, wer verargt es uns? Wer flucht dem Baume, wenn sein Apfel in den Sumpf fällt? Ich hab's mir oft gesagt, du opferst der Verwesung, und ich endete mein Tagwerk doch."

Das sind Betrüger! riefen alle Wände meinem empfindlichen Sinne zu. Mir war, wie einem, der im Rauch ersticken will, und Türen und Fenster einstößt, um sich hinauszuhelfen, so dürstet ich nach Luft und Freiheit.

Sie sahn auch bald, wie unheimlich mir zu Mute war, und brachen ab. Der Tag graute schon, da ich aus dem Khan trat, wo wir waren beisammen gewesen. Ich fühlte das Wehen der Morgenluft, wie Balsam an einer brennenden Wunde.

Ich war durch Alabandas Spott schon zu sehr gereizt, um nicht durch seine rätselhafte Bekanntschaft vollends irre zu werden an ihm.

„Er ist schlecht", rief ich, „ja, er ist schlecht. Er heuchelt grenzenlos Vertrauen und lebt mit solchen – und verbirgt es dir."

Mir war, wie einer Braut, wenn sie erfährt, daß ihr Geliebter insgeheim mit einer Dirne lebe.

O es war der Schmerz nicht, den man hegen mag, den man am Herzen trägt, wie ein Kind, und in Schlummer singt mit Tönen der Nachtigall!

Wie eine ergrimmte Schlange, wenn sie unerbittlich herauffährt an den Knien und Lenden, und alle Glieder umklammert, und nun in die Brust die giftigen Zähne schlägt und nun in den Nacken, so war mein Schmerz, so faßt' er mich in seine fürchterliche Umarmung. Ich nahm mein höchstes Herz zu Hülfe, und rang nach großen Gedanken, um noch stille zu halten, es gelang mir auch auf wenige Augenblicke, aber nun war ich auch zum Zorne gestärkt, nun tötet ich auch, wie eingelegtes Feuer, jeden Funken der Liebe in mir.

Er muß ja, dacht ich, das sind ja seine Menschen, er muß verschworen sein mit diesen, gegen dich! Was wollt er auch von dir? Was konnt er suchen bei dir, dem Schwärmer? O wär er seiner Wege gegangen! Aber sie haben ihren eigenen Gelust, sich an ihr Gegenteil zu machen! so ein fremdes Tier im Stalle zu haben, läßt ihnen gar gut! –

Und doch war ich unaussprechlich glücklich gewesen mit ihm, war so oft untergegangen in seinen Umarmungen, um aus ihnen zu erwachen mit Unüberwindlichkeit in der Brust, wurde so oft gehärtet und geläutert in seinem Feuer, wie Stahl!

Da ich einst in heitrer Mitternacht die Dioskuren ihm wies, und Alabanda die Hand aufs Herz mir legt' und sagte: „Das sind nur Sterne, Hyperion, nur Buchstaben, womit der Name der Heldenbrüder am Himmel geschrieben ist; in uns sind sie! lebendig und wahr, mit ihrem Mut und ihrer göttlichen Liebe, und du, du bist der Göttersohn, und teilst mit deinem sterblichen Kastor deine Unsterblichkeit!" –

Da ich die Wälder des Ida mit ihm durchstreifte, und wir herunterkamen ins Tal, um da die schweigenden Grabhügel nach ihren Toten zu fragen, und ich zu Alabanda sagte, daß unter den Grabhügeln einer vielleicht dem Geist Achills und seines Geliebten angehöre, und Alabanda mir vertraute, wie er oft ein Kind sei und sich denke, daß wir einst in *einem* Schlachttal fallen und zusammen ruhen werden unter *einem* Baum – wer hätte damals das gedacht?

Ich sann mit aller Kraft des Geistes, die mir übrig war, ich klagt ihn an, verteidigt ihn, und klagt ihn wieder um so bittrer an; ich widerstrebte meinem Sinne, wollte mich erheitern, und verfinsterte mich nur ganz dadurch.

Ach! mein Auge war ja von so manchem Faustschlag wund gewesen, fing ja kaum zu heilen an, wie sollt es jetzt gesundere Blicke tun?

Alabanda besuchte mich den andern Tag. Mein Herz kochte, wie er hereintrat, aber ich hielt mich, so sehr sein Stolz und seine Ruhe mich aufregt' und erhitzte.

„Die Luft ist herrlich", sagt' er endlich, „und der Abend wird sehr schön sein, laß uns zusammen auf die Akropolis gehn!"

Ich nahm es an. Wir sprachen lange kein Wort. „Was willst du?" fragt ich endlich.

„Das kannst du fragen?" erwiderte der wilde Mensch mit einer Wehmut, die mir durch die Seele ging. Ich war betroffen, verwirrt.

„Was soll ich von dir denken?" fing ich endlich wieder an.

„Das, was ich bin!" erwidert' er gelassen.

„Du brauchst Entschuldigung", sagt ich mit veränderter Stimme, und sah mit Stolz ihn an, „entschuldige dich! reinige dich!"

Das war zuviel für ihn.

„Wie kommt es denn", rief er entrüstet, „daß dieser Mensch mich beugen soll, wie's ihm gefällt? – Es ist auch wahr, ich war zu früh entlassen aus der Schule, ich hatte alle Ketten geschleift und alle zerrissen, nur eine fehlte noch, nur eine war noch zu zerbrechen, ich war noch nicht gezüchtiget von einem Grillenfänger – murre nur! ich habe lange genug geschwiegen!"

„O Alabanda! Alabanda!" rief ich.

„Schweig", erwidert' er, „und brauche meinen Namen nicht zum Dolche gegen mich!"

Nun brach auch mir der Unmut vollends los. Wir ruhten nicht, bis eine Rückkehr fast unmöglich war. Wir zerstörten mit Gewalt den Garten unsrer Liebe. Wir standen oft und schwiegen, und wären uns so gerne, so mit tausend Freuden um den Hals gefallen, aber der unselige Stolz erstickte jeden Laut der Liebe, der vom Herzen aufstieg.

„Leb wohl!" rief ich endlich, und stürzte fort. Unwillkürlich mußt ich mich umsehn, unwillkürlich war mir Alabanda gefolgt.

„Nicht wahr, Alabanda", rief ich ihm zu, „das ist ein sonderbarer Bettler? seinen letzten Pfenning wirft er in den Sumpf!"

„Wenn's das ist, mag er auch verhungern", rief er, und ging.

Ich wankte sinnlos weiter, stand nun am Meer und sahe die Wellen an – ach! da hinunter strebte mein Herz, da hinunter, und meine Arme flogen der freien Flut entgegen; aber bald kam, wie vom Himmel, ein sanfterer Geist über mich, und ordnete mein unbändig leidend Gemüt mit seinem ruhigen Stabe; ich überdachte stiller mein Schicksal, meinen Glauben an die Welt, meine trostlosen Erfahrungen, ich betrachtete den Menschen, wie ich ihn empfunden und erkannt von früher Jugend an, in mannigfaltigen Erziehungen, fand überall dumpfen oder schreienden Mißlaut, nur in kindlicher einfältiger Beschränkung fand ich noch die reinen Melodien – es ist besser, sagt ich mir, zur Biene zu werden und sein Haus zu bauen in Unschuld, als zu herrschen mit den Herren der Welt, und wie mit Wölfen, zu heulen mit ihnen, als Völker zu meistern, und an dem unreinen Stoffe sich die Hände zu beflecken; ich wollte nach Tina zurück, um meinen Gärten und Feldern zu leben.

Lächle nur! Mir war es sehr Ernst. Bestehet ja das Leben der Welt im Wechsel des Entfaltens und Verschließens, in Ausflug und in Rückkehr zu sich selbst, warum nicht auch das Herz des Menschen?

Freilich ging die neue Lehre mir hart ein, freilich schied ich ungern von dem stolzen Irrtum meiner Jugend – wer reißt auch gerne die Flügel sich aus? – aber es mußte ja so sein!

Ich setzt es durch. Ich war nun wirklich eingeschifft. Ein frischer Bergwind trieb mich aus dem Hafen von Smyrna. Mit einer wunderbaren Ruhe, recht, wie ein Kind, das nichts vom nächsten Augenblicke weiß, lag ich so da auf meinem Schiffe, und sah die Bäume und Moskeen dieser Stadt an, meine grünen Gänge an dem Ufer, meinen Fußsteig zur Akropolis hinauf, das sah ich an, und ließ es weiter gehn und immer weiter; wie ich aber nun aufs hohe Meer hinauskam, und alles nach und nach hinabsank, wie ein Sarg ins Grab, da mit einmal war es auch, als wäre mein Herz gebrochen – „o Himmel!" schrie ich, und alles Leben in mir erwacht' und rang, die fliehende Gegenwart zu halten, aber sie war dahin, dahin!

Wie ein Nebel, lag das himmlische Land vor mir, wo ich, wie ein Reh auf freier Weide, weit und breit die Täler und die Höhen hatte durchstreift, und das Echo meines Herzens zu den Quellen und Strömen, in die Fernen und die Tiefen der Erde gebracht.

Dort hinein auf den Tmolus war ich gegangen in einsamer Unschuld; dort hinab, wo Ephesus einst stand in seiner glücklichen Jugend und Teos und Milet, dort hinauf ins heilige trauernde Troas war ich mit Alabanda gewandert, mit Alabanda, und, wie ein Gott, hatt ich geherrscht über ihn, und, wie ein Kind, zärtlich und glaubig, hatt ich seinem Auge gedient, mit Seelenfreude, mit innigem frohlockendem Genusse seines Wesens, immer glücklich, wenn ich seinem Rosse den Zaum hielt, oder wenn ich, über mich selbst erhoben, in herrlichen Entschlüssen, in kühnen Gedanken, im Feuer der Rede seiner Seele begegnete!

Und nun war es dahin gekommen, nun war ich nichts mehr, war so heillos um alles gebracht, war zum ärmsten unter den Menschen geworden, und wußte selbst nicht, wie.

O ewiges Irrsal! dacht ich bei mir, wann reißt der Mensch aus deinen Ketten sich los?

Wir sprechen von unsrem Herzen, unsern Planen, als wären sie unser, und es ist doch eine fremde Gewalt, die uns herumwirft und ins Grab legt, wie es ihr gefällt, und von der wir nicht wissen, von wannen sie kommt, noch wohin sie geht.

Wir wollen wachsen dahinauf, und dorthinaus die Äste und die Zweige breiten, und Boden und Wetter bringt uns doch, wohin es geht, und wenn der Blitz auf deine Krone fällt, und bis zur Wurzel dich hinunterspaltet, armer Baum! was geht es dich an?

So dacht ich. Ärgerst du dich daran, mein Bellarmin! Du wirst noch andere Dinge hören.

Das eben, Lieber! ist das Traurige, daß unser Geist so gerne die Gestalt des irren Herzens annimmt, so gerne die vorüberfliehende Trauer festhält, daß der Gedanke, der die Schmerzen heilen sollte, selber krank wird, daß der Gärtner an den Rosensträuchen, die er pflanzen sollte, sich die Hand so oft zerreißt, oh! das hat manchen zum Toren gemacht vor andern, die er sonst, wie ein Orpheus, hätte beherrscht, das hat so oft die edelste Natur zum Spott gemacht vor Menschen, wie man sie auf jeder Straße findet, das ist die Klippe für die Lieblinge des Himmels, daß ihre Liebe mächtig ist und zart, wie ihr Geist, daß ihres Herzens Wogen stärker oft und schneller sich regen, wie der Trident, womit der Meergott sie beherrscht, und darum, Lieber! überhebe ja sich keiner.

HYPERION AN BELLARMIN

Kannst du es hören, wirst du es begreifen, wenn ich dir von meiner langen kranken Trauer sage?

Nimm mich, wie ich mich gebe, und denke, daß es besser ist zu sterben, weil man lebte, als zu leben, weil man nie gelebt! Neide die Leidensfreien nicht, die Götzen von Holz, denen nichts mangelt, weil ihre Seele so arm ist, die nichts fragen nach Regen und Sonnenschein, weil sie nichts haben, was der Pflege bedürfte.

Ja! ja! es ist recht sehr leicht, glücklich, ruhig zu sein mit seichtem Herzen und eingeschränktem Geiste. Gönnen kann man's euch; wer ereifert sich denn, daß die bretterne Scheibe nicht wehklagt, wenn der Pfeil sie trifft, und daß der hohle Topf so dumpf klingt, wenn ihn einer an die Wand wirft?

Nur müßt ihr euch bescheiden, lieben Leute, müßt ja in aller Stille euch wundern, wenn ihr nicht begreift, daß andre nicht auch so glücklich, auch so selbstgenügsam sind, müßt ja euch hüten, eure Weisheit zum Gesetz zu machen, denn das wäre der Welt Ende, wenn man euch gehorchte.

Ich lebte nun sehr still, sehr anspruchslos in Tina. Ich ließ auch wirklich die Erscheinungen der Welt vorüberziehn, wie Nebel im Herbste, lachte manchmal auch mit nassen Augen über mein Herz, wenn es hinzuflog, um zu naschen, wie der Vogel nach der gemalten Traube, und blieb still und freundlich dabei.

Ich ließ nun jedem gerne seine Meinung, seine Unart. Ich war bekehrt, ich wollte niemand mehr bekehren, nur war mir traurig, wenn ich sah, daß die Menschen glaubten, ich lasse darum ihr Possenspiel unangetastet, weil ich es so hoch und teuer achte, wie sie. Ich mochte nicht gerade ihrer Albernheit mich unterwerfen, doch sucht ich sie zu schonen, wo ich konnte. Das ist ja ihre Freude, dacht ich, davon leben sie ja!

Oft ließ ich sogar mir gefallen, mitzumachen, und wenn ich noch so seelenlos, so ohne eignen Trieb dabei war, das merkte keiner, da vermißte keiner nichts, und hätt ich gesagt, sie möchten mir's verzeihen, so wären sie dagestanden und hätten sich verwundert und gefragt: was hast du denn uns getan? Die Nachsichtigen!

Oft, wenn ich des Morgens dastand unter meinem Fenster und der geschäftige Tag mir entgegenkam, konnt auch ich mich augenblicklich vergessen, konnte mich umsehn, als möcht ich etwas vornehmen, woran mein Wesen seine Lust noch hätte, wie ehmals, aber da schalt ich mich, da besann ich mich, wie einer, dem ein Laut aus seiner Muttersprache entfährt, in einem Lande, wo sie nicht verstanden wird – wohin, mein Herz? sagt ich verständig zu mir selber und gehorchte mir.

Was ist's denn, daß der Mensch so viel will? fragt ich oft; was soll denn die Unendlichkeit in seiner Brust? Unendlichkeit? wo ist sie denn? wer hat sie denn vernommen? Mehr will er, als er kann! das möchte wahr sein! Oh! das hast du oft genug erfahren. Das ist auch nötig, wie es ist. Das gibt das süße, schwärmerische Gefühl der Kraft, daß sie nicht ausströmt, wie sie will, das eben macht die schönen Träume von Unsterblichkeit und all die holden und die kolossalischen Phantome, die den Menschen tausendfach entzücken, das schafft dem Menschen sein Elysium und seine Götter, daß seines Lebens Linie nicht gerad ausgeht, daß er nicht hinfährt, wie ein Pfeil, und eine fremde Macht dem Fliehenden in den Weg sich wirft.

Des Herzens Woge schäumte nicht so schön empor, und würde Geist, wenn nicht der alte stumme Fels, das Schicksal, ihr entgegenstände.

Aber dennoch stirbt der Trieb in unserer Brust, und mit ihm unsre Götter und ihr Himmel.

Das Feuer geht empor in freudigen Gestalten, aus der dunkeln Wiege, wo es schlief, und seine Flamme steigt und fällt, und bricht sich und umschlingt sich freudig wieder, bis ihr Stoff verzehrt ist, nun raucht und ringt sie und erlischt; was übrig ist, ist Asche.

So geht's mit uns. Das ist der Inbegriff von allem, was in schröckendreizenden Mysterien die Weisen uns erzählen.

Und du? was frägst du dich? Daß so zuweilen etwas in dir auffährt, und, wie der Mund des Sterbenden, dein Herz in *einem* Augenblicke so gewaltsam dir sich öffnet und verschließt, das gerade ist das böse Zeichen.

Sei nur still, und laß es seinen Gang gehn! künstle nicht! versuche kindisch nicht, um eine Ehle länger dich zu machen! – Es ist, als wolltest du noch eine Sonne schaffen, und neue Zöglinge für sie, ein Erdenrund und einen Mond erzeugen.

So träumt ich hin. Geduldig nahm ich nach und nach von allem Abschied. – O ihr Genossen meiner Zeit! fragt eure Ärzte nicht und nicht die Priester, wenn ihr innerlich vergeht!

Ihr habt den Glauben an alles Große verloren; so müßt, so müßt ihr hin, wenn dieser Glaube nicht wiederkehrt, wie ein Komet aus fremden Himmeln.

HYPERION AN BELLARMIN

Es gibt ein Vergessen alles Daseins, ein Verstummen unsers Wesens, wo uns ist, als hätten wir alles gefunden.

Es gibt ein Verstummen, ein Vergessen alles Daseins, wo uns ist, als hätten wir alles verloren, eine Nacht unsrer Seele, wo kein Schimmer eines Sterns, wo nicht einmal ein faules Holz uns leuchtet.

Ich war nun ruhig geworden. Nun trieb mich nichts mehr auf um Mitternacht. Nun sengt ich mich in meiner eignen Flamme nicht mehr.

Ich sah nun still und einsam vor mich hin und schweift in die Vergangenheit und in die Zukunft mit dem Auge nicht. Nun drängte Fernes und Nahes sich in meinem Sinne nicht mehr; die Menschen, wenn sie mich nicht zwangen, sie zu sehen, sah ich nicht.

Sonst lag oft, wie das ewigleere Faß der Danaiden, vor meinem Sinne dies Jahrhundert, und mit verschwenderischer Liebe goß meine Seele sich aus, die Lücken auszufüllen; nun sah ich keine Lücke mehr, nun drückte mich des Lebens Langeweile nicht mehr.

Nun sprach ich nimmer zu der Blume, du bist meine Schwester! und zu den Quellen, wir sind *eines* Geschlechts! ich gab nun treulich, wie ein Echo, jedem Dinge seinen Namen.

Wie ein Strom an dürren Ufern, wo kein Weidenblatt im Wasser sich spiegelt, lief unverschönert vorüber an mir die Welt.

Es kann nichts wachsen und nichts so tief vergehen, wie der Mensch. Mit der Nacht des Abgrunds vergleicht er oft sein Leiden und mit dem Äther seine Seligkeit, und wie wenig ist dadurch gesagt?

Aber schöner ist nichts, als wenn es so nach langem Tode wieder in ihm dämmert, und der Schmerz, wie ein Bruder, der fernher dämmernden Freude entgegengeht.

O es war ein himmlisch Ahnen, womit ich jetzt den kommenden Frühling wieder begrüßte! Wie fernher in schweigender Luft, wenn alles schläft, das Saitenspiel der Geliebten, so umtönten seine leisen Melodien mir die Brust, wie von Elysium herüber, vernahm ich seine Zukunft, wenn die toten Zweige sich regten und ein lindes Wehen meine Wange berührte.

Holder Himmel Ioniens! so war ich nie an dir gehangen, aber so ähnlich war dir auch nie mein Herz gewesen, wie damals, in seinen heitern zärtlichen Spielen. –

Wer sehnt sich nicht nach Freuden der Liebe und großen Taten, wenn im Auge des Himmels und im Busen der Erde der Frühling wiederkehrt?

Ich erhob mich, wie vom Krankenbette, leise und langsam, aber von geheimen Hoffnungen zitterte mir die Brust so selig, daß ich drüber vergaß, zu fragen, was dies zu bedeuten habe.

Schönere Träume umfingen mich jetzt im Schlafe, und wenn ich erwachte, waren sie mir im Herzen, wie die Spur eines Kusses auf der Wange der Geliebten. O das Morgenlicht und ich, wir gingen nun uns entgegen, wie versöhnte Freunde, wenn sie noch etwas fremde tun, und doch den nahen unendlichen Augenblick des Umarmens schon in der Seele tragen.

Es tat nun wirklich einmal wieder mein Auge sich auf, freilich, nicht mehr, wie sonst, gerüstet und erfüllt mit eigner Kraft, es war bittender geworden, es fleht' um Leben, aber es war mir im Innersten doch, als könnt es wieder werden mit mir, wie sonst, und besser.

Ich sahe die Menschen wieder an, als sollt auch ich wirken und mich freuen unter ihnen. Ich schloß mich wirklich herzlich überall an.

Himmel! wie war das eine Schadenfreude, daß der stolze Sonderling nun *einmal* war, wie ihrer einer, geworden! wie hatten sie ihren Scherz daran, daß den Hirsch des Waldes der Hunger trieb, in ihren Hühnerhof zu laufen! –

Ach! meinen Adamas sucht ich, meinen Alabanda, aber es erschien mir keiner.

Endlich schrieb ich auch nach Smyrna, und es war, als sammelt' alle Zärtlichkeit und alle Macht des Menschen in *einen* Moment sich, da ich schrieb; so schrieb ich dreimal, aber keine Antwort, ich flehte, drohte, mahnt an alle Stunden der Liebe und der Kühnheit, aber keine Antwort von dem Unvergeßlichen, bis in den Tod geliebten – „Alabanda!" rief ich, „o mein Alabanda! du hast den Stab gebrochen über mich. Du hieltest mich noch aufrecht, warst die letzte Hoffnung meiner Jugend! Nun will ich nichts mehr! nun ist's heilig und gewiß!"

Wir bedauern die Toten, als fühlten sie den Tod, und die Toten haben doch Frieden. Aber das, das ist der Schmerz, dem keiner gleichkömmt, das ist unaufhörliches Gefühl der gänzlichen Zernichtung, wenn unser Leben seine Bedeutung so verliert, wenn so das Herz sich sagt, du mußt hinunter und nichts bleibt übrig von dir; keine Blume hast du gepflanzt, keine Hütte gebaut, nur daß du sagen könntest: ich lasse eine Spur zurück auf Erden. Ach! und die Seele kann immer so voll Sehnens sein, bei dem, daß sie so mutlos ist!

Ich suchte immer etwas, aber ich wagte das Auge nicht aufzuschlagen vor den Menschen. Ich hatte Stunden, wo ich das Lachen eines Kindes fürchtete.

Dabei war ich meist sehr still und geduldig, hatte oft auch einen wunderbaren Aberglauben an die Heilkraft mancher Dinge; von einer Taube, die ich kaufte, von einer Kahnfahrt, von einem Tale, das die Berge mir verbargen, konnt ich Trost erwarten.

Genug! genug! wär ich mit Themistokles aufgewachsen, hätt ich unter den Scipionen gelebt, meine Seele hätte sich wahrlich nie von dieser Seite kennengelernt.

HYPERION AN BELLARMIN

Zuweilen regte noch sich eine Geisteskraft in mir. Aber freilich nur zerstörend!

Was ist der Mensch? konnt ich beginnen; wie kommt es, daß so etwas in der Welt ist, das, wie ein Chaos, gärt, oder modert, wie ein fauler Baum, und nie zu einer Reife gedeiht? Wie duldet diesen Herling die Natur bei ihren süßen Trauben?

Zu den Pflanzen spricht er, ich war auch einmal, wie ihr! und zu den reinen Sternen, ich will werden, wie ihr, in einer andren Welt! inzwischen bricht er auseinander und treibt hin und wieder seine Künste mit sich selbst, als könnt er, wenn es einmal sich aufgelöst, Lebendiges zusammensetzen, wie ein Mauerwerk; aber es macht ihn auch nicht irre, wenn nichts gebessert wird durch all sein Tun; es bleibt doch immerhin ein Kunststück, was er treibt.

O ihr Armen, die ihr das fühlt, die ihr auch nicht sprechen mögt von menschlicher Bestimmung, die ihr auch so durch und durch ergriffen seid vom Nichts, das über uns waltet, so gründlich einseht, daß wir geboren werden für Nichts, daß wir lieben ein Nichts, glauben ans Nichts, uns abarbeiten für Nichts, um mählich überzugehen ins Nichts – was kann ich dafür, daß euch die Knie brechen, wenn ihr's ernstlich bedenkt? Bin ich doch auch schon manchmal hingesunken in diesen Gedanken, und habe gerufen, was legst du die Axt mir an die Wurzel, grausamer Geist? und bin noch da.

O einst, ihr finstern Brüder! war es anders. Da war es über uns so schön, so schön und froh vor uns; auch diese Herzen wallten über vor den fernen seligen Phantomen, und kühn frohlockend drangen auch unsere Geister aufwärts und durchbrachen die Schranke, und wie sie sich umsahn, wehe, da war es eine unendliche Leere.

Oh! auf die Knie kann ich mich werfen und meine Hände ringen und flehen, ich weiß nicht wen? um andre Gedanken. Aber ich überwältige sie nicht, die schreiende Wahrheit. Hab ich mich nicht zwiefach überzeugt? Wenn ich hinsehe ins Leben, was ist das Letzte von allem? Nichts. Wenn ich aufsteige im Geiste, was ist das Höchste von allem? Nichts.

Aber stille, mein Herz! Es ist ja deine letzte Kraft, die du verschwendest! deine letzte Kraft? und du, du willst den Himmel stürmen? wo sind denn deine hundert Arme, Titan, wo dein Pelion und Ossa, deine Treppe zu des Göttervaters Burg hinauf, damit du hinaufsteigst und den Gott und seinen Göttertisch und all die unsterblichen Gipfel des Olymps herabwirfst und den Sterblichen predigest: bleibt unten, Kinder des Augenblicks! strebt nicht in diese Höhen herauf, denn es ist nichts hier oben.

Das kannst du lassen, zu sehn, was über andere waltet. Dir gilt deine neue Lehre. Über dir und vor dir ist es freilich leer und öde, weil es in dir leer und öd ist.

Freilich, wenn ihr reicher seid, als ich, ihr andern, könntet ihr doch wohl auch ein wenig helfen.

Wenn euer Garten so voll Blumen ist, warum erfreut ihr Othem mich nicht auch? – Wenn ihr so voll der Gottheit seid, so reicht sie mir zu trinken. An Festen darbt ja niemand, auch der Ärmste nicht. Aber *einer* nur hat seine Feste unter euch; das ist der Tod.

Not und Angst und Nacht sind eure Herren. Die sondern euch, die treiben euch mit Schlägen aneinander. Den Hunger nennt ihr Liebe, und wo ihr nichts mehr seht, da wohnen eure Götter. Götter und Liebe?

O die Poeten haben recht, es ist nichts so klein und wenig, woran man sich nicht begeistern könnte.

So dacht ich. Wie das alles in mich kam, begreif ich noch nicht.

ZWEITES BUCH

HYPERION AN BELLARMIN

Ich lebe jetzt auf der Insel des Ajax, der teuern Salamis.

Ich liebe dies Griechenland überall. Es trägt die Farbe meines Herzens. Wohin man siehet, liegt eine Freude begraben.

Und doch ist so viel Liebliches und Großes auch um einen.

Auf dem Vorgebirge hab ich mir eine Hütte gebaut von Mastixzweigen, und Moos und Bäume herumgepflanzt und Thymian und allerlei Sträuche.

Da hab ich meine liebsten Stunden, da sitz ich Abende lang und sehe nach Attika hinüber, bis endlich mein Herz zu hoch mir klopft; dann nehm ich mein Werkzeug, gehe hinab an die Bucht und fange mir Fische.

Oder les ich auch auf meiner Höhe droben vom alten herrlichen Seekrieg, der an Salamis einst im wilden klugbeherrschten Getümmel vertobte, und freue des Geistes mich, der das wütende Chaos von Freunden und Feinden lenken konnte und zähmen, wie ein Reuter das Roß, und schäme mich innigst meiner eigenen Kriegsgeschichte.

Oder schau ich aufs Meer hinaus und überdenke mein Leben, sein Steigen und Sinken, seine Seligkeit und seine Trauer und meine Vergangenheit lautet mir oft, wie ein Saitenspiel, wo der Meister alle Töne durchläuft, und Streit und Einklang mit verborgener Ordnung untereinanderwirft.

Heut ist's dreifach schön hier oben. Zwei freundliche Regentage haben die Luft und die lebensmüde Erde gekühlt.

Der Boden ist grüner geworden, offner das Feld. Unendlich steht, mit der freudigen Kornblume gemischt, der goldene Weizen da, und licht und heiter steigen tausend hoffnungsvolle Gipfel aus der Tiefe des Hains. Zart und groß durchirret den Raum jede Linie der Fernen; wie Stufen gehn die Berge bis zur Sonne unaufhörlich hintereinander hinauf. Der ganze Himmel ist rein. Das weiße Licht ist nur über den Äther gehaucht, und, wie ein silbern Wölkchen, wallt der schüchterne Mond am hellen Tage vorüber.

HYPERION AN BELLARMIN

Mir ist lange nicht gewesen, wie jetzt.

Wie Jupiters Adler dem Gesange der Musen, lausch ich dem wunderbaren unendlichen Wohllaut in mir. Unangefochten an Sinn und Seele, stark und fröhlich, mit lächelndem Ernste, spiel ich im Geiste mit dem Schicksal und den drei Schwestern, den heiligen Parzen. Voll göttlicher Jugend frohlockt mein ganzes Wesen über sich selbst, über alles. Wie der Sternenhimmel, bin ich still und bewegt.

Ich habe lange gewartet auf solche Festzeit, um dir einmal wieder zu schreiben. Nun bin ich stark genug; nun laß mich dir erzählen.

Mitten in meinen finstern Tagen lud ein Bekannter von Kalaurea herüber mich ein. Ich sollt in seine Gebirge kommen, schrieb er mir; man lebe hier freier als sonstwo, und auch da blüheten, mitten unter den Fichtenwäldern und reißenden Wassern, Limonienhaine und Palmen und liebliche Kräuter und Myrten und die heilige Rebe. Einen Garten hab er hoch am Gebirge gebaut und ein Haus; dem beschatteten dichte Bäume den Rücken, und kühlende Lüfte umspielten es leise in den brennenden Sommertagen; wie ein Vogel vom Gipfel der Zeder, blickte man in die Tiefen hinab, zu den Dörfern und grünen Hügeln, und zufriedenen Herden der Insel, die alle, wie Kinder, umherlägen um den herrlichen Berg und sich nährten von seinen schäumenden Bächen.

Das weckte mich denn doch ein wenig. Es war ein heiterer blauer Apriltag, an dem ich hinüberschiffte. Das Meer war ungewöhnlich schön und rein, und leicht die Luft, wie in höheren Regionen. Man ließ im schwebenden Schiffe die Erde hinter sich liegen, wie eine köstliche Speise, wenn der heilige Wein gereicht wird.

Dem Einflusse des Meers und der Luft widerstrebt der finstere Sinn umsonst. Ich gab mich hin, fragte nichts nach mir und andern, suchte nichts, sann auf nichts, ließ vom Boote mich halb in Schlummer wiegen, und bildete mir ein, ich liege in Charons Nachen. O es ist süß, so aus der Schale der Vergessenheit zu trinken.

Mein fröhlicher Schiffer hätte gerne mit mir gesprochen, aber ich war sehr einsilbig.

Er deutete mit dem Finger und wies mir rechts und links das blaue Eiland, aber ich sah nicht lange hin, und war im nächsten Augenblicke wieder in meinen eignen lieben Träumen.

Endlich, da er mir die stillen Gipfel in der Ferne wies und sagte, daß wir bald in Kalaurea wären, merkt ich mehr auf, und mein ganzes Wesen öffnete sich der wunderbaren Gewalt, die auf einmal süß und still und unerklärlich mit mir spielte. Mit großem Auge, staunend und freudig sah ich hinaus in die Geheimnisse der Ferne, leicht zitterte mein Herz, und die Hand entwischte mir und faßte freundlichhastig meinen Schiffer an – „so?" rief ich, „das ist Kalaurea?" Und wie er mich drum ansah, wußt ich selbst nicht, was ich aus mir machen sollte. Ich grüßte meinen Freund mit wunderbarer Zärtlichkeit. Voll süßer Unruhe war all mein Wesen.

Den Nachmittag wollt ich gleich einen Teil der Insel durchstreifen. Die Wälder und geheimen Tale reizten mich unbeschreiblich, und der freundliche Tag lockte alles hinaus.

Es war so sichtbar, wie alles Lebendige mehr, denn tägliche Speise, begehrt, wie auch der Vogel sein Fest hat und das Tier.

Es war entzückend anzusehn! Wie, wenn die Mutter schmeichelnd frägt, wo um sie her ihr Liebstes sei, und alle Kinder in den Schoß ihr stürzen, und das Kleinste noch die Arme aus der Wiege streckt, so flog und sprang und strebte jedes Leben in die göttliche Luft hinaus, und Käfer und Schwalben und Tauben und Störche tummelten sich in frohlockender Verwirrung untereinander in den Tiefen und Höhn, und was die Erde festhielt, dem ward zum Fluge der Schritt, über die Gräben brauste das Roß und über die Zäune das Reh, und aus dem Meergrund kamen die Fische herauf und hüpften über die Fläche. Allen drang die mütterliche Luft ans Herz, und hob sie und zog sie zu sich.

Und die Menschen gingen aus ihren Türen heraus, und fühlten wunderbar das geistige Wehen, wie es leise die zarten Haare über der Stirne bewegte, wie es den Lichtstrahl kühlte, und lösten freundlich ihre Gewänder, um es aufzunehmen an ihre Brust, atmeten süßer, berührten zärtlicher das leichte klare schmeichelnde Meer, in dem sie lebten und webten.

O Schwester des Geistes, der feurigmächtig in uns waltet und lebt, heilige Luft! wie schön ist's, daß du, wohin ich wandre, mich geleitest, Allgegenwärtige, Unsterbliche!

Mit den Kindern spielte das hohe Element am schönsten.

Das summte friedlich vor sich hin, dem schlüpft' ein taktlos Liedchen aus den Lippen, dem ein Frohlocken aus offner Kehle; das streckte sich, das sprang in die Höhe; ein andres schlenderte vertieft umher.

Und all dies war die Sprache *eines* Wohlseins, alles *eine* Antwort auf die Liebkosungen der entzückenden Lüfte.

Ich war voll unbeschreiblichen Sehnens und Friedens. Eine fremde Macht beherrschte mich. Freundlicher Geist, sagt ich bei mir selber, wohin rufest du mich? nach Elysium oder wohin?

Ich ging in einem Walde, am rieselnden Wasser hinauf, wo es über Felsen heruntertröpfelte, wo es harmlos über die Kieseln glitt, und mählich verengte sich und ward zum Bogengange das Tal, und einsam spielte das Mittagslicht im schweigenden Dunkel –.

Hier – ich möchte sprechen können, mein Bellarmin! möchte gerne mit Ruhe dir schreiben!

Sprechen? o ich bin ein Laie in der Freude, ich will sprechen!

Wohnt doch die Stille im Lande der Seligen, und über den Sternen vergißt das Herz seine Not und seine Sprache.

Ich hab es heilig bewahrt! wie ein Palladium, hab ich es in mir getragen, das Göttliche, das mir erschien! und wenn hinfort mich das Schicksal ergreift und von einem Abgrund in den andern mich wirft, und alle Kräfte ertränkt in mir und alle Gedanken, so soll dies Einzige doch mich selber überleben in mir, und leuchten in mir und herrschen, in ewiger, unzerstörbarer Klarheit! –

So lagst du hingegossen, süßes Leben, so blicktest du auf, erhubst dich, standst nun da, in schlanker Fülle, göttlich ruhig, und das himmlische Gesicht noch voll des heitern Entzückens, worin ich dich störte!

O wer in die Stille dieses Auges gesehn, wem diese süßen Lippen sich aufgeschlossen, wovon mag der noch sprechen?

Friede der Schönheit! göttlicher Friede! wer einmal an dir das tobende Leben und den zweifelnden Geist besänftigt, wie kann dem anderes helfen?

Ich kann nicht sprechen von ihr, aber es gibt ja Stunden, wo das Beste und Schönste, wie in Wolken, erscheint, und der Himmel der Vollendung vor der ahnenden Liebe sich öffnet, da, Bellarmin! da denke ihres Wesens, da beuge die Knie mit mir, und denke meiner Seligkeit! aber vergiß nicht, daß ich hatte, was du ahnest, daß ich mit diesen Augen sah, was nur, wie in Wolken, dir erscheint.

Daß die Menschen manchmal sagen möchten: sie freueten sich! O glaubt, ihr habt von Freude noch nichts geahnet!

Euch ist der Schatten ihres Schattens noch nicht erschienen! O geht, und sprecht vom blauen Äther nicht, ihr Blinden!

Daß man werden kann, wie die Kinder, daß noch die goldne Zeit der Unschuld wiederkehrt, die Zeit des Friedens und der Freiheit, daß doch *eine* Freude ist, *eine* Ruhestätte auf Erden!

Ist der Mensch nicht veraltert, verwelkt, ist er nicht, wie ein abgefallen Blatt, das seinen Stamm nicht wiederfindet und nun umhergescheucht wird von den Winden, bis es der Sand begräbt?

Und dennoch kehrt sein Frühling wieder!

Weint nicht, wenn das Trefflichste verblüht! bald wird es sich verjüngen! Trauert nicht, wenn eures Herzens Melodie verstummt! bald findet eine Hand sich wieder, es zu stimmen!

Wie war denn ich? war ich nicht wie ein zerrissen Saitenspiel? Ein wenig tönt ich noch, aber es waren Todestöne. Ich hatte mir ein düster Schwanenlied gesungen! Einen Sterbekranz hätt ich gern mir gewunden, aber ich hatte nur Winterblumen.

Und wo war sie denn nun, die Totenstille, die Nacht und Öde meines Lebens? die ganze dürftige Sterblichkeit?

Freilich ist das Leben arm und einsam. Wir wohnen hier unten, wie der Diamant im Schacht. Wir fragen umsonst, wie wir herabgekommen, um wieder den Weg hinauf zu finden.

Wir sind, wie Feuer, das im dürren Aste oder im Kiesel schläft; und ringen und suchen in jedem Moment das Ende der engen Gefangenschaft. Aber sie kommen, sie wägen Äonen des Kampfes auf, die Augenblicke der Befreiung, wo das Göttliche den Kerker sprengt, wo die Flamme vom Holze sich löst und siegend emporwallt über der Asche, ha! wo uns ist, als kehrte der entfesselte Geist, vergessen der Leiden, der Knechtsgestalt, im Triumphe zurück in die Hallen der Sonne.

HYPERION AN BELLARMIN

Ich war einst glücklich, Bellarmin! Bin ich es nicht noch? Wär ich es nicht, wenn auch der heilige Moment, wo ich zum ersten Male sie sah, der letzte wäre gewesen?

Ich hab es *einmal* gesehn, das Einzige, das meine Seele suchte, und die Vollendung, die wir über die Sterne hinauf entfernen, die wir hinausschieben bis ans Ende der Zeit, die hab ich gegenwärtig gefühlt. Es war da, das Höchste, in diesem Kreise der Menschennatur und der Dinge war es da!

Ich frage nicht mehr, wo es sei; es war in der Welt, es kann wiederkehren in ihr, es ist jetzt nur verborgner in ihr. Ich frage nicht mehr, was es sei; ich hab es gesehn, ich hab es kennengelernt.

O ihr, die ihr das Höchste und Beste sucht, in der Tiefe des Wissens, im Getümmel des Handelns, im Dunkel der Vergangenheit, im Labyrinthe der Zukunft, in den Gräbern oder über den Sternen! wißt ihr seinen Namen? den Namen des, das *eins* ist und *alles?*

Sein Name ist Schönheit.

Wußtet ihr, was ihr wolltet? Noch weiß ich es nicht, doch ahn ich es, der neuen Gottheit neues Reich, und eil ihm zu und ergreife die andern und führe sie mit mir, wie der Strom die Ströme in den Ozean.

Und du, du hast mir den Weg gewiesen! Mit dir begann ich. Sie sind der Worte nicht wert, die Tage, da ich noch dich nicht kannte –.

O Diotima, Diotima, himmlisches Wesen!

HYPERION AN BELLARMIN

Laß uns vergessen, daß es eine Zeit gibt, und zähle die Lebenstage nicht!

Was sind Jahrhunderte gegen den Augenblick, wo zwei Wesen so sich ahnen und nahn?

Noch seh ich den Abend, an dem Notara zum ersten Male zu ihr ins Haus mich brachte.

Sie wohnte nur einige hundert Schritte von uns am Fuße des Bergs.

Ihre Mutter war ein denkend zärtlich Wesen, ein schlichter fröhlicher Junge der Bruder, und beede gestanden herzlich in allem Tun und Lassen, daß Diotima die Königin des Hauses war.

Ach! es war alles geheiliget, verschönert durch ihre Gegenwart. Wohin ich sah, was ich berührte, ihr Fußteppich, ihr Polster, ihr Tischchen, alles war in geheimem Bunde mit ihr. Und da sie zum ersten Male mit Namen mich rief, da sie selbst so nahe mir kam, daß ihr unschuldiger Othem mein lauschend Wesen berührte! –

Wir sprachen sehr wenig zusammen. Man schämt sich seiner Sprache. Zum Tone möchte man werden und sich vereinen in *einen* Himmelsgesang.

Wovon auch sollten wir sprechen? Wir sahn nur uns. Von uns zu sprechen, scheuten wir uns.

Vom Leben der Erde sprachen wir endlich.

So feurig und kindlich ist ihr noch keine Hymne gesungen worden.

Es tat uns wohl, den Überfluß unsers Herzens der guten Mutter in den Schoß zu streuen. Wir fühlten uns dadurch erleichtert, wie die Bäume, wenn ihnen der Sommerwind die fruchtbaren Äste schüttelt, und ihre süßen Äpfel in das Gras gießt.

Wir nannten die Erde eine der Blumen des Himmels, und den Himmel nannten wir den unendlichen Garten des Lebens. Wie die Rosen sich mit goldnen Stäubchen erfreuen, sagten wir, so erfreue das heldenmütige Sonnenlicht mit seinen Strahlen die Erde; sie sei ein herrlich lebend Wesen, sagten wir, gleich göttlich, wenn ihr zürnend Feuer oder mildes klares Wasser aus dem Herzen quille, immer glücklich, wenn sie von Tautropfen sich nähre, oder von Gewitterwolken, die sie sich zum Genusse bereite mit Hülfe des

Himmels, die immer treuer liebende Hälfte des Sonnengotts, ursprünglich vielleicht inniger mit ihm vereint, dann aber durch ein allwaltend Schicksal geschieden von ihm, damit sie ihn suche, sich nähere, sich entferne und unter Lust und Trauer zur höchsten Schönheit reife.

So sprachen wir. Ich gebe dir den Inhalt, den Geist davon. Aber was ist er ohne das Leben?

Es dämmerte, und wir mußten gehen. Gute Nacht, ihr Engelsaugen! dacht ich im Herzen, und erscheine du bald mir wieder, schöner göttlicher Geist, mit deiner Ruhe und Fülle!

HYPERION AN BELLARMIN

Ein paar Tage drauf kamen sie herauf zu uns. Wir gingen zusammen im Garten herum. Diotima und ich gerieten voraus, vertieft, mir traten oft Tränen der Wonne ins Auge, über das Heilige, das so anspruchlos zur Seite mir ging.

Vorn am Rande des Berggipfels standen wir nun, und sahn hinaus, in den unendlichen Osten.

Diotimas Auge öffnete sich weit, und leise, wie eine Knospe sich aufschließt, schloß das liebe Gesichtchen vor den Lüften des Himmels sich auf, ward lauter Sprache und Seele, und, als begänne sie den Flug in die Wolken, stand sanft empor gestreckt die ganze Gestalt, in leichter Majestät, und berührte kaum mit den Füßen die Erde.

O unter den Armen hätt ich sie fassen mögen, wie der Adler seinen Ganymed, und hinfliegen mit ihr über das Meer und seine Inseln.

Nun trat sie weiter vor, und sah die schroffe Felsenwand hinab. Sie hatte ihre Lust daran, die schröckende Tiefe zu messen, und sich hinab zu verlieren in die Nacht der Wälder, die unten aus Felsenstücken und schäumenden Wetterbächen herauf die lichten Gipfel streckten.

Das Geländer, worauf sie sich stützte, war etwas niedrig. So durft ich es ein wenig halten, das Reizende, indes es so sich vorwärts beugte. Ach! heiße zitternde Wonne durchlief mein Wesen und Taumel und Toben war in allen Sinnen, und die Hände brannten mir, wie Kohlen, da ich sie berührte.

Und dann die Herzenslust, so traulich neben ihr zu stehn, und die zärtlich kindische Sorge, daß sie fallen möchte, und die Freude an der Begeisterung des herrlichen Mädchens!

Was ist alles, was in Jahrtausenden die Menschen taten und dachten, gegen *einen* Augenblick der Liebe? Es ist aber auch das Gelungenste, Göttlichschönste in der Natur! dahin führen alle Stufen auf der Schwelle des Lebens. Daher kommen wir, dahin gehn wir.

HYPERION AN BELLARMIN

Nur ihren Gesang sollt ich vergessen, nur diese Seelentöne sollten nimmer wiederkehren in meinen unaufhörlichen Träumen.

Man kennt den stolzhinschiffenden Schwan nicht, wenn er schlummernd am Ufer sitzt.

Nur, wenn sie sang, erkannte man die liebende Schweigende, die so ungern sich zur Sprache verstand.

Da, da ging erst die himmlische Ungefällige in ihrer Majestät und Lieblichkeit hervor; da weht' es oft so bittend und so schmeichelnd, oft, wie ein Göttergebot, von den zarten blühenden Lippen. Und wie das Herz sich regt' in dieser göttlichen Stimme, wie alle Größe und Demut, alle Lust und alle Trauer des Lebens verschönert im Adel dieser Töne erschien!

Wie im Fluge die Schwalbe die Bienen hascht, ergriff sie immer uns alle.

Es kam nicht Lust und nicht Bewunderung, es kam der Friede des Himmels unter uns.

Tausendmal hab ich es ihr und mir gesagt: das Schönste ist auch das Heiligste. Und so war alles an ihr. Wie ihr Gesang, so auch ihr Leben.

HYPERION AN BELLARMIN

Unter den Blumen war ihr Herz zu Hause, als wär es eine von ihnen.

Sie nannte sie alle mit Namen, schuf ihnen aus Liebe neue, schönere, und wußte genau die fröhlichste Lebenszeit von jeder.

Wie eine Schwester, wenn aus jeder Ecke ein Geliebtes ihr entgegenkömmt, und jedes gerne zuerst gegrüßt sein möchte, so war das stille Wesen mit Aug und Hand beschäftigt, selig zerstreut, wenn auf der Wiese wir gingen, oder im Walde.

Und das war so ganz nicht angenommen, angebildet, das war so mit ihr aufgewachsen.

Es ist doch ewig gewiß und zeigt sich überall: je unschuldiger, schöner eine Seele, desto vertrauter mit den andern glücklichen Leben, die man seelenlos nennt.

HYPERION AN BELLARMIN

Tausendmal hab ich in meiner Herzensfreude gelacht über die Menschen, die sich einbilden, ein erhabner Geist könne unmöglich wissen, wie man ein Gemüse bereitet. Diotima konnte wohl zur rechten Zeit recht herzhaft von dem Feuerherde sprechen, und es ist gewiß nichts edler, als ein edles Mädchen, das die allwohltätige Flamme besorgt, und, ähnlich der Natur, die herzerfreuende Speise bereitet.

HYPERION AN BELLARMIN

Was ist alles künstliche Wissen in der Welt, was ist die ganze stolze Mündigkeit der menschlichen Gedanken gegen die ungesuchten Töne dieses Geistes, der nicht wußte, was er wußte, was er war?

Wer will die Traube nicht lieber voll und frisch, so wie sie aus der Wurzel quoll, als die getrockneten gepflückten Beere, die der Kaufmann in die Kiste preßt und in die Welt schickt? Was ist die Weisheit eines Buchs gegen die Weisheit eines Engels?

Sie schien immer so wenig zu sagen, und sagte so viel.

Ich geleitete sie einst in später Dämmerung nach Hause; wie Träume, beschlichen tauende Wölkchen die Wiese, wie lauschende Genien, sahn die seligen Sterne durch die Zweige.

Man hörte selten ein „wie schön!" aus ihrem Munde, wenn schon das fromme Herz kein lispelnd Blatt, kein Rieseln einer Quelle unbehorcht ließ.

Diesmal sprach sie es denn doch mir aus – wie schön!

„Es ist wohl uns zuliebe so!" sagt ich, ungefähr, wie Kinder etwas sagen, weder im Scherze noch im Ernste.

„Ich kann mir denken, was du sagst", erwiderte sie; „ich denke mir die Welt am liebsten, wie ein häuslich Leben, wo jedes, ohne gerade dran zu denken, sich ins andre schickt, und wo man sich einander zum Gefallen und zur Freude lebt, weil es eben so vom Herzen kömmt."

„Froher erhabner Glaube!" rief ich.

Sie schwieg eine Weile.

„Auch wir sind also Kinder des Hauses", begann ich endlich wieder, „sind es und werden es sein."

„Werden ewig es sein", erwiderte sie.

„Werden wir das?" fragt ich.

„Ich vertraue", fuhr sie fort, „hierinnen der Natur, so wie ich täglich ihr vertraue."

O ich hätte mögen Diotima sein, da sie dies sagte! Aber du weißt nicht, was sie sagte, mein Bellarmin! Du hast es nicht gesehn und nicht gehört.

„Du hast recht", rief ich ihr zu; „die ewige Schönheit, die Natur leidet keinen Verlust in sich, so wie sie keinen Zusatz leidet. Ihr Schmuck ist morgen anders, als er heute war; aber unser Bestes, uns, uns kann sie nicht entbehren und dich am wenigsten. Wir glauben, daß wir ewig sind, denn unsere Seele fühlt die Schönheit der Natur. Sie ist ein Stückwerk, ist die Göttliche, die Vollendete nicht, wenn jemals du in ihr vermißt wirst. Sie verdient dein Herz nicht, wenn sie erröten muß vor deinen Hoffnungen."

HYPERION AN BELLARMIN

So bedürfnislos, so göttlichgenügsam hab ich nichts gekannt.

Wie die Woge des Ozeans das Gestade seliger Inseln, so umflutete mein ruheloses Herz den Frieden des himmlischen Mädchens.

Ich hatt ihr nichts zu geben, als ein Gemüt voll wilder Widersprüche, voll blutender Erinnerungen, nichts hatt ich ihr zu geben, als meine grenzenlose Liebe mit ihren tausend Sorgen, ihren tausend tobenden Hoffnungen; sie aber stand vor mir in wandelloser Schönheit, mühelos, in lächelnder Vollendung da, und alles Sehnen, alles Träumen der Sterblichkeit, ach! alles, was in goldnen Morgenstunden von höhern Regionen der Genius weissagt, es war alles in dieser *einen* stillen Seele erfüllt.

Man sagt sonst, über den Sternen verhalle der Kampf, und künftig erst, verspricht man uns, wenn unsre Hefe gesunken sei, verwandle sich in edeln Freudenwein das gärende Leben, die Herzensruhe der Seligen sucht man sonst auf dieser Erde nirgends mehr. Ich weiß es anders. Ich bin den nähern Weg gekommen. Ich stand vor ihr, und hört und sah den Frieden des Himmels, und mitten im seufzenden Chaos erschien mir Urania.

Wie oft hab ich meine Klagen vor diesem Bilde gestillt! wie oft hat sich das übermütige Leben und der strebende Geist besänftigt, wenn ich, in selige Betrachtungen versunken, ihr ins Herz sah, wie man in die Quelle siehet, wenn sie still erbebt von den Berührungen des Himmels, der in Silbertropfen auf sie niederträufelt!

Sie war mein Lethe, diese Seele, mein heiliger Lethe, woraus ich die Vergessenheit des Daseins trank, daß ich vor ihr stand, wie ein Unsterblicher, und freudig mich schalt, und wie nach schweren Träumen lächeln mußte über alle Ketten, die mich gedrückt.

O ich wär ein glücklicher, ein trefflicher Mensch geworden mit ihr!

Mit ihr! aber das ist mißlungen, und nun irr ich herum in dem, was vor und in mir ist, und drüber hinaus, und weiß nicht, was ich machen soll aus mir und andern Dingen.

Meine Seele ist, wie ein Fisch, aus ihrem Elemente auf den Ufersand geworfen, und windet sich und wirft sich umher, bis sie vertrocknet in der Hitze des Tags.

Ach! gäb es nur noch etwas in der Welt für mich zu tun! gäb es eine Arbeit, einen Krieg für mich, das sollte mich erquicken!

Knäblein, die man von der Mutterbrust gerissen und in die Wüste geworfen, hat einst, so sagt man, eine Wölfin gesäugt.

Mein Herz ist nicht so glücklich.

HYPERION AN BELLARMIN

Ich kann nur hie und da ein Wörtchen von ihr sprechen. Ich muß vergessen, was sie ganz ist, wenn ich von ihr sprechen soll. Ich muß mich täuschen, als hätte sie vor alten Zeiten gelebt, als wüßt ich durch Erzählung einiges von ihr, wenn ihr lebendig Bild mich nicht ergreifen soll, daß ich vergehe im Entzücken und im Schmerz, wenn ich den Tod der Freude über sie und den Tod der Trauer um sie nicht sterben soll.

HYPERION AN BELLARMIN

Es ist umsonst; ich kann's mir nicht verbergen. Wohin ich auch entfliehe mit meinen Gedanken, in die Himmel hinauf und in den Abgrund, zum Anfang und ans Ende der Zeiten, selbst wenn ich ihm, der meine letzte Zuflucht war, der sonst noch jede Sorge in mir verzehrte, der alle Lust und allen Schmerz des Lebens sonst mit der Feuerflamme, worin er sich offenbarte, in mir versengte, selbst wenn ich ihm mich in die Arme werfe, dem herrlichen geheimen Geiste der Welt, in seine Tiefe mich tauche, wie in den bodenlosen Ozean hinab, auch da, auch da finden die süßen Schrecken mich aus, die süßen verwirrenden tötenden Schrecken, daß Diotimas Grab mir nah ist.

Hörst du? hörst du? Diotimas Grab!

Mein Herz war doch so stille geworden, und meine Liebe war begraben mit der Toten, die ich liebte.

Du weißt, mein Bellarmin! ich schrieb dir lange nicht von ihr, und da ich schrieb, so schrieb ich dir gelassen, wie ich meine.

Was ist's denn nun?

Ich gehe ans Ufer hinaus und sehe nach Kalaurea, wo sie ruhet, hinüber, das ist's.

O daß ja keiner den Kahn mir leihe, daß ja sich keiner erbarme und mir sein Ruder biete und mir hinüberhelfe zu ihr!

Daß ja das gute Meer nicht ruhig bleibe, damit ich nicht ein Holz mir zimmre und hinüberschwimme zu ihr.

Aber in die tobende See will ich mich werfen, und ihre Woge bitten, daß sie an Diotimas Gestade mich wirft! –

Lieber Bruder! ich tröste mein Herz mit allerlei Phantasien, ich reiche mir manchen Schlaftrank; und es wäre wohl größer, sich zu befreien auf immer, als sich zu behelfen mit Palliativen; aber wem geht's nicht so? Ich bin denn doch damit zufrieden.

Zufrieden? ach das wäre gut! da wäre ja geholfen, wo kein Gott nicht helfen kann.

Nun! nun! ich habe, was ich konnte, getan! Ich fodre von dem Schicksal meine Seele.

HYPERION AN BELLARMIN

War sie nicht mein, ihr Schwestern des Schicksals, war sie nicht mein? Die reinen Quellen fodr' ich auf zu Zeugen, und die unschuldigen Bäume, die uns belauschten, und das Tagslicht und den Äther! war sie nicht mein? vereint mit mir in allen Tönen des Lebens?

Wo ist das Wesen, das, wie meines, sie erkannte? in welchem Spiegel sammelten sich, so wie in mir, die Strahlen dieses Lichts? erschrak sie freudig nicht vor ihrer eignen Herrlichkeit, da sie zuerst in meiner Freude sich gewahr ward? Ach! wo ist das Herz, das so, wie meines, überall ihr nah war, so, wie meines, sie erfüllte und von ihr erfüllt war, das so einzig da war, ihres zu umfangen, wie die Wimper für das Auge da ist.

Wir waren *eine* Blume nur, und unsre Seelen lebten ineinander, wie die Blume, wenn sie liebt, und ihre zarten Freuden im verschloßnen Kelche verbirgt.

Und doch, doch wurde sie, wie eine angemaßte Krone, von mir gerissen und in den Staub gelegt?

HYPERION AN BELLARMIN

Eh es eines von uns beeden wußte, gehörten wir uns an.

Wenn ich so, mit allen Huldigungen des Herzens, selig überwunden, vor ihr stand, und schwieg, und all mein Leben sich hingab in den Strahlen des Augs, das sie nur sah, nur sie umfaßte, und sie dann wieder zärtlich zweifelnd mich betrachtete, und nicht wußte, wo ich war mit meinen Gedanken, wenn ich oft, begraben in Lust und Schönheit, bei einem reizenden Geschäfte sie belauschte, und um die leiseste Bewegung, wie die Biene um die schwanken Zweige, meine Seele schweift' und flog, und wenn sie dann in friedlichen Gedanken gegen mich sich wandt, und, überrascht von meiner Freude, meine Freude sich verbergen mußt, und bei der lieben Arbeit ihre Ruhe wieder sucht' und fand –

Wenn sie, wunderbar allwissend, jeden Wohlklang, jeden Mißlaut in der Tiefe meines Wesens, im Momente, da er begann, noch eh ich selbst ihn wahrnahm, mir enthüllte, wenn sie jeden Schatten eines Wölkchens auf der Stirne, jeden Schatten einer Wehmut, eines Stolzes auf der Lippe, jeden Funken mir im Auge sah, wenn sie die Ebb und Flut des Herzens mir behorcht' und sorgsam trübe Stunden ahnete, indes mein Geist zu unenthaltsam, zu verschwenderisch im üppigen Gespräche sich verzehrte, wenn das liebe Wesen, treuer wie ein Spiegel, jeden Wechsel meiner Wange mir verriet, und oft in freundlichen Bekümmernissen über mein unstet Wesen mich ermahnt', und strafte, wie ein teures Kind –

Ach! da du einst, Unschuldige, an den Fingern die Treppen zähltest, von unsrem Berge herab zu deinem Hause, da du deine Spaziergänge mir wiesest, die Plätze, wo du sonst gesessen, und mir erzähltest, wie die Zeit dir da vergangen, und mir am Ende sagtest, es sei dir jetzt, als wär ich auch von jeher dagewesen –

Gehörten wir da nicht längst uns an?

HYPERION AN BELLARMIN

Ich baue meinem Herzen ein Grab, damit es ruhen möge; ich spinne mich ein, weil überall es Winter ist; in seligen Erinnerungen hüll ich vor dem Sturme mich ein.

Wir saßen einst mit Notara – so hieß der Freund, bei dem ich lebte – und einigen andern, die auch, wie wir, zu den Sonderlingen in Kalaurea gehörten, in Diotimas Garten, unter blühenden Mandelbäumen, und sprachen unter andrem über die Freundschaft.

Ich hatte wenig mitgesprochen, ich hütete mich seit einiger Zeit, viel Worte zu machen von Dingen, die das Herz zunächst angehn, meine Diotima hatte mich so einsilbig gemacht –.

„Da Harmodius und Aristogiton lebten“, rief endlich einer, „da war noch Freundschaft in der Welt.“ Das freute mich zu sehr, als daß ich hätte schweigen mögen.

„Man sollte dir eine Krone flechten um dieses Wortes willen!“ rief ich ihm zu; „hast du denn wirklich eine Ahnung davon, hast du ein Gleichnis für die Freundschaft des Aristogiton und Harmodius? Verzeih mir! Aber beim Äther! man muß Aristogiton sein, um nachzufühlen, wie Aristogiton liebte, und die Blitze durfte wohl der Mann nicht fürchten, der geliebt sein wollte mit Harmodius' Liebe, denn es täuscht mich alles, wenn der furchtbare Jüngling nicht mit Minos' Strenge liebte. Wenige sind in solcher Probe bestanden, und es ist nicht leichter, eines Halbgotts Freund zu sein, als an der Götter Tische, wie Tantalus, zu sitzen. Aber es ist auch nichts Herrlicheres auf Erden, als wenn ein stolzes Paar, wie diese, so sich untertan ist.

Das ist auch meine Hoffnung, meine Lust in einsamen Stunden, daß solche große Töne und größere einst wiederkehren müssen in der Symphonie des Weltlaufs. Die Liebe gebar Jahrtausende voll lebendiger Menschen; die Freundschaft wird sie wiedergebären. Von Kinderharmonie sind einst die Völker ausgegangen, die Harmonie der Geister wird der Anfang einer neuen Weltgeschichte sein. Von Pflanzenglück begannen die Menschen und wuchsen auf, und wuchsen, bis sie reiften; von nun an gärten sie unaufhörlich fort, von innen und außen, bis jetzt das Menschengeschlecht, unendlich aufgelöst, wie ein Chaos daliegt, daß alle, die noch fühlen und sehen, Schwindel ergreift; aber die Schönheit flüchtet aus dem Leben der Menschen sich herauf in den Geist; Ideal wird, was Natur war, und wenn von unten gleich der Baum verdorrt ist und verwittert, ein frischer Gipfel ist noch hervorgegangen aus ihm, und grünt im Sonnenglanze, wie einst der Stamm in den Tagen der Jugend; Ideal ist, was Natur war. Daran, an diesem Ideale, dieser verjüngten Gottheit, erkennen die Wenigen sich und *eins* sind sie, denn es ist Eines in ihnen, und von diesen, diesen beginnt das zweite Lebensalter der Welt – ich habe genug gesagt, um klar zu machen, was ich denke."

Da hättest du Diotima sehen sollen, wie sie aufsprang und die beeden Hände mir reichte und rief: „Ich hab es verstanden, Lieber, ganz verstanden, so viel es sagt.

Die Liebe gebar die Welt, die Freundschaft wird sie wieder gebären.

O dann, ihr künftigen, ihr neuen Dioskuren, dann weilt ein wenig, wenn ihr vorüberkömmt, da, wo Hyperion schläft, weilt ahnend über des vergeßnen Mannes Asche, und sprecht: er wäre, wie unser einer, wär er jetzt da."

Das hab ich gehört, mein Bellarmin! das hab ich erfahren, und gehe nicht willig in den Tod?

Ja! ja! ich bin vorausbezahlt, ich habe gelebt. Mehr Freude konnt ein Gott ertragen, aber ich nicht.

HYPERION AN BELLARMIN

Frägst du, wie mir gewesen sei um diese Zeit? Wie einem, der alles verloren hat, um alles zu gewinnen.

Oft kam ich freilich von Diotimas Bäumen, wie ein Siegestrunkner, oft mußt ich eilends weg von ihr, um keinen meiner Gedanken zu verraten; so tobte die Freude in mir, und der Stolz, der allbegeisternde Glaube, von Diotima geliebt zu sein.

Dann sucht ich die höchsten Berge mir auf und ihre Lüfte, und wie ein Adler, dem der blutende Fittich geheilt ist, regte mein Geist sich im Freien, und dehnt', als wäre sie sein, über die sichtbare Welt sich aus; wunderbar! es war mir oft, als läuterten sich und schmelzten die Dinge der Erde, wie Gold, in meinem Feuer zusammen, und ein Göttliches würde aus ihnen und mir, so tobte in mir die Freude; und wie ich die Kinder aufhub und an mein schlagendes Herz sie drückte, wie ich die Pflanzen grüßte und die Bäume! Einen Zauber hätt ich mir wünschen mögen, die scheuen Hirsche und all die wilden Vögel des Walds, wie ein häuslich Völkchen, um meine freigebigen Hände zu versammeln, so selig töricht liebt ich alles!

Aber nicht lange, so war das alles, wie ein Licht, in mir erloschen, und stumm und traurig, wie ein Schatte, saß ich da und suchte das entschwundne Leben. Klagen mocht ich nicht und trösten mocht ich mich auch nicht. Die Hoffnung warf ich weg, wie ein Lahmer, dem die Krücke verleidet ist; des Weinens schämt ich mich; ich schämte mich des Daseins überhaupt. Aber endlich brach denn doch der Stolz in Tränen aus, und das Leiden, das ich gerne verleugnet hätte, wurde mir lieb, und ich legt es, wie ein Kind, mir an die Brust.

Nein, rief mein Herz, nein, meine Diotima! es schmerzt nicht. Bewahre du dir deinen Frieden und laß mich meinen Gang gehn. Laß dich in deiner Ruhe nicht stören, holder Stern! wenn unter dir es gärt und trüb ist.

O laß dir deine Rose nicht bleichen, selige Götterjugend! Laß in den Kümmernissen der Erde deine Schöne nicht altern. Das ist ja meine Freude, süßes Leben! daß du in dir den sorgenfreien Himmel trägst. Du sollst nicht dürftig werden, nein, nein! du sollst in dir die Armut der Liebe nicht sehn.

Und wenn ich dann wieder zu ihr hinabging – ich hätte das Lüftchen fragen mögen und dem Zuge der Wolken es ansehn, wie es mit mir sein werde in einer Stunde! und wie es mich freute, wenn irgendein freundlich Gesicht mir auf dem Wege begegnete, und nur nicht gar zu trocken sein „schönen Tag!“ mir zurief!

Wenn ein kleines Mädchen aus dem Walde kam und einen Erdbeerstrauß mir zum Verkaufe reichte, mit einer Miene, als wollte sie ihn schenken, oder wenn ein Bauer, wo ich vorüberging, auf seinem Kirschbaum saß und pflückte, und aus den Zweigen herab mir rief, ob ich nicht eine Handvoll kosten möchte; das waren gute Zeichen für das abergläubische Herz!

Stand vollends gegen den Weg her, wo ich herabkam, von Diotimas Fenstern eines offen, wie konnte das so wohltun!

Sie hatte vielleicht nicht lange zuvor herausgesehn.

Und nun stand ich vor ihr, atemlos und wankend, und drückte die verschlungnen Arme gegen mein Herz, sein Zittern nicht zu fühlen, und, wie der Schwimmer aus reißenden Wassern hervor, rang und strebte mein Geist, nicht unterzugehn in der unendlichen Liebe.

„Wovon sprechen wir doch geschwind?" konnt ich rufen, „man hat oft seine Mühe, man kann den Stoff nicht finden, die Gedanken daran festzuhalten."

„Reißen sie wieder aus in die Luft?" erwiderte meine Diotima. „Du mußt ihnen Blei an die Flügel binden, oder ich will sie an einen Faden knüpfen, wie der Knabe den fliegenden Drachen, daß sie uns nicht entgehn."

Das liebe Mädchen suchte sich und mir durch einen Scherz zu helfen, aber es war wenig damit getan.

„Ja, ja!" rief ich, „wie du willst, wie du es für gut hältst – soll ich vorlesen? Deine Laute ist wohl noch gestimmt von gestern – vorzulesen hab ich auch gerade nichts –."

„Du hast schon mehr, als einmal", sagte sie, „versprochen, mir zu erzählen, wie du gelebt hast, ehe wir uns kannten, möchtest du jetzt nicht?"

„Das ist wahr", erwidert ich; mein Herz warf sich gerne auf das, und ich erzählt ihr nun, wie dir, von Adamas und meinen einsamen Tagen in Smyrna, von Alabanda und wie ich getrennt wurde von ihm, und von der unbegreiflichen Krankheit meines Wesens, eh ich nach Kalaurea herüberkam – „nun weißt du alles", sagt ich zu ihr gelassen, da ich zu Ende war, „nun wirst du weniger dich an mir stoßen; nun wirst du sagen", setzt ich lächelnd hinzu, „spottet dieses Vulkans nicht, wenn er hinkt, denn ihn haben zweimal die Götter vom Himmel auf die Erde geworfen."

„Stille", rief sie mit erstickter Stimme, und verbarg ihre Tränen ins Tuch, „o stille, und scherze über dein Schicksal, über dein Herz nicht! denn ich versteh es und besser, als du.

Lieber – lieber Hyperion! Dir ist wohl schwer zu helfen.

Weißt du denn", fuhr sie mit erhöhter Stimme fort, „weißt du denn, woran du darbest, was dir einzig fehlt, was du, wie Alpheus seine Arethusa, suchst, um was du trauertest in aller deiner Trauer? Es ist nicht erst seit Jahren hingeschieden, man kann so genau nicht sagen, wenn es da war, wenn es wegging, aber es war, es ist, in dir ist's! Es ist eine bessere Zeit, die suchst du, eine schönere Welt. Nur diese Welt umarmtest du in deinen Freunden, du warst mit ihnen diese Welt.

In Adamas war sie dir aufgegangen; sie war auch hingegangen mit ihm. In Alabanda erschien dir ihr Licht zum zweiten Male, aber brennender und heißer, und darum war es auch, wie Mitternacht, vor deiner Seele, da er für dich dahin war.

Siehest du nun auch, warum der kleinste Zweifel über Alabanda zur Verzweiflung werden mußt in dir? warum du ihn verstießest, weil er nur nicht gar ein Gott war?

Du wolltest keine Menschen, glaube mir, du wolltest eine Welt. Den Verlust von allen goldenen Jahrhunderten, so wie du sie, zusammengedrängt in *einen* glücklichen Moment, empfandest, den Geist von allen Geistern beßrer Zeit, die Kraft von allen Kräften der Heroen, die sollte dir ein einzelner, ein Mensch ersetzen! – Siehest du nun, wie arm, wie reich du bist? warum du so stolz sein mußt und auch so niedergeschlagen? warum so schröcklich Freude und Leid dir wechselt?

Darum, weil du alles hast und nichts, weil das Phantom der goldenen Tage, die da kommen sollen, dein gehört, und doch nicht da ist, weil du ein Bürger bist in den Regionen der Gerechtigkeit und Schönheit, ein Gott bist unter Göttern in den schönen Träumen, die am Tage dich beschleichen, und wenn du aufwachst, auf neugriechischem Boden stehst.

Zweimal, sagtest du? o du wirst in *einem* Tage siebzigmal vom Himmel auf die Erde geworfen. Soll ich dir es sagen? Ich fürchte für dich, du hältst das Schicksal dieser Zeiten schwerlich aus. Du wirst noch mancherlei versuchen, wirst –

O Gott! und deine letzte Zufluchtsstätte wird ein Grab sein."

„Nein, Diotima", rief ich, „nein, beim Himmel, nein! Solange noch *eine* Melodie mir tönt, so scheu ich nicht die Totenstille der Wildnis unter den Sternen; solange die Sonne nur scheint und Diotima, so gibt es keine Nacht für mich.

Laß allen Tugenden die Sterbeglocke läuten! ich höre ja dich, dich, deines Herzens Lied, du Liebe! und finde unsterblich Leben, indessen alles verlischt und welkt."

„O Hyperion", rief sie, „wie sprichst du?"

„Ich spreche, wie ich muß. Ich kann nicht, kann nicht länger all die Seligkeit und Furcht und Sorge bergen – Diotima! – Ja du weißt es, mußt es wissen, hast längst es gesehen, daß ich untergehe, wenn du nicht die Hand mir reichst."

Sie war betroffen, verwirrt.

„Und an mir", rief sie, „an mir will sich Hyperion halten? ja, ich wünsch es, jetzt zum ersten Male wünsch ich, mehr zu sein, denn nur ein sterblich Mädchen. Aber ich bin dir, was ich sein kann."

„O so bist du ja mir alles", rief ich!

„Alles? böser Heuchler! und die Menschheit, die du doch am Ende einzig liebst?"

„Die Menschheit?" sagt ich; „ich wollte, die Menschheit machte Diotima zum Losungswort und malt' in ihre Paniere dein Bild, und spräche: heute soll das Göttliche siegen! Engel des Himmels! das müßt ein Tag sein!"

„Geh", rief sie, „geh, und zeige dem Himmel deine Verklärung! mir darf sie nicht so nahe sein.

Nicht wahr, du gehest, lieber Hyperion?"

Ich gehorchte. Wer hätte da nicht gehorcht? Ich ging. So war ich noch niemals von ihr gegangen. O Bellarmin! das war Freude, Stille des Lebens, Götterruhe, himmlische, wunderbare, unerkennbare Freude.

Worte sind hier umsonst, und wer nach einem Gleichnis von ihr fragt, der hat sie nie erfahren. Das einzige, was eine solche Freude auszudrücken vermochte, war Diotimas Gesang, wenn er, in goldner Mitte, zwischen Höhe und Tiefe schwebte.

O ihr Uferweiden des Lethe! ihr abendrötlichen Pfade in Elysiums Wäldern! ihr Lilien an den Bächen des Tals! ihr Rosenkränze des Hügels! Ich glaub an euch, in dieser freundlichen Stunde, und spreche zu meinem Herzen: dort findest du sie wieder, und alle Freude, die du verlorst.

HYPERION AN BELLARMIN

Ich will dir immer mehr von meiner Seligkeit erzählen.

Ich will die Brust an den Freuden der Vergangenheit versuchen, bis sie, wie Stahl, wird, ich will mich üben an ihnen, bis ich unüberwindlich bin.

Ha! fallen sie doch, wie ein Schwertschlag, oft mir auf die Seele, aber ich spiele mit dem Schwerte, bis ich es gewohnt bin, ich halte die Hand ins Feuer, bis ich es ertrage, wie Wasser.

Ich will nicht zagen; ja! ich will stark sein! ich will mir nichts verhehlen, will von allen Seligkeiten mir die seligste aus dem Grabe beschwören.

Es ist unglaublich, daß der Mensch sich vor dem Schönsten fürchten soll; aber es ist so.

O bin ich doch hundertmal vor diesen Augenblicken, dieser tötenden Wonne meiner Erinnerungen geflohen und habe mein Auge hinweggewandt, wie ein Kind vor Blitzen! und dennoch wächst im üppigen Garten der Welt nichts Lieblichers, wie meine Freuden, dennoch gedeiht im Himmel und auf Erden nichts Edleres, wie meine Freuden.

Aber nur dir, mein Bellarmin, nur einer reinen freien Seele, wie die deine ist, erzähl ich's. So freigebig, wie die

Sonne mit ihren Strahlen, will ich nicht sein; meine Perlen will ich vor die alberne Menge nicht werfen.

Ich kannte, seit dem letzten Seelengespräche, mit jedem Tage mich weniger. Ich fühlt, es war ein heilig Geheimnis zwischen mir und Diotima.

Ich staunte, träumte. Als wär um Mitternacht ein seliger Geist mir erschienen und hätte mich erkoren, mit ihm umzugehn, so war es mir in der Seele.

O es ist ein seltsames Gemische von Seligkeit und Schwermut, wenn es so sich offenbart, daß wir auf immer heraus sind aus dem gewöhnlichen Dasein.

Es war mir seitdem nimmer gelungen, Diotima allein zu sehn. Immer mußt ein Dritter uns stören, trennen, und die Welt lag zwischen ihr und mir, wie eine unendliche Leere. Sechs todesbange Tage gingen so vorüber, ohne daß ich etwas wußte von Diotima. Es war, als lähmten die andern, die um uns waren, mir die Sinne, als töteten sie mein ganzes äußeres Leben, damit auf keinem Wege die verschlossene Seele sich hinüberhelfen möchte zu ihr.

Wollt ich mit dem Auge sie suchen, so wurd es Nacht vor mir, wollt ich mich mit einem Wörtchen an sie wenden, so erstickt' es in der Kehle.

Ach! mir wollte das heilige namenlose Verlangen oft die Brust zerreißen, und die mächtige Liebe zürnt' oft, wie ein gefangener Titan, in mir. So tief, so innigst unversöhnlich hatte mein Geist noch nie sich gegen die Ketten gesträubt, die das Schicksal ihm schmiedet, gegen das eiserne unerbittliche Gesetz, geschieden zu sein, nicht *eine* Seele zu sein mit seiner liebenswürdigen Hälfte.

Die sternenhelle Nacht war nun mein Element geworden. Dann, wann es stille war, wie in den Tiefen der Erde, wo geheimnisvoll das Gold wächst, dann hob das schönere Leben meiner Liebe sich an.

Da übte das Herz sein Recht, zu dichten, aus. Da sagt' es mir, wie Hyperions Geist im Vorelysium mit seiner holden Diotima gespielt, eh er herabgekommen zur Erde, in göttlicher Kindheit bei dem Wohlgetöne des Quells, und unter Zweigen, wie wir die Zweige der Erde sehn, wenn sie verschönert aus dem güldenen Strome blinken.

Und, wie die Vergangenheit, öffnete sich die Pforte der Zukunft in mir.

Da flogen wir, Diotima und ich, da wanderten wir, wie Schwalben, von einem Frühling der Welt zum andern, durch der Sonne weites Gebiet und drüber hinaus, zu den andern Inseln des Himmels, an des Sirius goldne Küsten, in die Geistertale des Arkturs –.

O es ist doch wohl wünschenswert, so aus *einem* Kelche mit der Geliebten die Wonne der Welt zu trinken!

Berauscht vom seligen Wiegenliede, das ich mir sang, schlief ich ein, mitten unter den herrlichen Phantomen.

Wie aber am Strahle des Morgenlichts das Leben der Erde sich wieder entzündete, sah ich empor und suchte die Träume der Nacht. Sie waren, wie die schönen Sterne, verschwunden, und nur die Wonne der Wehmut zeugt' in meiner Seele von ihnen.

Ich trauerte; aber ich glaube, daß man unter den Seligen auch so trauert. Sie war die Botin der Freude, diese Trauer, sie war die grauende Dämmerung, woran die unzähligen Rosen des Morgenrots sprossen. –

Der glühende Sommertag hatte jetzt alles in die dunkeln Schatten gescheucht. Auch um Diotimas Haus war alles still und leer, und die neidischen Vorhänge standen mir an allen Fenstern im Wege.

Ich lebt in Gedanken an sie. Wo bist du, dacht ich, wo findet mein einsamer Geist dich, süßes Mädchen? Siehest du vor dich hin und sinnest? Hast du die Arbeit auf die Seite gelegt und stützest den Arm aufs Knie und auf das Händchen das Haupt und gibst den lieblichen Gedanken dich hin?

Daß ja nichts meine Friedliche störe, wenn sie mit süßen Phantasien ihr Herz erfrischt, daß ja nichts diese Traube betaste und den erquickenden Tau von den zarten Beeren ihr streife!

So träumt ich. Aber indes die Gedanken zwischen den Wänden des Hauses nach ihr spähten, suchten die Füße sie anderswo, und eh ich es gewahr ward, ging ich unter den Bogengängen des heiligen Walds, hinter Diotimas Garten, wo ich sie zum ersten Male hatte gesehn. Was war das? Ich war ja indessen so oft mit diesen Bäumen umgegangen, war vertrauter mit ihnen, ruhiger unter ihnen geworden; jetzt ergriff mich eine Gewalt, als trät ich in Dianens Schatten, um zu sterben vor der gegenwärtigen Gottheit.

Indessen ging ich weiter. Mit jedem Schritte wurd es wunderbarer in mir. Ich hätte fliegen mögen, so trieb mein Herz mich vorwärts; aber es war, als hätt ich Blei an den Sohlen. Die Seele war vorausgeeilt, und hatte die irdischen Glieder verlassen. Ich hörte nicht mehr und vor dem Auge dämmerten und schwankten alle Gestalten. Der Geist war schon bei Diotima; im Morgenlichte spielte der Gipfel des Baums, indes die untern Zweige noch die kalte Dämmerung fühlten.

„Ach! mein Hyperion!" rief jetzt mir eine Stimme entgegen; ich stürzt hinzu; „meine Diotima! o meine Diotima!" weiter hatt ich kein Wort und keinen Othem, kein Bewußtsein.

Schwinde, schwinde, sterbliches Leben, dürftig Geschäft, wo der einsame Geist die Pfennige, die er gesammelt, hin und her betrachtet und zählt! wir sind zur Freude der Gottheit alle berufen!

Es ist hier eine Lücke in meinem Dasein. Ich starb, und wie ich erwachte, lag ich am Herzen des himmlischen Mädchens.

O Leben der Liebe! wie warst du an ihr aufgegangen in voller holdseliger Blüte! wie in leichten Schlummer gesungen von seligen Genien, lag das reizende Köpfchen mir auf der Schulter, lächelte süßen Frieden, und schlug sein ätherisch Auge nach mir auf in fröhlichem unerfahrenem Staunen, als blickt' es eben jetzt zum ersten Male in die Welt.

Lange standen wir so in holder selbstvergessener Betrachtung, und keines wußte, wie ihm geschah, bis endlich der

Freude zu viel in mir sich häufte und in Tränen und Lauten des Entzückens auch meine verlorne Sprache wieder begann, und meine stille Begeisterte vollends wieder ins Dasein weckte.

Endlich sahn wir uns auch wieder um.

„O meine alten freundlichen Bäume!" rief Diotima, als hätte sie sie in langer Zeit nicht gesehn, und das Andenken an ihre vorigen einsamen Tage spielt' um ihre Freuden, lieblich, wie die Schatten um den jungfräulichen Schnee, wenn er errötet und glüht im freudigen Abendglanze.

„Engel des Himmels!" rief ich, „wer kann dich fassen? wer kann sagen, er habe ganz dich begriffen?"

„Wunderst du dich", erwiderte sie, „daß ich so sehr dir gut bin? Lieber! stolzer Bescheidner! Bin ich denn auch von denen, die nicht glauben können an dich, hab ich denn nicht dich ergründet, hab ich den Genius nicht in seinen Wolken erkannt? Verhülle dich nur und siehe dich selbst nicht; ich will dich hervorbeschwören, ich will –.

Aber er ist ja da, er ist hervorgegangen, wie ein Stern; er hat die Hülse durchbrochen und steht, wie ein Frühling, da; wie ein Kristallquell aus der düstern Grotte, ist er hervorgegangen; das ist der finstre Hyperion nicht, das ist die wilde Trauer nicht mehr – o mein, mein herrlicher Junge!"

Das alles war mir, wie ein Traum. Konnt ich glauben an dies Wunder der Liebe? konnt ich? mich hätte die Freude getötet.

„Göttliche!" rief ich, „sprichst du mit mir? kannst du so dich verleugnen, selige Selbstgenügsame! kannst du so dich freuen an mir? O ich seh es nun, ich weiß nun, was ich oft geahnet, der Mensch ist ein Gewand, das oft ein Gott sich umwirft, ein Kelch, in den der Himmel seinen Nektar gießt, um seinen Kindern vom Besten zu kosten zu geben." –

„Ja, ja!" fiel sie schwärmerisch lächelnd mir ein, „dein Namensbruder, der herrliche Hyperion des Himmels ist in dir."

„Laß mich", rief ich, „laß mich dein sein, laß mich mein

vergessen, laß alles Leben in mir und allen Geist nur dir zufliegen; nur dir, in seliger endeloser Betrachtung! O Diotima! so stand ich sonst auch vor dem dämmernden Götterbilde, das meine Liebe sich schuf, vor dem Idole meiner einsamen Träume; ich nährt es traulich; mit meinem Leben belebt ich es, mit den Hoffnungen meines Herzens erfrischt', erwärmt ich es, aber es gab mir nichts, als was ich gegeben, und wenn ich verarmt war, ließ es mich arm, und nun! nun hab ich im Arme dich, und fühle den Othem deiner Brust, und fühle dein Aug in meinem Auge, die schöne Gegenwart rinnt mir in alle Sinnen herein, und ich halt es aus, ich habe das Herrlichste so und bebe nicht mehr – ja! ich bin wirklich nicht, der ich sonst war, Diotima! ich bin deinesgleichen geworden, und Göttliches spielt mit Göttlichem jetzt, wie Kinder unter sich spielen." –

„Aber etwas stiller mußt du mir werden", sagte sie.

„Du hast auch recht, du Liebenswürdige!" rief ich freudig, „sonst erscheinen mir ja die Grazien nicht; sonst seh ich ja im Meere der Schönheit seine leisen lieblichen Bewegungen nicht. O ich will es noch lernen, nichts an dir zu übersehen. Gib mir nur Zeit!"

„Schmeichler!" rief sie, „aber für heute sind wir zu Ende, lieber Schmeichler! die goldne Abendwolke hat mich gemahnt. O traure nicht! Erhalte dir und mir die reine Freude! Laß sie nachtönen in dir, bis morgen, und töte sie nicht durch Mißmut! – die Blumen des Herzens wollen freundliche Pflege. Ihre Wurzel ist überall, aber sie selbst gedeihn in heitrer Witterung nur. Leb wohl, Hyperion!"

Sie machte sich los. Mein ganzes Wesen flammt' in mir auf, wie sie so vor mir hinwegschwand in ihrer glühenden Schönheit.

„O du! –" rief ich und stürzt ihr nach, und gab meine Seele in ihre Hand in unendlichen Küssen.

„Gott!" rief sie, „wie wird das künftig werden!"

Das traf mich. „Verzeih, Himmlische!" sagt ich; „ich gehe. Gute Nacht, Diotima! denke noch mein ein wenig!"

„Das will ich", rief sie, „gute Nacht!"

Und nun kein Wort mehr, Bellarmin! Es wäre zuviel für mein geduldiges Herz. Ich bin erschüttert, wie ich fühle. Aber ich will hinausgehn unter die Pflanzen und Bäume, und unter sie hin mich legen und beten, daß die Natur zu solcher Ruhe mich bringe.

HYPERION AN BELLARMIN

Unsere Seelen lebten nun immer freier und schöner zusammen, und alles in und um uns vereinigte sich zu goldenem Frieden. Es schien, als wäre die alte Welt gestorben und eine neue begönne mit uns, so geistig und kräftig und liebend und leicht war alles geworden, und wir und alle Wesen schwebten, selig vereint, wie ein Chor von tausend unzertrennlichen Tönen, durch den unendlichen Äther.

Unsre Gespräche gleiteten weg, wie ein himmelblau Gewässer, woraus der Goldsand hin und wieder blinkt, und unsre Stille war, wie die Stille der Berggipfel, wo in herrlich einsamer Höhe, hoch über dem Raume der Gewitter, nur die göttliche Luft noch in den Locken des kühnen Wanderers rauscht.

Und die wunderbare heilige Trauer, wann die Stunde der Trennung in unsre Begeisterung tönte, wenn ich oft rief: „nun sind wir wieder sterblich, Diotima!" und sie mir sagte: „Sterblichkeit ist Schein, ist, wie die Farben, die vor unsrem Auge zittern, wenn es lange in die Sonne sieht!"

Ach! und alle die holdseligen Spiele der Liebe! die Schmeichelreden, die Besorgnisse, die Empfindlichkeiten, die Strenge und Nachsicht.

Und die Allwissenheit, womit wir uns durchschauten, und der unendliche Glaube, womit wir uns verherrlichten!

Ja! eine Sonne ist der Mensch, allsehend, allverklärend, wenn er liebt, und liebt er nicht, so ist er eine dunkle Wohnung, wo ein rauchend Lämpchen brennt.

Ich sollte schweigen, sollte vergessen und schweigen.

Aber die reizende Flamme versucht mich, bis ich mich ganz in sie stürze, und, wie die Fliege, vergehe.

Mitten in all dem seligen unverhaltnen Geben und Nehmen fühlt ich einmal, daß Diotima stiller wurde und immer stiller.

Ich fragt und flehte; aber das schien nur mehr sie zu entfernen, endlich flehte sie, ich möchte nicht mehr fragen, möchte gehn, und wenn ich wiederkäme, von etwas anderm sprechen. Das gab auch mir ein schmerzliches Verstummen, worein ich selbst mich nicht zu finden wußte.

Mir war, als hätt ein unbegreiflich plötzlich Schicksal unsrer Liebe den Tod geschworen, und alles Leben war hin, außer mir und allem.

Ich schämte mich freilich des; ich wußte gewiß, das Ungefähr beherrsche Diotimas Herz nicht. Aber wunderbar blieb sie mir immer, und mein verwöhnter untröstlicher Sinn wollt immer offenbare gegenwärtige Liebe; verschloßne Schätze waren verlorne Schätze für ihn. Ach! ich hatt im Glücke die Hoffnung verlernt, ich war noch damals, wie die ungeduldigen Kinder, die um den Apfel am Baume weinen, als wär er gar nicht da, wenn er ihnen den Mund nicht küßt. Ich hatte keine Ruhe, ich flehte wieder, mit Ungestüm und Demut, zärtlich und zürnend, mit ihrer ganzen allmächtigen bescheidnen Beredsamkeit rüstete die Liebe mich aus und nun – o meine Diotima! nun hatt ich es, das reizende Bekenntnis, nun hab ich und halt es, bis auch mich, mit allem, was an mir ist, in die alte Heimat, in den Schoß der Natur die Woge der Liebe zurückbringt.

Die Unschuldige! noch kannte sie die mächtige Fülle ihres Herzens nicht, und lieblich erschrocken vor dem Reichtum in ihr, begrub sie ihn in die Tiefe der Brust – und wie sie nun bekannte, heilige Einfalt, wie sie mit Tränen bekannte, sie liebe zu sehr, und wie sie Abschied nahm von allem, was sie sonst am Herzen gewiegt, o wie sie rief: „abtrünnig bin ich geworden von Mai und Sommer und Herbst, und achte des Tages und der Nacht nicht, wie sonst, gehöre dem

Himmel und der Erde nicht mehr, gehöre nur *einem, einem*, aber die Blüte des Mais und die Flamme des Sommers und die Reife des Herbsts, die Klarheit des Tags und der Ernst der Nacht, und Erd und Himmel ist mir in diesem *einen* vereint! so lieb ich!" – und wie sie nun in voller Herzenslust mich betrachtete, wie sie, in kühner heiliger Freude, in ihre schönen Arme mich nahm und die Stirne mir küßte und den Mund, ha! wie das göttliche Haupt, sterbend in Wonne, mir am offnen Halse herabsank, und die süßen Lippen an der schlagenden Brust mir ruhten und der liebliche Othem an die Seele mir ging – o Bellarmin! die Sinne vergehn mir und der Geist entflieht.

Ich seh, ich sehe, wie das enden muß. Das Steuer ist in die Woge gefallen und das Schiff wird, wie an den Füßen ein Kind, ergriffen und an die Felsen geschleudert.

HYPERION AN BELLARMIN

Es gibt große Stunden im Leben. Wir schauen an ihnen hinauf, wie an den kolossalischen Gestalten der Zukunft und des Altertums, wir kämpfen einen herrlichen Kampf mit ihnen, und bestehn wir vor ihnen, so werden sie, wie Schwestern, und verlassen uns nicht.

Wir saßen einst zusammen auf unsrem Berge, auf einem Steine der alten Stadt dieser Insel und sprachen davon, wie hier der Löwe Demosthenes sein Ende gefunden, wie er hier mit heiligem selbsterwähltem Tode aus den mazedonischen Ketten und Dolchen sich zur Freiheit geholfen. – „Der herrliche Geist ging scherzend aus der Welt", rief einer; „warum nicht?" sagt ich; „er hatte nichts mehr hier zu suchen; Athen war Alexanders Dirne geworden, und die Welt, wie ein Hirsch, von dem großen Jäger zu Tode gehetzt."

„O Athen!" rief Diotima; „ich habe manchmal getrauert, wenn ich dahinaussah, und aus der blauen Dämmerung mir das Phantom des Olympion aufstieg!"

„Wie weit ist's hinüber?" fragt ich.

„Eine Tagreise vielleicht", erwiderte Diotima.

„Eine Tagereise", rief ich, „und ich war noch nicht drüben? Wir müssen gleich hinüber zusammen."

„Recht so!" rief Diotima; „wir haben morgen heitere See, und alles steht jetzt noch in seiner Grüne und Reife.

Man braucht die ewige Sonne und das Leben der unsterblichen Erde zu solcher Wallfahrt."

„Also morgen!" sagt ich, und unsre Freunde stimmten mit ein.

Wir fuhren früh, unter dem Gesange des Hahns, aus der Reede. In frischer Klarheit glänzten wir und die Welt. Goldne stille Jugend war in unsern Herzen. Das Leben in uns war, wie das Leben einer neugebornen Insel des Ozeans, worauf der erste Frühling beginnt.

Schon lange war unter Diotimas Einfluß mehr Gleichgewicht in meine Seele gekommen; heute fühlt ich es dreifach rein, und die zerstreuten schwärmenden Kräfte waren all in *eine* goldne Mitte versammelt.

Wir sprachen untereinander von der Trefflichkeit des alten Athenervolks, woher sie komme, worin sie bestehe.

Einer sagte, „das Klima hat es gemacht"; der andere: „die Kunst und Philosophie"; der dritte: „Religion und Staatsform".

„Athenische Kunst und Religion, und Philosophie und Staatsform", sagt ich, „sind Blüten und Früchte des Baums, nicht Boden und Wurzel. Ihr nehmt die Wirkungen für die Ursache.

Wer aber mir sagt, das Klima habe dies alles gebildet, der denke, daß auch wir darin noch leben.

Ungestörter in jedem Betracht, von gewaltsamem Einfluß freier, als irgendein Volk der Erde, erwuchs das Volk der Athener. Kein Eroberer schwächt sie, kein Kriegsglück berauscht sie, kein fremder Götterdienst betäubt sie, keine eilfertige Weisheit treibt sie zu unzeitiger Reife. Sich selber überlassen, wie der werdende Diamant, ist ihre Kindheit.

Man hört beinahe nichts von ihnen, bis in die Zeiten des Pisistratus und Hipparch. Nur wenig Anteil nahmen sie am trojanischen Kriege, der, wie im Treibhaus, die meisten griechischen Völker zu früh erhitzt' und belebte. – Kein außerordentlich Schicksal erzeugt den Menschen. Groß und kolossalisch sind die Söhne einer solchen Mutter, aber schöne Wesen, oder, was dasselbe ist, Menschen werden sie nie, oder spät erst, wenn die Kontraste sich zu hart bekämpfen, um nicht endlich Frieden zu machen.

In üppiger Kraft eilt Lazedämon den Atheniensern voraus, und hätte sich eben deswegen auch früher zerstreut und aufgelöst, wäre Lykurg nicht gekommen, und hätte mit seiner Zucht die übermütige Natur zusammengehalten. Von nun an war denn auch an dem Spartaner alles erbildet, alle Vortrefflichkeit errungen und erkauft durch Fleiß und selbstbewußtes Streben, und soviel man in gewissem Sinne von der Einfalt der Spartaner sprechen kann, so war doch, wie natürlich, eigentliche Kindereinfalt ganz nicht unter ihnen. Die Lazedämonier durchbrachen zu frühe die Ordnung des Instinkts, sie schlugen zu früh aus der Art, und so mußte denn auch die Zucht zu früh mit ihnen beginnen; denn jede Zucht und Kunst beginnt zu früh, wo die Natur des Menschen noch nicht reif geworden ist. Vollendete Natur muß in dem Menschenkinde leben, eh es in die Schule geht, damit das Bild der Kindheit ihm die Rückkehr zeige aus der Schule zu vollendeter Natur.

Die Spartaner blieben ewig ein Fragment; denn wer nicht einmal ein vollkommenes Kind war, der wird schwerlich ein vollkommener Mann. –

Freilich hat auch Himmel und Erde für die Athener, wie für alle Griechen, das Ihre getan, hat ihnen nicht Armut und nicht Überfluß gereicht. Die Strahlen des Himmels sind nicht, wie ein Feuerregen, auf sie gefallen. Die Erde verzärtelte, berauschte sie nicht mit Liebkosungen und übergütigen Gaben, wie sonst wohl hie und da die törige Mutter tut.

Hiezu kam die wundergroße Tat des Theseus, die freiwillige Beschränkung seiner eignen königlichen Gewalt.

Oh! solch ein Samenkorn in die Herzen des Volks geworfen, muß einen Ozean von goldnen Ähren erzeugen, und sichtbar wirkt und wuchert es spät noch unter den Athenern.

Also noch einmal! daß die Athener so frei von gewaltsamem Einfluß aller Art, so recht bei mittelmäßiger Kost aufwuchsen, das hat sie so vortrefflich gemacht, und dies nur konnt es!

Laßt von der Wiege an den Menschen ungestört! treibt aus der engvereinten Knospe seines Wesens, treibt aus dem Hüttchen seiner Kindheit ihn nicht heraus! tut nicht zuwenig, daß er euch nicht entbehre und so von ihm euch unterscheide, tut nicht zuviel, daß er eure oder seine Gewalt nicht fühle, und so von ihm euch unterscheide, kurz, laßt den Menschen spät erst wissen, daß es Menschen, daß es irgend etwas außer ihm gibt, denn so nur wird er Mensch. Der Mensch ist aber ein Gott, sobald er Mensch ist. Und ist er ein Gott, so ist er schön."

„Sonderbar!" rief einer von den Freunden.

„Du hast noch nie so tief aus meiner Seele gesprochen", rief Diotima.

„Ich hab es von dir", erwidert ich.

„So war der Athener ein Mensch", fuhr ich fort, „so mußt er es werden. Schön kam er aus den Händen der Natur, schön, an Leib und Seele, wie man zu sagen pflegt.

Das erste Kind der menschlichen, der göttlichen Schönheit ist die Kunst. In ihr verjüngt und wiederholt der göttliche Mensch sich selbst. Er will sich selber fühlen, darum stellt er seine Schönheit gegenüber sich. So gab der Mensch sich seine Götter. Denn im Anfang war der Mensch und seine Götter *eins*, da, sich selber unbekannt, die ewige Schönheit war. – Ich spreche Mysterien, aber sie sind. –

Das erste Kind der göttlichen Schönheit ist die Kunst. So war es bei den Athenern.

Der Schönheit zweite Tochter ist Religion. Religion ist

Liebe der Schönheit. Der Weise liebt sie selbst, die Unendliche, die Allumfassende; das Volk liebt ihre Kinder, die Götter, die in mannigfaltigen Gestalten ihm erscheinen. Auch so war's bei den Athenern. Und ohne solche Liebe der Schönheit, ohne solche Religion ist jeder Staat ein dürr Gerippe ohne Leben und Geist, und alles Denken und Tun ein Baum ohne Gipfel, eine Säule, wovon die Krone herabgeschlagen ist.

Daß aber wirklich dies der Fall war bei den Griechen und besonders den Athenern, daß ihre Kunst und ihre Religion die echten Kinder ewiger Schönheit – vollendeter Menschennatur – sind, und nur hervorgehn konnten aus vollendeter Menschennatur, das zeigt sich deutlich, wenn man nur die Gegenstände ihrer heiligen Kunst, und die Religion mit unbefangenem Auge sehn will, womit sie jene Gegenstände liebten und ehrten.

Mängel und Mißtritte gibt es überall und so auch hier. Aber das ist sicher, daß man in den Gegenständen ihrer Kunst doch meist den reifen Menschen findet. Da ist nicht das Kleinliche, nicht das Ungeheure der Ägyptier und Goten, da ist Menschensinn und Menschengestalt. Sie schweifen weniger als andre zu den Extremen des Übersinnlichen und des Sinnlichen aus. In der schönen Mitte der Menschheit bleiben ihre Götter mehr, denn andre.

Und wie der Gegenstand, so auch die Liebe. Nicht zu knechtisch und nicht gar zu sehr vertraulich! –

Aus der Geistesschönheit der Athener folgte denn auch der nötige Sinn für Freiheit.

Der Ägyptier trägt ohne Schmerz die Despotie der Willkür, der Sohn des Nordens ohne Widerwillen die Gesetzesdespotie, die Ungerechtigkeit in Rechtsform; denn der Ägyptier hat von Mutterleib an einen Huldigungs- und Vergötterungstrieb; im Norden glaubt man an das reine freie Leben der Natur zu wenig, um nicht mit Aberglauben am Gesetzlichen zu hängen.

Der Athener kann die Willkür nicht ertragen, weil seine

göttliche Natur nicht will gestört sein, er kann Gesetzlichkeit nicht überall ertragen, weil er ihrer nicht überall bedarf. Drako taugt für ihn nicht. Er will zart behandelt sein, und tut auch recht daran."

„Gut!" unterbrach mich einer, „das begreif ich, aber, wie dies dichterische religiöse Volk nun auch ein philosophisch Volk sein soll, das seh ich nicht."

„Sie wären sogar", sagt ich, „ohne Dichtung nie ein philosophisch Volk gewesen!"

„Was hat die Philosophie", erwidert' er, „was hat die kalte Erhabenheit dieser Wissenschaft mit Dichtung zu tun?"

„Die Dichtung", sagt ich, meiner Sache gewiß, „ist der Anfang und das Ende dieser Wissenschaft. Wie Minerva aus Jupiters Haupt, entspringt sie aus der Dichtung eines unendlichen göttlichen Seins. Und so läuft am End auch wieder in ihr das Unvereinbare in der geheimnisvollen Quelle der Dichtung zusammen."

„Das ist ein paradoxer Mensch", rief Diotima, „jedoch ich ahn ihn. Aber ihr schweift mir aus. Von Athen ist die Rede."

„Der Mensch", begann ich wieder, „der nicht wenigstens im Leben *einmal* volle lautre Schönheit in sich fühlte, wenn in ihm die Kräfte seines Wesens, wie die Farben am Irisbogen, ineinanderspielten, der nie erfuhr, wie nur in Stunden der Begeisterung alles innigst übereinstimmt, der Mensch wird nicht einmal ein philosophischer Zweifler werden, sein Geist ist nicht einmal zum Niederreißen gemacht, geschweige zum Aufbaun. Denn glaubt es mir, der Zweifler findet darum nur in allem, was gedacht wird, Widerspruch und Mangel, weil er die Harmonie der mangellosen Schönheit kennt, die nie gedacht wird. Das trockne Brot, das menschliche Vernunft wohlmeinend ihm reicht, verschmähet er nur darum, weil er ingeheim am Göttertische schwelgt."

„Schwärmer!" rief Diotima, „darum warst auch du ein Zweifler. Aber die Athener!"

„Ich bin ganz nah an ihnen", sagt ich. „Das große Wort,

das *εν διαφερον εαυτῳ* (das Eine in sich selber unterschiedne) des Heraklit, das konnte nur ein Grieche finden, denn es ist das Wesen der Schönheit, und ehe das gefunden war, gab's keine Philosophie.

Nun konnte man bestimmen, das Ganze war da. Die Blume war gereift; man konnte nun zergliedern.

Der Moment der Schönheit war nun kund geworden unter den Menschen, war da im Leben und Geiste, das Unendlicheinige war.

Man konnt es auseinander setzen, zerteilen im Geiste, konnte das Geteilte neu zusammendenken, konnte so das Wesen des Höchsten und Besten mehr und mehr erkennen und das Erkannte zum Gesetze geben in des Geistes mannigfaltigen Gebieten.

Seht ihr nun, warum besonders die Athener auch ein philosophisch Volk sein mußten?

Das konnte der Ägyptier nicht. Wer mit dem Himmel und der Erde nicht in gleicher Lieb und Gegenliebe lebt, wer nicht in diesem Sinne einig lebt mit dem Elemente, worin er sich regt, ist von Natur auch in sich selbst so einig nicht, und erfährt die ewige Schönheit wenigstens so leicht nicht wie ein Grieche.

Wie ein prächtiger Despot, wirft seine Bewohner der orientalische Himmelsstrich mit seiner Macht und seinem Glanze zu Boden, und, ehe der Mensch noch gehen gelernt hat, muß er knien, eh er sprechen gelernt hat, muß er beten; ehe sein Herz ein Gleichgewicht hat, muß es sich neigen, und ehe der Geist noch stark genug ist, Blumen und Früchte zu tragen, ziehet Schicksal und Natur mit brennender Hitze alle Kraft aus ihm. Der Ägyptier ist hingegeben, eh er ein Ganzes ist, und darum weiß er nichts vom Ganzen, nichts von Schönheit, und das Höchste, was er nennt, ist eine verschleierte Macht, ein schauerhaft Rätsel; die stumme finstre Isis ist sein Erstes und Letztes, eine leere Unendlichkeit und da heraus ist nie Vernünftiges gekommen. Auch aus dem erhabensten Nichts wird Nichts geboren.

Der Norden treibt hingegen seine Zöglinge zu früh in sich hinein, und wenn der Geist des feurigen Ägyptiers zu reiselustig in die Welt hinaus eilt, schickt im Norden sich der Geist zur Rückkehr in sich selbst an, ehe er nur reisefertig ist.

Man muß im Norden schon verständig sein, noch eh ein reif Gefühl in einem ist, man mißt sich Schuld von allem bei, noch ehe die Unbefangenheit ihr schönes Ende erreicht hat; man muß vernünftig, muß zum selbstbewußten Geiste werden, ehe man Mensch, zum klugen Manne, ehe man Kind ist; die Einigkeit des ganzen Menschen, die Schönheit läßt man nicht in ihm gedeihn und reifen, eh er sich bildet und entwickelt. Der bloße Verstand, die bloße Vernunft sind immer die Könige des Nordens.

Aber aus bloßem Verstand ist nie Verständiges, aus bloßer Vernunft ist nie Vernünftiges gekommen.

Verstand ist ohne Geistesschönheit, wie ein dienstbarer Geselle, der den Zaun aus grobem Holze zimmert, wie ihm vorgezeichnet ist, und die gezimmerten Pfähle aneinander nagelt, für den Garten, den der Meister bauen will. Des Verstandes ganzes Geschäft ist Notwerk. Vor dem Unsinn, vor dem Unrecht schützt er uns, indem er ordnet; aber sicher zu sein vor Unsinn und vor Unrecht ist doch nicht die höchste Stufe menschlicher Vortrefflichkeit.

Vernunft ist ohne Geistes-, ohne Herzensschönheit, wie ein Treiber, den der Herr des Hauses über die Knechte gesetzt hat; der weiß, so wenig, als die Knechte, was aus all der unendlichen Arbeit werden soll, und ruft nur: tummelt euch, und siehet es fast ungern, wenn es vor sich geht, denn am Ende hätt er ja nichts mehr zu treiben, und seine Rolle wäre gespielt.

Aus bloßem Verstande kömmt keine Philosophie, denn Philosophie ist mehr, denn nur die beschränkte Erkenntnis des Vorhandnen.

Aus bloßer Vernunft kömmt keine Philosophie, denn Philosophie ist mehr, denn blinde Forderung eines nie zu endigenden Fortschritts in Vereinigung und Unterscheidung eines möglichen Stoffs.

Leuchtet aber das göttliche *εν διαφερον εαυτῳ*, das Ideal der Schönheit der strebenden Vernunft, so fodert sie nicht blind, und weiß, warum, wozu sie fodert.

Scheint, wie der Maitag in des Künstlers Werkstatt, dem Verstande die Sonne des Schönen zu seinem Geschäfte, so schwärmt er zwar nicht hinaus und läßt sein Notwerk stehn, doch denkt er gerne des Festtags, wo er wandeln wird im verjüngenden Frühlingslichte."

So weit war ich, als wir landeten an der Küste von Attika.

Das alte Athen lag jetzt zu sehr uns im Sinne, als daß wir hätten viel in der Ordnung sprechen mögen, und ich wunderte mich jetzt selber über die Art meiner Äußerungen. „Wie bin ich doch", rief ich, „auf die trocknen Berggipfel geraten, worauf ihr mich saht?"

„Es ist immer so", erwiderte Diotima, „wenn uns recht wohl ist. Die üppige Kraft sucht eine Arbeit. Die jungen Lämmer stoßen sich die Stirnen aneinander, wenn sie von der Mutter Milch gesättiget sind."

Wir gingen jetzt am Lykabettus hinauf, und blieben, trotz der Eile, zuweilen stehen, in Gedanken und wunderbaren Erwartungen.

Es ist schön, daß es dem Menschen so schwer wird, sich vom Tode dessen, was er liebt, zu überzeugen, und es ist wohl keiner noch zu seines Freundes Grabe gegangen, ohne die leise Hoffnung, da dem Freunde wirklich zu begegnen. Mich ergriff das schöne Phantom des alten Athens, wie einer Mutter Gestalt, die aus dem Totenreiche zurückkehrt.

„O Parthenon!" rief ich, „Stolz der Welt! zu deinen Füßen liegt das Reich des Neptun, wie ein bezwungener Löwe, und wie Kinder, sind die andern Tempel um dich versammelt, und die beredte Agora und der Hain des Akademus –."

„Kannst du so dich in die alte Zeit versetzen", sagte Diotima.

„Mahne mich nicht an die Zeit!" erwidert ich; „es war ein göttlich Leben und der Mensch war da der Mittelpunkt der Natur. Der Frühling, als er um Athen her blühte, war er, wie eine bescheidne Blume an der Jungfrau Busen; die Sonne ging schamrot auf über den Herrlichkeiten der Erde.

Die Marmorfelsen des Hymettus und Pentele sprangen hervor aus ihrer schlummernden Wiege, wie Kinder aus der Mutter Schoß, und gewannen Form und Leben unter den zärtlichen Athener-Händen.

Honig reichte die Natur und die schönsten Veilchen und Myrten und Oliven.

Die Natur war Priesterin und der Mensch ihr Gott, und alles Leben in ihr und jede Gestalt und jeder Ton von ihr nur *ein* begeistertes Echo des Herrlichen, dem sie gehörte.

Ihn feiert', ihm nur opferte sie.

Er war es auch wert, er mochte liebend in der heiligen Werkstatt sitzen und dem Götterbilde, das er gemacht, die Knie umfassen, oder auf dem Vorgebirge, auf Suniums grüner Spitze, unter den horchenden Schülern gelagert, sich die Zeit verkürzen mit hohen Gedanken, oder er mocht im Stadium laufen, oder vom Rednerstuhle, wie der Gewittergott, Regen und Sonnenschein und Blitze senden und goldene Wolken –."

„O siehe!" rief jetzt Diotima mir plötzlich zu.

Ich sah, und hätte vergehen mögen vor dem allmächtigen Anblick.

Wie ein unermeßlicher Schiffbruch, wenn die Orkane verstummt sind und die Schiffer entflohn, und der Leichnam der zerschmetterten Flotte unkenntlich auf der Sandbank liegt, so lag vor uns Athen, und die verwaisten Säulen standen vor uns, wie die nackten Stämme eines Walds, der am Abend noch grünte, und des Nachts darauf im Feuer aufging.

„Hier", sagte Diotima, „lernt man stille sein über sein eigen Schicksal, es seie gut oder böse."

„Hier lernt man stille sein über alles", fuhr ich fort. „Hätten die Schnitter, die dies Kornfeld gemäht, ihre Scheunen mit seinen Halmen bereichert, so wäre nichts verlorengegangen, und ich wollte mich begnügen, hier als Ährenleser zu stehn; aber wer gewann denn?"

„Ganz Europa", erwidert' einer von den Freunden.

„Oh, ja!" rief ich, „sie haben die Säulen und Statuen weggeschleift und aneinander verkauft, haben die edlen Gestalten nicht wenig geschätzt, der Seltenheit wegen, wie man Papageien und Affen schätzt."

„Sage das nicht!" erwiderte derselbe; „und mangelt' auch wirklich ihnen der Geist von all dem Schönen, so wär es, weil der nicht weggetragen werden konnte und nicht gekauft."

„Ja wohl!" rief ich. „Dieser Geist war auch untergegangen noch ehe die Zerstörer über Attika kamen. Erst, wenn die Häuser und Tempel ausgestorben, wagen sich die wilden Tiere in die Tore und Gassen."

„Wer jenen Geist hat", sagte Diotima tröstend, „dem stehet Athen noch, wie ein blühender Fruchtbaum. Der Künstler ergänzt den Torso sich leicht."

Wir gingen des andern Tages früh aus, sahn die Ruinen des Parthenon, die Stelle des alten Bacchustheaters, den Theseustempel, die sechszehn Säulen, die noch übrig stehn vom göttlichen Olympion; am meisten aber ergriff mich das alte Tor, wodurch man ehmals aus der alten Stadt zur neuen herauskam, wo gewiß einst tausend schöne Menschen an *einem* Tage sich grüßten. Jetzt kömmt man weder in die alte noch in die neue Stadt durch dieses Tor, und stumm und öde stehet es da, wie ein vertrockneter Brunnen, aus dessen Röhren einst mit freundlichem Geplätscher das klare frische Wasser sprang.

„Ach!" sagt ich, indes wir so herumgingen, „es ist wohl ein prächtig Spiel des Schicksals, daß es hier die Tempel niederstürzt und ihre zertrümmerten Steine den Kindern herumzuwerfen gibt, daß es die zerstümmelten Götter zu Bänken vor der Bauernhütte und die Grabmäler hier zur

Ruhestätte des weidenden Stiers macht, und eine solche Verschwendung ist königlicher, als der Mutwille der Kleopatra, da sie die geschmolzenen Perlen trank; aber es ist doch schade um all die Größe und Schönheit!"

„Guter Hyperion!" rief Diotima, „es ist Zeit, daß du weggehst; du bist blaß und dein Auge ist müde, und du suchst dir umsonst mit Einfällen zu helfen. Komm hinaus! ins Grüne! unter die Farben des Lebens! das wird dir wohltun."

Wir gingen hinaus in die nahegelegenen Gärten.

Die andern waren auf dem Wege mit zwei britischen Gelehrten, die unter den Altertümern in Athen ihre Ernte hielten, ins Gespräch geraten und nicht von der Stelle zu bringen. Ich ließ sie gerne.

Mein ganzes Wesen richtete sich auf, da ich einmal wieder mit Diotima allein mich sah; sie hatte einen herrlichen Kampf bestanden mit dem heiligen Chaos von Athen. Wie das Saitenspiel der himmlischen Muse über den uneinigen Elementen, herrschten Diotimas stille Gedanken über den Trümmern. Wie der Mond aus zartem Gewölke, hob sich ihr Geist aus schönem Leiden empor; das himmlische Mädchen stand in seiner Wehmut da, wie die Blume, die in der Nacht am lieblichsten duftet.

Wir gingen weiter und weiter, und waren am Ende nicht umsonst gegangen.

O ihr Haine von Angele, wo der Ölbaum und die Zypresse, umeinander flüsternd, mit freundlichen Schatten sich kühlen, wo die goldne Frucht des Zitronenbaums aus dunklem Laube blinkt, wo die schwellende Traube mutwillig über den Zaun wächst, und die reife Pomeranze, wie ein lächelnder Fündling, im Wege liegt! ihr duftenden heimlichen Pfade! ihr friedlichen Sitze, wo das Bild des Myrtenstrauchs aus der Quelle lächelt! euch werd ich nimmer vergessen.

Diotima und ich gingen eine Weile unter den herrlichen Bäumen umher, bis eine große heitere Stelle sich uns darbot.

Hier setzten wir uns. Es war eine selige Stille unter uns. Mein Geist umschwebte die göttliche Gestalt des Mädchens, wie eine Blume der Schmetterling, und all mein Wesen erleichterte, vereinte sich in der Freude der begeisternden Betrachtung.

„Bist du schon wieder getröstet, Leichtsinniger?" sagte Diotima.

„Ja! ja! ich bin's", erwidert ich. „Was ich verloren wähnte, hab ich, wonach ich schmachtete, als wär es aus der Welt verschwunden, das ist vor mir. Nein, Diotima! noch ist die Quelle der ewigen Schönheit nicht versiegt.

Ich habe dir's schon einmal gesagt, ich brauche die Götter und die Menschen nicht mehr. Ich weiß, der Himmel ist ausgestorben, entvölkert, und die Erde, die einst überfloß von schönem menschlichen Leben, ist fast, wie ein Ameisenhaufe, geworden. Aber noch gibt es eine Stelle, wo der alte Himmel und die alte Erde mir lacht. Denn alle Götter des Himmels und alle göttlichen Menschen der Erde vergeß ich in dir.

Was kümmert mich der Schiffbruch der Welt, ich weiß von nichts, als meiner seligen Insel."

„Es gibt eine Zeit der Liebe", sagte Diotima mit freundlichem Ernste, „wie es eine Zeit gibt, in der glücklichen Wiege zu leben. Aber das Leben selber treibt uns heraus.

Hyperion!" – hier ergriff sie meine Hand mit Feuer, und ihre Stimme erhub mit Größe sich – „Hyperion! mich deucht, du bist zu höhern Dingen geboren. Verkenne dich nicht! der Mangel am Stoffe hielt dich zurück. Es ging nicht schnell genug. Das schlug dich nieder. Wie die jungen Fechter, fielst du zu rasch aus, ehe noch dein Ziel gewiß und deine Faust gewandt war, und weil du, wie natürlich, mehr getroffen wurdest, als du trafst, so wurdest du scheu und zweifeltest an dir und allem; denn du bist so empfindlich, als du heftig bist. Aber dadurch ist nichts verloren. Wäre dein Gemüt und deine Tätigkeit so frühe reif geworden, so wäre dein Geist nicht, was er ist; du wärst der denkende Mensch nicht, wärst du nicht der leidende, der gärende Mensch gewesen. Glaube mir, du hättest nie das Gleichgewicht der schönen Menschheit so rein erkannt, hättest du es nicht so sehr verloren gehabt. Dein Herz hat endlich Frieden gefunden. Ich will es glauben. Ich versteh es. Aber denkst du wirklich, daß du nun am Ende seist? Willst du dich verschließen in den Himmel deiner Liebe, und die Welt, die deiner bedürfte, verdorren und erkalten lassen unter dir? Du mußt, wie der Lichtstrahl, herab, wie der allerfrischende Regen, mußt du nieder ins Land der Sterblichkeit, du mußt erleuchten, wie Apoll, erschüttern, beleben, wie Jupiter, sonst bist du deines Himmels nicht wert. Ich bitte dich, geh nach Athen hinein, noch *einmal*, und siehe die Menschen auch an, die dort herumgehn unter den Trümmern, die rohen Albaner und die andern guten kindischen Griechen, die mit einem lustigen Tanze und einem heiligen Märchen sich trösten über die schmähliche Gewalt, die über ihnen lastet – kannst du sagen, ich schäme mich dieses Stoffs? Ich meine, er wäre doch noch bildsam. Kannst du dein Herz abwenden von den Bedürftigen? Sie sind nicht schlimm, sie haben dir nichts zuleide getan!“

„Was kann ich für sie tun“, rief ich.

„Gib ihnen, was du in dir hast“, erwiderte Diotima, „gib –.“

„Kein Wort, kein Wort mehr, große Seele!“ rief ich, „du beugst mich sonst, es ist ja sonst, als hättest du mit Gewalt mich dazu gebracht –.

Sie werden nicht glücklicher sein, aber edler, nein! sie werden auch glücklicher sein. Sie müssen heraus, sie müssen hervorgehn, wie die jungen Berge aus der Meersflut, wenn ihr unterirdisches Feuer sie treibt.

Zwar steh ich allein und trete ruhmlos unter sie. Doch einer, der ein Mensch ist, kann er nicht mehr, denn Hunderte, die nur Teile sind des Menschen?

Heilige Natur! du bist dieselbe in und außer mir. Es muß so schwer nicht sein, was außer mir ist, zu vereinen mit dem

Göttlichen in mir. Gelingt der Biene doch ihr kleines Reich, warum sollte denn ich nicht pflanzen können und baun, was not ist?

Was? der arabische Kaufmann säete seinen Koran aus, und es wuchs ein Volk von Schülern, wie ein unendlicher Wald, ihm auf, und der Acker sollte nicht auch gedeihn, wo die alte Wahrheit wiederkehrt in neu lebendiger Jugend?

Es werde von Grund aus anders! Aus der Wurzel der Menschheit sprosse die neue Welt! Eine neue Gottheit walte über ihnen, eine neue Zukunft kläre vor ihnen sich auf.

In der Werkstatt, in den Häusern, in den Versammlungen, in den Tempeln, überall werd es anders!

Aber ich muß noch ausgehn, zu lernen. Ich bin ein Künstler, aber ich bin nicht geschickt. Ich bilde im Geiste, aber ich weiß noch die Hand nicht zu führen –."

„Du gehest nach Italien", sagte Diotima, „nach Deutschland, Frankreich – wieviel Jahre brauchst du? drei – vier – ich denke drei sind genug; du bist ja keiner von den Langsamen, und suchst das Größte und das Schönste nur –."

„Und dann?"

„Du wirst Erzieher unsers Volks, du wirst ein großer Mensch sein, hoff ich. Und wenn ich dann dich so umfasse, da werd ich träumen, als wär ich ein Teil des herrlichen Manns, da werd ich frohlocken, als hättst du mir die Hälfte deiner Unsterblichkeit, wie Pollux dem Kastor, geschenkt, oh! ich werd ein stolzes Mädchen werden, Hyperion!"

Ich schwieg eine Weile. Ich war voll unaussprechlicher Freude.

„Gibt's denn Zufriedenheit zwischen dem Entschluß und der Tat", begann ich endlich wieder, „gibt's eine Ruhe vor dem Siege?"

„Es ist die Ruhe des Helden", sagte Diotima, „es gibt Entschlüsse, die, wie Götterworte, Gebot und Erfüllung zugleich sind, und so ist der deine." –

Wir gingen zurück, wie nach der ersten Umarmung. Es war uns alles fremd und neu geworden.

Ich stand nun über den Trümmern von Athen, wie der Ackersmann auf dem Brachfeld. Liege nur ruhig, dacht ich, da wir wieder zu Schiffe gingen, liege nur ruhig, schlummerndes Land! Bald grünt das junge Leben aus dir, und wächst den Segnungen des Himmels entgegen. Bald regnen die Wolken nimmer umsonst, bald findet die Sonne die alten Zöglinge wieder.

Du frägst nach Menschen, Natur? Du klagst, wie ein Saitenspiel, worauf des Zufalls Bruder, der Wind, nur spielt, weil der Künstler, der es ordnete, gestorben ist? Sie werden kommen, deine Menschen, Natur! Ein verjüngtes Volk wird dich auch wieder verjüngen, und du wirst werden, wie seine Braut, und der alte Bund der Geister wird sich erneuen mit dir.

Es wird nur *eine* Schönheit sein; und Menschheit und Natur wird sich vereinen in *eine* allumfassende Gottheit.

ZWEITER BAND

μη φυναι, τον απαντα νικᾳ λογον. το δ᾽επει φανῃ
βηναι κειθεν, οθεν περ ηκει, πολυ δευτερον ως ταχιϛα.

Sophokles

ERSTES BUCH

HYPERION AN BELLARMIN

Wir lebten in den letzten schönen Momenten des Jahrs, nach unserer Rückkunft aus dem attischen Lande.

Ein Bruder des Frühlings war uns der Herbst, voll milden Feuers, eine Festzeit für die Erinnerung an Leiden und vergangne Freuden der Liebe. Die welkenden Blätter trugen die Farbe des Abendrots, nur die Fichte und der Lorbeer stand in ewigem Grün. In den heitern Lüften zögerten wandernde Vögel, andere schwärmten im Weinberg, und im Garten und ernteten fröhlich, was die Menschen übrig gelassen. Und das himmlische Licht rann lauter vom offenen Himmel, durch alle Zweige lächelte die heilige Sonne, die gütige, die ich niemals nenne ohne Freude und Dank, die oft in tiefem Leide mit einem Blicke mich geheilt, und von dem Unmut und den Sorgen meine Seele gereinigt.

Wir besuchten noch all unsere liebsten Pfade, Diotima und ich, entschwundne selige Stunden begegneten uns überall.

Wir erinnerten uns des vergangenen Mais, wir hätten die Erde noch nie so gesehen, wie damals, meinten wir, sie wäre verwandelt gewesen, eine silberne Wolke von Blüten, eine freudige Lebensflamme, entledigt alles gröberen Stoffs.

„Ach! es war alles so voll Lust und Hoffnung“, rief Diotima, „so voll unaufhörlichen Wachstums und doch auch so mühelos, so seligruhig, wie ein Kind, das vor sich hin spielt, und nicht weiter denkt.“

„Daran“, rief ich, „erkenn ich sie, die Seele der Natur, an diesem stillen Feuer, an diesem Zögern in ihrer mächtigen Eile.“

„Und es ist den Glücklichen so lieb, dies Zögern“, rief Diotima; „weißt du? wir standen einmal des Abends zusammen auf der Brücke, nach starkem Gewitter, und das rote Berggewässer schoß, wie ein Pfeil, unter uns weg, aber daneben grünt' in Ruhe der Wald, und die hellen Buchenblätter regten sich kaum. Da tat es uns so wohl, daß uns das seelenvolle Grün nicht auch so wegflog, wie der Bach, und der schöne Frühling uns so still hielt, wie ein zahmer Vogel, aber nun ist er dennoch über die Berge.“

Wir lächelten über dem Worte, wiewohl das Trauern uns näher war.

So sollt auch unsre eigne Seligkeit dahingehn, und wir sahen's voraus.

O Bellarmin! wer darf denn sagen, er stehe fest, wenn auch das Schöne seinem Schicksal so entgegenreift, wenn auch das Göttliche sich demütigen muß, und die Sterblichkeit mit allem Sterblichen teilen!

HYPERION AN BELLARMIN

Ich hatte mit dem holden Mädchen noch vor ihrem Hause gezögert, bis das Licht der Nacht in die ruhige Dämmerung schien, nun kam ich in Notaras Wohnung zurück, gedankenvoll, voll überwallenden heroischen Lebens, wie immer, wenn ich aus ihren Umarmungen ging. Es war ein Brief von Alabanda gekommen.

Es regt sich, Hyperion, schrieb er mir, Rußland hat der Pforte den Krieg erklärt; man kommt mit einer Flotte in den Archipelagus[1]; die Griechen sollen frei sein, wenn sie mit aufstehn, den Sultan an den Euphrat zu treiben. Die Griechen werden das Ihre tun, die Griechen werden frei sein und mir ist herzlich wohl, daß es einmal wieder etwas zu tun gibt. Ich mochte den Tag nicht sehn, solang es noch so weit nicht war.

1 Im Jahr 1770.

Bist du noch der Alte, so komm! Du findst mich in dem Dorfe vor Koron, wenn du den Weg von Misistra kömmst. Ich wohne am Hügel, in dem weißen Landhause am Walde.

Die Menschen, die du in Smyrna bei mir kennenlerntest, hab ich verlassen. Du hattest recht mit deinem feinern Sinne, daß du in ihre Sphäre nicht tratest.

Mich verlangt, uns beede in dem neuen Leben wiederzusehn. Dir war bis itzt die Welt zu schlecht, um ihr dich zu erkennen zu geben. Weil du nicht Knechtsdienste tun mochtest, tatest du nichts, und das Nichtstun machte dich grämlich und träumerisch.

Du mochtest im Sumpfe nicht schwimmen. Komm nun, komm, und laß uns baden in offener See!

Das soll uns wohltun, einzig Geliebter!

So schrieb er. Ich war betroffen im ersten Moment. Mir brannte das Gesicht vor Scham, mir kochte das Herz, wie heiße Quellen, und ich konnt auf keiner Stelle bleiben, so schmerzt' es mich, überflogen zu sein von Alabanda, überwunden auf immer. Doch nahm ich nun auch um so begieriger die künftige Arbeit ans Herz. –

„Ich bin zu müßig geworden", rief ich, „zu friedenslustig, zu himmlisch, zu träg! – Alabanda sieht in die Welt, wie ein edler Pilot, Alabanda ist fleißig und sucht in der Woge nach Beute; und dir schlafen die Hände im Schoß? und mit Worten möchtest du ausreichen, und mit Zauberformeln beschwörst du die Welt? Aber deine Worte sind, wie Schneeflocken, unnütz, und machen die Luft nur trüber und deine Zaubersprüche sind für die Frommen, aber die Unglaubigen hören dich nicht. – Ja! sanft zu sein, zu rechter Zeit, das ist wohl schön, doch sanft zu sein, zur Unzeit, das ist häßlich, denn es ist feig! – Aber Harmodius! deiner Myrte will ich gleichen, deiner Myrte, worin das Schwert sich verbarg. Ich will umsonst nicht müßig gegangen sein, und mein Schlaf soll werden, wie Öl, wenn die Flamme darein kömmt. Ich will nicht zusehn, wo es gilt, will nicht umhergehn und die Neuigkeit erfragen, wann Alabanda den Lorbeer nimmt."

Diotimas Erblassen, da sie Alabandas Brief las, ging mir durch die Seele. Drauf fing sie an, gelassen und ernst, den Schritt mir abzuraten und wir sprachen manches hin und wider. „O ihr Gewaltsamen!" rief sie endlich, „die ihr so schnell zum Äußersten seid, denkt an die Nemesis!"

„Wer Äußerstes leidet", sagt ich, „dem ist das Äußerste recht."

„Wenn's auch recht ist", sagte sie, „du bist dazu nicht geboren."

„So scheint es", sagt ich; „ich hab auch lange genug gesäumt. O ich möchte einen Atlas auf mich laden, um die Schulden meiner Jugend abzutragen. Hab ich ein Bewußtsein? hab ich ein Bleiben in mir? O laß mich, Diotima! Hier, gerad in solcher Arbeit muß ich es erbeuten."

„Das ist eitel Übermut!" rief Diotima; „neulich warst du bescheidner, neulich, da du sagtest, ich muß noch ausgehn, zu lernen."

„Liebe Sophistin!" rief ich, „damals war ja auch von ganz was anderem die Rede. In den Olymp des Göttlichschönen, wo aus ewigjungen Quellen das Wahre mit allem Guten entspringt, dahin mein Volk zu führen, bin ich noch jetzt nicht geschickt. Aber ein Schwert zu brauchen, hab ich gelernt und mehr bedarf es für jetzt nicht. Der neue Geisterbund kann in der Luft nicht leben, die heilige Theokratie des Schönen muß in einem Freistaat wohnen, und der will Platz auf Erden haben und diesen Platz erobern wir gewiß."

„Du wirst erobern", rief Diotima, „und vergessen, wofür? wirst, wenn es hoch kommt, einen Freistaat dir erzwingen und dann sagen, wofür hab ich gebaut? ach! es wird verzehrt sein, all das schöne Leben, das daselbst sich regen sollte, wird verbraucht sein selbst in dir! Der wilde Kampf wird dich zerreißen, schöne Seele, du wirst altern, seliger Geist! und lebensmüd am Ende fragen, wo seid ihr nun, ihr Ideale der Jugend?"

„Das ist grausam, Diotima", rief ich, „so ins Herz zu greifen, so an meiner eignen Todesfurcht, an meiner höchsten Lebenslust mich festzuhalten, aber nein! nein! nein! der Knechtsdienst tötet, aber gerechter Krieg macht jede Seele lebendig. Das gibt dem Golde die Farbe der Sonne, daß man ins Feuer es wirft! Das, das gibt erst dem Menschen seine ganze Jugend, daß er Fesseln zerreißt! Das rettet ihn allein, daß er sich aufmacht und die Natter zertritt, das kriechende Jahrhundert, das alle schöne Natur im Keime vergiftet! – Altern sollt ich, Diotima! wenn ich Griechenland befreie? altern, ärmlich werden, ein gemeiner Mensch? O so war er wohl recht schal und leer und gottverlassen, der Athenerjüngling, da er als Siegesbote von Marathon über den Gipfel des Pentele kam und hinabsah in die Täler von Attika!"

„Lieber! Lieber!" rief Diotima, „sei doch still! ich sage dir kein Wort mehr. Du sollst gehn, sollst gehen, stolzer Mensch! Ach! wenn du so bist, hab ich keine Macht, kein Recht auf dich."

Sie weinte bitter und ich stand, wie ein Verbrecher, vor ihr. „Vergib mir, göttliches Mädchen!" rief ich, vor ihr niedergesunken, „o vergib mir, wo ich muß! Ich wähle nicht, ich sinne nicht. Eine Macht ist in mir und ich weiß nicht, ob ich es selbst bin, was zu dem Schritte mich treibt." – „Deine volle Seele gebietet dir's", antwortete sie. „Ihr nicht zu folgen, führt oft zum Untergange, doch, ihr zu folgen, wohl auch. Das beste ist, du gehst, denn es ist größer. Handle du; ich will es tragen."

HYPERION AN BELLARMIN

Diotima war von nun an wunderbar verändert.

Mit Freude hatt ich gesehn, wie seit unserer Liebe das verschwiegne Leben aufgegangen war in Blicken und lieblichen Worten und ihre genialische Ruhe war mir oft in glänzender Begeisterung entgegengekommen.

Aber wie so fremd wird uns die schöne Seele, wenn sie nach dem ersten Aufblühn, nach dem Morgen ihres Laufs hinauf zur Mittagshöhe muß! Man kannte fast das selige Kind nicht mehr, so erhaben und so leidend war sie geworden.

O wie manchmal lag ich vor dem traurenden Götterbilde, und wähnte die Seele hinwegzuweinen im Schmerz um sie, und stand bewundernd auf und selber voll von allmächtigen Kräften! Eine Flamme war ihr ins Auge gestiegen aus der gepreßten Brust. Es war ihr zu enge geworden im Busen voll Wünschen und Leiden; darum waren die Gedanken des Mädchens so herrlich und kühn. Eine neue Größe, eine sichtbare Gewalt über alles, was fühlen konnte, herrscht' in ihr. Sie war ein höheres Wesen. Sie gehörte zu den sterblichen Menschen nicht mehr.

O meine Diotima, hätte ich damals gedacht, wohin das kommen sollte?

HYPERION AN BELLARMIN

Auch der kluge Notara wurde bezaubert von den neuen Entwürfen, versprach mir eine starke Partei, hoffte bald den Korinthischen Isthmus zu besetzen und Griechenland hier, wie an der Handhabe, zu fassen. Aber das Schicksal wollt es anders und machte seine Arbeit unnütz, ehe sie ans Ziel kam.

Er riet mir, nicht nach Tina zu gehn, gerade den Peloponnes hinab zu reisen, und durchaus so unbemerkt, als möglich. Meinem Vater sollt ich unterweges schreiben, meint' er, der bedächtige Alte würde leichter einen geschehenen Schritt verzeihn, als einen ungeschehenen erlauben. Das war mir nicht recht nach meinem Sinne, aber wir opfern die eignen Gefühle so gern, wenn uns ein großes Ziel vor Augen steht.

„Ich zweifle", fuhr Notara fort, „ob du wirst auf deines Vaters Hülfe in solchem Falle rechnen können. Darum geb ich dir, was nebenbei doch nötig ist für dich, um einige Zeit in allen Fällen zu leben und zu wirken. Kannst du einst, so zahlst du mir es zurück, wo nicht, so war das meine auch dein. Schäme des Gelds dich nicht“, setzt’ er lächelnd hinzu; „auch die Rosse des Phöbus leben von der Luft nicht allein, wie uns die Dichter erzählen.“

HYPERION AN BELLARMIN

Nun kam der Tag des Abschieds.

Den Morgen über war ich oben in Notaras Garten geblieben, in der frischen Winterluft, unter den immergrünen Zypressen und Zedern. Ich war gefaßt. Die großen Kräfte der Jugend hielten mich aufrecht und das Leiden, das ich ahnete, trug, wie eine Wolke, mich höher.

Diotimas Mutter hatte Notara und die andern Freunde und mich gebeten, daß wir noch den letzten Tag bei ihr zusammen leben möchten. Die Guten hatten sich alle meiner und Diotimas gefreut und das Göttliche in unserer Liebe war an ihnen nicht verloren geblieben. Sie sollten nun mein Scheiden auch mir segnen.

Ich ging hinab. Ich fand das teure Mädchen am Herde. Es schien ihr ein heilig priesterlich Geschäft, an diesem Tage das Haus zu besorgen. Sie hatte alles zurechtgemacht, alles im Hause verschönert und es durft ihr niemand dabei helfen. Alle Blumen, die noch übrig waren im Garten, hatte sie eingesammelt, Rosen und frische Trauben hatte sie in der späten Jahrszeit noch zusammengebracht.

Sie kannte meinen Fußtritt, da ich heraufkam, trat mir leis entgegen; die bleichen Wangen glühten von der Flamme des Herds und die ernsten großgewordnen Augen glänzten von Tränen. Sie sahe, wie mich’s überfiel. „Gehe hinein, mein Lieber“, sagte sie; „die Mutter ist drinnen und ich folge gleich.“

Ich ging hinein. Da saß die edle Frau und streckte mir

die schöne Hand entgegen – „kommst du", rief sie, „kommst du, mein Sohn! Ich sollte dir zürnen, du hast mein Kind mir genommen, hast alle Vernunft mir ausgeredet, und tust, was dich gelüstet, und gehest davon; aber vergebt es ihm, ihr himmlischen Mächte! wenn er Unrecht vorhat, und hat er Recht, o so zögert nicht mit eurer Hülfe dem Lieben!" Ich wollte reden, aber eben kam Notara mit den übrigen Freunden herein und hinter ihnen Diotima.

Wir schwiegen eine Weile. Wir ehrten die traurende Liebe, die in uns allen war, wir fürchteten uns, sich ihrer zu überheben in Reden und stolzen Gedanken. Endlich nach wenigen flüchtigen Worten bat mich Diotima, einiges von Agis und Kleomenes zu erzählen; ich hätte die großen Seelen oft mit feuriger Achtung genannt und gesagt, sie wären Halbgötter, so gewiß, wie Prometheus, und ihr Kampf mit dem Schicksal von Sparta sei heroischer, als irgendeiner in den glänzenden Mythen. Der Genius dieser Menschen sei das Abendrot des griechischen Tages, wie Theseus und Homer die Aurore desselben.

Ich erzählte und am Ende fühlten wir uns alle stärker und höher.

„Glücklich", rief einer von den Freunden, „wem sein Leben wechselt zwischen Herzensfreude und frischem Kampf."

„Ja!" rief ein anderer, „das ist ewige Jugend, daß immer Kräfte genug im Spiele sind und wir uns ganz erhalten in Lust und Arbeit."

„O ich möchte mit dir", rief Diotima mir zu.

„Es ist auch gut, daß du bleibst, Diotima!" sagt ich. „Die Priesterin darf aus dem Tempel nicht gehen. Du bewahrst die heilige Flamme, du bewahrst im Stillen das Schöne, daß ich es wiederfinde bei dir."

„Du hast auch recht, mein Lieber, das ist besser", sagte sie, und ihre Stimme zitterte und das Ätherauge verbarg sich ins Tuch, um seine Tränen, seine Verwirrung nicht sehen zu lassen.

O Bellarmin! es wollte mir die Brust zerreißen, daß ich sie so schamrot gemacht. „Freunde!“ rief ich, „erhaltet diesen Engel mir. Ich weiß von nichts mehr, wenn ich sie nicht weiß. O Himmel! ich darf nicht denken, wozu ich fähig wäre, wenn ich sie vermißte.“

„Sei ruhig, Hyperion!“ fiel Notara mir ein.

„Ruhig?“ rief ich; „o ihr guten Leute! ihr könnt oft sorgen, wie der Garten blühn und wie die Ernte werden wird, ihr könnt für euren Weinstock beten und ich soll ohne Wünsche scheiden von dem Einzigen, dem meine Seele dient?“

„Nein, o du Guter!“ rief Notara bewegt, „nein! ohne Wünsche sollst du mir von ihr nicht scheiden! nein, bei der Götterunschuld eurer Liebe! meinen Segen habt ihr gewiß.“

„Du mahnst mich“, rief ich schnell. „Sie soll uns segnen, diese teure Mutter, soll mit euch uns zeugen – komm Diotima! unsern Bund soll deine Mutter heiligen, bis die schöne Gemeinde, die wir hoffen, uns vermählt.“

So fiel ich auf ein Knie; mit großem Blick, errötend, festlichlächelnd sank auch sie an meiner Seite nieder.

„Längst“, rief ich, „o Natur! ist unser Leben *eines* mit dir und himmlischjugendlich, wie du und deine Götter all, ist unsre eigne Welt durch Liebe.“

„In deinen Hainen wandelten wir“, fuhr Diotima fort, „und waren, wie du, an deinen Quellen saßen wir und waren, wie du, dort über die Berge gingen wir, mit deinen Kindern, den Sternen, wie du.“

„Da wir uns ferne waren“, rief ich, „da, wie Harfengelispel, unser kommend Entzücken uns erst tönte, da wir uns fanden, da kein Schlaf mehr war und alle Töne in uns erwachten zu des Lebens vollen Akkorden, göttliche Natur! da waren wir immer, wie du, und nun auch da wir scheiden und die Freude stirbt, sind wir, wie du, voll Leidens und doch gut, drum soll ein reiner Mund uns zeugen, daß unsre Liebe heilig ist und ewig, so wie du.“

„Ich zeug es“, sprach die Mutter.

„Wir zeugen es“, riefen die andern.

Nun war kein Wort mehr für uns übrig. Ich fühlte mein höchstes Herz; ich fühlte mich reif zum Abschied. „Jetzt will ich fort, ihr Lieben!“ sagt ich, und das Leben schwand von allen Gesichtern. Diotima stand, wie ein Marmorbild, und ihre Hand starb fühlbar in meiner. Alles hatt ich um mich her getötet, ich war einsam und mir schwindelte vor der grenzenlosen Stille, wo mein überwallend Leben keinen Halt mehr fand.

„Ach!“ rief ich, „mir ist's brennendheiß im Herzen, und ihr steht alle so kalt, ihr Lieben! und nur die Götter des Hauses neigen ihr Ohr? – Diotima! – du bist stille, du siehst nicht! – o wohl dir, daß du nicht siehst!“

„So geh nur“, seufzte sie, „es muß ja sein; geh nur, du teures Herz!“

„O süßer Ton aus diesen Wonnelippen!“ rief ich, und stand wie ein Betender, vor der holden Statue – „süßer Ton! noch *einmal* wehe mich an, noch *einmal* tage, liebes Augenlicht!“

„Rede so nicht, Lieber!“ rief sie, „rede mir ernster, rede mit größerem Herzen mir zu!“

Ich wollte mich halten, aber ich war wie im Traume.

„Wehe!“ rief ich, „das ist kein Abschied, wo man wiederkehrt.“

„Du wirst sie töten“, rief Notara. „Siehe, wie sanft sie ist, und du bist so außer dir.“

Ich sahe sie an und Tränen stürzten mir aus brennendem Auge.

„So lebe denn wohl, Diotima!“ rief ich, „Himmel meiner Liebe, lebe wohl! – Lasset uns stark sein, teure Freunde! teure Mutter! ich gab dir Freude und Leid. Lebt wohl! lebt wohl!“

Ich wankte fort. Diotima folgte mir allein.

Es war Abend geworden und die Sterne gingen herauf am Himmel. Wir standen still unter dem Hause. Ewiges war in uns, über uns. Zart, wie der Äther, umwand mich Diotima.

„Törichter, was ist denn Trennung?“ flüsterte sie geheimnisvoll mir zu, mit dem Lächeln einer Unsterblichen.

„Es ist mir auch jetzt anders“, sagt ich, „und ich weiß nicht, was von beiden ein Traum ist, mein Leiden oder meine Freudigkeit.“

„Beides ist“, erwiderte sie, „und beides ist gut.“

„Vollendete!“ rief ich, „ich spreche wie du. Am Sternenhimmel wollen wir uns erkennen. Er sei das Zeichen zwischen mir und dir, solange die Lippen verstummen.“

„Das sei er!“ sprach sie mit einem langsamen niegehörten Tone – es war ihr letzter. Im Dämmerlichte entschwand mir ihr Bild und ich weiß nicht, ob sie es wirklich war, da ich zum letzten Male mich umwandt' und die erlöschende Gestalt noch einen Augenblick vor meinem Auge zückte und dann in die Nacht verschied.

HYPERION AN BELLARMIN

Warum erzähl ich dir und wiederhole mein Leiden und rege die ruhelose Jugend wieder auf in mir? Ist's nicht genug, *einmal* das Sterbliche durchwandert zu haben? warum bleib ich im Frieden meines Geistes nicht stille?

Darum, mein Bellarmin! weil jeder Atemzug des Lebens unserm Herzen wert bleibt, weil alle Verwandlungen der reinen Natur auch mit zu ihrer Schöne gehören. Unsre Seele, wenn sie die sterblichen Erfahrungen ablegt und allein nur lebt in heiliger Ruhe, ist sie nicht, wie ein unbelaubter Baum? wie ein Haupt ohne Locken? Lieber Bellarmin! ich habe eine Weile geruht; wie ein Kind, hab ich unter den stillen Hügeln von Salamis gelebt, vergessen des Schicksals und des Strebens der Menschen. Seitdem ist manches anders in meinem Auge geworden, und ich habe nun so viel Frieden in mir, um ruhig zu bleiben, bei jedem Blick ins menschliche Leben. O Freund! am Ende söhnet der Geist mit allem uns aus. Du wirst's nicht glauben, wenigstens von mir nicht. Aber ich meine, du solltest sogar meinen Briefen es ansehn, wie meine Seele täglich stiller wird und stiller. Und ich will künftig noch so viel davon sagen, bis du es glaubst.

Hier sind Briefe von Diotima und mir, die wir uns nach meinem Abschied von Kalaurea geschrieben. Sie sind das Liebste, was ich dir vertraue. Sie sind das wärmste Bild aus jenen Tagen meines Lebens. Vom Kriegslärm sagen sie dir wenig. Desto mehr von meinem eigneren Leben und das ist's ja, was du willst. Ach und du mußt auch sehen, wie geliebt ich war. Das konnt ich nie dir sagen, das sagt Diotima nur.

HYPERION AN DIOTIMA

Ich bin erwacht aus dem Tode des Abschieds, meine Diotima! gestärkt, wie aus dem Schlafe, richtet mein Geist sich auf.

Ich schreibe dir von einer Spitze der epidaurischen Berge. Da dämmert fern in der Tiefe deine Insel, Diotima! und dorthinaus mein Stadium, wo ich siegen oder fallen muß. O Peloponnes! o ihr Quellen des Eurotas und Alpheus! Da wird es gelten! Aus den spartanischen Wäldern, da wird, wie ein Adler, der alte Landesgenius stürzen mit unsrem Heere, wie mit rauschenden Fittichen.

Meine Seele ist voll von Tatenlust und voll von Liebe, Diotima, und in die griechischen Täler blickt mein Auge hinaus, als sollt es magisch gebieten: steigt wieder empor, ihr Städte der Götter!

Ein Gott muß in mir sein, denn ich fühl auch unsere Trennung kaum. Wie die seligen Schatten am Lethe, lebt jetzt meine Seele mit deiner in himmlischer Freiheit und das Schicksal waltet über unsre Liebe nicht mehr.

Ich bin jetzt mitten im Peloponnes. In derselben Hütte, worin ich heute übernachte, übernachtete ich einst, da ich, beinahe noch Knabe, mit Adamas diese Gegenden durchzog. Wie saß ich da so glücklich auf der Bank vor dem Hause und lauschte dem Geläute der fernher kommenden Karawane und dem Geplätscher des nahen Brunnens, der unter blühenden Akazien sein silbern Gewässer ins Becken goß.

Jetzt bin ich wieder glücklich. Ich wandere durch dies Land, wie durch Dodonas Hain, wo die Eichen tönten von ruhmweissagenden Sprüchen. Ich sehe nur Taten, vergangene, künftige, wenn ich auch vom Morgen bis zum Abend unter freiem Himmel wandre. Glaube mir, wer dieses Land durchreist, und noch ein Joch auf seinem Halse duldet, kein Pelopidas wird, der ist herzleer, oder ihm fehlt es am Verstande.

So lange schlief's – so lange schlich die Zeit, wie der Höllenfluß, trüb und stumm, in ödem Müßiggange vorüber?

Und doch liegt alles bereit. Voll rächerischer Kräfte ist das Bergvolk hieherum, liegt da, wie eine schweigende Wetterwolke, die nur des Sturmwinds wartet, der sie treibt. Diotima! laß mich den Othem Gottes unter sie hauchen, laß mich ein Wort von Herzen an sie reden, Diotima. Fürchte nichts! Sie werden so wild nicht sein. Ich kenne die rohe Natur. Sie höhnt der Vernunft, sie stehet aber im Bunde mit der Begeisterung. Wer nur mit ganzer Seele wirkt, irrt nie. Er bedarf des Klügelns nicht, denn keine Macht ist wider ihn.

HYPERION AN DIOTIMA

Morgen bin ich bei Alabanda. Es ist mir eine Lust, den Weg nach Koron zu erfragen, und ich frage öfter, als nötig ist. Ich möchte die Flügel der Sonne nehmen und hin zu ihm und doch zaudr ich auch so gerne und frage: wie wird er sein?

Der königliche Jüngling! warum bin ich später geboren? warum sprang ich nicht aus *einer* Wiege mit ihm? Ich kann den Unterschied nicht leiden, der zwischen uns ist. O warum lebt ich, wie ein müßiger Hirtenknabe, zu Tina, und träumte nur von seinesgleichen noch erst, da er schon in lebendiger Arbeit die Natur erprüfte und mit Meer und Luft und allen Elementen schon rang? trieb's denn in mir nach Tatenwonne nicht auch?

Aber ich will ihn einholen, ich will schnell sein. Beim Himmel! ich bin überreif zur Arbeit. Meine Seele tobt nur gegen sich selbst, wenn ich nicht bald durch ein lebendig Geschäft mich befreie.

Hohes Mädchen! wie konnt ich bestehen vor dir? Wie war dir's möglich, so ein tatlos Wesen zu lieben?

HYPERION AN DIOTIMA

Ich hab ihn, teure Diotima!

Leicht ist mir die Brust und schnell sind meine Sehnen, ha! und die Zukunft reizt mich, wie eine klare Wassertiefe uns reizt, hinein zu springen und das übermütige Blut im frischen Bade zu kühlen. Aber das ist Geschwätz. Wir sind uns lieber, als je, mein Alabanda und ich. Wir sind freier umeinander und doch ist's alle die Fülle und Tiefe des Lebens, wie sonst.

O wie hatten die alten Tyrannen so recht, Freundschaften, wie die unsere, zu verbieten! Da ist man stark, wie ein Halbgott, und duldet nichts Unverschämtes in seinem Bezirke! –

Es war des Abends, da ich in sein Zimmer trat. Er hatte eben die Arbeit beiseite gelegt, saß in einer mondhellen Ecke am Fenster und pflegte seiner Gedanken. Ich stand im Dunkeln, er erkannte mich nicht, sah unbekümmert gegen mich her. Der Himmel weiß, für wen er mich halten mochte. „Nun, wie geht es?“ rief er. „So ziemlich!“ sagt ich. Aber das Heucheln war umsonst. Meine Stimme war voll geheimen Frohlockens. „Was ist das?“ fuhr er auf; „bist du's?“ – „Ja wohl, du Blinder!“ rief ich, und flog ihm in die Arme. „O nun!“ rief Alabanda endlich, „nun soll es anders werden, Hyperion!“

„Das denk ich“, sagt ich und schüttelte freudig seine Hand.

„Kennst du mich denn noch“, fuhr Alabanda fort nach einer Weile, „hast du den alten frommen Glauben noch an Alabanda? Großmütiger! mir ist es nimmer indes so wohl gegangen, als da ich im Lichte deiner Liebe mich fühlte.“

„Wie?“ rief ich, „fragt dies Alabanda? Das war nicht stolz gesprochen, Alabanda. Aber es ist das Zeichen dieser Zeit, daß die alte Heroennatur um Ehre betteln geht, und das lebendige Menschenherz, wie eine Waise, um einen Tropfen Liebe sich kümmert.“

„Lieber Junge!“ rief er; „ich bin eben alt geworden. Das schlaffe Leben überall und die Geschichte mit den Alten, zu denen ich in Smyrna dich in die Schule bringen wollte –.“

„O es ist bitter“, rief ich; „auch an diesen wagte sich die Todesgöttin, die Namenlose, die man Schicksal nennt.“

Es wurde Licht gebracht und wir sahn von neuem mit leisem, liebendem Forschen uns an. Die Gestalt des Teuren war sehr anders geworden seit den Tagen der Hoffnung. Wie die Mittagssonne vom bleichen Himmel, funkelte sein großes ewiglebendes Auge vom abgeblühten Gesichte mich an.

„Guter!“ rief Alabanda mit freundlichem Unwillen, da ich ihn so ansah, „laß die Wehmutsblicke, guter Junge! Ich weiß es wohl, ich bin herabgekommen. O mein Hyperion! ich sehne mich sehr nach etwas Großem und Wahrem und ich hoff es zu finden mit dir. Du bist mir über den Kopf gewachsen, du bist freier und stärker, wie ehmals, und siehe! das freut mich herzlich. Ich bin das dürre Land und du kommst, wie ein glücklich Gewitter – o es ist herrlich, daß du da bist!"

„Stille!" sagt ich, „du nimmst mir die Sinnen, und wir sollten gar nicht von uns sprechen, bis wir im Leben, unter den Taten sind."

„Ja wohl!" rief Alabanda freudig, „erst, wenn das Jagdhorn schallt, da fühlen sich die Jäger."

„Wird's denn bald angehn?" sagt ich.

„Es wird", rief Alabanda, „und ich sage dir, Herz! es soll ein ziemlich Feuer werden. Ha! mag's doch reichen bis an die Spitze des Turms und seine Fahne schmelzen und um ihn wüten und wogen, bis er berstet und stürzt! – und stoße dich nur an unsern Bundsgenossen nicht. Ich weiß es wohl, die guten Russen möchten uns gerne, wie Schießgewehre, brauchen. Aber laß das gut sein! haben nur erst unsere kräftigen Spartaner bei Gelegenheit erfahren, wer sie sind und was sie können, und haben wir so den Peloponnes erobert, so lachen wir dem Nordpol ins Angesicht und bilden uns ein eigenes Leben."

„Ein eignes Leben", rief ich, „ein neu, ein ehrsames Leben. Sind wir denn, wie ein Irrlicht, aus dem Sumpfe geboren oder stammen wir von den Siegern bei Salamis ab? Wie ist's denn nun? wie bist du denn zur Magd geworden, griechische freie Natur? wie bist du so herabgekommen, väterlich Geschlecht, von dem das Götterbild des Jupiter und des Apoll einst nur die Kopie war? – Aber höre mich, Ioniens Himmel! höre mich, Vaterlandserde, die du dich halbnackt, wie eine Bettlerin, mit den Lappen deiner alten Herrlichkeit umkleidest, ich will es länger nicht dulden!"

„O Sonne, die uns erzog!" rief Alabanda, „zusehn sollst du, wenn unter der Arbeit uns der Mut wächst, wenn unter den Schlägen des Schicksals unser Entwurf, wie das Eisen unter dem Hammer sich bildet."

Es entzündete einer den andern.

„Und daß nur kein Flecken hängen bleibe", rief ich, „kein Posse, womit uns das Jahrhundert, wie der Pöbel die

Wände, bemalt!" – „Oh", rief Alabanda, „darum ist der Krieg auch so gut –."

„Recht, Alabanda", rief ich, „so wie alle große Arbeit, wo des Menschen Kraft und Geist und keine Krücke und kein wächserner Flügel hilft. Da legen wir die Sklavenkleider ab, worauf das Schicksal uns sein Wappen gedrückt –."

„Da gilt nichts Eitles und Anerzwungenes mehr", rief Alabanda, „da gehn wir schmucklos, fessellos, nackt, wie im Wettlauf zu Nemea, zum Ziele."

„Zum Ziele", rief ich, „wo der junge Freistaat dämmert und das Pantheon alles Schönen aus griechischer Erde sich hebt."

Alabanda schwieg eine Weile. Eine neue Röte stieg auf in seinem Gesichte, und seine Gestalt wuchs, wie die erfrischte Pflanze, in die Höhe.

„O Jugend! Jugend!" rief er, „dann will ich trinken aus deinem Quell, dann will ich leben und lieben. Ich bin sehr freudig, Himmel der Nacht", fuhr er, wie trunken, fort, indem er unter das Fenster trat, „wie eine Rebenlaube, überwölbest du mich, und deine Sterne hängen, wie Trauben, herunter."

HYPERION AN DIOTIMA

Es ist mein Glück, daß ich in voller Arbeit lebe. Ich müßt in eine Torheit um die andere fallen, so voll ist meine Seele, so berauscht der Mensch mich, der wunderbare, der stolze, der nichts liebt, als mich, und alle Demut, die in ihm ist, nur auf mich häuft. O Diotima! dieser Alabanda hat geweint vor mir, hat, wie ein Kind, mir's abgebeten, was er mir in Smyrna getan.

Wer bin ich dann, ihr Lieben, daß ich mein euch nenne, daß ich sagen darf, sie sind mein eigen, daß ich, wie ein Eroberer, zwischen euch steh und euch, wie meine Beute, umfasse.

O Diotima! o Alabanda! edle, ruhiggroße Wesen! wie

muß ich vollenden, wenn ich nicht fliehn will vor meinem Glücke, vor euch?

Eben, während ich schrieb, erhielt ich deinen Brief, du Liebe.

Traure nicht, holdes Wesen, traure nicht! Spare dich, unversehrt von Gram, den künftigen Vaterlandsfesten! Diotima! dem glühenden Festtag der Natur, dem spare dich auf und all den heitern Ehrentagen der Götter!

Siehest du Griechenland nicht schon?

O siehest du nicht, wie, froh der neuen Nachbarschaft, die ewigen Sterne lächeln über unsern Städten und Hainen, wie das alte Meer, wenn es unser Volk lustwandelnd am Ufer sieht, der schönen Athener wieder gedenkt und wieder Glück uns bringt, wie damals seinen Lieblingen, auf fröhlicher Woge?

Seelenvolles Mädchen! du bist so schön schon itzt! wie wirst du dann erst, wenn das echte Klima dich nährt, in entzückender Glorie blühn!

DIOTIMA AN HYPERION

Ich hatte die meiste Zeit mich eingeschlossen, seit du fort bist, lieber Hyperion! Heute war ich wieder einmal draußen.

In holder Februarluft hab ich Leben gesammelt und bringe das gesammelte dir. Es hat auch mir noch wohlgetan, das frische Erwarmen des Himmels, noch hab ich sie mitgefühlt, die neue Wonne der Pflanzenwelt, der reinen, immergleichen, wo alles trauert und sich wieder freut zu seiner Zeit.

Hyperion! o mein Hyperion! warum gehn wir denn die stillen Lebenswege nicht auch? Es sind heilige Namen, Winter und Frühling und Sommer und Herbst! wir aber kennen sie nicht. Ist es nicht Sünde, zu trauern im Frühling? warum tun wir es dennoch?

Vergib mir! die Kinder der Erde leben durch die Sonne allein; ich lebe durch dich, ich habe andre Freuden, ist es denn ein Wunder, wenn ich andre Trauer habe? und muß ich trauern? muß ich denn?

Mutiger! lieber! sollt ich welken, wenn du glänzest? sollte mir das Herz ermatten, wenn die Siegslust dir in allen Sehnen erwacht? Hätt ich ehmals gehört, ein griechischer Jüngling mache sich auf, das gute Volk aus seiner Schmach zu ziehn, es der mütterlichen Schönheit, der es entstammte, wieder zu bringen, wie hätt ich aufgestaunt aus dem Traume der Kindheit und gedürstet nach dem Bilde des Teuren? und nun er da ist, nun er mein ist, kann ich noch weinen? o des albernen Mädchens! ist es denn nicht wirklich? ist er der Herrliche nicht, und ist er nicht mein! o ihr Schatten seliger Zeit! ihr meine trauten Erinnerungen!

Ist mir doch, als wär er kaum von gestern, jener Zauberabend, da der heil'ge Fremdling mir zum ersten Male begegnete, da er, wie ein trauernder Genius, hereinglänzt' in die Schatten des Walds, wo im Jugendtraume das unbekümmerte Mädchen saß – in der Mailuft kam er, in Ioniens zaubrischer Mailuft und sie macht' ihn blühender mir, sie lockt' ihm das Haar, entfaltet' ihm, wie Blumen, die Lippen, löst' in Lächeln die Wehmut auf und o ihr Strahlen des Himmels! wie leuchtetet ihr aus diesen Augen mich an, aus diesen berauschenden Quellen, wo im Schatten umschirmender Bogen ewig Leben schimmert und wallt! –

Gute Götter! wie er schön ward mit dem Blick auf mich! wie der ganze Jüngling, eine Spanne größer geworden, in leichter Nerve dastand, nur daß ihm die lieben Arme, die bescheidnen, niedersanken, als wären sie nichts! und wie er drauf emporsah im Entzücken, als wär ich gen Himmel entflogen und nicht mehr da, ach! wie er nun in aller Herzensanmut lächelt' und errötete, da er wieder mich gewahr ward und unter den dämmernden Tränen sein Phöbusauge durchstrahlt', um zu fragen, bist du's? bist du es wirklich?

Und warum begegnet' er so frommen Sinnes, so voll lieben Aberglaubens mir? warum hatt er erst sein Haupt gesenkt, warum war der Götterjüngling so voll Sehnens und Trauerns? Sein Genius war zu selig, um allein zu bleiben, und zu arm die Welt, um ihn zu fassen. O es war ein liebes Bild, gewebt von Größe und Leiden! Aber nun ist's anders! mit dem Leiden ist's aus! Er hat zu tun bekommen, er ist der Kranke nicht mehr! –

Ich war voll Seufzens, da ich anfing, dir zu schreiben, mein Geliebter! Jetzt bin ich lauter Freude. So spricht man über dir sich glücklich. Und siehe! so soll's auch bleiben. Lebe wohl!

HYPERION AN DIOTIMA

Wir haben noch zu gutem Ende dein Fest gefeiert, schönes Leben! ehe der Lärm beginnt. Es war ein himmlischer Tag. Das holde Frühjahr weht' und glänzte vom Orient her, entlockt' uns deinen Namen, wie es den Bäumen die Blüten entlockt, und alle seligen Geheimnisse der Liebe entatmeten mir. Eine Liebe, wie die unsre, war dem Freunde nie erschienen, und es war entzückend, wie der stolze Mensch aufmerkte und Auge und Geist ihm glühte, dein Bild, dein Wesen zu fassen.

„Oh“, rief er endlich, „da ist's wohl der Mühe wert, für unser Griechenland zu streiten, wenn es solche Gewächse noch trägt!“

„Ja wohl, mein Alabanda“, sagt ich; „da gehn wir heiter in den Kampf, da treibt uns himmlisch Feuer zu Taten, wenn unser Geist vom Bilde solcher Naturen verjüngt ist, und da läuft man auch nach einem kleinen Ziele nicht, da sorgt man nicht für dies und das und künstelt, den Geist nicht achtend, von außen und trinkt um des Kelchs willen den Wein; da ruhn wir dann erst, Alabanda, wenn des Genius Wonne kein Geheimnis mehr ist, dann erst, wenn die Augen all in Triumphbogen sich wandeln, wo der Menschengeist, der langabwesende, hervorglänzt aus den Irren und Leiden und siegesfroh den väterlichen Äther grüßt. – Ha! an der Fahne allein soll niemand unser künftig Volk erkennen; es muß sich alles verjüngen, es muß von Grund aus anders sein; voll Ernsts die Lust und heiter alle Arbeit! nichts, auch das Kleinste, das Alltäglichste nicht ohne den Geist und die Götter! Lieb und Haß und jeder Laut von uns muß die gemeinere Welt befremden und auch kein Augenblick darf *einmal* noch uns mahnen an die platte Vergangenheit!"

HYPERION AN DIOTIMA

Der Vulkan bricht los. In Koron und Modon werden die Türken belagert und wir rücken mit unserem Bergvolk gegen den Peloponnes hinauf.

Nun hat die Schwermut all ein Ende, Diotima, und mein Geist ist fester und schneller, seit ich in lebendiger Arbeit bin und sieh! ich habe nun auch eine Tagesordnung.

Mit der Sonne beginn ich. Da geh ich hinaus, wo im Schatten des Walds mein Kriegsvolk liegt und grüße die tausend hellen Augen, die jetzt vor mir mit wilder Freundlichkeit sich auftun. Ein erwachendes Heer! ich kenne nichts Gleiches und alles Leben in Städten und Dörfern ist, wie ein Bienenschwarm, dagegen.

Der Mensch kann's nicht verleugnen, daß er einst glücklich war, wie die Hirsche des Forsts, und nach unzähligen Jahren klimmt noch in uns ein Sehnen nach den Tagen der Urwelt, wo jeder die Erde durchstreifte, wie ein Gott, eh, ich weiß nicht was? den Menschen zahm gemacht, und noch, statt Mauern und totem Holz, die Seele der Welt, die heilige Luft allgegenwärtig ihn umfing.

Diotima! mir geschieht oft wunderbar, wenn ich mein unbekümmert Volk durchgehe und, wie aus der Erde gewachsen, einer um den andern aufsteht und dem Morgenlicht entgegen sich dehnt, und unter den Haufen der Männer die knatternde Flamme emporsteigt, wo die Mutter sitzt mit dem frierenden Kindlein, wo die erquickende Speise kocht, indes die Rosse, den Tag witternd, schnauben und schrein, und der Wald ertönt von allerschütternder Kriegsmusik, und rings von Waffen schimmert und rauscht – aber das sind Worte und die eigne Lust von solchem Leben erzählt sich nicht.

Dann sammelt mein Haufe sich um mich her, mit Lust, und es ist wunderbar, wie auch die Ältesten und Trotzigsten in aller meiner Jugend mich ehren. Wir werden vertrauter und mancher erzählt, wie's ihm erging im Leben und mein Herz schwillt oft von mancherlei Schicksal. Dann fang ich an, von besseren Tagen zu reden, und glänzend gehn die Augen ihnen auf, wenn sie des Bundes gedenken, der uns einigen soll, und das stolze Bild des werdenden Freistaats dämmert vor ihnen.

Alles für jeden und jeder für alle! Es ist ein freudiger Geist in den Worten und er ergreift auch immer meine Menschen, wie Göttergebot. O Diotima! so zu sehn, wie von Hoffnungen da die starre Natur erweicht und all ihre Pulse mächtiger schlagen und von Entwürfen die verdüsterte Stirne sich entfaltet und glänzt, so da zu stehn in einer Sphäre von Menschen, umrungen von Glauben und Lust, das ist doch mehr, als Erd und Himmel und Meer in aller ihrer Glorie zu schaun.

Dann üb ich sie in Waffen und Märschen bis um Mittag. Der frohe Mut macht sie gelehrig, wie er zum Meister mich macht. Bald stehn sie dichtgedrängt in mazedonischer Reih und regen den Arm nur, bald fliegen sie, wie Strahlen, auseinander zum gewagteren Streit in einzelnen Haufen, wo die geschmeidige Kraft in jeder Stelle sich ändert und jeder selbst sein Feldherr ist, und sammeln sich wieder in sicherem Punkt – und immer, wo sie gehen und stehn in solchem Waffentanze, schwebt ihnen und mir das Bild der Tyrannenknechte und der ernstere Walplatz vor Augen.

Drauf, wenn die Sonne heißer scheint, wird Rat gehalten im Innern des Walds und es ist Freude, so mit stillen Sinnen über der großen Zukunft zu walten. Wir nehmen dem Zufall die Kraft, wir meistern das Schicksal. Wir lassen Widerstand nach unserem Willen entstehn, wir reizen den Gegner zu dem, worauf wir gerüstet sind. Oder sehen wir zu und scheinen furchtsam und lassen ihn näher kommen, bis er das Haupt zum Schlag uns reicht, auch nehmen wir ihm mit Schnelle die Fassung und das ist meine Panazee. Doch halten die erfahrneren Ärzte nichts auf solche allesheilende Mittel.

Wie wohl ist dann des Abends mir bei meinem Alabanda, wenn wir zur Lust auf muntern Rossen die sonnenroten Hügel umschweifen, und auf den Gipfeln, wo wir weilen, die Luft in den Mähnen unserer Tiere spielt, und das freundliche Säuseln in unsere Gespräche sich mischt, indes wir hinaussehn in die Fernen von Sparta, die unser Kampfpreis sind! und wenn wir nun zurück sind und zusammensitzen in lieblicher Kühle der Nacht, wo uns der Becher duftet und das Mondlicht unser spärlich Mahl bescheint und mitten in unsrer lächelnden Stille die Geschichte der Alten, wie eine Wolke, aufsteigt aus dem heiligen Boden, der uns trägt, wie selig ist's da, in solchem Momente sich die Hände zu reichen!

Dann spricht wohl Alabanda noch von manchem, den die Langeweile des Jahrhunderts peinigt, von so mancher wunderbaren krummen Bahn, die sich das Leben bricht, seitdem sein grader Gang gehemmt ist, dann fällt mir auch mein Adamas ein, mit seinen Reisen, seiner eignen Sehnsucht in das innere Asien hinein – das sind nur Notbehelfe, guter Alter! möcht ich dann ihm rufen, komm! und baue deine Welt! mit uns! denn unsre Welt ist auch die deine.

Auch die deine, Diotima, denn sie ist die Kopie von dir. O du, mit deiner Elysiumsstille, könnten wir das schaffen, was du bist!

Wir haben jetzt dreimal in einem fort gesiegt in kleinen Gefechten, wo aber die Kämpfer sich durchkreuzten, wie Blitze, und alles *eine* verzehrende Flamme war. Navarin ist unser und wir stehen jetzt vor der Feste Misistra, dem Überreste des alten Sparta. Ich hab auch die Fahne, die ich einer albanischen Horde entriß, auf eine Ruine gepflanzt, die vor der Stadt liegt, habe vor Freude meinen türkischen Kopfbund in den Eurotas geworfen und trage seitdem den griechischen Helm.

Und nun möcht ich dich sehen, o Mädchen! sehen möcht ich dich und deine Hände nehmen und an mein Herz sie drücken, dem die Freude nun bald vielleicht zu groß ist! bald! in einer Woche vielleicht ist er befreit, der alte, edle, heilige Peloponnes.

O dann, du Teure! lehre mich fromm sein! dann lehre mein überwallend Herz ein Gebet! Ich sollte schweigen, denn was hab ich getan? und hätt ich etwas getan, wovon ich sprechen möchte, wieviel ist dennoch übrig? Aber was kann ich dafür, daß mein Gedanke schneller ist, wie die Zeit? Ich wollte so gern, es wäre umgekehrt und die Zeit und die Tat überflöge den Gedanken und der geflügelte Sieg übereilte die Hoffnung selbst.

Mein Alabanda blüht, wie ein Bräutigam. Aus jedem seiner Blicke lacht die kommende Welt mich an, und daran still ich noch die Ungeduld so ziemlich.

Diotima! ich möchte dieses werdende Glück nicht um die schönste Lebenszeit des alten Griechenlands vertauschen, und der kleinste unsrer Siege ist mir lieber, als Marathon und Thermopylä und Platea. Ist's nicht wahr? Ist nicht dem Herzen das genesende Leben mehr wert, als das reine, das die Krankheit noch nicht kennt? Erst wenn die Jugend hin ist, lieben wir sie, und dann erst, wenn die verlorne wiederkehrt, beglückt sie alle Tiefen der Seele.

Am Eurotas stehet mein Zelt, und wenn ich nach Mitternacht erwache, rauscht der alte Flußgott mahnend mir vorüber, und lächelnd nehm ich die Blumen des Ufers, und streue sie in seine glänzende Welle und sag ihm: Nimm es zum Zeichen, du Einsamer! Bald umblüht das alte Leben dich wieder.

DIOTIMA AN HYPERION

Ich habe die Briefe erhalten, mein Hyperion, die du unterwegens mir schriebst. Du ergreifst mich gewaltig mit allem, was du mir sagst, und mitten in meiner Liebe schaudert mich oft, den sanften Jüngling, der zu meinen Füßen geweint, in dieses rüstige Wesen verwandelt zu sehn.

Wirst du denn nicht die Liebe verlernen?

Aber wandle nur zu! Ich folge dir. Ich glaube, wenn du mich hassen könntest, würd ich auch da sogar dir nachempfinden, würde mir Mühe geben, dich zu hassen und so blieben unsre Seelen sich gleich und das ist kein eitelübertrieben Wort, Hyperion.

Ich bin auch selbst ganz anders, wie sonst. Mir mangelt der heitre Blick in die Welt und die freie Lust an allem Lebendigen. Nur das Feld der Sterne zieht mein Auge noch an. Dagegen denk ich um so lieber an die großen Geister der Vorwelt und wie sie geendet haben auf Erden, und die hohen spartanischen Frauen haben mein Herz gewonnen. Dabei vergeß ich nicht die neuen Kämpfer, die kräftigen, deren Stunde gekommen ist, oft hör ich ihren Siegslärm durch den Peloponnes herauf mir näher brausen und näher, oft seh ich sie, wie eine Katarakte, dort herunterwogen durch die epidaurischen Wälder und ihre Waffen fernher glänzen im Sonnenlichte, das, wie ein Herold, sie geleitet, o mein Hyperion! und du kömmst geschwinde nach Kalaurea herüber und grüßest die stillen Wälder unserer Liebe, grüßest mich, und fliegst nun wieder zu deiner Arbeit zurück; – und denkst du, ich fürchte den Ausgang? Liebster! manchmal will's mich überfallen, aber meine größern Gedanken halten, wie Flammen, den Frost ab. –

Lebe wohl! vollende, wie es der Geist dir gebeut! und laß den Krieg zu lange nicht dauern, um des Friedens willen, Hyperion, um des schönen, neuen, goldenen Friedens willen, wo, wie du sagtest, einst in unser Rechtsbuch eingeschrieben werden die Gesetze der Natur, und wo das Leben selbst, wo sie, die göttliche Natur, die in kein Buch geschrieben werden kann, im Herzen der Gemeinde sein wird. Lebe wohl.

HYPERION AN DIOTIMA

Du hättest mich besänftigen sollen, meine Diotima! hättest sagen sollen, ich möchte mich nicht übereilen, möchte dem Schicksal nach und nach den Sieg abnötigen, wie kargen Schuldnern die Summe. O Mädchen! stille zu stehn, ist schlimmer, wie alles. Mir trocknet das Blut in den Adern, so dürst ich, weiterzukommen und muß hier müßig stehn, muß belagern und belagern, den einen Tag, wie den andern. Unser Volk will stürmen, aber das würde die aufgeregten Gemüter zum Rausch erhitzen und wehe dann unsern Hoffnungen, wenn das wilde Wesen aufgärt und die Zucht und die Liebe zerreißt.

Ich weiß nicht, es kann nur noch einige Tage dauern, so muß Misistra sich ergeben, aber ich wollte, wir wären weiter. Im Lager hier ist's mir, wie in gewitterhafter Luft. Ich bin ungeduldig, auch meine Leute gefallen mir nicht. Es ist ein furchtbarer Mutwill unter ihnen.

Aber ich bin nicht klug, daß ich so viel aus meiner Laune mache. Und das alte Lazedämon ist's ja doch wohl wert, daß man ein wenig Sorge leidet, eh man es hat.

Es ist aus, Diotima! unsre Leute haben geplündert, gemordet, ohne Unterschied, auch unsre Brüder sind erschlagen, die Griechen in Misistra, die Unschuldigen, oder irren sie hülflos herum und ihre tote Jammermiene ruft Himmel und Erde zur Rache gegen die Barbaren, an deren Spitze ich war.

Nun kann ich hingehn und von meiner guten Sache predigen. O nun fliegen alle Herzen mir zu!

Aber ich hab's auch klug gemacht. Ich habe meine Leute gekannt. In der Tat! es war ein außerordentlich Projekt, durch eine Räuberbande mein Elysium zu pflanzen.

Nein! bei der heiligen Nemesis! mir ist recht geschehn und ich will's auch dulden, dulden will ich, bis der Schmerz mein letzt Bewußtsein mir zerreißt.

Denkst du, ich tobe? Ich habe eine ehrsame Wunde, die einer meiner Getreuen mir schlug, indem ich den Greuel abwehrte. Wenn ich tobte, so riss' ich die Binde von ihr, und so ränne mein Blut, wohin es gehört, in diese trauernde Erde.

Diese trauernde Erde! die nackte! so ich kleiden wollte mit heiligen Hainen, so ich schmücken wollte mit allen Blumen des griechischen Lebens!

O es wäre schön gewesen, meine Diotima.

Nennst du mich mutlos? Liebes Mädchen! es ist des Unheils zu viel. An allen Enden brechen wütende Haufen herein; wie eine Seuche, tobt die Raubgier in Morea und wer nicht auch das Schwert ergreift, wird verjagt, geschlachtet und dabei sagen die Rasenden, sie fechten für unsre Freiheit. Andre des rohen Volks sind von dem Sultan bestellt und treiben's, wie jene.

Eben hör ich, unser ehrlos Heer sei nun zerstreut. Die Feigen begegneten bei Tripolissa einem albanischen Haufen, der um die Hälfte geringer an Zahl war. Weil's aber nichts zu plündern gab, so liefen die Elenden alle davon. Die

Russen, die mit uns den Feldzug wagten, vierzig brave Männer, hielten allein aus, fanden auch alle den Tod.

Und so bin ich nun mit meinem Alabanda wieder einsam, wie zuvor. Seitdem der Treue mich fallen und bluten sah in Misistra, hat er alles andre vergessen, seine Hoffnungen, seine Siegslust, seine Verzweiflung. Der Ergrimmte, der unter die Plünderer stürzte, wie ein strafender Gott, der führte nun so sanft mich aus dem Getümmel, und seine Tränen netzten mein Kleid. Er blieb auch bei mir in der Hütte, wo ich seitdem lag und ich freue mich nun erst recht darüber. Denn wär er mit fortgezogen, so läg er jetzt bei Tripolissa im Staub.

Wie es weiter werden soll, das weiß ich nicht. Das Schicksal stößt mich ins Ungewisse hinaus und ich hab es verdient; von dir verbannt mich meine eigene Scham und wer weiß, wie lange?

Ach! ich habe dir ein Griechenland versprochen und du bekommst ein Klaglied nun dafür. Sei selbst dein Trost!

HYPERION AN DIOTIMA

Ich bringe mich mit Mühe zu Worten.

Man spricht wohl gerne, man plaudert, wie die Vögel, solange die Welt, wie Mailuft, einen anweht; aber zwischen Mittag und Abend kann es anders werden, und was ist verloren am Ende?

Glaube mir und denk, ich sag's aus tiefer Seele dir: die Sprache ist ein großer Überfluß. Das Beste bleibt doch immer für sich und ruht in seiner Tiefe, wie die Perle im Grunde des Meers. – Doch was ich eigentlich dir schreiben wollte, weil doch einmal das Gemälde seinen Rahmen und der Mann sein Tagwerk haben muß, so will ich noch auf eine Zeitlang Dienste nehmen bei der russischen Flotte; denn mit den Griechen hab ich weiter nichts zu tun.

O teures Mädchen! es ist sehr finster um mich geworden!

Ich habe gezaudert, gekämpft. Doch endlich muß es sein. Ich sehe, was notwendig ist, und weil ich es sehe, so soll es auch werden. Mißdeute mich nicht! verdamme mich nicht! ich muß dir raten, daß du mich verlässest, meine Diotima.

Ich bin für dich nichts mehr, du holdes Wesen! Dies Herz ist dir versiegt, und meine Augen sehen das Lebendige nicht mehr. O meine Lippen sind verdorrt; der Liebe süßer Hauch quillt mir im Busen nicht mehr.

Ein Tag hat alle Jugend mir genommen; am Eurotas hat mein Leben sich müde geweint, ach! am Eurotas, der in rettungsloser Schmach an Lazedämons Schutt vorüberklagt, mit allen seinen Wellen. Da, da hat mich das Schicksal abgeerntet. – Soll ich deine Liebe, wie ein Almosen, besitzen? – Ich bin so gar nichts, bin so ruhmlos, wie der ärmste Knecht. Ich bin verbannt, verflucht, wie ein gemeiner Rebell und mancher Grieche in Morea wird von unsern Heldentaten, wie von einer Diebsgeschichte, seinen Kindeskindern künftighin erzählen.

Ach! und eines hab ich lange dir verschwiegen. Feierlich verstieß mein Vater mich, verwies mich ohne Rückkehr aus dem Hause meiner Jugend, will mich nimmer wieder sehen, nicht in diesem, noch im andern Leben, wie er sagt. So lautet die Antwort auf den Brief, worin ich mein Beginnen ihm geschrieben.

Nun laß dich nur das Mitleid nimmer irre führen. Glaube mir, es bleibt uns überall noch eine Freude. Der echte Schmerz begeistert. Wer auf sein Elend tritt, steht höher. Und das ist herrlich, daß wir erst im Leiden recht der Seele Freiheit fühlen. Freiheit! wer das Wort versteht – es ist ein tiefes Wort, Diotima. Ich bin so innigst angefochten, bin so unerhört gekränkt, bin ohne Hoffnung, ohne Ziel, bin gänzlich ehrlos, und doch ist eine Macht in mir, ein Unbezwingliches, das mein Gebein mit süßen Schauern durchdringt, sooft es rege wird in mir.

Auch hab ich meinen Alabanda noch. Der hat so wenig zu gewinnen, als ich selbst. Den kann ich ohne Schaden mir behalten. Ach! der königliche Jüngling hätt ein besser Los verdient. Er ist so sanft geworden und so still. Das will mir oft das Herz zerreißen. Aber einer erhält den andern. Wir sagen uns nichts; was sollten wir uns sagen? aber es ist denn doch ein Segen in manchem kleinen Liebesdienste, den wir uns leisten.

Da schläft er und lächelt genügsam, mitten in unsrem Schicksal. Der Gute! er weiß nicht, was ich tue. Er würd es nicht dulden. Du mußt an Diotima schreiben, gebot er mir, und mußt ihr sagen, daß sie bald mit dir sich aufmacht, in ein leidlicher Land zu fliehn. Aber er weiß nicht, daß ein Herz, das so verzweifeln lernte, wie seines und wie meines, der Geliebten nichts mehr ist. Nein! nein! du fändest ewig keinen Frieden bei Hyperion, du müßtest untreu werden und das will ich dir ersparen.

Und so lebe denn wohl, du süßes Mädchen! lebe wohl! Ich möchte dir sagen, gehe dahin, gehe dorthin; da rauschen die Quellen des Lebens. Ich möcht ein freier Land, ein Land voll Schönheit und voll Seele dir zeigen und sagen: dahin rette dich! Aber o Himmel! könnt ich dies, so wär ich auch ein andrer und so müßt ich auch nicht Abschied nehmen – Abschied nehmen? Ach! ich weiß nicht, was ich tue. Ich wähnte mich so gefaßt, so besonnen. Jetzt schwindelt mir und mein Herz wirft sich umher, wie ein ungeduldiger Kranker. Weh über mich! ich richte meine letzte Freude zu Grunde. Aber es muß sein und das Ach! der Natur ist hier umsonst. Ich bin's dir schuldig, und ich bin ja ohnedies dazu geboren, heimatlos und ohne Ruhestätte zu sein. O Erde! o ihr Sterne! werde ich nirgends wohnen am Ende?

Noch *einmal* möcht ich wiederkehren an deinen Busen, wo es auch wäre! Ätheraugen! Einmal noch mir wieder begegnen in euch! an deinen Lippen hängen, du Liebliche! du Unaussprechliche! und in mich trinken dein entzückend heiligsüßes Leben – aber höre das nicht! ich bitte dich, achte das nicht! Ich würde sagen, ich sei ein Verführer, wenn du es hörtest. Du kennst mich, du verstehst mich. Du weißt, wie tief du mich achtest, wenn du mich nicht bedauerst, mich nicht hörst.

Ich kann, ich darf nicht mehr – wie mag der Priester leben, wo sein Gott nicht mehr ist? O Genius meines Volks! o Seele Griechenlands! ich muß hinab, ich muß im Totenreiche dich suchen.

HYPERION AN DIOTIMA

Ich habe lange gewartet, ich will es dir gestehn, ich habe sehnlich auf ein Abschiedswort aus deinem Herzen gehofft, aber du schweigst. Auch das ist eine Sprache deiner schönen Seele, Diotima.

Nicht wahr, die heiligern Akkorde hören darum denn doch nicht auf? nicht wahr, Diotima, wenn auch der Liebe sanftes Mondlicht untergeht, die höhern Sterne ihres Himmels leuchten noch immer? O das ist ja meine letzte Freude, daß wir unzertrennlich sind, wenn auch kein Laut von dir zu mir, kein Schatte unsrer holden Jugendtage mehr zurückkehrt!

Ich schaue hinaus in die abendrötliche See, ich strecke meine Arme aus nach der Gegend, wo du ferne lebst und meine Seele erwarmt noch einmal an allen Freuden der Liebe und Jugend.

O Erde! meine Wiege! alle Wonne und aller Schmerz ist in dem Abschied, den wir von dir nehmen.

Ihr lieben Ionischen Inseln! und du, mein Kalaurea, und du, mein Tina, ihr seid mir all im Auge, so fern ihr seid und mein Geist fliegt mit den Lüftchen über die regen Gewässer; und die ihr dort zur Seite mir dämmert, ihr Ufer von Teos und Ephesus, wo ich einst mit Alabanda ging in den Tagen der Hoffnung, ihr scheint mir wieder, wie damals, und ich möcht hinüberschiffen ans Land und den Boden küssen und den Boden erwärmen an meinem Busen, und alle süßen Abschiedsworte stammeln vor der schweigenden Erde, eh ich auffliege ins Freie.

Schade, schade, daß es jetzt nicht besser zugeht unter den Menschen, sonst blieb' ich gern auf diesem guten Stern. Aber ich kann dies Erdenrund entbehren, das ist mehr, denn alles, was es geben kann.

Laß uns im Sonnenlicht, o Kind! die Knechtschaft dulden, sagte zu Polyxena die Mutter, und ihre Lebensliebe konnte nicht schöner sprechen. Aber das Sonnenlicht, das eben widerrät die Knechtschaft mir, das läßt mich auf der entwürdigten Erde nicht bleiben und die heiligen Strahlen ziehn, wie Pfade, die zur Heimat führen, mich an.

Seit langer Zeit ist mir die Majestät der schicksallosen Seele gegenwärtiger, als alles andre gewesen; in herrlicher Einsamkeit hab ich manchmal in mir selber gelebt; ich bin's gewohnt geworden, die Außendinge abzuschütteln, wie Flocken von Schnee; wie sollt ich dann mich scheun, den sogenannten Tod zu suchen? hab ich nicht tausendmal mich in Gedanken befreit, wie sollt ich denn anstehn, es einmal wirklich zu tun? Sind wir denn, wie leibeigene Knechte, an den Boden gefesselt, den wir pflügen? sind wir, wie zahmes Geflügel, das aus dem Hofe nicht laufen darf, weil's da gefüttert wird?

Wir sind, wie die jungen Adler, die der Vater aus dem Neste jagt, daß sie im hohen Äther nach Beute suchen.

Morgen schlägt sich unsre Flotte und der Kampf wird heiß genug sein. Ich betrachte diese Schlacht, wie ein Bad, den Staub mir abzuwaschen; und ich werde wohl finden, was ich wünsche; Wünsche, wie meiner, gewähren an Ort und Stelle sich leicht. Und so hätt ich doch am Ende durch meinen Feldzug etwas erreicht und sehe, daß unter Menschen keine Mühe vergebens ist.

Fromme Seele! ich möchte sagen, denke meiner, wenn du an mein Grab kömmst. Aber sie werden mich wohl in die Meersflut werfen, und ich seh es gerne, wenn der Rest von mir da untersinkt, wo die Quellen all und die Ströme, die ich liebte, sich versammeln, und wo die Wetterwolke aufsteigt, und die Berge tränkt und die Tale, die ich liebte. Und wir? o Diotima! Diotima! wann sehn wir uns wieder?

Es ist unmöglich, und mein innerstes Leben empört sich, wenn ich denken will, als verlören wir uns. Ich würde Jahrtausende lang die Sterne durchwandern, in alle Formen mich kleiden, in alle Sprachen des Lebens, um dir *einmal* wieder zu begegnen. Aber ich denke, was sich gleich ist, findet sich bald.

Große Seele! du wirst dich finden können in diesen Abschied und so laß mich wandern! Grüße deine Mutter! Grüße Notara und die andern Freunde!

Auch die Bäume grüße, wo ich dir zum ersten Male begegnete und die fröhlichen Bäche, wo wir gingen und die schönen Gärten von Angele, und laß, du Liebe! dir mein Bild dabei begegnen. Lebe wohl.

ZWEITES BUCH

HYPERION AN BELLARMIN

Ich war in einem holden Traume, da ich die Briefe, die ich einst gewechselt, für dich abschrieb. Nun schreib ich wieder dir, mein Bellarmin! und führe weiter dich hinab, hinab bis in die tiefste Tiefe meiner Leiden, und dann, du letzter meiner Lieben! komm mit mir heraus zur Stelle, wo ein neuer Tag uns anglänzt.

Die Schlacht, wovon ich an Diotima geschrieben, begann. Die Schiffe der Türken hatten sich in den Kanal, zwischen die Insel Chios und die asiatische Küste hinein, geflüchtet, und standen am festen Lande hinauf bei Tschesme. Mein Admiral verließ mit seinem Schiffe, worauf ich war, die Reihe, und hub das Vorspiel an mit dem ersten Schiffe der Türken. Das grimmige Paar war gleich beim ersten Angriff bis zum Taumel erhitzt, es war ein rachetrunknes schreckliches Getümmel. Die Schiffe hingen bald mit ihrem Tauwerk aneinander fest; das wütende Gefecht ward immer enger und enger.

Ein tiefes Lebensgefühl durchdrang mich noch. Es war mir warm und wohl in allen Gliedern. Wie ein zärtlichscheidender, fühlte zum letzten Male sich in allen seinen Sinnen mein Geist. Und nun, voll heißen Unmuts, daß ich Besseres nicht wußte, denn mich schlachten zu lassen in einem Gedränge von Barbaren, mit zürnenden Tränen im Auge, stürmt ich hin, wo mir der Tod gewiß war.

Ich traf die Feinde nahe genug und von den Russen, die an meiner Seite fochten, war in wenig Augenblicken auch nicht *einer* übrig. Ich stand allein da, voll Stolzes, und warf mein Leben, wie einen Bettlerpfenning, vor die Barbaren, aber sie wollten mich nicht. Sie sahen mich an, wie einen, an dem man sich zu versündigen fürchtet, und das Schicksal schien mich zu achten in meiner Verzweiflung.

Aus höchster Notwehr hieb denn endlich einer auf mich ein, und traf mich, daß ich stürzte. Mir wurde von da an nichts mehr bewußt, bis ich auf Paros, wohin ich übergeschifft war, wieder erwachte.

Von dem Diener, der mich aus der Schlacht trug, hört ich nachher, die beiden Schiffe, die den Kampf begonnen, seien in die Luft geflogen, den Augenblick darauf, nachdem er mit dem Wundarzt mich in einem Boote weggebracht. Die Russen hatten Feuer in das türkische Schiff geworfen, und weil ihr eignes an dem andern festhing, brannt es mit auf.

Wie diese fürchterliche Schlacht ein Ende nahm, ist dir bekannt. „So straft ein Gift das andre", rief ich, da ich erfuhr, die Russen hätten die ganze türkische Flotte verbrannt – „so rotten die Tyrannen sich selbst aus."

HYPERION AN BELLARMIN

Sechs Tage nach der Schlacht lag ich in einem peinlichen todähnlichen Schlaf. Mein Leben war, wie eine Nacht, von Schmerzen, wie von zückenden Blitzen, unterbrochen. Das erste, was ich wieder erkannte, war Alabanda. Er war, wie ich erfuhr, nicht einen Augenblick von mir gewichen, hatte fast allein mich bedient, mit unbegreiflicher Geschäftigkeit, mit tausend zärtlichen häuslichen Sorgen, woran er sonst im Leben nie gedacht, und man hatt ihn auf den Knien vor meinem Bette rufen gehört: „o lebe, mein Lieber! daß ich lebe!"

Es war ein glücklich Erwachen, Bellarmin! da mein Auge nun wieder dem Lichte sich öffnete, und mit den Tränen des Wiedersehens der Herrliche vor mir stand.

Ich reicht ihm die Hand hin, und der Stolze küßte sie mit allen Entzücken der Liebe. „Er lebt“, rief er, „o Retterin! o Natur! du gute, alles heilende! dein armes Paar, das vaterlandslose, das irre, verlässest doch du nicht! O ich will es nie vergessen, Hyperion! wie dein Schiff vor meinen Augen im Feuer aufging, und donnernd, in die rasende Flamme die Schiffer mit sich hinaufriß, und unter den wenigen geretteten kein Hyperion war. Ich war von Sinnen und der grimmige Schlachtlärm stillte mich nicht. Doch hört ich bald von dir und flog dir nach, sobald wir mit dem Feinde vollends fertig waren.“ –

Und wie er nun mich hütete! wie er mit liebender Vorsicht mich gefangen hielt in dem Zauberkreise seiner Gefälligkeiten! wie er, ohne ein Wort, mit seiner großen Ruhe mich lehrte, den freien Lauf der Welt neidlos und männlich zu verstehen!

O ihr Söhne der Sonne! ihr freieren Seelen! es ist viel verloren gegangen in diesem Alabanda. Ich suchte umsonst und flehte das Leben an, seit er fort ist; solch eine Römernatur hab ich nimmer gefunden. Der Sorgenfreie, der Tiefverständige, der Tapfre, der Edle! Wo ist ein Mann, wenn er's nicht war? Und wenn er freundlich war und fromm, da war's, wie wenn das Abendlicht im Dunkel der majestätischen Eiche spielt und ihre Blätter träufeln vom Gewitter des Tags.

HYPERION AN BELLARMIN

Es war in den schönen Tagen des Herbsts, da ich von meiner Wunde halbgenesen zum ersten Male wieder ans Fenster trat. Ich kam mit stilleren Sinnen wieder ins Leben und meine Seele war aufmerksamer geworden. Mit seinem leisesten Zauber wehte der Himmel mich an, und mild, wie ein Blütenregen, flossen die heitern Sonnenstrahlen herab. Es war ein großer, stiller, zärtlicher Geist in dieser Jahrszeit, und die Vollendungsruhe, die Wonne der Zeitigung in den säuselnden Zweigen umfing mich, wie die erneuerte Jugend, so die Alten in ihrem Elysium hofften.

Ich hatt es lange nicht mit reiner Seele genossen, das kindliche Leben der Welt, nun tat mein Auge sich auf mit aller Freude des Wiedersehens und die selige Natur war wandellos in ihrer Schöne geblieben. Meine Tränen flossen, wie ein Sühnopfer, vor ihr, und schaudernd stieg ein frisches Herz mir aus dem alten Unmut auf. „O heilige Pflanzenwelt!" rief ich, „wir streben und sinnen und haben doch dich! wir ringen mit sterblichen Kräften Schönes zu baun, und es wächst doch sorglos neben uns auf! nicht wahr, Alabanda? für die Not zu sorgen, sind die Menschen gemacht, das übrige gibt sich selber. Und doch – ich kann es nicht vergessen, wie viel mehr ich gewollt."

„Laß dir genug sein, Lieber! daß du bist", rief Alabanda, „und störe dein stilles Wirken durch die Trauer nicht mehr."

„Ich will auch ruhen", sagt ich. „O ich will die Entwürfe, die Fodrungen alle, wie Schuldbriefe, zerreißen. Ich will mich rein erhalten, wie ein Künstler sich hält, dich will ich lieben, harmlos Leben, Leben des Hains und des Quells! dich will ich ehren, o Sonnenlicht! an dir mich stillen, schöner Äther, der die Sterne beseelt, und hier auch diese Bäume umatmet und hier im Innern der Brust uns berührt! o Eigensinn der Menschen! wie ein Bettler, hab ich den Nacken gesenkt und es sahen die schweigenden Götter der Natur mit allen ihren Gaben mich an! – Du lächelst, Alabanda? o wie oft, in unsern ersten Zeiten, hast du so gelächelt, wann dein Knabe vor dir plauderte, im trunknen Jugendmut, indes du da, wie eine stille Tempelsäule, standst, im Schutt der Welt, und leiden mußtest, daß die wilden Ranken meiner Liebe dich umwuchsen – sieh! wie eine Binde fällt's von meinen Augen und die alten goldenen Tage sind lebendig wieder da."

„Ach!" rief er, „dieser Ernst, in dem wir lebten und diese Lebenslust!"

„Wenn wir jagten im Forst", rief ich, „wenn in der Meersflut wir uns badeten, wenn wir sangen und tranken, wo durch den Lorbeerschatten die Sonn und der Wein und Augen und Lippen uns glänzten – es war ein einzig Leben und unser Geist umleuchtete, wie ein glänzender Himmel, unser jugendlich Glück." – „Drum läßt auch keiner von dem andern", sagte Alabanda.

„O ich habe dir ein schwer Bekenntnis abzulegen", sagt ich. „Wirst du mir es glauben, daß ich fort gewollt? von dir! daß ich gewaltsam meinen Tod gesucht! war das nicht herzlos? rasend? ach und meine Diotima! sie soll mich lassen, schrieb ich ihr, und drauf noch einen Brief, den Abend vor der Schlacht" – „und da schriebst du", rief er, „daß du in der Schlacht dein Ende finden wolltest? o Hyperion! Doch hat sie wohl den letzten Brief noch nicht. Du mußt nur eilen, ihr zu schreiben, daß du lebst."

„Bester Alabanda!" rief ich, „das ist Trost! Ich schreibe gleich und schicke meinen Diener fort damit. O ich will ihm alles, was ich habe, bieten, daß er eilt und noch zu rechter Zeit nach Kalaurea kömmt." –

„Und den andern Brief, wo vom Entsagen die Rede war, versteht, vergibt die gute Seele dir leicht", setzt' er hinzu.

„Vergibt sie?" rief ich; „o ihr Hoffnungen alle! ja! wenn ich noch glücklich mit dem Engel würde!"

„Noch wirst du glücklich sein", rief Alabanda; „noch ist die schönste Lebenszeit dir übrig. Ein Held ist der Jüngling, der Mann ein Gott, wenn er's erleben kann."

Es dämmerte mir wunderbar in der Seele bei seiner Rede.

Der Bäume Gipfel schauerten leise; wie Blumen aus der dunklen Erde, sproßten Sterne aus dem Schoße der Nacht und des Himmels Frühling glänzt' in heiliger Freude mich an.

Einige Augenblicke darauf, da ich eben an Diotima schreiben wollte, trat Alabanda freudig wieder ins Zimmer. „Ein Brief, Hyperion!“ rief er; ich schrak zusammen und flog hinzu.

Wie lange, schrieb Diotima, mußt ich leben ohne ein Zeichen von dir! Du schriebst mir von dem Schicksalstage in Misistra und ich antwortete schnell; doch allem nach erhieltst du meinen Brief nicht. Du schriebst mir bald darauf wieder, kurz und düster, und sagtest mir, du seiest gesonnen, auf die russische Flotte zu gehn; ich antwortete wieder; doch auch diesen Brief erhieltst du nicht; nun harrt auch ich vergebens, vom Mai bis jetzt zum Ende des Sommers, bis vor einigen Tagen der Brief kömmt, der mir sagt, ich möchte dir entsagen, Lieber!

Du hast auf mich gerechnet, hast mir's zugetraut, daß dieser Brief mich nicht beleidigen könne. Das freute mich herzlich, mitten in meiner Betrübnis.

Unglücklicher, hoher Geist! ich habe nur zu sehr dich gefaßt. O es ist so ganz natürlich, daß du nimmer lieben willst, weil deine größern Wünsche verschmachten. Mußt du denn nicht die Speise verschmähn, wenn du daran bist, Durstes zu sterben?

Ich wußte es bald; ich konnte dir nicht alles sein. Konnt ich die Bande der Sterblichkeit dir lösen? konnt ich die Flamme der Brust dir stillen, für die kein Quell fleußt und kein Weinstock wächst? konnt ich die Freuden einer Welt in einer Schale dir reichen?

Das willst du. Das bedarfst du, und du kannst nicht anders. Die grenzenlose Unmacht deiner Zeitgenossen hat dich um dein Leben gebracht.

Wem einmal, so, wie dir, die ganze Seele beleidiget war, der ruht nicht mehr in einzelner Freude, wer so, wie du, das fade Nichts gefühlt, erheitert in höchstem Geiste sich nur, wer so den Tod erfuhr, wie du, erholt allein sich unter den Göttern.

Glücklich sind sie alle, die dich nicht verstehen! Wer dich versteht, muß deine Größe teilen und deine Verzweiflung.

Ich fand dich, wie du bist. Des Lebens erste Neugier trieb mich an das wunderbare Wesen. Unaussprechlich zog die zarte Seele mich an und kindischfurchtlos spielt ich um deine gefährliche Flamme. – Die schönen Freuden unserer Liebe sänftigten dich; böser Mann! nur, um dich wilder zu machen. Sie besänftigten, sie trösteten auch mich, sie machten mich vergessen, daß du im Grunde trostlos warst, und daß auch ich nicht fern war, es zu werden, seit ich dir in dein geliebtes Herz sah.

In Athen, bei den Trümmern des Olympion ergriff es mich von neuem. Ich hatte sonst wohl noch in einer leichten Stunde gedacht, des Jünglings Trauer sei doch wohl so ernst und unerbittlich nicht. Es ist so selten, daß ein Mensch mit dem ersten Schritt ins Leben so mit *einmal*, so im kleinsten Punkt, so schnell, so tief das ganze Schicksal seiner Zeit empfand und daß es unaustilgbar in ihm haftet, dies Gefühl, weil er nicht rauh genug ist, um es auszustoßen, und nicht schwach genug, es auszuweinen, das, mein Teurer! ist so selten, daß es uns fast unnatürlich dünkt.

Nun, im Schutt des heiteren Athens, nun ging mir's selbst zu nah, wie sich das Blatt gewandt, daß jetzt die Toten oben über der Erde gehn und die Lebendigen, die Göttermenschen drunten sind, nun sah ich's auch zu wörtlich und zu wirklich dir aufs Angesicht geschrieben, nun gab ich dir auf ewig recht. Aber zugleich erschienst du mir auch größer. Ein Wesen voll geheimer Gewalt, voll tiefer unentwickelter Bedeutung, ein einzig hoffnungsvoller Jüngling schienst du mir. Zu wem so laut das Schicksal spricht, der darf auch lauter sprechen mit dem Schicksal, sagt ich mir; je unergründlicher er leidet, um so unergründlich mächtiger ist er. Von dir, von dir nur hofft ich alle Genesung. Ich sah dich reisen. Ich sah dich wirken. O der Verwandlung! Von dir gestiftet, grünte wieder des Akademus Hain über den horchenden Schülern und heilige Gespräche hörte, wie einst, der Ahorn des Ilissus wieder.

Den Ernst der Alten gewann in deiner Schule der Genius

unserer Jünglinge bald, und seine vergänglichen Spiele wurden unsterblicher, denn er schämte sich, hielt für Gefangenschaft den Schmetterlingsflug. –

Dem hätt, ein Roß zu lenken, genügt; nun ist er ein Feldherr. Allzugenügsam hätte der ein eitel Liedchen gesungen; nun ist er ein Künstler. Denn die Kräfte der Helden, die Kräfte der Welt hattest du aufgetan vor ihnen in offenem Kampf; die Rätsel deines Herzens hattest du ihnen zu lösen gegeben; so lernten die Jünglinge Großes vereinen, lernten verstehn das Spiel der Natur, das seelenvolle, und vergaßen den Scherz. – Hyperion! Hyperion! hast du nicht mich, die Unmündige, zur Muse gemacht? So erging's auch den andern.

Ach! nun verließen so leicht sich nicht die geselligen Menschen; wie der Sand im Sturme der Wildnis irrten sie untereinander nicht mehr, noch höhnte sich Jugend und Alter, noch fehlt' ein Gastfreund dem Fremden und die Vaterlandsgenossen sonderten nimmer sich ab und die Liebenden entleideten alle sich nimmer; an deinen Quellen, Natur, erfrischten sie sich, ach! an den heiligen Freuden, die geheimnisvoll aus deiner Tiefe quillen und den Geist erneun; und die Götter erheiterten wieder die verwelkliche Seele der Menschen; es bewahrten die herzerhaltenden Götter jedes freundliche Bündnis unter ihnen. Denn du, Hyperion! hattest deinen Griechen das Auge geheilt, daß sie das Lebendige sahn, und die in ihnen, wie Feuer im Holze schlief, die Begeisterung hattest du entzündet, daß sie fühlten die stille stete Begeisterung der Natur und ihrer reinen Kinder. Ach! nun nahmen die Menschen die schöne Welt nicht mehr, wie Laien des Künstlers Gedicht, wenn sie die Worte loben und den Nutzen drin ersehn. Ein zauberisch Beispiel wurdest du, lebendige Natur! den Griechen, und entzündet von der ewigjungen Götter Glück war alles Menschentun, wie einst, ein Fest; und zu Taten geleitete, schöner als Kriegsmusik, die jungen Helden Helios' Licht.

Stille! stille! Es war mein schönster Traum, mein erster

und mein letzter. Du bist zu stolz, dich mit dem bübischen Geschlechte länger zu befassen. Du tust auch recht daran. Du führtest sie zur Freiheit und sie dachten an Raub. Du führst sie siegend in ihr altes Lazedämon ein und diese Ungeheuer plündern und verflucht bist du von deinem Vater, großer Sohn! und keine Wildnis, keine Höhle ist sicher genug für dich auf dieser griechischen Erde, die du, wie ein Heiligtum, geachtet, die du mehr, wie mich, geliebt.

O mein Hyperion! ich bin das sanfte Mädchen nicht mehr, seit ich das alles weiß. Die Entrüstung treibt mich aufwärts, daß ich kaum zur Erde sehen mag und unablässig zittert mein beleidigtes Herz.

Wir wollen uns trennen. Du hast recht. Ich will auch keine Kinder; denn ich gönne sie der Sklavenwelt nicht, und die armen Pflanzen welkten mir ja doch in dieser Dürre vor den Augen weg.

Lebe wohl! du teurer Jüngling! geh du dahin, wo es dir der Mühe wert scheint, deine Seele hinzugeben. Die Welt hat doch wohl *einen* Walplatz, eine Opferstätte, wo du dich entledigen magst. Es wäre schade, wenn die guten Kräfte alle, wie ein Traumbild, so vergingen. Doch wie du auch ein Ende nimmst, du kehrest zu den Göttern, kehrst ins heil'ge, freie, jugendliche Leben der Natur, wovon du ausgingst, und das ist ja dein Verlangen nur und auch das meine.

So schrieb sie mir. Ich war erschüttert bis ins Mark, voll Schrecken und Lust, doch sucht ich mich zu fassen, um Worte zur Antwort zu finden.

Du willigest ein, Diotima? schrieb ich, du billigest mein Entsagen? konntest es begreifen? – Treue Seele! darein konntest du dich schicken? Auch in meine finstern Irren konntest du dich schicken, himmlische Geduld! und gabst dich hin, verdüstertest dich aus Liebe, glücklich Schoßkind der Natur! und wardst mir gleich und heiligtest durch deinen Beitritt meine Trauer? Schöne Heldin! welche Krone verdientest du?

Aber nun sei es auch des Trauerns genug, du Liebe! Du bist mir nachgefolgt in meine Nacht, nun komm! und laß mich dir zu deinem Lichte folgen, zu deiner Anmut laß uns wiederkehren, schönes Herz! o deine Ruhe laß mich wiedersehen, selige Natur! vor deinem Friedensbilde meinen Übermut auf immer mir entschlummern.

Nicht wahr, du Teure! noch ist meine Rückkehr nicht zu spät, und du nimmst mich wieder auf und kannst mich wieder lieben, wie sonst? nicht wahr, noch ist das Glück vergangner Tage nicht für uns verloren?

Ich hab es bis aufs Äußerste getrieben. Ich habe sehr undankbar an der mütterlichen Erde gehandelt, habe mein Blut und alle Liebesgaben, die sie mir gegeben, wie einen Knechtlohn, weggeworfen und ach! wie tausendmal undankbarer an dir, du heilig Mädchen! das mich einst in seinen Frieden aufnahm, mich, ein scheu zerrißnes Wesen, dem aus tiefgepreßter Brust sich kaum ein Jugendschimmer stahl, wie hie und da ein Grashalm auf zertretnen Wegen. Hattest du mich nicht ins Leben gerufen? war ich nicht dein? wie konnt ich denn – o du weißt es, wie ich hoffe, noch nicht, hast noch den Unglücksbrief nicht in den Händen, den ich vor der letzten Schlacht dir schrieb? Da wollt ich sterben, Diotima, und ich glaubt, ein heilig Werk zu tun. Aber wie kann das heilig sein, was Liebende trennt? wie kann das heilig sein, was unsers Lebens frommes Glück zerrüttet? – Diotima! schöngebornes Leben! ich bin dir jetzt dafür in deinem Eigensten um so ähnlicher geworden, ich hab es endlich achten gelernt, ich hab es bewahren gelernt, was gut und innig ist auf Erden. O wenn ich auch dort oben landen könnte an den glänzenden Inseln des Himmels, fänd ich mehr, als ich bei Diotima finde?

Höre mich nun, Geliebte!

In Griechenland ist meines Bleibens nicht mehr. Das weißt du. Bei seinem Abschied hat mein Vater mir so viel von seinem Überflusse geschickt, als hinreicht, in ein heilig Tal der Alpen oder Pyrenäen uns zu flüchten, und da ein freundlich Haus und auch von grüner Erde so viel zu kaufen, als des Lebens goldene Mittelmäßigkeit bedarf.

Willst du, so komm ich gleich und führ an treuem Arme dich und deine Mutter und wir küssen Kalaureas Ufer und trocknen die Tränen uns ab, und eilen über den Isthmus hinein ans Adriatische Meer, von wo ein sicher Schiff uns weiterbringt.

O komm! in den Tiefen der Gebirgswelt wird das Geheimnis unsers Herzens ruhn, wie das Edelgestein im Schacht, im Schoße der himmelragenden Wälder, da wird uns sein, wie unter den Säulen des innersten Tempels, wo die Götterlosen nicht nahn, und wir werden sitzen am Quell, in seinem Spiegel unsre Welt betrachten, den Himmel und Haus und Garten und uns. Oft werden wir in heiterer Nacht im Schatten unsers Obstwalds wandeln und den Gott in uns, den liebenden, belauschen, indes die Pflanze aus dem Mittagsschlummer ihr gesunken Haupt erhebt und deiner Blumen stilles Leben sich erfrischt, wenn sie im Tau die zarten Arme baden, und die Nachtluft kühlend sie umatmet und durchdringt, und über uns blüht die Wiese des Himmels mit all ihren funkelnden Blumen und seitwärts ahmt das Mondlicht hinter westlichem Gewölk den Niedergang des Sonnenjünglings, wie aus Liebe schüchtern nach – und dann des Morgens, wenn sich, wie ein Flußbett unser Tal mit warmem Lichte füllt, und still die goldne Flut durch unsre Bäume rinnt, und unser Haus umwallt und die lieblichen Zimmer, deine Schöpfung dir verschönt, und du in ihrem Sonnenglanze gehst und mir den Tag in deiner Grazie segnest, Liebe! wenn sich dann, indes wir so die Morgenwonne feiern, der Erde geschäftig Leben, wie ein Opferbrand, vor unsern Augen entzündet, und wir nun hingehn, um auch unser Tagwerk, um von uns auch einen Teil in die steigende Flamme zu werfen, wirst du da nicht sagen, wir sind glücklich, wir sind wieder, wie die alten Priester der Natur, die heiligen und frohen, die schon fromm gewesen, eh ein Tempel stand.

Hab ich genug gesagt? entscheide nun mein Schicksal, teures Mädchen, und bald! – Es ist ein Glück, daß ich noch halb ein Kranker bin, von der letzten Schlacht her, und daß ich noch aus meinem Dienste nicht entlassen bin; ich könnte sonst nicht bleiben, ich müßte selbst fort, müßte fragen, und das wäre nicht gut, das hieße dich bestürmen. –

Ach Diotima! bange törichte Gedanken fallen mir aufs Herz und doch – ich kann es nicht denken, daß auch diese Hoffnung scheitern soll.

Bist du denn nicht zu groß geworden, um noch wiederzukehren zu dem Glück der Erde? verzehrt die heftige Geistesflamme, die an deinem Leiden sich entzündete, verzehrt sie nicht alles Sterbliche dir?

Ich weiß es wohl, wer leicht sich mit der Welt entzweit, versöhnt auch leichter sich mit ihr. Aber du, mit deiner Kinderstille, du, so glücklich einst in deiner hohen Demut, Diotima! wer will dich versöhnen, wenn das Schicksal dich empört?

Liebes Leben! ist denn keine Heilkraft mehr für dich in mir? von allen Herzenslauten ruft dich keiner mehr zurück, ins menschliche Leben, wo du einst so lieblich mit gesenktem Fluge dich verweilt? o komm, o bleib in dieser Dämmerung! Dies Schattenland ist ja das Element der Liebe und hier nur rinnt der Wehmut stiller Tau vom Himmel deiner Augen.

Und denkst du unsrer goldenen Tage nicht mehr? der holdseligen, göttlichmelodischen? säuseln sie nicht aus allen Hainen von Kalaurea dich an?

Und sieh! es ist so manches in mir untergegangen, und ich habe der Hoffnungen nicht viele mehr. Dein Bild mit seinem Himmelssinne, hab ich noch, wie einen Hausgott, aus dem Brande gerettet. Unser Leben, unsers ist noch unverletzt in mir. Sollt ich nun hingehn und auch dies begraben? Soll ich ruhelos und ohne Ziel hinaus, von einer Fremde in die andre? Hab ich darum lieben gelernt?

O nein! du Erste und du Letzte! Mein warst du, du wirst die Meine bleiben.

Ich saß mit Alabanda auf einem Hügel der Gegend, in lieblichwärmender Sonn, und um uns spielte der Wind mit abgefallenem Laube. Das Land war stumm; nur hie und da ertönt' im Wald ein stürzender Baum, vom Landmann gefällt, und neben uns murmelte der vergängliche Regenbach hinab ins ruhige Meer.

Ich war so ziemlich sorglos; ich hoffte, nun meine Diotima bald zu sehn, nun bald mit ihr in stillem Glücke zu leben. Alabanda hatte die Zweifel alle mir ausgeredet; so sicher war er selbst hierüber. Auch er war heiter; nur in andrem Sinne. Die Zukunft hatte keine Macht mehr über ihn. O ich wußt es nicht; er war am Ende seiner Freuden, sah mit allen seinen Rechten an die Welt, mit seiner ganzen siegrischen Natur sich unnütz, wirkungslos und einsam, und das ließ er so geschehn, als wär ein zeitverkürzend Spiel verloren.

Jetzt kam ein Bote auf uns zu. Er bracht uns die Entlassung aus dem Kriegsdienst, um die wir beide bei der russischen Flotte gebeten, weil für uns nichts mehr zu tun war, was der Mühe wert schien. Ich konnte nun Paros verlassen, wenn ich wollte. Auch war ich nun zur Reise gesund genug. Ich wollte nicht auf Diotimas Antwort warten, wollte fort zu ihr, es war, als wenn ein Gott nach Kalaurea mich triebe. Wie das Alabanda von mir hörte, veränderte sich seine Farbe und er sah wehmütig mich an. „So leicht wird's meinem Hyperion", rief er, „seinen Alabanda zu verlassen?"

„Verlassen?" sagt ich, „wie denn das?"

„O über euch Träumer!" rief er, „siehest du denn nicht, daß wir uns trennen müssen?"

„Wie sollt ich's sehen?" erwidert ich; „du sagst ja nichts davon; und was mir hie und da erschien an dir, das wie auf einen Abschied deutete, das nahm ich gerne für Laune, für Herzensüberfluß –."

„O ich kenn es", rief er, „dieses Götterspiel der reichen Liebe, die sich selber Not schafft, um sich ihrer Fülle zu entladen und ich wollt, es wäre so mit mir, du Guter! aber hier ist's Ernst!"

„Ernst?" rief ich, „und warum denn?"

„Darum, mein Hyperion", sagt' er sanft, „weil ich dein künftig Glück nicht gerne stören möchte, weil ich Diotimas Nähe fürchten muß. Glaube mir, es ist gewagt, um Liebende zu leben, und ein tatlos Herz, wie meines nun ist, hält es schwerlich aus."

„Ach guter Alabanda!" sagt ich lächelnd, „wie mißkennst du dich! Du bist so wächsern nicht und deine feste Seele springt so leicht nicht über ihre Grenzen. Zum ersten Mal in deinem Leben bist du grillenhaft. Du machtest hier bei mir den Krankenwärter und man sieht, wie wenig du dazu geboren bist. Das Stillesitzen hat dich scheu gemacht –."

„Siehst du?" rief er, „das ist's eben. Werd ich tätiger leben mit euch? und wenn es eine andre wäre! aber diese Diotima! kann ich anders? kann ich sie mit halber Seele fühlen? sie, die um und um so innig *eines* ist, *ein* göttlich ungeteiltes Leben? Glaube mir, es ist ein kindischer Versuch, dies Wesen sehn zu wollen ohne Liebe. Du blickst mich an, als kenntest du mich nicht? Bin ich doch selbst mir fremd geworden, diese letzten Tage, seit ihr Wesen so lebendig ist in mir."

„O warum kann ich sie dir nicht schenken?" rief ich.

„Laß das!" sagt' er. „Tröste mich nicht, denn hier ist nichts zu trösten. Ich bin einsam, einsam, und mein Leben geht, wie eine Sanduhr, aus."

„Große Seele!" rief ich, „muß es dahin mit dir kommen?"

„Sei zufrieden!" sagt' er. „Ich fing schon an zu welken, da wir in Smyrna uns fanden. Ja! da ich noch ein Schiffsjung war und stark und schnell der Geist und alle Glieder mir wurden bei rauher Kost, in mutiger Arbeit! Wenn ich da in heiterer Luft nach einer Sturmnacht oben am Gipfel des

Masts hing, unter der wehenden Flagge, und dem Seegevögel nach hinaussah über die glänzende Tiefe, wenn in der Schlacht oft unsre zornigen Schiffe die See durchwühlten, wie der Zahn des Ebers die Erd, und ich an meines Hauptmanns Seite stand mit hellem Blick – da lebt ich, o da lebt ich! Und lange nachher, da der junge Tiniote mir nun am Smyrner Strande begegnete, mit seinem Ernste, seiner Liebe, und meine verhärtete Seele wieder aufgetaut war von den Blicken des Jünglings und lieben lernt' und heilig halten alles, was zu gut ist, um beherrscht zu werden, da ich mit ihm ein neues Leben begann, und neue seelenvollere Kräfte mir keimten zum Genusse der Welt und zum Kampfe mit ihr, da hofft ich wieder – ach! und alles was ich hofft und hatte, war an dich gekettet; ich riß dich an mich, wollte mit Gewalt dich in mein Schicksal ziehn, verlor dich, fand dich wieder, unsre Freundschaft nur war meine Welt, mein Wert, mein Ruhm; nun ist's auch damit aus, auf immer und all mein Dasein ist vergebens."

„Ist denn das wahr?" erwidert ich mit Seufzen.

„Wahr, wie die Sonne", rief er, „aber laß das gut sein! es ist für alles gesorgt."

„Wieso, mein Alabanda?" sagt ich.

„Laß mich dir erzählen", sagt' er. „Ich habe noch nie dir ganz von einer gewissen Sache gesprochen. Und dann – so stillt es auch dich und mich ein wenig, wenn wir sprechen von Vergangenem.

Ich ging einst hülflos an dem Hafen von Triest. Das Kaperschiff, worauf ich diente, war einige Jahre zuvor gescheitert, und ich hatte kaum mit wenigen ans Ufer von Sevilla mich gerettet. Mein Hauptmann war ertrunken und mein Leben und mein triefend Kleid war alles, was mir blieb. Ich zog mich aus und ruht im Sonnenschein und trocknete die Kleider an den Sträuchen. Drauf ging ich weiter auf der Straße nach der Stadt. Noch vor den Toren sah ich heitere Gesellschaft in den Gärten, ging hinein, und sang ein griechisch lustig Lied. Ein trauriges kannt ich nicht. Ich glühte dabei vor Scham und Schmerz, mein Unglück so zur Schau zu tragen. Ich war ein achtzehnjähriger Knabe, wild und stolz, und haßt es wie den Tod, zum Gegenstande der Menschen zu werden. Vergebt mir, sagt ich, da ich fertig war mit meinem Liede; ich komme soeben aus dem Schiffbruch und weiß der Welt für heute keinen bessern Dienst zu tun, als ihr zu singen. Ich hatte das, so gut es ging, in spanischer Sprache gesagt. Ein Mann mit ausgezeichnetem Gesichte trat mir näher, gab mir Geld und sagt' in unserer Sprache mit Lächeln: Da! kauf einen Schleifstein dir dafür und lerne Messer schärfen und wandre so durchs feste Land. Der Rat gefiel mir. Herr! das will ich in der Tat; erwidert ich. Noch wurd ich reichlich von den übrigen beschenkt und ging und tat, wie mir der Mann geraten hatte, und trieb mich so in Spanien und Frankreich einige Zeit herum.

Was ich in dieser Zeit erfuhr, wie an der Knechtschaft tausendfältigen Gestalten meine Freiheitsliebe sich schärft' und wie aus mancher harten Not mir Lebensmut und kluger Sinn erwuchs, das hab ich oft mit Freude dir gesagt.

Ich trieb mein wandernd schuldlos Tagewerk mit Lust, doch wurd es endlich mir verbittert.

Man nahm es für Maske, weil ich nicht gemein genug daneben aussehn mochte, man bildete sich ein, ich treib im stillen ein gefährlicher Geschäft, und wirklich wurd ich zweimal in Verhaft genommen. Das bewog mich dann, es aufzugeben und ich trat mit wenig Gelde, das ich mir gewonnen, meine Rückkehr an zur Heimat, der ich einst entlaufen war. Schon war ich in Triest und wollte durch Dalmatien hinunter. Da befiel mich von der harten Reise eine Krankheit und mein kleiner Reichtum ging darüber auf. So ging ich halbgenesen traurig an dem Hafen von Triest. Mit einmal stand der Mann vor mir, der an dem Ufer von Sevilla meiner einst sich angenommen hatte. Er freute sich sonderbar, mich wieder zu sehen, sagte mir, daß er sich meiner oft erinnert und fragte mich, wie mir's indes ergangen sei.

Ich sagt ihm alles. Ich sehe, rief er, daß es nicht umsonst war, dich ein wenig in die Schule des Schicksals zu schicken. Du hast dulden gelernt, du sollst nun wirken, wenn du willst.

Die Rede, sein Ton, sein Händedruck, seine Miene, sein Blick, das alles traf, wie eines Gottes Macht, mein Wesen, das von manchem Leiden jetzt gerad entzündbarer, als je, war, und ich gab mich hin.

Der Mann, Hyperion, von dem ich spreche, war von jenen einer, die du in Smyrna bei mir sahst. Er führte gleich die Nacht darauf in eine feierliche Gesellschaft mich ein. Ein Schauer überlief mich, da ich in den Saal trat und beim Eintritt mein Begleiter mir die ernsten Männer wies und sagte: Dies ist der Bund der Nemesis. Berauscht vom großen Wirkungskreise, der vor mir sich auftat, übermacht ich feierlich mein Blut und meine Seele diesen Männern. Bald nachher wurde die Versammlung aufgehoben, um in Jahren anderswo sich zu erneuern und ein jeder trat den angewiesenen Weg an, den er durch die Welt zu machen hatte. Ich wurde denen beigesellt, die du in Smyrna einige Jahre nachher bei mir fandst.

Der Zwang, worin ich lebte, folterte mich oft, auch sah ich wenig von den großen Wirkungen des Bundes und meine Tatenlust fand kahle Nahrung. Doch all dies reichte nicht hin, um mich zu einem Abfall zu vermögen. Die Leidenschaft zu dir verleitete mich endlich. Ich hab's dir oft gesagt, ich war wie ohne Luft und Sonne, da du fort warst; und anders hatt ich keine Wahl; ich mußte dich aufgeben, oder meinen Bund. Was ich erwählte, siehst du.

Aber alles Tun des Menschen hat am Ende seine Strafe, und nur die Götter und die Kinder trifft die Nemesis nicht.

Ich zog das Götterrecht des Herzens vor. Um meines Lieblings willen brach ich meinen Eid. War das nicht billig? muß das edelste Sehnen nicht das freieste sein? – Mein Herz hat mich beim Worte genommen; ich gab ihm Freiheit und du siehst, es braucht sie.

Huldige dem Genius *einmal* und er achtet dir kein sterblich Hindernis mehr und reißt dir alle Bande des Lebens entzwei.

Verpflichtung brach ich um des Freundes willen, Freundschaft würd ich brechen um der Liebe willen. Um Diotimas willen würd ich dich betrügen und am Ende mich und Diotima morden, weil wir doch nicht Eines wären. Aber es soll nicht seinen Gang gehn; soll ich büßen, was ich tat, so will ich es mit Freiheit; meine eignen Richter wähl ich mir; an denen ich gefehlt, die sollen mich haben."

„Sprichst du von deinen Bundesbrüdern?" rief ich; „o mein Alabanda! tue das nicht!"

„Was können sie mir nehmen, als mein Blut?" erwidert' er. Dann faßt' er sanft mich bei der Hand. „Hyperion!" rief er, „meine Zeit ist aus, und was mir übrig bleibt, ist nur ein edles Ende. Laß mich! mache mich nicht klein und fasse Glauben an mein Wort! Ich weiß so gut, wie du, ich könnte mir ein Dasein noch erkünsteln, könnte, weil des Lebens Mahl verzehrt ist, mit den Brosamen noch spielen, aber das ist meine Sache nicht; auch nicht die deine. Brauch ich mehr zu sagen? Sprech ich nicht aus deiner Seele dir? Ich dürste nach Luft, nach Kühlung, Hyperion! Meine Seele wallt mir über von selbst und hält im alten Kreise nicht mehr. Bald kommen ja die schönen Wintertage, wo die dunkle Erde nichts mehr ist, als die Folie des leuchtenden Himmels, da wär es gute Zeit, da blinken ohnedies gastfreundlicher die Inseln des Lichts! – dich wundert die Rede? Liebster! alle Scheidenden sprechen, wie Trunkne, und nehmen gerne sich festlich. Wenn der Baum zu welken anfängt, tragen nicht alle seine Blätter die Farbe des Morgenrots?"

„Große Seele", rief ich, „muß ich Mitleid für dich tragen?"

Ich fühlt an seiner Höhe, wie tief er litt. Ich hatte solches Weh im Leben nie erfahren. Und doch, o Bellarmin! doch fühlt ich auch die Größe aller Freuden, solch ein Götterbild in Augen und Armen zu haben. „Ja! stirb nur", rief ich,

„stirb! Dein Herz ist herrlich genug, dein Leben ist reif, wie die Trauben am Herbsttag. Geh, Vollendeter! ich ginge mit dir, wenn es keine Diotima gäbe.“

„Hab ich dich nun?“ erwidert’ Alabanda, „sprichst du so? wie tief, wie seelenvoll wird alles, wenn mein Hyperion es einmal faßt!“ – „Er schmeichelt“, rief ich, „um das unbesonnene Wort zum zweiten Male mir abzulocken! gute Götter! um von mir Erlaubnis zu gewinnen zu der Reise nach dem Blutgericht!“

„Ich schmeichle nicht“, erwidert’ er mit Ernst, „ich hab ein Recht, zu tun, was du verhindern willst, und kein gemeines! ehre das!“

Es war ein Feuer in seinen Augen, das, wie ein Göttergebot, mich niederschlug und ich schämte mich, nur ein Wort noch gegen ihn zu sagen.

Sie werden es nicht, dacht ich mitunter, sie können es nicht. Es ist zu sinnlos, solch ein herrlich Leben hinzuschlachten, wie ein Opfertier, und dieser Glaube machte mich ruhig.

Es war ein eigner Gewinn, ihn noch zu hören, in der Nacht darauf, nachdem ein jeder für seine eigne Reise gesorgt, und wir vor Tagesanbruch wieder hinausgegangen waren, um noch einmal allein zusammen zu sein.

„Weißt du“, sagt’ er unter andrem, „warum ich nie den Tod geachtet? Ich fühl in mir ein Leben, das kein Gott geschaffen, und kein Sterblicher gezeugt. Ich glaube, daß wir durch uns selber sind, und nur aus freier Lust so innig mit dem All verbunden.“

„So etwas hab ich nie von dir gehört“, erwidert ich.

„Was wär auch“, fuhr er fort, „was wär auch diese Welt, wenn sie nicht wär ein Einklang freier Wesen? wenn nicht aus eignem frohem Triebe die Lebendigen von Anbeginn in ihr zusammenwirkten in *ein* vollstimmig Leben, wie hölzern wäre sie, wie kalt? welch herzlos Machwerk wäre sie?“

„So wär es hier im höchsten Sinne wahr“, erwidert ich, „daß ohne Freiheit alles tot ist.“

„Ja wohl", rief er, „wächst doch kein Grashalm auf, wenn nicht ein eigner Lebenskeim in ihm ist! wie viel mehr in mir! und darum, Lieber! weil ich frei im höchsten Sinne, weil ich anfangslos mich fühle, darum glaub ich, daß ich endlos, daß ich unzerstörbar bin. Hat mich eines Töpfers Hand gemacht, so mag er sein Gefäß zerschlagen, wie es ihm gefällt. Doch was da lebt, muß unerzeugt, muß göttlicher Natur in seinem Keime sein, erhaben über alle Macht, und alle Kunst, und darum unverletzlich, ewig.

Jeder hat seine Mysterien, lieber Hyperion! seine geheimern Gedanken; dies waren die meinen; seit ich denke.

Was lebt, ist unvertilgbar, bleibt in seiner tiefsten Knechtsform frei, bleibt *eins* und wenn du es scheidest bis auf den Grund, bleibt unverwundet und wenn du bis ins Mark es zerschlägst und sein Wesen entfliegt dir siegend unter den Händen. – Aber der Morgenwind regt sich; unsre Schiffe sind wach. O mein Hyperion! ich hab es überwunden; ich hab es über mich vermocht, das Todesurteil über mein Herz zu sprechen und dich und mich zu trennen, Liebling meines Lebens! schone mich nun! erspare mir den Abschied! laß uns schnell sein! komm! –"

Mir flog es kalt durch alle Gebeine, da er so begann.

„O um deiner Treue willen, Alabanda!" rief ich vor ihm niedergeworfen, „muß es, muß es denn sein? Du übertäubtest mich unredlicherweise, du rissest in einen Taumel mich hin. Bruder! nicht so viel Besinnung ließest du mir, um eigentlich zu fragen, wohin gehst du?"

„Ich darf den Ort nicht nennen, liebes Herz!" erwidert' er; „wir sehn vielleicht uns dennoch einmal wieder."

„Wiedersehn?" erwidert ich; „so bin ich ja um einen Glauben reicher! und so werd ich reicher werden und reicher an Glauben und am Ende wird mir alles Glaube sein."

„Lieber!" rief er, „laß uns still sein, wo die Worte nichts helfen! laß uns männlich enden! Du verderbst die letzten Augenblicke dir."

Wir waren so dem Hafen näher gekommen.

„Noch eines!“ sagt' er, da wir nun bei seinem Schiffe waren. „Grüße deine Diotima! Liebt euch! werdet glücklich, schöne Seelen!“

„O mein Alabanda!“ rief ich, „warum kann ich nicht an deiner Stelle gehn?“

„Dein Beruf ist schöner“, erwidert' er; „behalt ihn! ihr gehörst du, jenes holde Wesen ist von nun an deine Welt – ach! weil kein Glück ist ohne Opfer, nimm als Opfer mich, o Schicksal, an, und laß die Liebenden in ihrer Freude! –“

Sein Herz fing an, ihn zu überwältigen und er riß sich von mir und sprang ins Schiff, um sich und mir den Abschied abzukürzen. Ich fühlte diesen Augenblick, wie einen Wetterschlag, dem Nacht und Totenstille folgte, aber mitten in dieser Vernichtung raffte meine Seele sich auf, ihn zu halten, den teuren Scheidenden und meine Arme zückten von selbst nach ihm. „Weh! Alabanda! Alabanda!“ rief ich, und ein dumpfes Lebewohl hört ich vom Schiffe herüber.

HYPERION AN BELLARMIN

Zufällig hielt das Fahrzeug, das nach Kalaurea mich bringen sollte, noch bis zum Abend sich auf, nachdem Alabanda schon den Morgen seinen Weg gegangen war.

Ich blieb am Ufer, blickte still, von den Schmerzen des Abschieds müd, in die See, von einer Stunde zur andern. Die Leidenstage der langsamsterbenden Jugend überzählte mein Geist, und irre, wie die schöne Taube, schwebt' er über dem Künftigen. Ich wollte mich stärken, ich nahm mein längstvergessenes Lautenspiel hervor, um mir ein Schicksalslied zu singen, das ich einst in glücklicher unverständiger Jugend meinem Adamas nachgesprochen.

Ihr wandelt droben im Licht
Auf weichem Boden, selige Genien!
Glänzende Götterlüfte
Rühren euch leicht,
Wie die Finger der Künstlerin
Heilige Saiten.

Schicksallos, wie der schlafende
Säugling, atmen die Himmlischen;
Keusch bewahrt
In bescheidener Knospe,
Blühet ewig
Ihnen der Geist,
Und die seligen Augen
Blicken in stiller
Ewiger Klarheit.

Doch uns ist gegeben,
Auf keiner Stätte zu ruhn,
Es schwinden, es fallen
Die leidenden Menschen
Blindlings von einer
Stunde zur andern,
Wie Wasser von Klippe
Zu Klippe geworfen,
Jahr lang ins Ungewisse hinab.

So sang ich in die Saiten. Ich hatte kaum geendet, als ein Boot einlief, wo ich meinen Diener gleich erkannte, der mir einen Brief von Diotima überbrachte.

So bist du noch auf Erden? schrieb sie, und siehest das Tageslicht noch? Ich dachte dich anderswo zu finden, mein Lieber! Ich habe früher, als du nachher wünschtest, den Brief erhalten, den du vor der Schlacht bei Tschesme schriebst und so lebt ich eine Woche lang in der Meinung, du habst dem Tod dich in die Arme geworfen, ehe dein Diener ankam mit der frohen Botschaft, daß du noch lebest. Ich hatt auch ohnedies noch einige Tage nach der Schlacht gehört, das Schiff, worauf ich dich wußte, sei mit aller Mannschaft in die Luft geflogen.

Aber o süße Stimme! noch hört ich dich wieder, noch einmal rührte, wie Mailuft, mich die Sprache des Lieben, und deine schöne Hoffnungsfreude, das holde Phantom unsers künftigen Glücks, hat einen Augenblick auch mich getäuscht.

Lieber Träumer, warum muß ich dich wecken? warum kann ich nicht sagen, komm, und mache wahr die schönen Tage, die du mir verheißen! Aber es ist zu spät, Hyperion, es ist zu spät. Dein Mädchen ist verwelkt, seitdem du fort bist, ein Feuer in mir hat mählich mich verzehrt, und nur ein kleiner Rest ist übrig. Entsetze dich nicht! Es läutert sich alles Natürliche, und überall windet die Blüte des Lebens freier und freier vom gröbern Stoffe sich los.

Liebster Hyperion! du dachtest wohl nicht, mein Schwanenlied in diesem Jahre zu hören.

Fortsetzung

Bald, da du fort warst, und noch in den Tagen des Abschieds fing es an. Eine Kraft im Geiste, vor der ich erschrak, ein innres Leben, vor dem das Leben der Erd erblaßt' und schwand, wie Nachtlampen im Morgenrot – soll ich's sagen? ich hätte mögen nach Delphi gehn und dem Gott der Begeisterung einen Tempel bauen unter den Felsen des alten Parnaß, und, eine neue Pythia, die schlaffen Völker mit Göttersprüchen entzünden, und meine Seele weiß, den Gottverlaßnen allen hätte der jungfräuliche Mund die Augen geöffnet und die dumpfen Stirnen entfaltet, so mächtig war der Geist des Lebens in mir! Doch müder und müder wurden die sterblichen Glieder und die ängstigende Schwere zog mich unerbittlich hinab. Ach! oft in meiner stillen Laube hab ich um der Jugend Rosen geweint! sie welkten und welkten, und nur von Tränen färbte deines Mädchens Wange sich rot. Es waren die vorigen Bäume noch, es war die vorige Laube – da stand einst deine Diotima, dein Kind, Hyperion, vor deinen glücklichen Augen, eine Blume unter den Blumen und die Kräfte der Erde und des Himmels trafen sich friedlich zusammen in ihr; nun ging sie, eine Fremdlingin unter den Knospen des Mais, und ihre Vertrauten, die lieblichen Pflanzen, nickten ihr freundlich, sie aber konnte nur trauern; doch ging ich keine vorüber, doch nahm ich einen Abschied um den andern von all den Jugendgespielen, den Hainen und Quellen und säuselnden Hügeln.

Ach! oft mit schwerer süßer Mühe bin ich noch, so lang ich's konnte, auf die Höhe gegangen, wo du bei Notara gewohnt, und habe von dir mit dem Freunde gesprochen, so leichten Sinns, als möglich war, damit er nichts von mir dir schreiben sollte; bald aber, wenn das Herz zu laut ward, schlich die Heuchlerin sich hinaus in den Garten, und da war ich nun am Geländer, über dem Felsen, wo ich einst mit dir hinabsah, und hinaus in die offne Natur, ach! wo ich stand, von deinen Händen gehalten, von deinen Augen umlauscht, im ersten schaudernden Erwarmen der Liebe und die überwallende Seele auszugießen wünschte, wie einen Opferwein, in den Abgrund des Lebens, da wankt ich nun umher und klagte dem Winde mein Leid, und wie ein scheuer Vogel, irrte mein Blick und wagt' es kaum, die schöne Erde anzusehn, von der ich scheiden sollte.

Fortsetzung

So ist's mit deinem Mädchen geworden, Hyperion. Frage nicht wie? erkläre diesen Tod dir nicht! Wer solch ein Schicksal zu ergründen denkt, der flucht am Ende sich und allem, und doch hat keine Seele Schuld daran.

Soll ich sagen, mich habe der Gram um dich getötet? o nein! o nein! er war mir ja willkommen, dieser Gram, er gab dem Tode, den ich in mir trug, Gestalt und Anmut; deinem Lieblinge zur Ehre stirbst du, konnt ich nun mir sagen. –

Oder ist mir meine Seele zu reif geworden in all den Begeisterungen unserer Liebe und hält sie darum mir nun, wie ein übermütiger Jüngling, in der bescheidenen Heimat nicht mehr? sprich! war es meines Herzens Üppigkeit, die mich entzweite mit dem sterblichen Leben? ist die Natur in mir durch dich, du Herrlicher! zu stolz geworden, um sich's länger gefallen zu lassen auf diesem mittelmäßigen Sterne? Aber hast du sie fliegen gelehrt, warum lehrst du meine Seele nicht auch, dir wiederzukehren? Hast du das ätherliebende Feuer angezündet, warum hütetest du mir es nicht? – Höre mich, Lieber! um deiner schönen Seele willen! klage du dich über meinem Tode nicht an!

Konntest du denn mich halten, als dein Schicksal dir denselben Weg wies? und, hättst du im Heldenkampfe deines Herzens mir geprediget – laß dir genügen, Kind! und schick in die Zeit dich – wärst du nicht der eitelste von allen Eiteln gewesen?

Fortsetzung

Ich will es dir gerade sagen, was ich glaube. Dein Feuer lebt' in mir, dein Geist war in mich übergegangen; aber das hätte schwerlich geschadet, und nur dein Schicksal hat mein neues Leben mir tödlich gemacht. Zu mächtig war mir meine Seele durch dich, sie wäre durch dich auch wieder stille geworden. Du entzogst mein Leben der Erde, du hättest auch Macht gehabt, mich an die Erde zu fesseln, du hättest meine Seele, wie in einen Zauberkreis, in deine umfangenden Arme gebannt; ach! *einer* deiner Herzensblicke hätte mich fest gehalten, *eine* deiner Liebesreden hätte mich wieder zum frohen gesunden Kinde gemacht; doch da dein eigen Schicksal dich in Geisteseinsamkeit, wie Wasserflut auf Bergesgipfel trieb, o da erst, als ich vollends meinte, dir habe das Wetter der Schlacht den Kerker gesprengt und mein Hyperion sei aufgeflogen in die alte Freiheit, da entschied sich es mit mir und wird nun bald sich enden.

Ich habe viele Worte gemacht, und stillschweigend starb die

große Römerin doch, da im Todeskampf ihr Brutus und das Vaterland rang. Was konnt ich aber bessers in den besten meiner letzten Lebenstage tun? – Auch treibt mich's immer, mancherlei zu sagen. Stille war mein Leben; mein Tod ist beredt. Genug!

Fortsetzung

Nur eines muß ich dir noch sagen.

Du müßtest untergehn, verzweifeln müßtest du, doch wird der Geist dich retten. Dich wird kein Lorbeer trösten und kein Myrtenkranz; der Olymp wird's, der lebendige, gegenwärtige, der ewig jugendlich um alle Sinne dir blüht. Die schöne Welt ist mein Olymp; in diesem wirst du leben, und mit den heiligen Wesen der Welt, mit den Göttern der Natur, mit diesen wirst du freudig sein.

O seid willkommen, ihr Guten, ihr Treuen! ihr Tiefvermißten, Verkannten! Kinder und Älteste! Sonn und Erd und Äther mit allen lebenden Seelen, die um euch spielen, die ihr umspielt, in ewiger Liebe! o nimmt die allesversuchenden Menschen, nimmt die Flüchtlinge wieder in die Götterfamilie, nimmt in die Heimat der Natur sie auf, aus der sie entwichen! –

Du kennst dies Wort, Hyperion! Du hast es angefangen in mir. Du wirst's vollenden in dir, und dann erst ruhn.

Ich habe genug daran, um freudig, als ein griechisch Mädchen zu sterben.

Die Armen, die nichts kennen, als ihr dürftig Machwerk, die der Not nur dienen und den Genius verschmähn, und dich nicht ehren, kindlich Leben der Natur! die mögen vor dem Tode sich fürchten. Ihr Joch ist ihre Welt geworden; Besseres, als ihren Knechtsdienst, kennen sie nicht; scheun die Götterfreiheit, die der Tod uns gibt?

Ich aber nicht! ich habe mich des Stückwerks überhoben, das die Menschenhände gemacht, ich hab es gefühlt, das Leben der Natur, das höher ist, denn alle Gedanken – wenn ich auch zur Pflanze würde, wäre denn der Schade so groß? –

Ich werde sein. Wie sollt ich mich verlieren aus der Sphäre des Lebens, worin die ewige Liebe, die allen gemein ist, die Naturen alle zusammenhält? wie sollt ich scheiden aus dem Bunde, der die Wesen alle verknüpft? Der bricht so leicht nicht, wie die losen Bande dieser Zeit. Der ist nicht, wie ein Markttag, wo das Volk zusammenläuft und lärmt und auseinandergeht. Nein! bei dem Geiste, der uns einiget, bei dem Gottesgeiste, der jedem eigen ist und allen gemein! nein! nein! im Bunde der Natur ist Treue kein Traum. Wir trennen uns nur, um inniger einig zu sein, göttlicher friedlich mit allem, mit uns. Wir sterben, um zu leben.

Ich werde sein; ich frage nicht, was ich werde. Zu sein, zu leben, das ist genug, das ist die Ehre der Götter; und darum ist sich alles gleich, was nur ein Leben ist, in der göttlichen Welt, und es gibt in ihr nicht Herren und Knechte. Es leben umeinander die Naturen, wie Liebende; sie haben alles gemein, Geist, Freude und ewige Jugend.

Beständigkeit haben die Sterne gewählt, in stiller Lebensfülle wallen sie stets und kennen das Alter nicht. Wir stellen im Wechsel das Vollendete dar; in wandelnde Melodien teilen wir die großen Akkorde der Freude. Wie Harfenspieler um die Thronen der Ältesten, leben wir, selbst göttlich, um die stillen Götter der Welt, mit dem flüchtigen Lebensliede mildern wir den seligen Ernst des Sonnengotts und der andern.

Sieh auf in die Welt! Ist sie nicht, wie ein wandelnder Triumphzug, wo die Natur den ewigen Sieg über alle Verderbnis feiert? und führt nicht zur Verherrlichung das Leben den Tod mit sich, in goldenen Ketten, wie der Feldherr einst die gefangenen Könige mit sich geführt? und wir, wir sind wie die Jungfrauen und die Jünglinge, die mit Tanz und Gesang, in wechselnden Gestalten und Tönen den majestätischen Zug geleiten.

Nun laß mich schweigen. Mehr zu sagen, wäre zu viel. Wir werden wohl uns wieder begegnen. –

Trauernder Jüngling! bald, bald wirst du glücklicher sein.

Dir ist dein Lorbeer nicht gereift und deine Myrten verblühten, denn Priester sollst du sein der göttlichen Natur, und die dichterischen Tage keimen dir schon.

O könnt ich dich sehn in deiner künftigen Schöne! Lebe wohl.

Zugleich erhielt ich einen Brief von Notara, worin er mir schrieb:

Den Tag, nachdem sie dir zum letzten Mal geschrieben, wurde sie ganz ruhig, sprach noch wenig Worte, sagte dann auch, daß sie lieber möcht im Feuer von der Erde scheiden, als begraben sein, und ihre Asche sollten wir in eine Urne sammeln, und in den Wald sie stellen, an den Ort, wo du, mein Teurer! ihr zuerst begegnet wärst. Bald darauf, da es anfing, dunkel zu werden, sagte sie uns gute Nacht, als wenn sie schlafen möcht, und schlug die Arme um ihr schönes Haupt; bis gegen Morgen hörten wir sie atmen. Da es dann ganz stille wurde und ich nichts mehr hörte, ging ich hin zu ihr und lauschte.

O Hyperion! was soll ich weiter sagen? Es war aus und unsre Klagen weckten sie nicht mehr.

Es ist ein furchtbares Geheimnis, daß ein solches Leben sterben soll und ich will es dir gestehn, ich selber habe weder Sinn noch Glauben, seit ich das mit ansah.

Doch immer besser ist ein schöner Tod, Hyperion! denn solch ein schläfrig Leben, wie das unsre nun ist.

Die Fliegen abzuwehren, das ist künftig unsre Arbeit und zu nagen an den Dingen der Welt, wie Kinder an der dürren Feigenwurzel, das ist endlich unsre Freude. Alt zu werden unter jugendlichen Völkern, scheint mir eine Lust, doch alt zu werden, da wo alles alt ist, scheint mir schlimmer, denn alles. –

Ich möchte fast dir raten, mein Hyperion! daß du nicht hieher kommst. Ich kenne dich. Es würde dir die Sinne nehmen. Überdies bist du nicht sicher hier. Mein Teurer! denk an Diotimas Mutter, denk an mich und schone dich!

Ich will es dir gestehn, mir schaudert, wenn ich dein Schicksal überdenke. Aber ich meine doch auch, der brennende Sommer trockne nicht die tiefern Quellen, nur den seichten Regenbach aus. Ich habe dich in Augenblicken gesehn, Hyperion! wo du mir ein höher Wesen schienst. Du bist nun auf der Probe, und es muß sich zeigen, wer du bist. Leb wohl.

So schrieb Notara; und du fragst, mein Bellarmin! wie jetzt mir ist, indem ich dies erzähle?

Bester! ich bin ruhig, denn ich will nichts Bessers haben, als die Götter. Muß nicht alles leiden? Und je trefflicher es ist, je tiefer! Leidet nicht die heilige Natur? O meine Gottheit! daß du trauern könntest, wie du selig bist, das konnt ich lange nicht fassen. Aber die Wonne, die nicht leidet, ist Schlaf, und ohne Tod ist kein Leben. Solltest du ewig sein, wie ein Kind und schlummern, dem Nichts gleich? den Sieg entbehren? nicht die Vollendungen alle durchlaufen? Ja! ja! wert ist der Schmerz, am Herzen der Menschen zu liegen, und dein Vertrauter zu sein, o Natur! Denn er nur führt von einer Wonne zur andern, und es ist kein andrer Gefährte, denn er. –

Damals schrieb ich an Notara, als ich wieder anfing aufzuleben, von Sizilien aus, wohin ein Schiff von Paros mich zuerst gebracht:

Ich habe dir gehorcht, mein Teurer! bin schon weit von euch und will dir nun auch Nachricht geben; aber schwer wird mir das Wort; das darf ich wohl gestehen. Die Seligen, wo Diotima nun ist, sprechen nicht viel; in meiner Nacht, in der Tiefe der Traurenden, ist auch die Rede am Ende.

Einen schönen Tod ist meine Diotima gestorben; da hast du recht; das ist's auch, was mich aufweckt, und meine Seele mir wiedergibt.

Aber es ist die vorige Welt nicht mehr, zu der ich wiederkehre. Ein Fremdling bin ich, wie die Unbegrabnen, wenn sie herauf vom Acheron kommen, und wär ich auch auf meiner heimatlichen Insel, in den Gärten meiner Jugend, die mein Vater mir verschließt, ach! dennoch, dennoch, wär ich auf der Erd ein Fremdling und kein Gott knüpft ans Vergangne mich mehr.

Ja! es ist alles vorbei. Das muß ich nur recht oft mir sagen, muß damit die Seele mir binden, daß sie ruhig bleibt, sich nicht erhitzt in ungereimten kindischen Versuchen.

Es ist alles vorbei; und wenn ich gleich auch weinen könnte, schöne Gottheit, wie du um Adonis einst geweint, doch kehrt mir meine Diotima nicht wieder und meines Herzens Wort hat seine Kraft verloren, denn es hören mich die Lüfte nur.

O Gott! und daß ich selbst nichts bin, und der gemeinste Handarbeiter sagen kann, er habe mehr getan, denn ich! daß sie sich trösten dürfen, die Geistesarmen, und lächeln und Träumer mich schelten, weil meine Taten mir nicht reiften, weil meine Arme nicht frei sind, weil meine Zeit dem wütenden Prokrustes gleicht, der Männer, die er fing, in eine Kinderwiege warf, und daß sie paßten in das kleine Bett, die Glieder ihnen abhieb.

Wär es nur nicht gar zu trostlos, allein sich unter die närrische Menge zu werfen und zerrissen zu werden von ihr! oder müßt ein edel Blut sich nur nicht schämen, mit dem Knechtsblut sich zu mischen! o gäb es eine Fahne, Götter! wo mein Alabanda dienen möcht, ein Thermopylä, wo ich mit Ehren sie verbluten könnte, all die einsame Liebe, die mir nimmer brauchbar ist! Noch besser wär es freilich, wenn ich leben könnte, leben, in den neuen Tempeln, in der neuversammelten Agora unsers Volks mit großer Lust den großen Kummer stillen; aber davon schweig ich, denn ich weine nur die Kraft mir vollends aus, wenn ich an alles denke.

Ach Notara! auch mit mir ist's aus; verleidet ist mir meine eigne Seele, weil ich ihr's vorwerfen muß, daß Diotima tot ist, und die Gedanken meiner Jugend, die ich groß geachtet, gelten mir nichts mehr. Haben sie doch meine Diotima mir vergiftet!

Und nun sage mir, wo ist noch eine Zuflucht? – Gestern war ich auf dem Ätna droben. Da fiel der große Sizilianer mir ein, der einst des Stundenzählens satt, vertraut mit der Seele der Welt, in seiner kühnen Lebenslust sich da hinabwarf in die herrlichen Flammen, denn der kalte Dichter hätte müssen am Feuer sich wärmen, sagt' ein Spötter ihm nach.

O wie gerne hätt ich solchen Spott auf mich geladen! aber man muß sich höher achten, denn ich mich achte, um so ungerufen der Natur ans Herz zu fliegen, oder wie du es sonst noch heißen magst, denn wirklich! wie ich jetzt bin, hab ich keinen Namen für die Dinge und es ist mir alles ungewiß.

Notara! und nun sage mir, wo ist noch Zuflucht?

In Kalaureas Wäldern? – Ja! im grünen Dunkel dort, wo unsre Bäume, die Vertrauten unsrer Liebe stehn, wo, wie ein Abendrot, ihr sterbend Laub auf Diotimas Urne fällt und ihre schönen Häupter sich auf Diotimas Urne neigen, mählich alternd, bis auch sie zusammensinken über der geliebten Asche – da, da könnt ich wohl nach meinem Sinne wohnen!

Aber du rätst mir, wegzubleiben, meinst, ich sei nicht sicher in Kalaurea und das mag so sein.

Ich weiß es wohl, du wirst an Alabanda mich verweisen. Aber höre nur! zertrümmert ist er! verwittert ist der feste, schlanke Stamm, auch er, und die Buben werden die Späne auflesen und damit ein lustig Feuer sich machen. Er ist fort; er hat gewisse gute Freunde, die ihn erleichtern werden, die ganz eigentlich geschickt sind, jedem abzuhelfen, dem das Leben etwas schwer aufliegt; zu diesen ist er auf Besuch gegangen, und warum? weil sonst nichts für ihn zu tun ist, oder, wenn du alles wissen willst, weil eine Leidenschaft am Herzen ihm nagt, und weißt du auch für wen? für Diotima, die er noch im Leben glaubt, vermählt mit mir und glücklich – armer Alabanda! nun gehört sie dir und mir!

Er fuhr nach Osten hinaus und ich, ich schiffe nach Nordwest, weil es die Gelegenheit so haben will. –

Und nun lebt wohl, ihr alle! all ihr Teuern, die ihr mir am Herzen gelegen, Freunde meiner Jugend und ihr Eltern und ihr lieben Griechen all, ihr Leidenden!

Ihr Lüfte, die ihr mich genährt, in zarter Kindheit, und ihr dunkeln Lorbeerwälder und ihr Uferfelsen und ihr majestätischen Gewässer, die ihr Großes ahnen meinen Geist gelehrt – und ach! ihr Trauerbilder, ihr, wo meine Schwermut anhub, heilige Mauern, womit die Heldenstädte sich umgürtet und ihr alten Tore, die manch schöner Wanderer durchzog, ihr Tempelsäulen und du Schutt der Götter! und du, o Diotima! und ihr Täler meiner Liebe, und ihr Bäche, die ihr sonst die selige Gestalt gesehn, ihr Bäume, wo sie sich erheitert, ihr Frühlinge, wo sie gelebt, die Holde mit den Blumen, scheidet, scheidet nicht aus mir! doch, soll es sein, ihr süßen Angedenken! so erlöscht auch ihr und laßt mich, denn es kann der Mensch nichts ändern und das Licht des Lebens kommt und scheidet, wie es will.

HYPERION AN BELLARMIN

So kam ich unter die Deutschen. Ich foderte nicht viel und war gefaßt, noch weniger zu finden. Demütig kam ich, wie der heimatlose blinde Ödipus zum Tore von Athen, wo ihn der Götterhain empfing; und schöne Seelen ihm begegneten –.

Wie anders ging es mir!

Barbaren von alters her, durch Fleiß und Wissenschaft und selbst durch Religion barbarischer geworden, tiefunfähig jedes göttlichen Gefühls, verdorben bis ins Mark zum Glück der heiligen Grazien, in jedem Grad der Übertreibung und der Ärmlichkeit beleidigend für jede gutgeartete Seele, dumpf und harmonielos, wie die Scherben eines weggeworfenen Gefäßes – das, mein Bellarmin! waren meine Tröster.

Es ist ein hartes Wort und dennoch sag ich's, weil es

Wahrheit ist: ich kann kein Volk mir denken, das zerrißner wäre, wie die Deutschen. Handwerker siehst du, aber keine Menschen, Denker, aber keine Menschen, Priester, aber keine Menschen, Herrn und Knechte, Jungen und gesetzte Leute, aber keine Menschen – ist das nicht, wie ein Schlachtfeld, wo Hände und Arme und alle Glieder zerstückelt untereinanderliegen, indessen das vergoßne Lebensblut im Sande zerrinnt?

Ein jeder treibt das Seine, wirst du sagen, und ich sag es auch. Nur muß er es mit ganzer Seele treiben, muß nicht jede Kraft in sich ersticken, wenn sie nicht gerade sich zu seinem Titel paßt, muß nicht mit dieser kargen Angst, buchstäblich heuchlerisch das, was er heißt, nur sein, mit Ernst, mit Liebe muß er das sein, was er ist, so lebt ein Geist in seinem Tun, und ist er in ein Fach gedrückt, wo gar der Geist nicht leben darf, so stoß er's mit Verachtung weg und lerne pflügen! Deine Deutschen aber bleiben gerne beim Notwendigsten, und darum ist bei ihnen auch so viele Stümperarbeit und so wenig Freies, Echterfreuliches. Doch das wäre zu verschmerzen, müßten solche Menschen nur nicht fühllos sein für alles schöne Leben, ruhte nur nicht überall der Fluch der gottverlaßnen Unnatur auf solchem Volke. –

Die Tugenden der Alten sei'n nur glänzende Fehler, sagt' einmal, ich weiß nicht, welche böse Zunge; und es sind doch selber ihre Fehler Tugenden, denn da noch lebt' ein kindlicher, ein schöner Geist, und ohne Seele war von allem, was sie taten, nichts getan. Die Tugenden der Deutschen aber sind ein glänzend Übel und nichts weiter; denn Notwerk sind sie nur, aus feiger Angst, mit Sklavenmühe, dem wüsten Herzen abgedrungen, und lassen trostlos jede reine Seele, die von Schönem gern sich nährt, ach! die verwöhnt vom heiligen Zusammenklang in edleren Naturen, den Mißlaut nicht erträgt, der schreiend ist in all der toten Ordnung dieser Menschen.

Ich sage dir: es ist nichts Heiliges, was nicht entheiligt, nicht zum ärmlichen Behelf herabgewürdigt ist bei diesem

Volk, und was selbst unter Wilden göttlichrein sich meist erhält, das treiben diese allberechnenden Barbaren, wie man so ein Handwerk treibt, und können es nicht anders, denn wo einmal ein menschlich Wesen abgerichtet ist, da dient es seinem Zweck, da sucht es seinen Nutzen, es schwärmt nicht mehr, bewahre Gott! es bleibt gesetzt, und wenn es feiert und wenn es liebt und wenn es betet und selber, wenn des Frühlings holdes Fest, wenn die Versöhnungszeit der Welt die Sorgen alle löst, und Unschuld zaubert in ein schuldig Herz, wenn von der Sonne warmem Strahle berauscht, der Sklave seine Ketten froh vergißt und von der gottbeseelten Luft besänftiget, die Menschenfeinde friedlich, wie die Kinder, sind – wenn selbst die Raupe sich beflügelt und die Biene schwärmt, so bleibt der Deutsche doch in seinem Fach und kümmert sich nicht viel ums Wetter!

Aber du wirst richten, heilige Natur! Denn, wenn sie nur bescheiden wären, diese Menschen, zum Gesetze nicht sich machten für die Bessern unter ihnen! wenn sie nur nicht lästerten, was sie nicht sind, und möchten sie doch lästern, wenn sie nur das Göttliche nicht höhnten! –

Oder ist nicht göttlich, was ihr höhnt und seellos nennt? Ist besser, denn euer Geschwätz, die Luft nicht, die ihr trinkt? der Sonne Strahlen, sind sie edler nicht, denn all ihr Klugen? der Erde Quellen und der Morgentau erfrischen euern Hain; könnt ihr auch das? ach! töten könnt ihr, aber nicht lebendig machen, wenn es die Liebe nicht tut, die nicht von euch ist, die ihr nicht erfunden. Ihr sorgt und sinnt, dem Schicksal zu entlaufen und begreift es nicht, wenn eure Kinderkunst nichts hilft; indessen wandelt harmlos droben das Gestirn. Ihr entwürdiget, ihr zerreißt, wo sie euch duldet, die geduldige Natur, doch lebt sie fort, in unendlicher Jugend, und ihren Herbst und ihren Frühling könnt ihr nicht vertreiben, ihren Äther, den verderbt ihr nicht.

O göttlich muß sie sein, weil ihr zerstören dürft, und dennoch sie nicht altert und trotz euch schön das Schöne bleibt! –

Es ist auch herzzerreißend, wenn man eure Dichter, eure Künstler sieht, und alle, die den Genius noch achten, die das Schöne lieben und es pflegen. Die Guten! Sie leben in der Welt, wie Fremdlinge im eigenen Hause, sie sind so recht, wie der Dulder Ulyß, da er in Bettlersgestalt an seiner Türe saß, indes die unverschämten Freier im Saale lärmten und fragten, wer hat uns den Landläufer gebracht?

Voll Lieb und Geist und Hoffnung wachsen seine Musenjünglinge dem deutschen Volk heran; du siehst sie sieben Jahre später, und sie wandeln, wie die Schatten, still und kalt, sind, wie ein Boden, den der Feind mit Salz besäete, daß er nimmer einen Grashalm treibt; und wenn sie sprechen, wehe dem! der sie versteht, der in der stürmenden Titanenkraft, wie in ihren Proteuskünsten den Verzweiflungskampf nur sieht, den ihr gestörter schöner Geist mit den Barbaren kämpft, mit denen er zu tun hat.

Es ist auf Erden alles unvollkommen, ist das alte Lied der Deutschen. Wenn doch einmal diesen Gottverlaßnen einer sagte, daß bei ihnen nur so unvollkommen alles ist, weil sie nichts Reines unverdorben, nichts Heiliges unbetastet lassen mit den plumpen Händen, daß bei ihnen nichts gedeiht, weil sie die Wurzel des Gedeihns, die göttliche Natur nicht achten, daß bei ihnen eigentlich das Leben schal und sorgenschwer und übervoll von kalter stummer Zwietracht ist, weil sie den Genius verschmähn, der Kraft und Adel in ein menschlich Tun, und Heiterkeit ins Leiden und Lieb und Brüderschaft den Städten und den Häusern bringt.

Und darum fürchten sie auch den Tod so sehr, und leiden, um des Austernlebens willen, alle Schmach, weil Höhers sie nicht kennen, als ihr Machwerk, das sie sich gestoppelt.

O Bellarmin! wo ein Volk das Schöne liebt, wo es den Genius in seinen Künstlern ehrt, da weht, wie Lebensluft, ein allgemeiner Geist, da öffnet sich der scheue Sinn, der Eigendünkel schmilzt, und fromm und groß sind alle Herzen und Helden gebiert die Begeisterung. Die Heimat aller Menschen ist bei solchem Volk und gerne mag der Fremde sich verweilen. Wo aber so beleidigt wird die göttliche Natur und ihre Künstler, ach! da ist des Lebens beste Lust hinweg, und jeder andre Stern ist besser, denn die Erde. Wüster immer, öder werden da die Menschen, die doch alle schöngeboren sind; der Knechtsinn wächst, mit ihm der grobe Mut, der Rausch wächst mit den Sorgen, und mit der Üppigkeit der Hunger und die Nahrungsangst; zum Fluche wird der Segen jedes Jahrs und alle Götter fliehn.

Und wehe dem Fremdling, der aus Liebe wandert, und zu solchem Volke kömmt, und dreifach wehe dem, der, so wie ich, von großem Schmerz getrieben, ein Bettler meiner Art, zu solchem Volke kömmt! –

Genug! du kennst mich, wirst es gut aufnehmen, Bellarmin! Ich sprach in deinem Namen auch, ich sprach für alle, die in diesem Lande sind und leiden, wie ich dort gelitten.

HYPERION AN BELLARMIN

Ich wollte nun aus Deutschland wieder fort. Ich suchte unter diesem Volke nichts mehr, ich war genug gekränkt, von unerbittlichen Beleidigungen, wollte nicht, daß meine Seele vollends unter solchen Menschen sich verblute.

Aber der himmlische Frühling hielt mich auf; er war die einzige Freude, die mir übrig war, er war ja meine letzte Liebe, wie konnt ich noch an andre Dinge denken und das Land verlassen, wo auch er war?

Bellarmin! Ich hatt es nie so ganz erfahren, jenes alte feste Schicksalswort, daß eine neue Seligkeit dem Herzen aufgeht, wenn es aushält und die Mitternacht des Grams durchduldet, und daß, wie Nachtigallgesang im Dunkeln, göttlich erst in tiefem Leid das Lebenslied der Welt uns tönt. Denn, wie mit Genien, lebt ich itzt mit den blühenden Bäumen, und die klaren Bäche, die darunter flossen, säuselten, wie Götterstimmen, mir den Kummer aus dem Busen. Und so geschah mir überall, du Lieber! – wenn ich im Grase ruht, und zartes Leben mich umgrünte, wenn ich hinauf, wo wild die Rose um den Steinpfad wuchs, den warmen Hügel ging, auch wenn ich des Stroms Gestade, die luftigen umschifft' und alle die Inseln, die er zärtlich hegt.

Und wenn ich oft des Morgens, wie die Kranken zum Heilquell, auf den Gipfel des Gebirgs stieg, durch die schlafenden Blumen, aber vom süßen Schlummer gesättiget, neben mir die lieben Vögel aus dem Busche flogen, im Zwielicht taumelnd und begierig nach dem Tag, und die regere Luft nun schon die Gebete der Täler, die Stimmen der Herde und die Töne der Morgenglocken herauftrug, und jetzt das hohe Licht, das göttlichheitre den gewohnten Pfad daherkam, die Erde bezaubernd mit unsterblichem Leben, daß ihr Herz erwarmt' und all ihre Kinder wieder sich fühlten – o wie der Mond, der noch am Himmel blieb, die Lust des Tags zu teilen, so stand ich Einsamer dann auch über den Ebnen und weinte Liebestränen zu den Ufern hinab und den glänzenden Gewässern und konnte lange das Auge nicht wenden.

Oder des Abends, wenn ich fern ins Tal hinein geriet, zur Wiege des Quells, wo rings die dunkeln Eichhöhn mich umrauschten, mich, wie einen Heiligsterbenden, in ihren Frieden die Natur begrub, wenn nun die Erd ein Schatte war, und unsichtbares Leben durch die Zweige säuselte, durch die Gipfel, und über den Gipfeln still die Abendwolke stand, ein glänzend Gebirg, wovon herab zu mir des Himmels Strahlen, wie die Wasserbäche flossen, um den durstigen Wanderer zu tränken –.

„O Sonne, o ihr Lüfte", rief ich dann, „bei euch allein noch lebt mein Herz, wie unter Brüdern!"

So gab ich mehr und mehr der seligen Natur mich hin und fast zu endlos. Wär ich so gerne doch zum Kinde geworden, um ihr näher zu sein, hätt ich so gern doch weniger gewußt und wäre geworden, wie der reine Lichtstrahl, um ihr näher zu sein! o einen Augenblick in ihrem Frieden, ihrer Schöne mich zu fühlen, wie viel mehr galt es vor mir, als Jahre voll Gedanken, als alle Versuche der allesversuchenden Menschen! Wie Eis, zerschmolz, was ich gelernt, was ich getan im Leben, und alle Entwürfe der Jugend verhallten in mir; und o ihr Lieben, die ihr ferne seid, ihr Toten und ihr Lebenden, wie innig eines waren wir!

Einst saß ich fern im Feld, an einem Brunnen, im Schatten efeugrüner Felsen und überhängender Blütenbüsche. Es war der schönste Mittag, den ich kenne. Süße Lüfte wehten und in morgendlicher Frische glänzte noch das Land und still in seinem heimatlichen Äther lächelte das Licht. Die Menschen waren weggegangen, am häuslichen Tische von der Arbeit zu ruhn; allein war meine Liebe mit dem Frühling, und ein unbegreiflich Sehnen war in mir. „Diotima", rief ich, „wo bist du, o wo bist du?" Und mir war, als hört ich Diotimas Stimme, die Stimme, die mich einst erheitert in den Tagen der Freude –.

„Bei den Meinen", rief sie, „bin ich, bei den Deinen, die der irre Menschengeist mißkennt!"

Ein sanfter Schrecken ergriff mich und mein Denken entschlummerte in mir.

„O liebes Wort aus heil'gem Munde", rief ich, da ich wieder erwacht war, „liebes Rätsel, faß ich dich?"

Und *einmal* sah ich noch in die kalte Nacht der Menschen zurück und schauert und weinte vor Freuden, daß ich so selig war und Worte sprach ich, wie mir dünkt, aber sie waren, wie des Feuers Rauschen, wenn es auffliegt und die Asche hinter sich läßt –.

O du, so dacht ich, mit deinen Göttern, Natur! ich hab ihn ausgeträumt, von Menschendingen den Traum und sage, nur du lebst, und was die Friedenslosen erzwungen, erdacht, es schmilzt, wie Perlen von Wachs, hinweg von deinen Flammen!

Wie lang ist's, daß sie dich entbehren? o wie lang ist's, daß ihre Menge dich schilt, gemein nennt dich und deine Götter, die Lebendigen, die Seligstillen!

Es fallen die Menschen, wie faule Früchte von dir, o laß

sie untergehn, so kehren sie zu deiner Wurzel wieder, und ich, o Baum des Lebens, daß ich wieder grüne mit dir und deine Gipfel umatme mit all deinen knospenden Zweigen! friedlich und innig, denn alle wuchsen wir aus dem goldnen Samkorn herauf!

Ihr Quellen der Erd! ihr Blumen! und ihr Wälder und ihr Adler und du brüderliches Licht! wie alt und neu ist unsere Liebe! – Frei sind wir, gleichen uns nicht ängstig von außen; wie sollte nicht wechseln die Weise des Lebens? wir lieben den Äther doch all und innigst im Innersten gleichen wir uns.

Auch wir, auch wir sind nicht geschieden, Diotima, und die Tränen um dich verstehen es nicht. Lebendige Töne sind wir, stimmen zusammen in deinem Wohllaut, Natur! wer reißt den? wer mag die Liebenden scheiden? –

O Seele! Seele! Schönheit der Welt! du unzerstörbare! du entzückende! mit deiner ewigen Jugend! du bist; was ist denn der Tod und alles Wehe der Menschen? – Ach! viel der leeren Worte haben die Wunderlichen gemacht. Geschiehet doch alles aus Lust, und endet doch alles mit Frieden.

Wie der Zwist der Liebenden, sind die Dissonanzen der Welt. Versöhnung ist mitten im Streit und alles Getrennte findet sich wieder.

Es scheiden und kehren im Herzen die Adern und einiges, ewiges, glühendes Leben ist alles.

So dacht ich. Nächstens mehr.

PARALIPOMENA

FRAGMENT VON HYPERION

[Waltershäuser Fassung]

Ich sollte das Vergangne schlummern lassen. Aber ich weiß nicht, warum. Das Bild des ionischen Mädchens verfolgt mich jetzt öfter wie je. Ich wollte dir gerne von etwas andrem schreiben, aber ich habe nichts in der Seele als die Tage, die dahin sind.

Ich kann sie itzt so ungestört begehn, die Totenfeier meiner Jugend! Meer und Erde schläft in der Schwüle des Mittags und selbst die Quelle, die sonst hier spielte, ist vertrocknet. Kein Lüftchen säuselt durch die Zweige. Ein leises Ächzen der Erde, wenn der brennende Strahl den Boden spaltet. Aber das stört wohl nicht! Auch gibt die Zypresse, die über mir trauert, Schatten genug. –

Ach! da sie mir erschienen war, und mein ungeduldig Herz noch Ruhe fand in der einen Gewißheit, daß ein solches Wesen unter uns auf Erden lebte, da ich sie noch dem Himmel gönnte, dem sie angehörte, und der Welt, die sich verschönerte durch sie, da ich so in reiner Freude, in stiller seliger Genügsamkeit das süße Licht umschwebte – wenn ich neben ihr ging und hörte, und von nichts mehr wußte als dem herrlichen Geist ihrer Rede und sich am Ende kein Wort mehr fand für ihre Gefühle und sie schweigend niedersah, errötend vom himmlischen Feuer, und mir dann so sichtbar ward, wie sie vergaß, daß ich noch um sie war – ich hätte sie um alles nicht an mich gemahnt – meine Seele fühlte nie sich göttlicher, als wenn ich sie so betrachtete in ihrer heiligen Vergessenheit! – Warum konnt es nicht so bleiben? warum mußt ich an mich denken? – ich armer Tor! warum mußt ich fodern, daß das Herrliche mein sein sollte, das meiner nicht bedurfte? Ich sehe nun klar, wie ich ihr gar nichts war. Die Welt achtete mich nie; das wäre nun wohl zu tragen! aber daß sie mich nie achtete, daß sie – man verweilt wohl auch an dem verrütteten Ruin über einem Grabe, sucht sich die unkenntliche Schrift zu deuten, weiß nichts herauszufinden und geht vorüber –. O ich wollte ganz schweigen über meinen Schmerz – aber du wirst gern den Glauben mir gönnen, daß es wohltätig ist, wo man sich nicht selbst helfen kann, sich an ein brüderlich Herz zu halten? – Ich möchte mir so gerne sagen, daß ich sie wiederfinden werde in irgendeiner fernen Welt des ewigen Daseins. – Ewiges Dasein? was nenne ich so? – Und sie gehet ihren Gang allein, sie eilet zum Ziel, die Heldin; wie sollte sie sich umsehn nach diesem und jenem?

Du wirst wenig Freude mehr haben an mir. Aber zürne nicht! Was ist's, das nicht verwelkte? O so ein armes Wesen! wovon man nicht weiß, wozu es da ist, wovon es ausging, wohin es wiederkehrt, ob es früher fällt oder später, was ist's am Ende? –

Ach! das Leben ist kurz, sehr kurz. Wir leben nur Augenblicke und sehn den Tod umher.

Es gibt noch Augenblicke, wo es mich so weit über mich selbst erhebt, das herrliche Gefühl, der Mensch sei nicht fürs einzelne geschaffen ...

[DIE METRISCHE FASSUNG]

Unschuldigerweise hatte mir die Schule des Schicksals und der Weisen eine Strenge des Urteils und der Behandlung gegeben. Der gänzliche Unglaube, den ich gegen alles hegte, was ich aus ihren Händen empfing, ließ keine Liebe in mir gedeihen. Ich wußte von nichts, als von dem Kampfe, den das Göttliche im Menschen mit der physischen Notwendigkeit kämpfe,

Anstelle von Seite 31, Zeile 1–5 (Unschuldigerweise ... gedeihen.)

Daß wir das Göttliche dem Tierischen, das Heilige dem Gemeinen, die Vernunft den Sinnen entgegensetzen, ist notwendig, und eine voreilige Vereinigung der beiden Gegenteile rächte sich so gewiß als die falsche Schonung, womit man, ohne sich gegenseitig zu erklären, die Zwiste beilegt. Man lächelt sich ins Angesicht, glaubt es auch wohl herzlich zu meinen, und ingeheim wächst der Unfrieden, bis eines das andere unterdrückt hat, oder die Feindschaft bitterer ausbricht.

Anstelle von Seite 32, Zeile 29–35 (Wir sollen ... unterwerfen.)

Ich weiß, daß es nur das höchste Bedürfnis unseres Seins ist, das der Natur eine Verwandtschaft mit dem Unsterblichen in uns, der Materie Geist, der blinden Notwendigkeit Vernunft, der Welt einen Gott gibt; so wie ich weiß, daß die Materie nur für uns diese Materie

Anstelle von Seite 33, Zeile 31–34 (Ich weiß ... berechtigt)

Fessellos zu sein ist göttlich, keine Fessel zu fühlen ist tierisch.

Seite 34, vor Zeile 19 (Wir können ...)

[ENDGÜLTIGE FASSUNG]

„Das werd ich, oder untergehn.

Wer von uns beiden sich zur Zufriedenheit bekehrt, und träg und feig in seinen Winkel kriecht und da verkrüppelt, den fliehe, wie eine Pest, sein Weib und mit Füßen tret ihn sein Sohn, und wenn er stirbt, erscheine, wie ein Rachegeist, der Geist des bessern Freundes ihm, und mahn ihn, daß er heulend seinen Meineid noch bekennt und so vergeht!"

Anstelle von Seite 129, Zeile 13 („Das will ich . . . untergehn.")

Alabanda war natürlich freier und härter als ich in seinem Tun und Lassen. Sein Schicksal hatt ihn mehr dazu erzogen, sich auswärts umzuschauen, und klug und kühn, die gewöhnlichen Menschen zu beherrschen, die sein Auge, wie ein Blitz, durchdrang – und darum trug der Jüngling auch den alldemütigenden Adlerskopf auf seiner Schulter – ich war lange nur mit meinem Herzen außer mir gewesen, und das Auge hatt ich aufwärts oder auf mich selbst gerichtet, so mußt er fröhlich weggehn über manches, was mich stieß, so wie ich blind vorüberging an manchem, was er feiner sah, und war ich schon zuvor gestimmt, es mit der Liebe nicht leicht zu nehmen, so war ich's jetzt unendlich mehr. –

Ach! je glücklicher du bist in ihr, um so weniger kostet es, dich zu Grunde zu richten. Die seligen Tage, wie Alabanda und ich sie lebten, sind wie eine jähe Felsenspitze, wo dein Reisgefährte nur dich anzurühren braucht, um dich unabsehlich, über die schneidenden Zacken hinab, in die dämmernde Tiefe zu stürzen.

O Bellarmin! es ist ein kühnes Wagestück des Herzens: so zu lieben, wie ich meinen Alabanda liebte!

Aber ich weiß nicht, was ich spreche! es soll auch zu nichts. Du wirst dennoch nicht begreifen, daß es kommen mußte, wie es kam.

Aber es geht alles auf und unter in der Welt, und der Mensch hält mit aller seiner Riesenkraft nichts fest. Ich sah einmal ein Kind die Hand ausstrecken, den Mond festzuhalten, aber der Mond ging ruhig weiter seine Bahn, so sind wir, wenn das Schicksal über uns vorüberzieht.

O wer auch dem so still und sinnend, wie dem Gang der Sterne, zusehn könnte!

Anstelle von Seite 129, Zeile 24–36 (Aber es geht . . . zu stürzen.)

Ende des ersten Buchs

Ich scheide heute von Salamis. Ich will nach Kalaurea hinüber, will auch nach Tina. Es ist sonderbar, aber ich muß dahin. Wir können das nicht lassen, unsre Begegnisse uns vors Auge zu halten; der Gefangene tastet zur Kurzweil im Dunkel umher, und sieht, wie weit sein Kerker ist, das Kind spielt mit der Wunde, die es sich stieß, der Kranke unterhält sich mit seiner Krankengeschichte, der Schiffbrüchige mit dem Sturme, worin er gescheitert, und ich bin kaum auf festeren Füßen, so muß ich fort, und sehen, mit eignen Augen, was mir widerfahren ist, seitdem ich weg bin. Wofür? Ich werd es nicht aushalten, ich werde meine gewonnene Ruhe mutwillig zerreißen, und tue es doch? O es ist ein Meer von Übermut in uns! Übermut? Verzeih mir Gott den schalen Gedanken! Liebe ist's! mein Bellarmin! Wir sind zu innig verknüpft, mit allem, was um unser Herz sich regt, wir trinken an den Brüsten des Schicksals, auch wenn es Wermut nimmt, um uns von ihnen zu entwöhnen.

Es kömmt mich schwer an, diese Insel zu verlassen. Ich

habe sie sehr lieb gewonnen. Ich möcht ihr einen Namen geben. Insel der Ruhe möcht ich sie nennen. Doch kann ich wenig dir von ihr erzählen. Ich ging so, Tag für Tag, herum auf ihren grasigen Pfaden und sah, ob dies und jenes Feld gedeihe, das ich in Schutz genommen, als wär es mein, ob da und dort die kleinen sauren Pflaumen und Pfirsiche milder würden und größer, zählte die Trauben am Stocke, und pflückte mir Beere an den Hecken, und wilde Pflanzen am Wege. Derlei Geschäfte trieb ich meist den Sommer über. Aber meine Gedanken sind wunderbar unter diesen Spielen gereift, und meine Seele ist im Müßiggange größer geworden.

Es kommt mich schwer an, diese Insel zu verlassen, und ich sehe mit wehmütiger Freude das unschuldige Leben dieser Tale und Hügel. Es ist, als sollt ich noch mein Abschiedsmahl genießen.

Reifer grünt die verbrannte Wiese noch einmal auf im kühlen Regen des Spätjahrs, und die Zeitlosen blühen und schimmern im dunkeln Grase und auf den Stoppeläckern weiden die Schafe und die Zugvögel versammeln sich lärmend in den abgeernteten Zweigen und schicken zur Reise sich an. Lieblich mild sind itzt die Spiele der Wolken: und die Sonne lächelt in ihrer ewigen Ruhe dazwischen und die Menschen sitzen vergnügt in der Hütte und freuen sich wie die Bienen des gesammelten Honigs der gesunden Früchte des Jahrs. Auch die Schiffe kommen nach Haus, und die Mäste ruhen im Hafen.

Ich frage nicht, ob ich nicht anderswo dies all so gut gefunden hätte, wie in Salamis. Es ist unverzeihlich altklug, wenn ein Freund uns Ruhe gibt mit seinem stillen Gespräche, dann noch hinterherzusagen, derlei könne man überall haben. Und ich weiß nicht, Salamis hat doch eigene Reize, und die Gefährten des Ajax hatten recht, im Vaterlandsweh auf der fernen Küste zu rufen:

„Draußen schwimmst du von Meereswogen umrauscht!
Voll Ruhms, voll guten Geistes, o Salamis!“

Seite 146, nach Zeile 35 (. . . begreif ich noch nicht.)

Es steigt und fällt in unsrer Brust, es überhebt sich und ermattet unser Geist, und unaufhaltsam, wie der Pfeil vom Bogen, jauchzen unsre Freudentöne in die Luft, verhallen, und wir sitzen stumm und traurig, wie zuvor, und suchen reuig das vergeudete Leben; wir sind verschwenderisch mit allen guten Gaben, und darum immer arm.

Sie aber lebt' in ewiger Fülle; hielt Haus mit sich, wie die Natur, gab viel mit Wenigem, und hatt an Wenigem genug.

Seite 159, nach Zeile 9 (. . . himmlischen Mädchens.)

Dann kommt sie wohl von ungefähr des Weges, beugt sich über mich und forscht nach Leben, und ich erwärme von dem süßen Othem, der wie einst mich anweht, lebe und erkenne und werd erkannt. – O es ist kindisch, was ich träume, aber mir genügt daran.

Anstelle von Seite 161, Zeile 26–30 (Lieber Bruder . . . damit zufrieden.)

Mir ward ein Geist, zu richten, zu gebieten. Der übte früh sein Schwert, der streifte bald, wie Staub, der Knechtschaft Ketten ab, und der, der Gott in mir führt meine Sache.

Seite 162, nach Zeile 6 (. . . Tönen des Lebens?)

„Ich weiß nicht", rief endlich einer, „warum mir immer ist, als müßten die Menschen auch antike Köpfe haben, von denen man mir sagt, sie seien Freunde."

Seite 164, nach Zeile 2 (. . . einsilbig gemacht –.)

Drauf fing sie an zu fragen, ob es denn recht sei, das Heil auf gewaltsamem Wege zu suchen, ob es klug sei, ob die langsameilende Natur so gleich das Schwert gebrauche? ob nicht die Nemesis des Menschen warte, der zum Äußersten so schnell sei, ob Recht und Klugheit die Gewalt nicht hemme, bis zum letzten Augenblicke, wo nichts anders mehr zu tun sei?

Anstelle von Seite 200, Zeile 3–6 (Drauf fing sie an . . . an die Nemesis!")

Lieber Bellarmin! ich habe eine Weile geruht; wie ein Kind, hab ich unter freundlichen Hügeln von Salamis gelebt, vergessen des Schicksals und des Übermuts der Menschen. Und siehe! nun hab ich endlich so viel Frieden in mir, um auch den Zwist der Welt zu ertragen und ich fluche den Widersprüchen des Lebens nimmer, wie sonst.

Anstelle von Seite 207, Zeile 26, bis Seite 208, Zeile 4 (Lieber Bellarmin . . . bis du es glaubst.)

„Vor allem", rief ich, „ehe wir fragen, was werden soll, über das alte Wesen den Fluch! Sei du Zeuge, Alabanda! von nun an hab ich gebrochen!"

Anstelle von Seite 212, Zeile 35, bis Seite 213, Zeile 1 („Und daß . . . bemalt!")

Hyperion an Diotima

Ich hatte noch immer nicht von dir mit Alabanda gesprochen. Mein Stolz verwehrte mir's. Ich weiß auf Erden keine mühsamere Verleugnung, nichts, was mich so demütigen könnte, als die Geliebte zu beschreiben. Und doch will es der andre, wenn man einmal ihm verrät, man liebe, und doch fordert er ein Bild, und steht so unerträglich frostig da, und fragt, und läßt man dann sich ihm zulieb herab, zu reden, o wie tausendfach in jedem Worte wird der Liebende mißverstanden.

Ich möcht es an den Himmel schreiben, als des Lebens erstes Gesetz: Das Heilige muß Geheimnis sein, und wer es offenbaret, er tötet es.

Aber mein Alabanda und ich sind doch zu innig eins und

du hattest mir auch das Herz zu hoch geschwellt, du Himmlische mit deinem Briefe voll Seele und Liebe – ich mußte hin, ich mußt ihn endlich zeigen,

Seite 216, nach Zeile 11 (. . . Lebe wohl!)

Ach! immer sichtbarer entferntest du dich aus allem Gegenwärtigen, die letzten Tage, da ich um dich war. Tue das nicht meiner Liebe! Es gibt ja noch des Wohlgefälligen so manches auf der Erde. Sorge wenigstens für deine Blumen, und die schönen Tiere, die du sonst im Hause nährtest. Setze dich jetzt, weil's wärmer wird, zuweilen auch wieder an den Brunnen, der unter dem Ahorn steht oder unter die alten Kastanien bei der Kapelle, ich weiß, du hattest diese Plätze sonst sehr lieb, und versäumst sie jetzt wohl ziemlich. Wenn du wolltest auch die Woche einige Male ans Meer herausgehn – du steigst nicht gerne Berge, sonst wollt ich dir auch raten, auf unsern wohlbekannten Gipfeln die Sonne zuweilen kommen zu sehn.

Ich weiß, du lachst ein wenig darüber, aber du tust es dennoch.

Alabanda ist jetzt manchmal in Gedanken über dich. „Nur begreifen", sagt er, „möcht ich eine solche Natur, aber ich finde, daß ich zu viel vom Menschenverstande gehalten. Die Kinder führen alles zum Munde hinein, wir alles zum Verstande, und ich fange an, zu glauben, daß eines so naiv ist als das andre. Du sagtest mir einmal, Hyperion: es sei Entwürdigung, vor irgendeinem Menschen zu sagen, man hab ihn ganz begriffen, hab ihn weg.

Und wenn das wahr ist", fährt er fort, „wenn mein Verstand kaum in die Vorhalle des Lebens gehört, wie mag er dann in den innern Tempel sich wagen? Wenn jeder Knabe für mich unergründlich ist, wie mag ich diese Diotima verstehn."

Seite 217, vor Zeile 10 (Hyperion an Diotima)

Hyperion an Diotima

Der murrende Vulkan bricht los. In Koron und Modon werden die Türken belagert und wir rücken mit unserm Bergvolk gegen den Peloponnes hinauf. Ich kenne mich kaum noch, seit meine Seele einmal eine Arbeit gefunden. Ich hab auch nun zum erstenmal in meinem Leben eine Tagesordnung.

Mit der Sonne beginn ich. Indes die Spiele des Morgenrots sie verkünden, geh ich hinaus, wo mein Kriegsvolk im Schatten des Walds liegt, und grüße die tausend lebendigen Augen, die jetzt vor mir mit wilder Freundlichkeit sich auftun. Ein erwachendes Heer! Ich habe kein Gleichnis dafür – die Gestalten alle, wie Habichte aus dem Nest, das Gemurmel und Gelächter, das Knattern der Flamme, wo die Speise kocht, die ganze häusliche Geschäftigkeit und dabei die Feldmusik und das Wiehern der Rosse und die tausend Waffen, wie ein ehern Halmenfeld auf einmal aus der Erde gewachsen! –

Dann ruf ich den Teil, den ich zunächst befehlige, zusammen und wenn ich dann von dem, was künftig ist und jetzt geschehen muß, ein Lebenswort zu ihnen spreche, und diese rauhen Stirnen breiten mählich sich, und das Jugendrot umfließt die Wangen, wenn ich sie, wie auf Wogen, vom Staunen zu der Freude und von der Freude zum Entschlusse führe, und die heilige Menschennatur aus ihnen sichtbarer und sichtbarer mir dämmert und glänzt, o Diotima! was gäb ich hin, um diese Morgenröte festzuhalten! Das kannst du übrigens mir glauben, daß so ein Blick auf menschlich Wachstum über alle Augenweide geht, die Meer und Erd und Himmel uns gewährt.

Drauf üb ich sie in Waffen bis um Mittag. Alabanda hat seit unsern Studien in Smyrna über die Kriegskunst viel gedacht, hat besonders die Verteilungen und die Bewegungen der Heersmacht, soweit sie nach der Form der Gegend, und nach den Kräften und den Stellungen des Feinds sich richten, in wenige kräftige Regeln zusammengefaßt, und so ist's meinem Verstande leicht geworden, diesen Stoff zu meistern.

Und es ist wirklich schön, Diotima, ist ernster nur und majestätischer, als der Tanz, wenn all die furchtbaren Kräfte so zu *einer* Kraft sich bilden, die, immerhin dieselbe, alle Formen annimmt, und in der Blitzesschnelle, womit sie wirkt, doch immer still und richtig bleibt.

Übrigens! Das echte Große, das in dieser Kunst sich zeigt, ist freilich dann erst sichtbar, wenn es gilt!

Des Nachmittags versammeln wir uns meist dann im Innern des Walds mit einigen sachverständigen braven Russen, die wir bei uns haben, und gehn zu Rate über alle Fälle, die uns treffen können, und so wird mein Geist mit dem Kriege täglich vertrauter. O es ist wunderbar, Diotima! es kann sich mancher leichter darein finden, eine Heersmacht, als ein Zimmer anzuordnen. Ich spreche dir viel von meiner neuen Arbeit, aber so ist's mit allem Neuen.

Des Abends reit ich meist mit Alabanda am Meeresufer umher in Eichenschatten hinein, oder hinaus in die reizenden Fernen der Berge, und wenn wir dann zurück sind, und die freundliche Kühle, und das Mondlicht unsern Becher würzt, und unsre Feigen, wenn wir so, oft, ohne ein Wort, uns gegenübersitzen und uns anlächeln über den ernsten Dingen, die wir brüten, und Alabanda mir von dem und jenem spricht, den die Langeweile des Jahrhunderts peinigt, und so mancher wunderbaren, krummen Bahn, die sich das Leben bricht, seitdem sein gerader Gang gehemmt –
dann fällt mir oft mein Adamas ein, mit seinen Reisen, seiner eignen Sehnsucht in das innre Asien hinein, auch mit seiner Andacht gegen Kinder – das sind lauter Palliative, guter Alter! möcht ich dann ihm rufen, komm! und baue deine Welt! uns! denn unsre Welt ist auch die deine.

Auch die deine, Diotima! denn sie ist die Kopie von dir.

Hyperion an Diotima

Navarin ist unser, und wir liegen jetzt vor Misistra. Es geht gut, nur geht's uns allen zu langsam. Unsere Leute sind, wie ein angezündeter Kienwald, seit es zum Gefecht gekommen ist. Und ich – o Mädchen meiner Seele! seit ich die Fahne, die ich einer albanischen Horde entriß, an einem Steine des alten Sparta aufhing, und unter den erbeuteten Waffen unsre alte Schande und die leeren Tränen, die ich sonst geweint, den Manen des Lykurg und des Leonidas abbat, seitdem bin ich ein anderer geworden!

O Lazedämons heiliger Schutt! rief ich, so bist du endlich gerettet, und forthin brauchen dich unreine Hände nicht mehr! Deine Schmach ist von dir genommen, Leiche von Sparta! Ha! meine Diotima! ein Zoll der alten Mauern, den ich itzt erobre, ist mir mehr, als hundert andre Städte unsers kindischen Jahrhunderts!

Hyperion an Diotima

Ich möchte dich sehen, große Seele, dein schönes Frohlocken, deine Tränen, deine teilnehmenden, deine schönen dankbaren Tränen – ach! sehen möcht ich dich und deine lieben Hände nehmen, und an dies Herz sie drücken, dem die Freude nun bald vielleicht zu groß ist – bald! in einer Woche vielleicht! Diotima! in einer Woche vielleicht ist er befreit, der alte edle heilige Peloponnes.

O was ist Not und Armut, was ist dieser Traum von Knechtschaft, womit die göttliche Seele sich quält. Ich spüre das künftige Leben, wie Morgenluft, ich kann vor Hoffnung nimmer bleiben und ruhn. Dann laß mich sein, wie ein Kind! O dann, du Teure! lehre mich fromm sein! Dann lehre mein überwallend Herz ein Gebet! Ich sollte wohl stiller sein; ich sollte schweigen, denn was hab ich getan? und hätt ich etwas getan, wovon man sprechen möchte, wie viel ist dennoch übrig?

Aber was kann ich dafür, daß mein Gedanke schneller ist, als die Zeit? Ich wollte so herzlich gern, es wäre umgekehrt, und die Zeit und die Tat überflöge den Gedanken und der geflügelte Sieg übereilte die Hoffnung selbst.

Mein Alabanda blüht, wie ein Bräutigam. Aus jedem seiner Blicke lacht die kommende Welt mich an, und daran still ich noch so ziemlich meine Ungeduld.

Diotima! ich möchte dieses werdende Glück nicht um die schönste Lebenszeit des alten Griechenlands vertauschen, und der kleinste unsrer Siege ist mir lieber, als Marathon und Thermopylä und Platea. Ist's nicht wahr? Ist nicht dem Herzen das genesende Leben mehr wert, als das reine, das die Krankheit noch nicht kennt! Erst wenn der Mai dahin ist, weiß man ihn zu schätzen; darum bist du dreifach selig mir in deiner Wiederkehr, Frühling der Griechen!

Am Eurotas stehet mein Zelt, und wenn ich oft nach Mitternacht erwache, rauscht der alte Flußgott mir verständlicher vorüber, und freundlich nehm ich die Blumen des Ufers, und streue sie ihm hin und sage: Nimm das Zeichen, du Vergeßner! bald soll's werden, wie es einst war.

Hyperion an Diotima

Wir liegen noch vor Misistra. Ich kann es nicht lassen, ich muß zuweilen vorwärts mit einigen Reutern, wir haben uns schon wirklich bis in die Gegenden von Elis und Nemea durch die Sultansknechte durchgewunden. Alabanda schmält dann freilich, wenn ich wieder da bin, und es ihm, in meiner Herzensfreude, verrate, aber des Tags darauf tut er dasselbe. Es ist kein so großes Wagstück, wenn einer die Gegend kennt.

Es war auch überhaupt mein Wille nicht, so vorzurücken, wie der Bauer im Schach. Mein Vorschlag war, die festen Plätze zu umgehen, wo sich nicht vermuten lasse, daß sie auf der Stelle sich geben, und Schlag auf Schlag nach allen

Seiten hin, des Sultans Horden zu werfen, bis wir, mit jedem Schritte durch Landbewohner verstärkt, den Korinthischen Isthmus und ringsherum die Küsten des Peloponnes besetzt, und die Türken auf ihre Schiffe, oder nach Mazedonien hinaus getrieben hätten; mit den festen Plätzen hätte sich's dann bald entschieden, und wir hätten eine Stellung gewonnen, allem Kriege ein Ende gemacht; aber die Russen wollen sich auf unser Landvolk nicht verlassen und so hatten sie natürlich recht, den sichrern Weg uns anzuraten, und weil auch Alabanda sich auf ihre Seite neigte, gab ich nach.

Hätt ich freilich damals gefürchtet, was ich jetzt befürchte, so wär ich schlechterdings auf meinem Plane bestanden. Es macht mich schlaflos, wenn ich mir es denke, daß vielleicht der lange Stillstand und der Mangel, der daraus entspringt, aus unsern Truppen eine Bande machen könnte. Sie sind schon wütend genug, daß die Besatzung in Misistra sich so lange hält, und daß die Griechen in der Stadt nichts tun, um uns hineinzuhelfen.

Ich habe diesmal wohl dir Langeweile gemacht, du Liebe! Lebe wohl.

Hyperion an Notara

Ich schreibe dir, mein Notara. Ich kann an Diotima nicht schreiben. Die Wolfsnatur hat einmal wieder sich gütlich getan. Die Bestialität hat ihre Spiele getrieben, und mit meinen Projekten ist's aus.

Ich sollte still sein; ich sollte mich schämen; warum hab ich mich mit diesem zottigen Geschlechte befaßt: es geschieht mir recht; warum hab ich mich an die Bären gemacht, um sie, wie Menschen, tanzen zu lehren!

Nun, guter Wille! laß dich immerhin ins Irrhaus bringen! an die Türe und Wände laß dich schlagen, liebe Weisheit, oder wo man sonst noch einen närrischen Zierat braucht!

O ich möchte mich selbst mit Ruten züchtigen, daß ich so dumm war!

Aber nein! das war auch nicht vorauszusehn! Man kann auf mancherlei gefaßt sein, kann all die Feigheit und all die stolze Bettelei, und das tückische Schmeicheln, und den Meineid, kann die ganze Pöbelhaftigkeit des jetzigen Jahrhunderts so natürlich finden, wie Regenwetter, aber das ist schwerlich irgendeinem Menschen eingefallen, solch einen Schandtag möglich zu denken, wie der gestrige war.

Nachdem wir sechs Tage vor Misistra gelegen, kapitulierte die Besatzung endlich. Die Tore wurden geöffnet, und ich und Alabanda führten einen kleinen Teil des Heers in die Stadt. Wir brauchten alle Vorsicht, ließen die Tore hinter uns sperren, zogen auf den öffentlichen Platz mit unsern Leuten, und riefen dahin die griechischen Einwohner zusammen. Sie faßten bald Zutrauen zu uns. Die guten Kinder! sie summten um mich herum, wie Bienen um den Honig, da ich ihnen sagte, was aus ihnen werden könnte, und den meisten flossen helle Tränen vom Gesichte, da von einer bessern Zeit die Rede war. Ich bat sie dann, die wenige Mannschaft, die wir ihnen brächten, freundlich aufzunehmen. Sie brauchten Exerzitienmeister, setzt ich hinzu, und die Waffenübungen seien fürs Volk so notwendig, wie die Geweihe den Hirschen. In demselben Augenblicke brach aus den benachbarten Gassen ein Gelärme von Feuerrohren und schmetternden Türen und ein Geschrei von heulenden Weibern und Kindern, und Töne, wie von Wütenden, brüllten dazwischen und wie ich mich umsah, stürzt' ein leichenblasser Haufe um den andern gegen mich, und schrie um Hülfe; die Truppen wären zu den Toren hereingebrochen, und plünderten, und machten alles nieder, was sich widersetzte.

Ich schwieg, ich überdachte, was zu tun war. O Notara! und ich hätte mir mögen das Herz ausreißen, und möcht es noch! Alabanda war schröcklich. „Komm", rief er mir mit seiner Wetterstimme, „komm, ich will sie treffen" – und es war, als leuchtete der Blitz die Leute, die wir bei uns hatten, an, so waren Alabandas Augen im Grimme vor ihnen aufgegangen. Ich benützte den Augenblick; „schwört", rief ich, „daß ihr ruhig bleiben wollt und treu!" – „Wir schwören's", riefen sie; drauf rief ich die besten unter ihnen hervor, „ihr sollt, an meiner und an Alabandas Stelle, sorgen", sagt ich ihnen, „daß auf diesem Platze das Nötige geschieht", und einigen der Bürger befahl ich, in die Gassen zu laufen, und zu sehen, wie es gehe, und hieher unsern Leuten schnelle Nachricht einzubringen, andre nahm ich mit mir, um durch sie von hier aus Nachricht zu bekommen, andere nahm Alabanda mit sich und so sprengten wir nach zwei verschiednen Gegenden der Stadt hin, wo es am ärgsten tobte. Die Bestien bemerkten meine Ankunft nicht, so waren sie begriffen in der Arbeit. Den ersten, der mir aufstieß – er hielt einen rüstigen schönen Buben bei der Kehle mit der einen Hand, und mit der andern zückt' er ihm den Dolch aufs Herz – den faßt ich bei den Haaren und schleudert ihn rücklings auf den Boden, mein zorniges Roß macht' einen Sprung zurück und auf ihn zu, und zerstampfte mit den Hufen das Tier. „Haltet ein, ihr Hunde!" rief ich, indes ich mitten unter sie stürzte, „schlachtet mich erst, wenn ihr Mut habt, mich, mich reißt vom Roß, und mordet und bestehlt mich, denn, solang ich lebe, mach ich so und so, ein Stück ums andere, euch nieder." Das war die rechte Art, ich hatt auch mit dem Schwert einige getroffen und es wirkte. Sie standen da, wie eingewurzelt, und sahn mit stieren Augen mich an, und einige wollten sogar sich auf die Knie bemühn. „Hinaus!" rief ich, „zum Tore sollt ihr erst hinaus, das übrige wird folgen."

Anstelle von Seite 217, Zeile 10, bis Seite 221, Zeile 5 (Hyperion an Diotima . . . Leben dich wieder.)

Darum laß ich auch gerne meinem einsamen Herzen es zu, daß es noch *einmal* zu dir spreche, darum gönn ich ihm auch gerne sein letztes Spiel.

Ich blicke in die nächtliche See hinaus nach dir, ich breite die Arme aus nach den Gegenden, wo du ferne lebst, was kann es dich stören? Es ist zum letzten Male, du wirst es verzeihn.

Glaube mir, man siehet diese Spiele der Sterblichkeit ganz eigen an, in Stimmungen, wie die meine ist; man sieht sie freier, ach! und dennoch sind sie dem Herzen teurer als je.

O Erde! meine Wiege! es ist groß unser Abschied, es ist ein bittrer Abschied, den wir von dir nehmen.

Ich saß den Mittag über auf dem Verdecke meines Schiffes. Ich wärmte mich am Sonnenlichte, ich sog die gütigen Strahlen in mich, ich lag, wie ein Kind an den Brüsten der Mutter, ich nahm noch alles mit, ich sah zum Meergrund hinab, ich streifte mit den Lüftchen über die wallende Fläche, und liebliche Wolken, die wie Locken um die Erde sich kräuseln, begleitet ich bis an den Horizont.

Anstelle von Seite 227, Zeile 20–25 (Ich schaue hinaus . . . von dir nehmen.)

O einst, Hyperion, da ich noch dich nicht kannte, dacht ich wenig. So kamst du zu mir. Ein friedlich Mädchen war ich, sah, wie die Kinder und die Vögel der Luft, nur was mir paßte, das andere sah ich nicht. An mich zu denken, hatt ich keine Zeit. Ich lebt in lauter süßen freudigen Geschäften; in ewiger müheloser inniger Liebe für alles Schöne der Welt. Hyperion! es war Unendlichkeit in meiner kleinen Sphäre. Aber noch ist kein Schoßkind der Natur es immerhin geblieben. Auch meine Stunde sollte schlagen; böser Mensch! mit dir hat's angefangen. Diese Trauer, diese tiefe Demut und dieser blühende dichtrische Sinn, und dieser Heldenglaube, und diese Geistesgewalt, solch einen Menschen hatt ich nie gekannt. Eine niegefühlte Neugier trieb mich an das wunderbare Wesen, und unaussprechlich zog die zarte Seele mich an, und kindisch leichtsinnig wagt ich mich in deine gefährliche Zone. Du mußt ihn erheitern, dacht ich töricht, mußt den rätselhaften Schmerz in ihm besänftigen; ich wußte nicht, warum. Ein Triumph über alle

Triumphe lag für mich in dieser Hoffnung. Bald aber sah ich tiefer. Ich fühlt, ich hatte das Unmögliche gewollt, und fühl es jetzt noch besser. Konnt ich die Bande der Sterblichkeit dir lösen? konnt ich den Seelendurst dir stillen, für den kein Quell fleußt, und kein Weinstock wächst? konnt ich die Freuden einer Welt in einer Schale dir reichen? konnt ich sagen, sei ein Meer und nimm alle Bäche des Lebens!

Ach! glücklich sind sie alle, die nicht verstehen. Wer dich versteht, der muß eben arm wie du werden, muß deine Größe teilen und deine Verzweiflung.

Die schönen Freuden der Liebe

Diotima an Hyperion

Ich habe die beiden Briefe, die du nach der unglücklichen Begebenheit in Misistra schriebst, zugleich und viel zu spät erhalten. Im ersten schriebst du mir nur kurz, du seiest gesonnen, zur russischen Flotte zu gehn. Der zweite ging zu tief aus deiner Seele, als daß ich daran zu mahnen brauchte. Du hast darauf gerechnet, hast mir's zugetraut, daß mich dieser Brief nicht beleidigen könne. Das hat mich mitten in meiner Betrübnis herzlich gefreut. Unglücklicher, edler Geist! ich habe wohl dich gefaßt. O Gott! es ist so ganz natürlich, daß du nimmer lieben willst, weil deine größeren Bedürfnisse ein Spott des Schicksals sind, so natürlich, als wenn du die Speise verschmähtest, im Augenblicke, die dich Durstes sterben ließe.

Ich wußt es bald; ich konnte dir nicht alles sein, du hattest früh die Langeweile dieser Zeit gefühlt; du littst, da ich dich kennenlernte, nicht sowohl durch irgendein bestimmtes Unglück; auch nicht jenes große Schicksal, mit dem die alten Heroen sich maßen, nicht jene schauerliche große Macht – es war die Unmacht, die Gemeinheit, es war das fade Nichts, der fade Tod, die fade ungeheure Leerheit deiner Zeitgenossen, was dir bei deinem ersten Blick ins Leben begegnete und das hat dich um deinen Frieden gebracht. Das hat auf immer dich entzweit mit aller Sterblichkeit, das hat den Trieb nach Ganzem, und Unendlichem, zu deiner Leidenschaft, das hat zu aller menschlichen Lebensfreude, zu aller menschlichen Beschäftigung unfähig, hat tief und unheilbar elend dich gemacht auf immer.

Sieh! es geht dir recht, wie einem, der daran war, an der Frost zu sterben und nun von seinem Feuerherde nimmer läßt.

Hättest du nicht das Dürftige so in seiner ganzen Unbeschreiblichkeit gesehn, du würdest nicht vor jeder Spur desselben, du würdest nicht auch da, wo andere es reizend finden, vor ihm mit dieser wunderbaren Scheue fliehn, du würdest nicht, wie ein Wilder, jede Klugheit, jedes Tagwerk, jedes Amt und jeden Stand verschmähn, du wärst der rätselhafte Furchtsame nicht, der, statt die Macht und Arbeit, wie die andern Furchtsamen, zu fürchten, den Schlaf nur fürchtet und die Unmacht, die ihm gegenüber steht – nicht wahr, Hyperion, ich weiß zu sprechen, ich weiß dich abzuhandeln? was blieb mir auch in meiner Einsamkeit sonst übrig? Was konnt ich treiben, seit du fort bist, wenn ich nicht der müßigen Trauer unterliegen wollte, die so leicht mir des Lebens ganze Kraft verzehrt? Was konnt ich tun, als denken über dich? Ich hab auch manchen lieben Tag so hingebrütet.

Anstelle von Seite 235, Zeile 5, bis Seite 236, Zeile 4 (Wie lange ... schönen Freuden)

[BRUCHSTÜCKE EINER SPÄTEREN FASSUNG]

Ich kann dir das wohl sagen, ich freue mich immer noch der bessern Zeiten, deren ich mich erinnere, ich kenne die bessern Stunden noch, deren reinen und guten und vergnüglichen Geist ich mißkannte, daß ich das Angesicht der Menschen falsch nahm, und unrichtige Worte aus dem Innern holte. Ich bin jetzt in einer Gewohnheit, aus der ich mein Leben richtiger verstehe, ich wundere mich nicht, daß ich aus der Einsamkeit heraus bin, und lieber in der Offenheit der Schöpfung und in einem tätigen, nicht sehr mißkennbaren, und gewissenhafteren Leben lebe. Ich nehme überhaupt die Welt ganz anders. Ich erstaune, wie das mit mir gekommen. Wußt ich nicht, daß ich ein Leben hatte, das dem Vergnügen und der Schönheit des Lebens entgegensah, wußt ich nicht, daß dieser Himmel, das Unvergängliche der Natur, worin ich zeitlich lebe, diese ruhigen, dämmernden Wolken, unter denen mein Schiff weilt, und diese Sonne, diese günstigen Lüfte, die mir von Höherem und aussichtvoller Zukunft zeugen, daß diese Heiligtümer alle, denen mein Herz geweiht ist, nicht nur Zeichen der Vergangenheit seien, sondern auch der Gegenwart, in der ich nicht nur gute, sondern größere Menschen, eine unverworrene Erkennbarkeit unserer Natur, mit ihren Obern und ihren glaubigen Menschen finde.

Ich sehe die Bahnen mit Vergnügen an, auf welchen wir uns befinden. Himmlische Gottheit! wie war es ehemals unter uns, da ich dir verschiedene nicht unbedeutende Schlachten, und häufige Siege abgewann. Ich gestehe es, ich wäre mehrerer Behauptungen, und meiner Freude am Bücherlesen wegen, die ich dir und deinem Geständnis rauherer Sitten nicht verberge, oft gerner, auf einsameren Gebirgen, die hinter uns liegen, in den angenehmen Gegenden von Thebe, Mazedonien, und Attika, auf den Höhen und Abhängen in den grünen Tälern des Olymps, auf Thraziens Gebirgen, an Lemnos droben, unter schattigen Bäumen der entlegenen Ithaka, um Mytilene, um Paros, ich wäre sogar lieber mit meinem Leben in den stillen Orten im Innern der Inseln, oder in heiligen Klöstern, oder mit Menschen, in Kirchen, so ruft mich ein Gott zur Ruhe, wegen ziemlicher Gottlosigkeit, die ich unter den Menschen finde, und so erzwungen, vielleicht von einer höheren Macht, scheint sogar mir die jetzige Tätigkeit, in der ich lebe, aber ich rede von mir. Wie soll ich die Freude dir deutlicher sagen? Red ich von Menschen der Vergangenheit? red ich von Menschen der Mitwelt? In himmlischen Lüften erscheint die Gnade der Gottheit. Mit seligen Wohnungen pranget

Hyperion an Diotima

Ich kann dir nicht sagen, wie sehr ich zuweilen wünsche, dich wiederzusehen.

Ich weiß kaum, wie ich von dir weggekommen bin, nach unserem Aufenthalte auf der Insel, wo ich mit einer außerordentlichen Person dich bekannt gemacht habe, die um ihrer höheren Sitten und um ihrer guten Denkart willen den Menschen lieb ist. Ich hüte mich, von dir mich wegzumachen. Das Leben hätte vielleicht einiges Anziehende für mich.

Diotima an Hyperion

Ich kann dir nach und nach alles sagen, was eine Erklärung ist, zu den Zweifeln, und den eingestandenen Streiten, die wir haben.

EMILIE
VOR IHREM BRAUTTAG

EMILIE AN KLARA

Ich bin im Walde mit dem Vater draus
Gewesen, diesen Abend, auf dem Pfade,
Du kennest ihn, vom vor'gen Frühlinge.
Es blühten wilde Rosen nebenan,
Und von der Felswand überschattet' uns
Der Eichenbüsche sonnenhelles Grün;
Und oben durch der Buchen Dunkel quillt
Das klare flüchtige Gewässer nieder.
Wie oft, du Liebe! stand ich dort und sah
Ihm nach aus seiner Bäume Dämmerung
Hinunter in die Ferne, wo zum Bach
Es wird, zum Strome, sehnte mich mit ihm
Hinaus – wer weiß, wohin?

Das hast du oft
Mir vorgeworfen, daß ich immerhin
Abwesend bin mit meinem Sinne, hast
Mir's oft gesagt, ich habe bei den Menschen
Kein friedlich Bleiben nicht, verschwende
Die Seele an die Lüfte, lieblos sei
Ich öfters bei den Meinen. Gott! ich lieblos?

Wohl mag es freudig sein und schön, zu bleiben,
Zu ruhn in einer lieben Gegenwart,
Wenn eine große Seele, die wir kennen,
Vertraulich nahe waltet über uns,
Sich um uns schließt, daß wir, die Heimatlosen,
Doch wissen, wo wir wohnen.

Gute! Treue!
Doch hast du recht. Bist du denn nicht mir eigen?
Und hab ich ihn, den teuern Vater, nicht,
Den Heiligjugendlichen, Vielerfahrnen,
Der, wie ein stiller Gott auf dunkler Wolke,
Verborgenwirkend über seiner Welt
Mit freiem Auge ruht, und wenn er schon
Ein Höhers weiß, und ich des Mannes Geist
Nur ahnen kann, doch ehrt er liebend mich,
Und nennt mich seine Freude, ja! und oft
Gibt eine neue Seele mir sein Wort.

Dann möcht ich wohl den Segen, den er gab,
Mit einem, das ich liebte, gerne teilen,
Und bin allein – ach! ehmals war ich's nicht!

Mein Eduard! mein Bruder! denkst du sein
Und denkst du noch der frommen Abende,
Wenn wir im Garten oft zusammensaßen
Nach schönem Sommertage, wenn die Luft
Um unsre Stille freundlich atmete,
Und über uns des Äthers Blumen glänzten;
Wenn von den Alten er, den Hohen, uns
Erzählte, wie in Freude sie und Freiheit
Aufstrebten, seine Meister; tönender
Hub dann aus seiner Brust die Stimme sich,
Und zürnend war und liebend oft voll Tränen
Das Auge meinem Stolzen! ach! den letzten
Der Abende, wie nun, da Großes ihm
Bevorstand, ruhiger der Jüngling war,
Noch mit Gesängen, die wir gerne hörten,
Und mit der Zithar uns, die Trauernden,
Vergnügt'!

Ich seh ihn immer, wie er ging.
Nie war er schöner, kühn, die Seele glänzt'

Ihm auf der Stirne, dann voll Andacht trat
Er vor den alten Vater. „Kann ich Glück
Von dir empfangen“, sprach er, „heil'ger Mann!
So wünsche lieber mir das größte, denn
Ein anders“, und betroffen schien der Vater.
„Wenn's sein soll, wünsch ich dir's“, antwortet' er.
Ich stand beiseit, und wehemütig sah
Der Scheidende mich an und rief mich laut;
Mir bebt' es durch die Glieder, und er hielt
Mich zärtlich fest, in seinen Armen stärkte
Der Starke mir das Herz, und da ich aufsah
Nach meinem Lieben, war er fortgeeilt.

Ein edel Volk ist hier auf Korsika;
Schrieb freudig er im letzten Briefe mir,
Wie wenn ein zahmer Hirsch zum Walde kehrt
Und seine Brüder trifft, so bin ich hier,
Und mir bewegt im Männerkriege sich
Die Brust, daß ich von allem Weh genese.

Wie lebst du, teure Seele! und der Vater?
Hier unter frohem Himmel, wo zu schnell
Die Frühlinge nicht altern, und der Herbst
Aus lauer Luft dir goldne Früchte streut,
Auf dieser guten Insel werden wir
Uns wiedersehen; dies ist meine Hoffnung.

Ich lobe mir den Feldherrn. Oft im Traum
Hab ich ihn fast gesehen, wie er ist,
Mein Paoli, noch eh er freundlich mich
Empfing und zärtlich vorzog, wie der Vater
Den Jüngstgebornen, der es mehr bedarf.

Und schämen muß ich vor den andern mich,
Den furchtbarstillen, ernsten Jünglingen.
Sie dünken traurig dir bei Ruh und Spiel;

Unscheinbar sind sie, wie die Nachtigall,
Wenn von Gesang sie ruht; am Ehrentag
Erkennst du sie. Ein eigen Leben ist's! –
Wenn mit der Sonne wir, mit heil'gem Lied
Heraufgehn übern Hügel, und die Fahnen
Ins Tal hinab im Morgenwinde wehn,
Und drunten auf der Ebne fernher sich,
Ein gärend Element, entgegen uns
Die Menge regt und treibt, da fühlen wir
Frohlockender, wie wir uns herrlich lieben;
Denn unter unsern Zelten und auf Wogen
Der Schlacht begegnet uns der Gott, der uns
Zusammenhält.

Wir tun, was sich gebührt,
Und führen wohl das edle Werk hinaus.
Dann küßt ihr noch den heimatlichen Boden,
Den trauernden, und kommt und lebt mit uns,
Emilie! – Wie wird's dem alten Vater
Gefallen, bei den Lebenden noch *einmal*
Zum Jüngling aufzuleben und zu ruhn
In unentweihter Erde, wenn er stirbt.

Denkst du des tröstenden Gesanges noch,
Emilie, den seiner teuern Stadt
In ihrem Fall der stille Römer sang,
Noch hab ich einiges davon im Sinne.

Klagt nicht mehr! kommt in neues Land! so sagt' er.
Der Ozean, der die Gefild umschweift,
Erwartet uns. Wir suchen selige
Gefilde, reiche Inseln, wo der Boden
Noch ungepflügt die Früchte jährlich gibt,
Und unbeschnitten noch der Weinstock blüht,
Wo der Olivenzweig nach Wunsche wächst,
Und ihren Baum die Feige keimend schmückt,

Wo Honig rinnt aus hohler Eich und leicht
Gewässer rauscht von Bergeshöhn. – Noch manches
Bewundern werden wir, die Glücklichen. –
Es sparte für ein frommes Volk Saturnus' Sohn
Dies Ufer auf, da er die goldne Zeit
Mit Erze mischte. – Lebe wohl, du Liebe!

Der Edle fiel des Tags darauf im Treffen
Mit seiner Liebsten einem, ruht mit ihm
In *einem* Grab.

In deinem Schoße ruht
Er, schönes Korsika! und deine Wälder
Umschatten ihn, und deine Lüfte wehn
Am milden Herbsttag freundlich über ihm,
Dein Abendlicht vergoldet seinen Hügel.

Ach! dorthin möcht ich wohl, doch hälf es nicht.
Ich sucht ihn, so wie hier. Ich würde fast
Dort weniger, wie hier, mich sein entwöhnen.
So wuchs ich auf mit ihm, und weinen muß ich
Und lächeln, denk ich, wie mir's ehmals oft
Beschwerlich ward, dem Wilden nachzukommen,
Wenn nirgend er beim Spiele bleiben wollte.
Nun bist du dennoch fort und lässest mich
Allein, du Lieber! und ich habe nun
Kein Bleiben auch, und meine Augen sehn
Das Gegenwärtige nicht mehr, o Gott!
Und mit Phantomen peiniget und tröstet
Nun meine Seele sich, die einsame.
Das weißt du, gutes Mädchen! nicht, wie sehr
Ich unvernünftig bin. Ich will dir's all
Erzählen. Morgen! Mich besucht doch immer
Der süße Schlaf, und wie die Kinder bin ich,
Die besser schlummern, wenn sie ausgeweint.

Der Vater schwieg im Leide tagelang,
Da er's erfuhr; und scheuen mußt ich mich,
Mein Weh ihn sehn zu lassen; lieber ging
Ich dann hinaus zum Hügel und das Herz
Gewöhnte mir zum freien Himmel sich.
Ich tadelt oft ein wenig mich darüber,
Daß nirgend mehr im Hause mir's gefiel.
Vergnügt mit allem war ich ehmals da,
Und leicht war alles mir. Nun ängstigt' es
Mich oft; noch trieb ich mein Geschäft, doch leblos,
Bis in die Seele stumm in meiner Trauer.

Es war, wie in der Schattenwelt, im Hause.
Der stille Vater und das stumme Kind!

Wir wollen fort auf eine Reise, Tochter!
Sagt' eines Tags mein Vater, und wir gingen,
Und kamen dann zu dir. In diesem Land,
An deines Neckars friedlichschönen Ufern,
Da dämmert' eine stille Freude mir
Zum ersten Male wieder auf. Wie oft
Im Abendlichte stand ich auf dem Hügel
Mit dir, und sah das grüne Tal hinauf,
Wo zwischen Bergen, da die Rebe wächst,
An manchem Dorf vorüber, durch die Wiesen
Zu uns herab, von luft'ger Weid umkränzt,
Das goldne ruhige Gewässer wallte!
Mir bleibt die Stelle lieb, wo ich gelebt.

Ihr heiterfreien Ebenen des Mains,
Ihr reichen, blühenden! wo nahe bald
Der frohe Strom, des stolzen Vaters Liebling,
Mit offnem Arm ihn grüßt, den alten Rhein!

Auch ihr! Sie sind wie Freunde mir geworden,
Und aus der Seele mir vergehen soll
Kein frommer Dank, und trag ich Leid im Busen,
So soll mir auch die Freude lebend bleiben.

Erzählen wollt ich dir, doch hell ist nie
Das Auge mir, wenn dessen ich gedenke.
Vor seinen kindischen, geliebten Träumen
Bebt immer mir das Herz.

Wir reisten dann
Hinein in andre Gegenden, ins Land
Des Varustals, dort bei den dunkeln Schatten
Der wilden heil'gen Berge lebten wir,
Die Sommertage durch, und sprachen gern
Von Helden, die daselbst gewohnt, und Göttern.

Noch gingen wir des Tages, ehe wir
Vom Orte schieden, in den Eichenwald
Des herrlichen Gebirgs hinaus, und standen
In kühler Luft auf hoher Heide nun.

„Hier unten in dem Tale schlafen sie
Zusammen", sprach mein Vater, „lange schon,
Die Römer mit den Deutschen, und es haben
Die Freigebornen sich, die stolzen, stillen,
Im Tode mit den Welteroberern
Versöhnt, und Großes ist und Größeres
Zusammen in der Erde Schoß gefallen.
Wo seid ihr, meine Toten all? Es lebt
Der Menschengenius, der Sprache Gott,
Der alte Braga noch, und Hertha grünt
Noch immer ihren Kindern, und Walhalla
Blaut über uns, der heimatliche Himmel;
Doch euch, ihr Heldenbilder, find ich nicht."

Ich sah hinab und leise schauerte
Mein Herz, und bei den Starken war mein Sinn,
Den Guten, die hier unten vormals lebten.

Itzt stand ein Jüngling, der, uns ungesehn,
Am einsamen Gebüsch beiseit gesessen,
Nicht ferne von mir auf. „O Vater!" mußt
Ich rufen, „das ist Eduard!" – „Du bist
Nicht klug, mein Kind!" erwidert' er und sah
Den Jüngling an; es mocht ihn wohl auch treffen,
Er faßte schnell mich bei der Hand und zog
Mich weiter. Einmal mußt ich noch mich umsehn.
Derselbe war's und nicht derselbe! Stolz und groß,
Voll Macht war die Gestalt, wie des Verlornen,
Und Aug und Stirn und Locke; schärfer blickt'
Er nur, und um die seelenvolle Miene
War, wie ein Schleier, ihm ein stiller Ernst
Gebreitet. Und er sah mich an. Es war,
Als sagt' er, gehe nur auch du, so geht
Mir alles hin, doch duld ich aus und bleibe.

Wir reisten noch desselben Abends ab,
Und langsamtraurig fuhr der Wagen weiter
Und weiter durchs unwegsame Gebirg.
Es wechselten in Nebel und in Regen
Die Bäum und des Gebüsches dunkle Bilder
Im Walde nebenan. Der Vater schlief,
In dumpfem Schmerze träumt ich hin, und kaum
Nur eben noch, die lange Zeit zu zählen,
War mir die Seele wach.

Ein schöner Strom
Erweckt' ein wenig mir das Aug; es standen
Im breiten Boot die Schiffer am Gestad;
Die Pferde traten folgsam in die Fähre,
Und ruhig schifften wir. Erheitert war

Die Nacht, und auf die Wellen leuchtet'
Und Hütten, wo der fromme Landmann schlief,
Aus blauer Luft das stille Mondlicht nieder;
Und alles dünkte friedlich mir und sorglos,
In Schlaf gesungen von des Himmels Sternen.

Und ich sollt ohne Ruhe sein von nun an,
Verloren ohne Hoffnung mir an Fremdes
Die Seele meiner Jugend! Ach! ich fühlt
Es itzt, wie es geworden war mit mir.
Dem Adler gleich, der in der Wolke fliegt,
Erschien und schwand mir aus dem Auge wieder,
Und wieder mir des hohen Fremdlings Bild,
Daß mir das Herz erbebt' und ich umsonst
Mich fassen wollte. „Schliefst du gut, mein Kind!"
Begrüßte nun der gute Vater mich,
Und gerne wollt ich auch ein Wort ihm sagen.
Die Tränen doch erstickten mir die Stimme,
Und in den Strom hinunter mußt ich sehn,
Und wußte nicht, wo ich mein Angesicht
Verbergen sollte.

Glückliche! die du
Dies nie erfahren, überhebe mein
Dich nicht. Auch du, und wer von allen mag
Sein eigen bleiben unter dieser Sonne?
Oft meint ich schon, wir leben nur, zu sterben,
Uns opfernd hinzugeben für ein anders.
O schön zu sterben, edel sich zu opfern,
Und nicht so fruchtlos, so vergebens, Liebe!
Das mag die Ruhe der Unsterblichen
Dem Menschen sein.

Bedaure du mich nur!
Doch tadeln, Gute, sollst du mir es nicht!
Nennst du sie Schatten, jene, die ich liebe?

Da ich kein Kind mehr war, da ich ins Leben
Erwachte, da aufs neu mein Auge sich
Dem Himmel öffnet' und dem Licht, da schlug
Mein Herz dem Schönen; und ich fand es nah;
Wie soll ich's nennen, nun es nicht mehr ist
Für mich? O laßt! Ich kann die Toten lieben,
Die Fernen; und die Zeit bezwingt mich nicht.
Mein oder nicht! du bist doch schön, ich diene
Nicht Eitlem, was der Stunde nur gefällt,
Dem Täglichen gehör ich nicht; es ist
Ein anders, was ich lieb; unsterblich
Ist, was du bist, und du bedarfst nicht meiner,
Damit du groß und gut und liebenswürdig
Und herrlich seist, du edler Genius!

Laßt nur mich stolz in meinem Leide sein,
Und zürnen, wenn ich ihn verleugnen soll;
Bin ich doch sonst geduldig, und nicht oft
Aus meinem Munde kömmt ein Männerwort.
Demütigt mich's doch schon genug, daß ich,
Was ich dir lang verborgen, nun gesagt.

EMILIE AN KLARA

Wie dank ich dir, du Liebe, daß du mir
Vertrauen abgewonnen, daß ich dir
Mein still Geheimnis endlich ausgesprochen.

Ich bin nun ruhiger – wie nenn ich's dir?
Und an die schönen Tage denk ich, wenn ich oft
Hinausging mit dem Bruder, und wir oben
Auf unserm Hügel beieinander saßen,
Und ich den Lieben bei den Händen hielt,
Und mir's gefallen ließ am offnen Feld
Und an der Straß, und ins Gewölb hinauf

Des grünen Ahorns staunt, an dem wir lagen.
Ein Sehnen war in mir, doch war ich still.
Es blühten uns der ersten Hoffnung Tage,
Die Tage des Erwachens.

Holde Dämmerung!
So schön ist's, wenn die gütige Natur
Ins Leben lockt ihr Kind. Es singen nur
Den Schlummersang am Abend unsre Mütter.
Sie brauchen nie das Morgenlied zu singen.
Dies singt die andre Mutter uns, die gute,
Die wunderbare, die uns Lebenslust
In unsern Busen atmet, uns mit süßen
Verheißungen erweckt.

Wie ist mir, Liebe!
Ich kann an Jugend heute nur, und nur
An Jugend denken.

Sieh! ein heitrer Tag
Ist's eben auch. Seit frühem Morgen sitz ich
Am lieben Fenster, und es wehn die Lüfte,
Die zärtlichen, herein, mir blickt das Licht
Durch meine Bäume, die zu nahe mir
Gewachsen sind, und mählich mit den Blüten
Das ferne Land verhüllen, daß ich mich
Bescheiden muß, und hie und da noch kaum
Hinaus mich find aus diesem freundlichen
Gefängnis; und es fliegen über ihnen
Die Schwalben und die Lerchen, und es singen
Die Stunde durch genug die Nachtigallen,
Und wie sie heißen, all die Lieblinge
Der schönen Jahrszeit; eigne Namen möcht
Ich ihnen geben, und den Blumen auch,
Den stillen, die aus dunklem Beete duften,
Zu mir herauf wie junge Sterne glänzend.

Und wie es lebt und glücklich ist im Wachstum,
Und seiner Reife sich entgegenfreut!

Es findet jedes seine Stelle doch,
Sein Haus, die Speise, die das Herz ihm sättigt,
Und jedes segnest du mit eignem Segen,
Natur! und gibst dich ihnen zum Geschäft,
Und trägst und nährst zu ihrer Blütenfreud
Und ihrer Frucht sie fort, du Gütige!

Und klagtest du doch öfters, trauernd Herz!
Vergaßest mir den Glauben, danktest nicht,
Und dachtest nicht, wenn dir dein Tun zu wenig
Bedeuten wollt, es sei ein frommes Opfer,
Das du, wie andre, vor das Leben bringest,
Wohlmeinend, wie der Lerche Lied, das sie
Den Lüften singt, den freudegebenden. –

Nun geh ich noch hinaus und hole Blumen
Dem Vater aus dem Feld, und bind ihm sie
In *einen* Strauß, die drunten in dem Garten,
Und die der Bach erzog; ich will's schon richten,
Daß ihm's gefallen soll. Und dir? dir bring ich
Genug des Neuen. Da ist's immer anders.
Itzt blühn die Weiden; itzt vergolden sich
Die Wiesen; itzt beginnt der Buche Grün,
Und itzt der Eiche – nun! leb wohl indessen!

EMILIE AN KLARA

Ihr Himmlischen! das war er. Kannst du mir
Es glauben? – Beste! – wärst du bei mir! – Er!
Der Hohe, der Gefürchtete, Geliebte! –
Mein bebend Herz, hast du so viel gewollt?

Da ging ich so zurück mit meinen Blumen,
Sah auf den Pfad, den abendrötlichen,
In meiner Stille nieder, und es schlief
Mir sanft im Busen das Vergangene,
Ein kindlich Hoffen atmete mir auf;
Wie wenn uns zwischen süßem Schlaf und Wachen
Die Augen halb geöffnet sind, so war
Ich Blinde. Sieh! da stand er vor mir, mein
Heroe, und ich Arme war, wie tot,
Und ihm, dem Brüderlichen, überglänzte
Das Angesicht, wie einem Gott, die Freude.

„Emilie!" – das war sein frommer Gruß.
Ach! alles Sehnen weckte mir und all
Das liebe Leiden, so ich eingewiegt,
Der goldne Ton des Jünglings wieder auf!
Nicht aufsehn durft ich! keine Silbe durft
Ich sagen! Oh, was hätt ich ihm gesagt!

Was wein ich denn, du Gute! – laß mich nur!
Nun darf ich ja, nun ist's so töricht nimmer,
Und schön ist's, wenn der Schmerz mit seiner Schwester,
Der Wonne, sich versöhnt, noch eh er weggeht.

O Wiedersehn! das ist noch mehr, du Liebe!
Als wenn die Bäume wieder blühn, und Quellen
Von neuem fröhlich rauschen –

Ja! ich hab
Ihn oft gesucht und ernstlich oft es mir
Versagt, doch wollt ich sein Gedächtnis ehren.

Die Bilder der Gespielen, die mit mir
Auf grüner Erd in stummer Kindheit saßen,
Sie dämmern ja um meine Seele mir,
Und dieser edle Schatte, sollt er nicht?

Das Herz im Busen, das unsterbliche,
Kann nicht vergessen, sieh! und öfters bringt
Ein guter Genius die Liebenden
Zusammen, daß ein neuer Tag beginnt,
Und ihren Mai die Seele wieder feiert.

O wunderbar ist mir! auch er! – daß du
Hinunter mußtest, Lieber! ehe dir
Das Deine ward, und dich die frohe Braut
Zum Männerruhme segnete! Doch starbst
Du schön, und oft hab ich gehört, es fallen
Die Lieblinge des Himmels früh, damit
Sie sterblich Glück und Leid und Alter nicht
Erfahren. Nimmermehr vergeß ich dich,
Und ehren soll er dich. Dein Bild will ich
Ihm zeigen, wenn er kömmt; und wenn der Stolze
Sich dann verwundert, daß er sich bei mir
Gefunden, sag ich ihm, es sei ein andrer,
Und den er lieben müsse. Oh, er wird's!

EMILIE AN KLARA

Da schrieb er mir. Ja! teures Herz! er ist's,
Den ich gesucht. Wie dieser Jüngling mich
Demütiget und hebt! Nun! lies es nur!
„So bist du's wieder, und ich habe dich
Gegrüßt, gefunden, habe dich noch *einmal*
In deiner frommen Ruh gestört, du Kind
Des Himmels! – Nein Emilie! du kanntest
Mich ja. Ich kann nicht fragen. Wir sind's,
Die Längstverwandten, die der Gott getraut,
Und bleiben wird es, wie die Sonne droben.
Ich bin voll Freude, schöne Seele! bin
Der neuen Melodien ungewohnt.
Es ist ein anders Lied, als jenes, so

Dem Jünglinge die Parze lehrend singt,
Bis ihm, wie Wohllaut, ihre Weise tönt;
Dann gönnt sie ihm, du Friedliche! von dir
Den süßern Ton, den liebsten, einzigen
Zu hören. Mein? o sieh! du wirst in Lust
Die Mühe mir und was mein Herz gebeut,
Du wirst es all in heil'ge Liebe wandeln.
Und hab ich mit Unmöglichem gerungen,
Und mir die Brust zu Treu und Ruh gehärtet,
Du wärmest sie mit frommer Hoffnung mir,
Daß sie vertrauter mit dem Siege schlägt.
Und wenn das Urbild, das, wie Morgenlicht,
Mir aus des Lebens dunkler Wolke stieg,
Das himmlische, mir schwindet, seh ich *dich*,
Und eine schöne Götterbotin, mahnst
Du lächelnd mich an meinen Phöbus wieder;
Und wenn ich zürne, sänftigest du mich.
Dein Schüler bin ich dann, und lausch und lerne.
Von deinem Munde nehm ich, Zauberin,
Des Überredens süße Gabe mir,
Daß sie die Geister freundlich mir bezwingt,
Und wenn ich ferne war von dir, und wund
Und müd dir wiederkehre, heilst du mich
Und singst in Ruhe mich, du holde Muse!

Emilie! daß wir uns wiedersahn!
Daß wir uns einst gefunden, und du nun
Mich nimmer fliehst und nahe bist! Zu gern,
Zu gern entwich dein stolzes Bild dem Wandrer,
Das zarte, reine, da du ferne warst,
Du Heiligschönes! Doch ich sah dich oft,
Wenn ich des Tags allein die Pfade ging,
Und abends in der fremden Hütte schwieg.

O heute! grüße, wenn du willst, den Vater!
Ich kenn ihn wohl; auch meinen Namen kennt er;

Und seiner Freunde Freund bin ich. Ich wußte nicht,
Daß er es war, da wir zuerst einander
Begegneten, und lang erfuhr ich's nicht.
Bald grüß ich schöner dich. – Armenion."

EMILIE AN KLARA

Er woll ihn morgen sprechen, sagte mir
Mein Vater, morgen! und er schien nicht freundlich.
Nun sitz ich hier und meine Augen ruhn
Und schlummern nicht – ach! schämen muß ich mich,
Es dir zu klagen – will ich stille werden,
So regt ein Laut mich auf; ich sinn und bitte,
Und weiß nicht, was? und sagen möcht ich viel,
Doch ist die Seele stumm – o fragen möcht ich
Die sorgenfreien Bäume hier, die Strahlen
Der Nacht und ihre Schatten, wie es nun
Mir endlich werden wird.

Zu still ist's mir
In dieser schönen Nacht, und ihre Lüfte
Sind mir nicht hold, wie sonst. Die Törin!
Solang er ferne war, so liebt ich ihn;
Nun bin ich kalt, und zag und zürne mir
Und andern. – Auch die Worte, so ich dir
In dieser bösen Stunde schreibe, lieb
Ich nicht, und was ich sonst von ihm geschrieben,
Unleidlich ist es mir. Was ist es denn?
Ich wünsche fast, ich hätt ihn nie gesehn.
Mein Friede war doch schöner. Teures Herz!
Ich bin betrübt, und anders, denn ich's war,
Da ich um den Verlornen trauerte.
Ich bin es nimmer, nein! ich bin es nicht.
Ich bin nicht gut, und seellos bin ich auch.
Mich läßt die Furcht, die häßliche, nicht ruhn.

O daß der goldne Tag die Ruhe mir,
Mein eigen Leben wiederbrächt! –

Ich will
Geduldig sein, und wenn der Vater ihn
Nicht ehrt, mir ihn versagt, den Teuren,
So schweig ich lieber, und es soll mir nicht
Zu sehr die Seele kränken; kann ich still
Ihn ehren doch, und bleiben, wie ich bin.

EMILIE AN KLARA

Nun muß ich lächeln über alles Schlimme,
Was ich die vor'ge Nacht geträumt; und hab
Ich dir es gar geschrieben? Anders bin
Ich itzt gesinnt.

Er kam und mir frohlockte
Das Herz, wie er herab die Straße ging,
Und mir das Volk den fremden Herrlichen
Bestaunt'! und lobend über ihn geheim
Die Nachbarn sich besprachen, und er itzt
Den Knaben, der an ihm vorüberging,
Nach meinem Hause fragt'; ich sahe nicht
Hinaus, ich konnt, an meinem Tische sitzend,
Ihn ohne Scheue sehn – wie red ich viel?
Und da er nun herauf die Treppe kam,
Und ich die Tritte hört und seine Türe
Mein Vater öffnete, sie draußen sich
Stillschweigend grüßten, daß ich nicht
Ein Wort vernehmen konnt, ich Unvernünft'ge,
Wie ward mir bange wieder? Und sie blieben
Nicht kurze Zeit allein im andern Zimmer,
Daß ich es länger nicht erdulden konnt,
Und dacht: ich könnte wohl den Vater fragen

Um dies und jenes, was ich wissen mußte.
Dann hätt ich's wohl gesehn in ihren Augen,
Wie mir es werden sollte. Doch ich kam
Bis an die Schwelle nur, ging lieber doch
In meinen Garten, wo die Pflanzen sonst,
In andrer Zeit, die Stunde mir gekürzt.

Und fröhlich glänzten, von des Morgens Tau
Gesättiget, im frischen Lichte sie
Ins Auge mir, wie liebend sich das Kind
An die betrübte Mutter drängt, so waren
Die Blumen und die Blüten um mich rings,
Und schöne Pforten wölbten über mir
Die Bäume.

Doch ich konnt es itzt nicht achten,
Nur ernster ward und schwerer nur, und bänger
Das Herz mir Armen immer, und ich sollte
Wie eine Dienerin von ferne lauschen,
Ob sie vielleicht mich riefen, diese Männer.
Ich wollte nun auch nimmer um mich sehn,
Und barg in meiner Laube mich und weinte,
Und hielt die Hände vor das Auge mir.

Da hört ich sanft des Vaters Stimme nah,
Und lächelnd traten, da ich noch die Tränen
Mir trocknete, die beiden in die Laube:
„Hast du dich so geängstiget, mein Kind!
Und zürnst du", sprach der Vater, „daß ich erst
Vor mich den edeln Gast behalten wollt?
Ihn hast du nun. Er mag die Zürnende
Mit mir versöhnen, wenn ich Unrecht tat."

So sprach er; und wir reichten alle drei
Die Händ einander, und der Vater sah
Mit stiller Freud uns an –

„Ein Trefflicher
Ist dein geworden, Tochter!“ sprach er itzt,
„Und dein, o Sohn! dies heiligliebend Weib.
Ein freudig Wunder, daß die alten Augen
Mir übergehen, seid ihr mir, und blüht,
Wie eine seltne Blume, mir, ihr beiden!

Denn nicht gelingt es immerhin den Menschen,
Das Ihrige zu finden. Großes Glück
Zu tragen und zu opfern gibt der Gott
Den einen, weniger gegeben ist
Den andern; aber hoffend leben sie.

Zwei Genien geleiten auf und ab
Uns Lebende, die Hoffnung und der Dank.
Mit Einsamen und Armen wandelt jene,
Die Immerwache; dieser führt aus Wonne
Die Glücklichen des Weges freundlich weiter,
Vor bösem Schicksal sie bewahrend. Oft,
Wenn er entfloh, erhuben sich zu sehr
Die Freudigen, und rächend traf sie bald
Das ungebetne Weh.

Doch gerne teilt
Das freie Herz von seinen Freuden aus,
Der Sonne gleich, die liebend ihre Strahlen
An ihrem Tag aus goldner Fülle gibt;
Und um die Guten dämmert oft und glänzt
Ein Kreis voll Licht und Lust, solang sie leben.

O Frühling meiner Kinder, blühe nun,
Und altre nicht zu bald, und reife schön!“

So sprach der gute Vater. Vieles wollt
Er wohl noch sagen, denn die Seele war
Ihm aufgegangen; aber Worte fehlten ihm.

Er gab ihn mir und segnet' uns und ging
Hinweg.

Ihr Himmelslüfte, die ihr oft
Mich tröstend angeweht, nun atmetet
Ihr heiligend um unser goldnes Glück!

Wie anders war's, wie anders, da mit ihm,
Dem Liebenden, dem Freudigen, ich itzt,
Ich Freudige, zu unsrer Mutter auf,
Zur schönen Sonne sah! nun dämmert' es
Im Auge nicht, wie sonst im sehnenden,
Nun grüßt ich helle dich, du stolzes Licht!
Und lächelnd weiltest du, und kamst und schmücktest
Den Lieben mir, und kränztest ihm mit Rosen
Die Schläfe, Freundliches!

Und meine Bäume,
Sie streuten auch ein hold Geschenk herab,
Zu meinem Fest, vom Überfluß der Blüten!

Da ging ich sonst; ach! zu den Pflanzen flüchtet
Ich oft mein Herz, bei ihnen weilt ich oft
Und hing an ihnen; dennoch ruht ich nie,
Und meine Seele war nicht gegenwärtig.

Wie eine Quelle, wenn die jugendliche
Dem heimatlichen Berge nun entwich,
Die Pfade bebend sucht, und flieht und zögert,
Und durch die Wiesen irrt und bleiben möcht,
Und sehnend, hoffend immer doch enteilt:
So war ich; aber liebend hat der stolze,
Der schöne Strom die Flüchtige genommen,
Und ruhig wall ich nun, wohin der Sichre
Mich bringen will, hinab am heitern Ufer.

THEORETISCHE VERSUCHE

1790 – 1791

PARALLELE ZWISCHEN SALOMONS SPRÜCHWÖRTERN UND HESIODS „WERKEN UND TAGEN“

Seiner Hochwürden
Herrn Professor Schnurrer
widmet
diesen Versuch
einer Parallele zwischen Salomons Sprüchwörtern
und Hesiods „Werken und Tagen“

Johann Christian Friederich Hölderlin
von Nürtingen.
d. 17. Sept. 1790

Die ungebildete Philosophie des Orientalismus und des entstehenden Griechenlands muß jedem interessant sein: Ihre Würde und Einfalt ist unverkennbar, und ihre Sittensprüche mögen im Kontrast mit unsern Moralsystemen zu manchen Bemerkungen Anlaß geben. Ganz natürlich muß die Betrachtung durch Vergleichung ähnlicher Schriftsteller mit Griechenland und dem Orient vielseitiger und ausgebreiteter werden. Ich versuche also in jener zwiefachen Rücksicht eine Parallele zwischen dem benannten Lehrgedichte Hesiods und Salomons.

Ich werde vorerst eine summarische Darstellung beider Schriften voranschicken, dann die Verschiedenheiten und Ähnlichkeiten derselben aufsuchen und einige Bemerkungen über ihre ästhetische Beschaffenheit (die Form der Gedichte) und den philosophischen Wert derselben (den Stoff derselben) beifügen.

Ich will versuchen, zuerst einen, freilich unvollständigen, Überblick über die Sprüchwörter herauszufinden. Die neun ersten Kapitel sind merklich unterschieden von den übrigen, und es scheint, als wären diese *Nachtrag*, teils von Salomo selbst, teils von andern, entweder in ihrem eigenen oder in Salomons Namen. In den neun ersten Kapiteln ist der Zusammenhang leicht zu finden. Nach einer kurzen Ankündigung beginnt der Verfasser V. 7:

יראת יהוה ראשית דעת

Dann fährt er nach einer den Weisen des Altertums eigenen Art mit der Anrede בְּנִי fort, uns zum andern Teile des Eingangs vorzubereiten, welcher Skizze ist von allem, was wir in der Folge hören. Er schärft V. 10 ff. die dem Altertum so eigene Tugend, die redliche, gerade Sitte, von der Seite des Gegenteils ein:

בני אם יפתוך חטאים אל־תבא

und dann schließt er V. 20–33 den Eingang mit einer Personifikation der Weisheit.

Der Verfasser folgt dem Faden, den er uns im ersten Kapitel angibt, in den folgenden (2–9) ziemlich genau. In dem zweiten Kapitel führt er den Spruch aus, daß Ehrfurcht vor der Gottheit der Grund aller Tugend sei. Die Tugend, die er im ersten Kapitel mehr im allgemeinen eingeschärft hatte, bestimmt er desto deutlicher und auch wieder von der Seite des Gegenteils. Wenn die Ehrfurcht vor der Gottheit in dir wohnt, sagt er, so wird Weisheit in dein Herz kommen, daß du ferne wandelst vom bösen Wege, vom Manne, der fälschlich redet – daß du ferne wandelst von einem verführerischen ehebrecherischen Weibe.

Auf diese zwei Stücke nimmt er meist Rücksicht in der Folge. Im dritten Kapitel fährt der Verfasser fort, seinen Hauptsatz:

יראת יהוה ראשית דעת

weiter auszuführen und die wohltätigen Folgen der Gottesverehrung darzustellen.

Im vierten Kapitel, V. 8–16, kommt er, wie im Eingang, nach einer Vorbereitung auf seine Sittenlehre, die er im ersten Kapitel V. 10–19 genauer bestimmt und in zwei Stücke eingeteilt hatte. Wenn man die zerstreute Stellen, die sich darauf beziehen, zusammen nimmt, so mögen vielleicht folgende zwei Sätze herauskommen:

1. Sei gerecht, das ist nach dem Geiste des Verfassers: suche dir Gut und Ehre nicht durch Trug und Gewalttätigkeit, sondern durch Arbeitsamkeit und Klugheit zu erwerben.

2. Meide die Dirne.

Diese zwei Sätze werden wechselsweise Kap. 4, 14–27, Kap. 5, Kap. 6, 1–19, V. 20–Kap. 8 ausgeführt. Im achten und neunten Kapitel personifiziert der Verfasser die Weisheit, wie zu Ende des Eingangs im ersten Kapitel. Es scheint also allerdings in den ersten neun Kapiteln Plan zu sein, die übrigen Kapitel übergehe ich, weil sie mir keiner summarischen Darstellung fähig scheinen, und komme nun auf Hesiods Lehrgedicht.

Die zehen ersten Verse sind schwerlich von dem Verfasser; Clericus sagt: ein alter Rhapsode habe diesen Eingang hinzugesetzt, und Scaliger merkt aus dem Pausanias an: sie finden sich nicht in einer uralten Handschrift dieser Gedichte und seien unecht.

Hesiod beginnt also V. 11 mit einer Personifikation der Triebe, die die Welt beherrschen. Der Eriden Geschlecht ist zwiefach, sagt er; die eine gebar die schwarze Nacht. Kein Sterblicher liebt sie, sondern gezwungen dienen sie ihr, nach dem Rat der unsterblichen Götter. Die andere pflanzte der hohe Kronidas den Wurzeln der Erd und den Menschen ein, und dies ist die bessere. Jene stiftet Streit und Zwietracht. Diese treibt den Trägen zur Arbeit.

Drauf wendet er sich an seinen Bruder Perses, der ihn durch gerichtliche Schikanen um seine geringe Habe bringen wollte: „Lasse dich nicht von der schadenfrohen Eride abhalten vom Tagewerk."

Drauf gehet er über auf die Mythe vom Ursprung des

Übels, welcher mit der schlimmen Eride in sehr genauem Zusammenhang steht. Die Götter verbargen den Menschen die Lebensweise. Einst nährte man sich mit glücklicher Genügsamkeit von den Früchten des Feldes, da kam Pandora und mit ihr ein Heer von Bedürfnissen und Sorgen, mit diesen die schlimme Eride, die nicht in Einfalt und Unschuld sich von ihrer Hände Arbeit nährt, sondern ihre Gier durch Trug und Gewalttätigkeit zu befriedigen sucht. Ebendies sagt auch die Mythe von den Zeitaltern. Und so weit geht der erste Teil des Gedichts.

Der andre betrifft die gute Eride. Er zerfällt aber auch in zwei Unterabteilungen. Die erste ist eigentlich Salomonisch, und die zwote ist charakteristisch von der ersten unterschieden des   Hesiods. Es werden darin ländliche Klugheitsregeln aufgestellt. Ich hebe also zur Vergleichung des Lehrgedichts mit den Sprüchwörtern bloß die erste Unterabteilung des zweiten Teils aus.

Ich werde zuerst die Ähnlichkeiten der Form und dann die des Stoffs aufsuchen. In beeden Gegenständen der Parallele ist der kurze gedrungene Stil auffallend. In den beeden angeführten Mythen sind die Perioden lang und verschlungen. Alles hangt durch Partikeln, an denen die griechische Sprache beinahe zu reich ist, zusammen. Überall sind die sogenannte Epitheta *κατα ἀκυρολεξιαν* angehängt, wie V. 56 *πημ' ἀνδρασιν ἀλφηστησιν* und an mehreren andern Stellen – überall findet man die so oft getadelte, und doch so naive, nationelle homerische Redseligkeit: aber sowie Hesiod auf den eigentlich didaktischen Teil seines Gedichts kommt, fällt aller epische Schmuck hinweg; die Sätze bestehen selten aus mehr als drei Zeilen und sind nur durch die Partikul *δε* zusammengehängt. Die Kürze des Stils im Salomonischen Lehrgedichte bedarf keine Ausführung. Sie ist noch sichtbarer als in den „Werken und Tagen".

Auch im Parallelismus ist Hesiod dem Verfasser der Sprüchwörter ähnlich, besonders im antithetischen. So sagt er V. 311:

'Εϱγον δ'οὐδεν ὀνειδος, ἀεϱγιη δε τ'ὀνειδος

V. 319:

'Αιδως τοι πϱος ἀνολβιην, ϑαϱσος δε πϱος ὀλβον

V. 346:

Πημα κακος γειτων, ὁσσον τ'ἀγαϑος μεγ' ὀνειαϱ.

Sehr ähnlich sind sich auch die Personifikationen der abstrakten Begriffe in beeden Gedichten, wie in den Sprüchwörtern die Personifikation der Weisheit Kap. 1, 20 und Kap. 8, in den „Werken und Tagen" die Personifikation des menschlichen Willens V. 11–26 und die der Gerechtigkeit V. 256 bis 262:

'Η δε τε παϱϑενος ἐστι Δικη, Διος ἐκγεγαυια
Κυϱδη τ'αἰδοιη τε ϑεοις οἱ'Ολυμπον ἐχουσιν.

Prächtig ist dieser Gedanke Sprüchw. 8, 22 ausgeführt in Anwendung auf die Weisheit. Sie spricht da von sich:

יהוה קנני ראשית דרכו קדם מפעליו
מאז׃ מעולם נסכתי מראש מקדמי־ארץ׃
באין־תהמות חוללתי באין מעינות
נכבדי־מים׃ usw.

Endlich ist auch darin eine Ähnlichkeit zwischen den beeden Dichtern, daß sich Hesiod mit seinen Lehren an Perses wendet und auch Salomo immerhin unter der Anrede בני, welches nach einigen seinem Sohne Rehabeam gelten soll, seine Weisheit vorträgt.

Ich komme nun zu den Realähnlichkeiten.

Der erste und hauptsächlichste Satz, in dessen Ausführung die beeden Gedichte am meisten übereinkommen, ist wohl der schon oben angeführte:

A. Sei gerecht – suche dir Gut und Ehre nicht durch Trug und Gewalttat, sondern durch Arbeitsamkeit und rechtliches Betragen gegen andre zu erwerben; sonst wird dich Dürftigkeit treffen und Schande über dein Haus kommen.

Ich will diesen Satz zergliedern, um nicht die Parallelstellen zu sehr zu häufen:

a) Erwirb dir Gut durch Arbeitsamkeit.
V. 299–301 sagt Hesiod:

'Εϱγαζου, Πεϱση, διον γενος ὀφϱα σε Λιμος
'Εχϑαιϱῃ, φιλεῃ δε σ'ἐυστεφανος Δημητηϱ
Αἰδοιη, βιοτου δε τεῃν πιμπλησι καλιην.

Salomo sagt 12, 11:

עבד אדמתו ישבע לחם:

b) Suche dir Ehre zu gewinnen durch Arbeitsamkeit.
V. 312–314 sagt Hesiod:

Εἰ δε κεν ἐϱγαζῃ, ταχα δε ζηλωσει ἀεϱγος
Πλουτουντα. πλουτῳ δ' ἀϱετη και κυδος ὀπηδει,
Δαιμονι δ' οἱος ἐησϑα.

Salomo sagt ebendasselbe Kap. 12, 24:

יד־חרוצים תמשול

c) Suche dir Habe zu erwerben durch rechtliches Betragen gegen andere.
Hesiod spricht hier freilich etwas weltklug
V. 342–345:

Τον φιλεοντ' ἐπι δαιτα καλειν, τον δ'ἐχϑϱον ἐασαι
Τον δε μαλιστα καλειν, ὁς τις σεϑεν ἐγγυϑι ναιει
Εἰ γαϱ τοι και χϱημ' ἐγχωϱιον ἀλλο γενηται
Γειτονες ἀζωστοι ἐκιον, ζωσαντο δε πηοι.
Πημα κακος γειτων, ὁσσον τ'ἀγαϑος μεγ' ὀνειαϱ
'Εμμοϱε τοι τιμης ὁς τ'ἐμμοϱε γειτονος ἐσϑλον.

Salomo sagt allgemeiner und edler Kap. 11, 25:

נפש ברכה תדשן ומרוה גם־הוא יורא:

d) Denn derjenige, welcher sich durch Trug und Gewalttat bereichern und erheben will, fällt in Dürftigkeit und Unehre.
„Werke und Tage" V. 282–284:

Ὀς δε κε μαρτυρiησιν ἑκων ἐπιορκον ὀμοσσας
Ψευσεται, ἐν δε δικην βλαψας, νηκεστον ἀασθη
Τουδε τ' ἀμαυροτερη γενεη μετοπισθε λελειπται.

Ferner V. 321–326:

Εἰ γαρ τις και χερσι βιη μεγαν ὀλβον ἑληται
Ἠ ὀγ' ἀπο γλωσσης ληισσεται (οἱα τε πολλα
Γινεται, εὑτ' ἀν δη κερδος νοον ἐξαπατησῃ
Ἀνθρωπων, αἰδω δε τ' ἀναιδειη κατοπαζῃ)
Ῥεια τε μιν μαυρουσι θεοι, μινυθουσι δε οἰκοι
Ἀνερι τῳ, παυρον δε τ' ἐπι χρονον ὀλβος ὀπηδει.

Sprüchw. Salom. 1, 11–19 werden die gewinnsüchtigen Unternehmungen und ihre Gefahr sehr stark geschildert. Kap. 10, 2 heißt es ferner:

לֹא יוֹעִילוּ אוֹצְרוֹת רֶשַׁע

Und V. 3 in ebendiesem Kapitel:

יהוה הות (*cupiditatem vastam*) רְשָׁעִים יֶהְדֹּף׃

Der zweite Hauptsatz, der in den Sprüchwörtern ausgeführt wird, ist:

B. Meide die Dirne.

Hesiod berührt ihn nur, aber mit Worten, die auch Salomo braucht; V. 373 sagt er:

Μηδε γυνη σε νοον πυγοστολος ἐξαπατατω,
Αἱμυλα κωτιλλουσα, τεην διφωσα καλιην.

Sprüchw. Salom. 2, 16: אמריה החליקה

Ich habe nun, freilich unvollständig genug, die Parallele gezogen. Nun will ich versuchen, einige Bemerkungen teils in Rücksicht auf die Form der Gedichte (ihre ästhetische Beschaffenheit), teils in Rücksicht auf ihren Stoff (ihr philosophisches Interesse) beizufügen.

Daß ihrer eine Menge sei, ist gar nicht zu zweifeln. Aber bei meiner Eingeschränktheit muß ich zum voraus Abbitte tun, daß ihrer so wenige und auch diese wenige nicht die wichtigsten sein werden. Die erste Ähnlichkeit, die ich zwischen dem eigentlichen didaktischen Teile der „Werke und Tage“ und den Sprüchwörtern bemerkte, ist der kurze gedrungene Stil.

Kürze ist ein anerkanntes Kennzeichen der Erhabenheit. Die Worte: Gott sprach: es werde Licht, und es ward Licht – gelten für das summum der hohen Dichtkunst. Alles dasjenige nennen wir erhaben, was für uns in dem Moment, in welchem wir es wahrnehmen, unermeßlich ist oder von dessen Grenzen die Seele im Augenblick des Bemerkens keine deutliche Vorstellung hat. Dieses Unermeßliche kann im Raum oder in der Zeit ein ausgedehnter oder sukzessiver Gegenstand sein. Von der letztern Gattung ist die Erhabenheit des kurzen Ausdrucks. Ich bemerke noch, daß die Sinnsprüche beeder Gedichte dem unkultivierten Bewohner Griechenlands und des Orients keine so alltägliche Speise waren, daß also der Kürze auch die Neuheit der Gedanken beitrat, um in die Seele der Hörer zu würken.

Aber was mag die Ursache sein, daß die beeden Schriftsteller in dieser Kürze zusammentreffen? Man mag kurz antworten: Es war Sitte des Orients und des unkultivierten Griechenlands, Wahrheiten so kurz als möglich vorzutragen. Woher aber diese Sitte? Woher überhaupt die Kürze der Orakelsprüche und Sprüchwörter aller Völker? Geschah es, um die Tradition zu erleichtern, oder hat die Sache ihren psychologischen Grund? Armut der Sprache und Begriffe abgerechnet, möchte ich fast glauben, daß beedes stattfinde. Der Greis spricht kürzer als der Jüngling. Die Femgerichte sprachen kürzer als Urban der Zweite in seiner Rede für den Kreuzzug; die Sparter kürzer als die Athener. Diese Kürze mag ihren guten Zusammenhang haben mit der Kürze der Sinnsprüche, und bei diesen kann doch von keiner Tradition die Rede sein.

Die Erfahrungsseelenlehre sagt uns, daß beinahe allgemein die lebhaften Äußerungen in ebendem Maße sich verringern, in welchem anstrengende ungewöhnliche Beschäftigungen der Seele sich vermehren und verstärken, daß es

Gedanken gibt, die ihrer Natur nach nicht so leicht, wie andere, zum Ausdruck in Worten übergehen, z. B. das Gefühl der Überlegenheit tief- oder neugedachter Wahrheiten, kurz, daß die Seele sich

1. desto weniger äußern Gegenständen mitteilt, je stärker und anhaltender sie mit sich selbst beschäftigt ist;
2. daß sie sich desto weniger mit Individuen aufhält, je mehr sie sich für das Allgemeine interessiert.

Ich glaube, diese zwei Gesetze liegen in allen angezeigten, die Kürze betreffenden Fällen mittelbar oder unmittelbar zum Grunde.

Eine weitere Ausführung wäre für meinen Zweck zu weitläufig.

Ich komme zu der zweiten Ähnlichkeit beeder Gegenstände meiner Parallele, zur Personifikation abstrakter Begriffe.

Die Personifikation abstrakter Begriffe hat wie die Kürze des Ausdrucks ihren ästhetischen Wert. Wir nennen nichts schön und erhaben, was nicht auf unser Empfindungs- und Begehrungs-Vermögen wirkt, vorausgesetzt nämlich, daß das Urteil, das wir fällten, unser eigenes und nicht nachgesprochen ist. Nun aber würkt kein Gegenstand auf unser Empfindungs- und Begehrungs-Vermögen, außer unter einer *Total-Vorstellung.* Wo wir zergliedern, wo wir deutliche Begriffe haben, empfinden wir schlechterdings nicht. Der Dichter will aber auf das Empfindungs- und Begehrungs-Vermögen wirken, oder, welches einerlei ist, er hat Schönheit und Erhabenheit zum Zweck. Er muß also abstrakte Begriffe, die ihrer Natur nach mehr zur Zergliederung, zur Auflösung in deutliche Begriffe reizen, so darstellen, daß sie klare Begriffe oder Total-Vorstellungen werden, das ist, er muß sie versinnlichen. Und dies ist das Werk der Personifikation abstrakter Begriffe.

Die Personifikation abstrakter Begriffe aber war den Dichtern des Altertums weniger Zweck, als Notwendigkeit. Die Phantasie ist bei unkultivierten Völkern immer die erste

Seelenkraft, die sich entwickelt. Daher alle Mythologien, Mythen und Mysterien, daher die Personifikation abstrakter Begriffe.

Die dritte bemerkte Ähnlichkeit in der Form ist der Parallelismus.

Über seinen ästhetischen Wert, seinen Wohlklang, seine Nachdrücklichkeit hat *Herder* viel und schön gesprochen. Aber wo liegt der Grund desselben? In der Armut der Sprachen und Begriffe allein gewiß nicht.

In den Mythen von der Pandora und den Zeitaltern ist Hesiod gewiß nicht wortarm; und wir finden ihn auch bei Ovid und andern, bei denen sich schwerlich Armut der Begriffe, noch weniger Armut der Sprache voraussetzen läßt.

Ich glaube, der Grund liegt in der Kürze des Ausdrucks. Diese kommt mit dem Rhythmus in Streit. Der dreisilbige Satz steht wohlklingend und nachdrücklich da. Hier wäre also Harmonie der Silben. Aber das Ohr will auch Harmonie der Sätze, es will Rhythmus, und dieser kann offenbar nicht in einem dreisilbigen isolierten Satze stattfinden, der Dichter muß ihm also einen in Rücksicht auf Nachdrücklichkeit und Wohlklang parallelen Satz anreihen. Ist aber in diesem Satz nicht auch der Sinn parallel, so ist offenbar alle Harmonie aufgehoben, weil bei dieser Kürze der Übergang von einem Begriff zum andern Sprung würde. Ich glaube, dies konnte ein Dichter wie Salomo und Hesiod auch unkultiviert, wie sie waren, wohl nicht zergliedern, aber doch fühlen.

Die letzte Ähnlichkeit in der Form ist die Anrede Salomons an seinen Sohn und Hesiods an seinen Bruder Perses. Ich halte sie deswegen für nicht so ganz unwesentlich, weil sich dasselbe bei den meisten Lehrgedichten der Alten findet. Orpheus redet seine Jünger Linus und Musäus; zu Ende der Sprüchwörter: Agur den Ithiel und Uchal (nach dem elften von Herders theologischen Briefen); Hesiod den Perses, Virgil den Mäzenas an.

Servius sagt, dies geschehe, quia præceptum et doctoris et

disciputi personam requirit. Aber bei Virgil wenigstens ist dies gewiß der Fall nicht.

Noch sind die Ähnlichkeiten im Stoff oder die Sittenlehren beeder Schriftsteller übrig. Ihre Sittenlehre ist sinnlich, populär, unmethodisch.

Sie ist sinnlich; beinahe die einzigen Bewegungsgründe, die angegeben werden, sind Reichtum und Ehre. Warum dieses? Ich glaube, folgende Bemerkungen können einigermaßen als die Ursachen davon gelten:

1. Reichtum und Ehre sind in ihrem sittlichen Wert noch nicht so gesunken, wie bei kultivierten Völkern. Reichtum ist noch das Kennzeichen eines rechtlichen Mannes, weil er nicht das Erbe karger Ahnen, sondern der Lohn der Arbeitsamkeit und klugen Haushaltung ist. Reichtum ist noch nicht der unnatürliche Besitz von Gold und Silber, sondern ein mäßiges Stück Landes und was dieses tragen mag – wo er folglich nicht so leicht durch Schwelgerei und Wucher geschändet werden kann. Ehre ist noch nicht der unter kultivierten Völkern so oft gemißbrauchte Außentand, sondern die Achtung und das Zutrauen der häuslichen und bürgerlichen Gesellschaft zu dem, der arbeitsam, klug und redlich ist. Folglich sind diese Bewegungsgründe eben nicht so unmoralisch, wie sie anfangs scheinen.
2. sind auch die Organe noch zu wenig verfeinert, als daß die sanften moralischen Empfindungen, das angenehme Gefühl der allgemeinen Menschenliebe, der Stolz, der edle Aufopferungen begleitet, allgemein stattfinden könnte.
3. Der Verstand ist mit den Erscheinungen, die ihm nahe liegen, noch zu sehr beschäftigt, als daß er auf entfernte allgemeine moralische Zwecke, wie die Vervollkommnung des Menschen, geraten könnte.

Ihre Sittenlehre ist populär; ganz einfache Sätze, wie sie der Ahnherr seinen Enkeln einschärft, im Hesiod gar ländliche Verhaltungsregeln. Ist das Philosophie?

1. aber waren die Sätze, die uns so alltäglich vorkommen,

gewiß damals ein seltener Schatz in den Augen des Sängers und der Hörer. – Gewiß müßte der als ein großer weiser Mann geachtet werden, der das, wozu viele erst durch viel und mancherlei Erfahrungen gebracht wurden, zusammentrüge und so kurz und bündig mit Worten ausdrückte. Ich möchte sagen, der kurze, eigentlich didaktische Teil der „Werke und Tage" habe Hesiod so viel Anstrengung gekostet und ihm so viel Dank erworben, als mehrere Rhapsodien der „Iliade" und „Odyssee" dem Homer. – Und wenn oft heutzutage der Nimbus von Terminologie wegfiele, würden nicht manche Sätze ebenso alltäglich scheinen? Doch von der Terminologie nachher.

2. war das Doktrinale noch mehr Sache der Konversation und des gelegentlichen Bemerkens, als die einzige Beschäftigung eines abgesonderten Standes. Wie konnten also die Weisen des Altertums auf Sätze kommen, die außer dem Bezirk des gemeinen Lebens lagen, und wenn sie auch darauf kamen, wem sollten sie sie vortragen?
3. waren ländliche Verhaltungsregeln in einem didaktischen Gedichte eben nicht so unwesentlich, als sie vielleicht heutzutage sein würden. Der Ackerbau war das Geschäft der Hohen und Niedern, er war noch sehr unvollkommen, folglich mußten ländliche Verhaltungsregeln Weisheit sein für Hohe und Niedere. Der Ackerbau war das einzige Beste zwischen Müßiggang oder Trug und Gewalttätigkeit. Sobald also Hesiod eine positive Sittenlehre seinem Volke verfassen wollte, mußte er auf ihn geraten. Kurz, er taugt so gut in Hesiods „Werke und Tage", als das Staats- und Kriegsrecht in unsre praktische Philosophie.

Die Sittenlehren der orientalischen und griechischen Weisen sind endlich unmethodisch. Kein System, keine Terminologie, keine Prinzipien, keine Distinktionen.

Daß dies unmöglich war, ist schon einigermaßen klar aus dem Vorhergehenden.

Aber sollen wir die Weisen darum bedauren oder glücklich preisen? Können wir stolz sein auf unsre Systeme? Daß wir im Formellen und Materiellen der Kenntnisse um vieles weitergekommen sind, ist außer allem Zweifel. Aber haben unsre Systeme nicht ebensowohl ihren Schaden, als sie uns Nutzen gewähren? Ihr Wesen ist der logische Zusammenhang. Und Ideen, die logisch geordnet sind, haften immer stärker in der Seele, wecken, als Teil eines planvollen Ganzen betrachtet, immer mehrere Ideen, tiefere Wahrheiten. Ich brauche nicht mehr von dem Nutzen der Systeme zu sagen. Das Studium der Philosophie wäre ohne sie ein Unding.

Aber ward nicht schon oft aus dem logischen Zusammenhang etwas richtig gefolgert, was in der Realität unrichtig war? Wurde auf diese Art nicht oft die Möglichkeit der Würklichkeit untergeschoben? War dies nicht auch des großen dogmatischen Philosophen Wolffs Fall? Noch mehr. Ich glaube, der Sektengeist war von jeher zwar nicht eine notwendige, aber doch sehr gewöhnliche Folge der Systeme. Ward ein einziger Satz bezweifelt, so hielt sich der Philosoph gar leicht in allen seinen Meinungen angegriffen, entweder weil der bezweifelte Satz eine notwendige Folge seiner Prinzipien oder eine wichtige Stütze seiner Folgerungen war. Er verteidigte ihn mit mehr Zuverlässigkeit, als er ihn selbst glauben mochte oder anfangs geglaubt hatte; der Gegner ging auch weiter und so wurden Parteien.

So haben die wesentlichen Teile eines Systems, Terminologie, Prinzipien und Distinktionen, ebensogut ihren Nutzen als ihren Schaden. Terminologie ist notwendig zur genauen Bestimmung der Sätze, bringt aber auch sehr oft Dunkelheit und Wortphilosophie mit sich. Allgemeine Prinzipien sind notwendig, weil das System entweder keinen Gesichtspunkt hätte, wovon es ausgehen, oder keinen Zweck, worauf es hinarbeiten könnte. Aber es können auch so leicht unrichtige Folgerungen geleitet werden aus allgemeinen Prinzipien oder unrichtige Voraussetzungen angenommen, um ein allgemeines Prinzip daraus folgern zu können. So auch die Distinktionen. Sie sind ebenso nützlich durch die deutliche

Ideen, auf die wir durch sie kommen, als mißlich um der Spitzfündigkeiten willen, auf die wir durch sie gebracht werden können.

Aber um nicht weiter auszuschweifen, als mein Zweck ist, schließe ich mit der Überzeugung, daß ein andrer, dem es weniger an Zeit und Kräften mangelt, diesen Versuch um vieles bestimmter und vollständiger ausgeführt haben würde, und mit der gehorsamsten Bitte, *Euer Hochwürden* wollen diesen unreifen Aufsatz mit gütiger Nachsicht aufnehmen.

GESCHICHTE DER SCHÖNEN KÜNSTE UNTER DEN GRIECHEN

BIS ZU ENDE DES PERIKLEISCHEN ZEITALTERS

Das Vaterland der schönen Künste ist unstrittig Griechenland. Von dieser Seite betrachtet, muß die Entstehung und das Wachstum derselben unter jenem feinen Volke jedem anziehend sein; aber von dieser Seite allein könnte das Interesse einer Geschichte der schönen Künste unter den Griechen nicht so allgemein sein, wenn nicht auch der Philosoph, der politische Historiker, der Menschenkenner Nahrung für ihre Betrachtung darin fänden; denn schon beim ersten flüchtigen Blick fällt es auf, welch einen großen Einfluß die Kunst auf den Nationalgeist der Griechen hatte, wie die Gesetzgeber, die Volkslehrer, die Feldherrn, die Priester aus ihren vergötterten Dichtern schöpften, wie sie die unsterblichen Werke ihrer Bildner für Staat und Religion benutzten, wie Empfänglichkeit für das Schöne sogar auf das Wohl des einzelnen würkte, wie alles nur durch sie lebte und gedieh, wie sie in einem Umfang und in einer Stärke ihre Kraft äußerte, die sie noch nie erreicht hatte und auch bisher nimmer erreichte. Zwar hatte die Kunst unter den Ägyptern und Phöniziern längst einige Reife erlangt, eh wir noch einen Funken von Kultur in Griechenland finden; aber ihre Blüte war zu kurz, und der Grad von Vollkommenheit, den sie dort erreichte, wurde von zu vielen unwesentlichen Künsteleien verunstaltet, als daß sie hätte ein Muster für die Nachwelt abgeben können. Der Orient war nicht für die Kunst, am wenigsten für die bildende. Das feurige Klima brachte ganz natürlich eher Karikaturen von Körpern und Geistern hervor als das gemäßigte Griechenland. Der Orientalismus neigt sich mehr zum Wunderbaren und Abenteuerlichen; der griechische Genius verschönert, versinnlicht. Das erste Griechenland war daher kaum von den Ägyptern, die ungefähr im Jahr der Welt 2026 unter Cekrops nach Attika gekommen waren, von den Phöniziern – die im Jahr 2489 unter Kadmus sich in Böotien niedergelassen hatten – auf ihre Vorzüge aufmerksam gemacht worden, so zeigte sich schon die Kunst im Keime. Die Phantasie, die sich überhaupt zuerst entwickelt und den jugendlichen Verstand, der die etwas tief liegenden Ursachen noch nicht erforschen kann, mit Erdichtungen und Personifikationen schadlos hält, macht das schauerlicherhabne Religionssystem der Ägypter menschlicher: der freie, heitere Grieche konnte sich nicht gewöhnen an die gebietrische und zum Teil fürchterliche Dämonen des Orients, dessen Charakter überhaupt strenge Monarchie unter seinen eigentümlichen Merkmalen hat, mag nun der Monarch ein Dämon oder ein Mensch sein. Der Grieche dichtete seinen Göttern körperliche Schönheit an, weil sie einer seiner nationellen Vorzüge war; er gab ihnen fröhliche Laune, gemischt mit männlichem Ernst, weil das sein Eigentum war; er gab ihnen Empfänglichkeit für das Schöne, ließ sie um der Schönheit willen zur Erde niedersteigen, weil er von sich schloß und so alles ganz natürlich fand. So wurden seine Heroen Göttersöhne; und so entstanden die Mythen. Diese wurden bald von Dichtern bearbeitet: ihre Gesänge waren die einzigen Quellen der Religion und Urgeschichte und wurden daher, neben andern Ursachen, auch deswegen mit unbegrenzter Achtung verehrt. Die Griechen vergötterten ihren Orpheus wie ihren Herkules. Sie malten die gewaltigen Würkungen seiner Leier aus, wie die Taten ihrer Heroen. Orpheus war auch, wie Ossian, Barde und Held. Er nahm an den Abenteuern seiner Zeitgenossen, Jasons, Kastors und Pollux', Peleus' und Herkules', selbst teil: so besang er den Argonautenzug. Seine Hymnen, wie der auf die Sonne, scheinen noch das Gepräge des Orientalismus zu haben, wenigstens eine entfernte Würkung des Sonnendienstes und einiger andern dahingehöriger Ursachen zu sein. Seine Jünger, oder Freunde, waren Linus und Musäus. Er wendet sich in seiner Begeisterung oft an sie. Dies sind die einzigen Sänger des griechischen Altertums, die wir kennen. – Auch die Bildhauerkunst fing schon damals an aufzublühen. Dädalus schnitzte Bilder in Holz. Es waren noch zu Pausanias' Zeit einige von ihnen übrig, und dieser Schriftsteller sagt von ihnen, ihr Anblick habe bei all ihrer Unförmlichkeit etwas Göttliches gehabt. Einer von Dädalus' Schülern war Endoeus. Sein Zeitgenosse war der Äginer Smilis, Eukles' Sohn. Das dunkle Altertum erlaubt nicht anders, als fragmentarisch, und auch das Fragmentarische noch sehr ungewiß darzustellen. Doch sehen wir auch in diesen Spuren, die uns aus dieser Zeit übrig geblieben sind, das künftige ästhetische Volk zum voraus. Überall war Freiheit, froher Heldenmut, sinnliche Schönheit und Bewußtsein derselben. Zum Beweise des letztern dient die Stelle, die Winckelmann[1] aus dem Kommentar des Eustatius ad Iliadem T. I, pag. 1185 coll. Palmari exercitationibus in auctores Graecos pag. 448 anführt, daß schon zur Zeit der Herakliden in der Landschaft Elis am Flusse Alpheus Wettspiele der Schönheit angerichtet worden sind.

Bald nachher entstand der Trojanische Krieg[2], diese so fruchtbare Quelle für die Kunst der Enkel. Der erste, der daraus schöpfte, ist auch der größte, es ist Homer. Die Seelenkräfte müssen in einer bewunderungswürdigen Stärke ihm eigen und in einem ebenso großen Ebenmaße gewesen sein. Seine Empfänglichkeit für das Schöne und Erhabene, seine

1 Winckelmanns Gesch. der Kunst des Altertums. 1. T., 4. Kap., 1. Stück.
2 Im Jahr d. W. 2790.

Phantasie, sein Scharfsinn wurden in Griechenland nur selten von der Natur wiederholt, und bei den Abendländern scheint sie in mehreren Jahrhunderten nur einmal zu zeigen, daß sie noch die alte Meisterin sei. Aber beinah ebenso großen Anspruch auf die Unsterblichkeit seiner Gesänge haben die Umstände, unter denen er sie sang. Seiner Empfänglichkeit für das Schöne und Erhabene bot sich das paradiesische Ionien dar, seiner Phantasie die griechische Religion und Tradition, seinem Scharfsinn die mannigfaltigen Gegenstände, die er auf seinen Reisen zu beobachten fand. Die Charaktere, die Feste, die Leibesübungen, die Regierungsarten der Griechen – alles trug bei, um Homer zum Einzigen zu machen. Das *Menschliche* und Nationelle seiner Gesänge, das ihn bei den Neuern so manchem Tadel aussetzte, scheint eine der Hauptursachen gewesen zu sein, warum er den Griechen ihr Alles ward, warum ihn Staatsmann und Feldherr, Künstler und Philosoph studierten, warum ihn das sonst so flüchtige Volk so oft hörte und ebensooft entzückt ward über ihn. Von seinem Leben ist weniges Zuverlässiges auf unsre Zeiten gekommen. Köppe[1] glaubt nach unparteiischen Zeugen des Altertums behaupten zu können, Chios sei entweder seine Vaterstadt oder doch der Ort gewesen, an dem er am meisten gelebt habe. Ebenderselbe setzt ihn in die Zeit der Ionischen Wandrung oder 140 Jahr nach dem Trojanischen Kriege.

– – – sed proximus illi[2]
Hesiodus memorat Divos Divumque parentes
Et Chaos enixum terras. etc.

sagt M. Manilius. – Einige wollen aus der Einfalt seiner Gesänge schließen, er sei älter gewesen als Homer; andere, unter diesen Cicero, glauben, er habe um ein Jahrhundert später gelebt. Die meisten stimmen überein, daß er ein Zeitgenosse Homers gewesen sei. Man las auf einem Dreifuße das Epigramm:

1 Über Homers Leben und Gesänge. 1. Stück.

2 *Αστρονομικων libro secundo.*

Ησιοδος Μουσαις ῾Ελικωνισι τον δ᾽ανεθηκε
ὑμνῳ νικησας ἐν Χαλκιδι θειον ῾Ομηρον.

Ein ehrwürdiger Wettstreit, der Wettstreit zwischen Homer und Hesiod! Das vorzüglichste, was wir von diesem haben, ist das Lehrgedicht *ἐργα και ἡμεραι* betitelt. Überall findet man darin das Gepräge einer sanften Seele; und die Sage, daß ihm, als er seines Vaters Herde weidete, die Musen den Lorbeer zu kosten gegeben haben, wird uns sehr natürlich, wenn wir seine treffenden Schilderungen der Natur lesen, die vermutlich sein Dichtertalent schon frühe weckte und noch im hohen Alter nährte. Seine Sittensprüche haben viele Ähnlichkeit mit denen in Salomons Sprüchwörtern. Seine Sprache ist unerreichbar in Rücksicht auf Wohlklang. Die Thespier setzten ihm eine eherne Bildsäule; eine andere ward ihm in dem Tempel Jupiters Olympius errichtet. Die andern Schriften, die von ihm auf uns gekommen sind, sind die Theogonie und das Fragment: Schild des Herkules. Ein Jahrhundert nach Homer und Hesiod[1] brachte Lykurg die Gesänge Homers von Ionien nach Griechenland. Er schöpfte einen großen Teil seiner Gesetze daraus.

Wieder ein Jahrhundert vergeht, an Nachrichten und Produkten so unfruchtbar als das vorige. Aber jetzt beginnen die Olympiaden[2] und mit ihnen mehrere und bestimmte Kunden des Altertums. Die Olympischen Spiele hatten großen Einfluß auf die Kunst. Die Natur hatte schon das Ihrige zur Schönheit der Körper beigetragen: in den Wettkämpfen bildeten sie sich aus. Hier war es, wo die griechischen Künstler ihre Ideale männlicher Schönheit auffaßten. Überdies ward in folgenden Zeiten die Sitte allgemein, den Siegern Bildsäulen zu setzen. In den heiligsten Orten standen sie und wurden vom Volke beurteilt und gerühmt, für den Künstler und Athleten ein gleich mächtiger Sporn!

Corsinus in seinen „Fastis Atticis“ nennt uns viele Meister des Altertums, von deren Werken zum Teil auch nicht eine

1 Jahr d. W. 3100.
2 Jahr d. W. 3208.

Spur mehr übrig ist. Doch reicht schon ihr Name und die Benennung ihrer Produkte hin, sich einen Begriff von dem Umfang der schönen Künste unter den Griechen zu machen. In der ersten Olympiade führt er den Arktinus von Milet und Eumelus von Korinth an. Der erste schrieb eine Äthiopide und eine Zerstörung Iliums. Einige halten ihn für einen Schüler von Homer, andere für den ältesten Dichter, weil Dionysius[1] von Halikarnaß sagt: *παλαιωτατος ὧν ἡμεις ἰσμεν ποιητης 'Αρκτινος*. Vermutlich war aber dies nur in Rücksicht auf den Stoff, den er abhandelte. Eumelus schrieb ein: *Προσωδιον εἰς Δηλον*, ein Gedicht von den Bienen, eine Europe. In der sechsten Olympiade führt Corsinus den Syrier Antimachus an, nach Plutarchs „Romulus". In die 15. Olympiade setzt er den Archilochus, nach Scaliger, welcher ad Quaestiones Tusculanas, L. 1, c. 1 anmerkt, der Dichter habe unter Dionys zur Zeit des Romulus gelebt. Er soll in der Schlacht unter den Händen eines Chalondas gefallen sein. Er ist der Erfinder der Jamben.

Von der achtzehnten Olympiade an haben wir auch wieder Nachrichten von der bildenden Kunst. Bularchus stand auf. Er ist der erste griechische Maler, den wir kennen. Winckelmann sagt nach Plinius, unter seinen Gemälden sei eine Schlacht mit Gold aufgewogen worden. Die Malerei war vor dem Trojanischen Kriege noch unbekannt. Es ist natürlich, daß dieser Teil der Kunst später ist, als die Bildhauerei, da die Malerei sich schon mehr von der Natur entfernt. Ein Zeitgenosse des Bularch war ohne Zweifel Aristokles aus Kreta. Zu Elis stand ein Herkules von seiner Hand.[2]

Ich komme nun wieder auf einen großen Dichter, den kriegerischen Tyrtäus. – Die Lazedämonier befragten in ihrem Kriege mit den Messeniern das Orakel zu Delphi um einen Feldherrn. Es wies sie an die Athener. Diese gaben ihnen zum Schimpf ihren hinkenden Poeten. Tyrtäus wurde dreimal geschlagen. Die Lazedämonier wollten schon ihr Heer

1 Antiqq. Libr. I Rom. pag. 55.
2 Winckelm. Gesch. der Kunst des Altert. 2. T., pag. 317.

zurückziehen: nun trat der Dichter auf. Vaterlandsliebe und Tapferkeit atmeten seine Gesänge. Die begeisterten Lazedämonier siegten entscheidend und dankten dem großen Manne mit dem Bürgerrecht.[1] Vier Kriegslieder sind noch von ihm übrig. Er soll deren fünf Bücher, Elegien und Lebensregeln geschrieben haben.

Um diese Zeit ungefähr lebte Arion von Methymna.[2] Er sang seine Gesänge zur Leier, erfand die Dithyramben und begleitete sie mit Rundtänzen. Sein Zeitgenosse war vermutlich Terpander. Er fügte den vier Saiten der Leier drei neue hinzu, verfertigte für verschiedene Instrumente Gesänge, die zum Muster dienten, führte neue Rhythmen in der Dichtkunst ein und brachte Handlung und Leben in die Hymnen, die für den musikalischen Wettstreit bestimmt waren. Er zeichnete auch die Gesangsweise der Homerischen Rhapsodien mit Noten vor.[3] Ich berühre einen Umstand von Terpander, der einiges Licht wirft auf den Nationalgeist der damaligen Griechen, besonders der Lazedämonier. Diese belangten den Terpander gerichtlich, daß er durch seine Erfindung der siebensaitigen Leier die Einfalt der Musik verdorben und sie weichlich und tändelnd gemacht habe. Doch sprachen sie ihn nachher wieder frei und verwiesen es dem Timotheus sehr ernst, der ihren nun beliebten sieben Saiten vier neue hinzufügte.[4] In dieses Zeitalter setzt Corsinus auch den Lesches von Lesbos und den Lydier Alkman.[5] Dieser kam nach Messoates, einem lazedämonischen Flecken, ward Sklave bei einem Agesites, seine Talente erwarben ihm bald die Achtung des Manns. Er ward freigelassen und bildete sich zum lyrischen Dichter. Vor der 40. Olympiade ging Kleophantus von Korinth mit Tarquinius Priscus nach Italien und zeigte da den Römern griechische Malerei.[6] Noch zu

1 Iustinus Libr. V. cap. III.
2 Anacharsis 2. T., pag. 48. Deutsche Übers.
3 Anacharsis 2. T., pag. 48. Deutsche Übers.
4 Corsinus Fast. Att. Tom. III. Olymp. 34.
5 Corsinus Fast. Att. Tom. III. Olymp. 30.
6 Winckelm. Gesch. der Kunst des Altert. 2. T., pag. 321.

Plinius' Zeiten war in Lanuvium von seiner Hand eine Atalanta und eine Helena übrig.

Um diese Zeit wurde vermutlich Xenophanes von Kolophon geboren.[1] Er schrieb seine Taten. In ebendiese Zeit fällt unfehlbar Mimnermus. Le Fèvre sagt von ihm[2]: „Es ist sehr wahrscheinlich, daß er einige seiner Werke unter dem großen Cyrus verfertigt hat. Man hat Fragmente genug von diesem Schriftsteller, um mit Grund behaupten zu können, Mimnermus sei ein vorzüglich schöner Geist und eine der größten Zierden des Altertums gewesen, besonders wo er die schönen Freuden der Liebe sang. Sein Ausdruck ist sehr angenehm: überall herrscht darin die Fülle des griechischen Altertums. Man bemerkt ohne Mühe, daß Mimnermus sehr leicht gearbeitet haben muß; man kann ihn sogar in einigen Stücken mit dem Ovid vergleichen, nur daß der Ausdruck des Römers nicht so gedrängt und voll ist wie der des Griechen."

Die Versuche, die seit Homer und Hesiod in der Epopee und im Lehrgedicht gemacht wurden, scheinen ihr Dasein nicht sowohl der Kultur und den originellen Köpfen ihrer Verfasser, als den begeisternden Gesängen Homers und Hesiods zu verdanken zu haben. Tyrtäus, Archilochus und Mimnermus machen freilich eine Ausnahme. Ob mehrere, ob nicht einmal diese, getrau ich mir nicht zu behaupten. Nun[3] aber tritt im Dichterlande Ionien wieder ein Paar auf, das in seiner Art so originell, so feurig und sanft in Phantasie und Empfindung, so hinreißend in seiner Darstellung, Ausdrücken und Wendungen ist, wie Homer und Hesiod: Es ist Alcäus und Sappho. Beeder dichtrischer Wert ist von Jahrhunderten, ist von dem feinsten Beurteiler, von Horaz anerkannt. Oft erinnert er sich in seinen Gesängen des hitzigen Alcäus, der unglücklichen Sappho, die ihn einesteils gebildet hatten. Sappho ist von den meisten Kriti-

1 Corsinus Fast. Att. Tom. III. Olymp. 37.

2 Les vies des poëtes grecs. En Abregé par M. le Fèvre avec les Remarques de M. Reland, à Basle 1766, pag. 41.

3 Olympias 44. Corsinus Fast. Att. Tom. III.

kern und Literatoren hart beurteilt worden. Wer wollte aber einem Weibe, wie sie war, jetzt noch Ausschweifung vorwerfen; wer bemitleidet sie nicht lieber, wenn sie von ihrem Volke geschmäht, von Phaon verlassen und verachtet, aus ihrem Vaterlande flieht! wenn sie, deren Talente und Bildung sie so viel zu fodern berechtigten, sie, die sich über tausend ihrer Zeitgenossinnen erhaben sah, von jeder Freude des Lebens ausgeschlossen, von keiner Seele bedauert, im Gedränge des Mißgeschicks und der Leidenschaft sich vom Felsen stürzt! Wer bewundert sie nicht lieber, wenn er sieht, wie, ungeachtet ihrer niederdrückenden Schicksale, ihr kühner männlicher Geist sich im Gesang erhebt, wie sie mit solcher unnachahmlichen Heftigkeit ihre Empfindungen schildert und doch dabei so genau, wie der kalte Beobachter, jede kleine Bewegung derselben belauscht! Wer bewundert sie da nicht lieber, als daß er ihr Laster vorwirft, die entweder helle Schmähungen oder die unwillkürlichen Äußerungen ihrer unglücklichen Liebe sind. Die Nachwelt nannte sie die zehnte Muse; mehrere Anthologisten haben ihr eine Blume gestiftet.[1] Ungefähr in der 105. Olympiade ward ihr eine Bildsäule errichtet von Silanion, dem berühmtesten Bildhauer seiner Zeit. Alcäus' Leben ist ebenso interessant durch die ewigen Unruhen und Abwechslungen, in denen er besonders in jüngern Jahren umhergeworfen wurde. Der Grund davon lag in seinem unüberwindlichen Ehrgeiz. Wir bedauren den wilden Mann nicht so gerne wie die unglückliche Sappho. Alcäus wollte sich Heldenruhm erringen und ward geschlagen; Alcäus fachte Aufruhr an und ward verbannt. Was war zu tun, Alcäus tröstete sich mit Wein und Liebe. Im Jugendfeuer hatte er Oden wider die Tyrannen geschrieben; im geschmeidigen Alter besang er die Götter der Freude, seine Liebes- und Kriegsabenteuer, seine Reisen und seine Verbannung. Mit ebender Heftigkeit, ebender hinreißenden Darstellung, mit welcher Sappho ihre Empfindungen schildert, spricht Alcäus von Schlachten und

1 Cephalae Anthol. graeca a Reiskio edita. Lips. 1754.

Tyrannen. Ebenso meisterhaft wie Sappho trifft er im Gegenteil das Sanfte und Anakreontische. Auf beeder Schicksale und Geistesarbeiten mag das Klima und die Kultur ihres Vaterlandes großen Einfluß gehabt haben.

Bisher war Ionien meist der Gegenstand meiner Geschichte. Ich komme nun auf die Athener, um beinah auf immer unter ihnen zu verweilen. Bisher war es fast einzig die Dichtkunst, und auch diese nur in einzelnen Teilen, die in Griechenland blühte. Unter den Athenern erreichten die schönen Künste eine Vollkommenheit und eine Mannigfaltigkeit wie unter keinem Volke der Vor- und Nachwelt. Trauerspiel, Ode und Lied, Bildhauerei, Malerei und Baukunst wurden unter ihnen Ideale aller folgenden Zeiten. Wir treffen unter ihnen überall Vorbereitungen zu der großen Periode an, wo alle jene Vorzüge sich zu entwickeln anfingen. Solon[1] verband mit den Talenten des Gesetzgebers auch dichterische. Solon drang überall auf die genaue Verbindung der Kunst und der Bildung des Volks. Er verordnete, daß kein Redner sich in die öffentlichen Geschäfte mischen sollte, ohne sich vorher einer genauen Prüfung über sein Leben unterworfen zu haben. Er nahm sich auch Homers an. Die Rhapsoden konnten oft an einem Orte sich immer wiederholen, zogen das, was zu einem einzelnen Teile gehörte, zu einem andern hinüber oder setzten sich aus verschiedenen Teilen einen einzelnen besondern zusammen, kurz, sie verunstalteten die unsterblichen Gesänge so, daß ihre ganze Vortrefflichkeit darzu gehörte, wenn ihr Wert in den Augen des Volks nicht unendlich viel verlieren sollte. Solon verbot diese willkürlichen Zusammensetzungen und Wiederholungen. Auch die Tyrannen, die auf ihn folgten, förderten die schönen Künste. Sie wollten, wie unter den Römern August, die Aufmerksamkeit des Volks dardurch von seiner politischen Lage ablenken. Indes tut ihre Absicht nichts zur Sache. Pisistrat brachte die zerstreuten Gesänge Homers in die Ordnung, in welcher wir sie noch

1 Jahr d. Welt 3413.

haben.[1] Er verschönerte Athen durch Tempel, Gymnasien und Brunnen. Das Muster der Architektur, Jupiters Tempel, ward unter ihm angefangen.[2] Zu seiner Zeit lebten Phocylides, Äsop und Theognis. Theognis war aus Attika, Phocylides aus Milet. Von jenem haben wir noch Sittensprüche, das Lehrgedicht aber, das wir unter Phocylides' Namen haben, ist wahrscheinlich von einem andern.[3] Äsop war aus Cottieum in Phrygien. Er ward als Sklave geboren und bildete da im stillen die Menschenkenntnis, die gemeinnützige Lebensweisheit, die in seinen Fabeln unverkennbar ist. Ein Philosoph von Samos schenkte ihm endlich wegen seiner Talente die Freiheit. Er war auch mehr zu dieser geboren: ihm war der Mensch – Mensch. Er sagte dem Tyrannen Pisistrat bittere Wahrheiten. Ebendiese Wahrheitsliebe mag ihm den Haß der Delphier zugezogen haben. Die Grausamen fanden bald einen Vorwand, ihn von einem Felsen zu stürzen.[4] Hipparch, Nachfolger und Sohn Pisistrats, nahm sich der schönen Künste mit ebender Absicht, mit ebendem Eifer, mit ebenden Talenten an wie sein Vater. Er brachte kurze Sittensprüche in Verse, ließ sie in sogenannte Hermessäulen graben und sie an öffentlichen Plätzen aufstellen. Er veranstaltete, daß die von seinem Vater geordneten Gesänge zu einer bestimmten Zeit während den Panathenäen vorgelesen wurden.[5] Er begünstigte den Anakreon und Simonides. Anakreon war ein Teer und hielt sich bei dem Tyrannen Polykrates in Samos auf. Von da ließ ihn Hipparch zu sich bringen: er kehrte aber nach des Tyrannen Tode wieder in sein Vaterland und starb im 85. Jahre seines heitern Lebens.[6] Der Geist seiner Lieder ist allbekannt. Simonides war ein didaktischer Dichter aus Iulis in Ceos. Er ward in der 55. Olympiade geboren und starb in

1 Cicero de oratore Libr. III, § 33.
2 Anacharsis 2. T., pag. 285. Deutsche Übers.
3 Hambergers zuverlässige Nachrichten pag. 110.
4 Hamberger pag. 104. Corsinus Fast. Att. Tom. III. Olymp. 54.
5 Anacharsis. Deutsche Übers. 2. T., pag. 174.
6 Hamberger pag. 112.

der 78. Noch im 80. Lebensjahre erhielt er den Preis in der Dichtkunst.[1]

Auch die *Bildhauerei* hatte seit Solon einen größeren Umfang gewonnen. Ihr Geist war jetzt *systematischidealisch*. Die feinorganisierten Griechen konnten nicht wie die Ägypter in das Wunderbare und Groteske fallen, wenn sie ihre Götter und Götterhelden bildeten. Sie sammelten sich also aus deren in der Natur verstreuten Vorzügen ein Ganzes und bildeten darnach ihre Götter und Götterhelden, mit dem Unterschiede, daß in jenen erhabene Ruhe, in diesen sichtbare hervorspringende Kraft das Charakteristische war. So wurde die Bildhauerei idealisch; aber die Künstler bemerkten bald, wie der idealische Entwurf der Phantasie sich so gerne verliert: sie suchten also gewisse Regeln anzugeben, nach denen jenes Charakteristische ihrer Ideale in das Verhältnis derselben zu dem Ganzen, die Proportion sich ausführen ließe. Und so ward die Bildhauerei systematischidealisch. Jene Regeln wurden aber bald von Meistern und Schülern zu getreu befolgt; daraus entstand Einförmigkeit, Härte in den Umrissen, Mangel an Ausdruck in Götterfiguren, unnatürliche Biegungen, übertrieben-starke Muskeln in den Heroen. In Winckelmanns Geschichte der Kunst des Altertums ist zu Ende des vierten Stücks des ersten Kapitels ein Karniol aus dem Stoßischen Museum abgezeichnet, der den Vater Achills, Peleus, vorstellt, wie er dem Flusse Sperchion in Thessalien gelobet, ihm die Haare seines Sohnes zu geben, wenn er gesund von Troja zurückkehren würde. Peleus beugt sich seitwärts über ein Becken hin und schüttelt Wassertropfen aus seinen Locken. Aber die Biegung des Körpers ist so gewagt, die Sehnen sind so angespannt, die Muskeln so herausgetrieben, daß uns um den Helden bange wird. In dieser Periode der Bildhauerei gibt Plinius[2] zuerst den Dipoenus und Scyllis an. Sie waren ungefähr um die 50. Olympiade in Kreta geboren. Sie sind die ersten, die in

1 Hamberger pag. 129.
2 Hist. nat. Libr. 34, c. 4.

Marmor arbeiteten. Von ihrem Vaterlande begaben sie sich nach Sicyon, wo sich vor ihnen oder allererst auf sie die Schule der Bildhauerei bildete. Hier arbeiteten sie einen Apoll, eine Diana und einen Herkules aus. Aber schon vor ihnen hatte, wie Plinius bald darauf sagt, in Chios der Schnitzer Malas, sein Sohn Micciades und sein Enkel Anthermus gelebt. Anthermus' Söhne, Bupalus und Anthermus, beide sehr berühmte Künstler, lebten in der 60. Olympiade. Dieser edle Stamm zählte Künstler unter seinen Ahnen bis zum Anfang der Olympiaden hinauf. Ich übergehe, um der Kürze willen, einige Künstler, die man zu dieser Periode rechnen könnte. Winckelmann[1] führt aus dem Pausanias deren mehrere an. So waren überall Vorbereitungen zu der großen Periode, in welcher die schönen Künste Griechenlands zu einer beinah unerreichbaren Höhe gelangten.

Zwei junge Helden Harmodius und Aristogiton waren's, die zuerst das große Werk der Freiheit begannen. Alles war durch die kühne Tat begeistert. Die Tyrannen wurden ermordet oder verjagt, und die Freiheit war in ihre vorige Würde hergestellt. Nun erst fühlte der Athener seine Kraft ganz. Die beständige Gefährtin der griechischen Größe, die Kunst, tat gewaltige Fortschritte. Treffliche Meister standen auf, um bald von trefflichern Schülern übertroffen zu werden. Äschylus bearbeitete das Trauerspiel, Sophokles vervollkommnete es. Eladas ward Muster für Phidias, Ageladas für Polyklet. Polyklet und Phidias wurden Meister für Jahrhunderte.

Aber plötzlich kam ein Ungewitter über Griechenland, das seine wieder aufblühende Freiheit im Keime zu verderben schien. Xerxes kam mit ungeheurer Heereskraft über den Hellespont. Aber die Griechen taten Wunder. Ihre kleinen Heere demütigten den stolzen Perser so oft, daß er mit Schande zurückkehrte in sein Königreich. Die Griechen sahen sich nun auf dem Gipfel ihrer Größe. Jeder einzelne Staat staunte die Macht des andern an. Jeder suchte dem

1 Gesch. der Kunst des Altert. 2. T., pag. 317.

andern seine Vorzüge zu zeigen. Einen wesentlichen Teil dieser Vorzüge setzten sie besonders in die Vollkommenheit der Kunst – und taten daher alles, diese emporzubringen. Sie hatte nun auch einen ungewöhnlichen Spielraum, ihre Kräfte zu üben. Athen war in der 75. Olympiade von den Persern zerstört worden. Bei seiner Herstellung lebten die Künstler Ageladas und Onatas, Agenor und Glaucias. Ageladas war der Meister Polyklets. Man hatte zu Elis[1] eine Statue von seiner Hand, die den Kleosthenes vorstellte, der in der 66. Olympiade den Sieg erhielt. Auch einen Jupiter bildete er. Onatas aus Regina verfertigte die Säule des syrakusischen Königs Gelon. Agenor die Säulen der Vaterlandsbefreier Harmodius und Aristogiton. Denn die Perser hatten die, so ihnen vier Jahre nach Ermordung des Tyrannen aufgerichtet worden waren, weggeführt. Glaucias aus Ägina die des Theagenes aus Thasus, der 1300mal in den griechischen Spielen gesiegt hatte.[2]

Nichts war dem Genius des damaligen Griechenlands angemessener als das Trauerspiel. Jedes Volk findet etwas Anziehendes in der Darstellung großer Charaktere, Leidenschaften, Handlungen und Begebenheiten. Aber die Religion, die Feste, die Freiheit, die Lebhaftigkeit und der Ernst der Griechen machten sie, wie für jeden Teil der Künste, auch für das Trauerspiel empfänglich. Die Beurteilung eines Stücks von Äschylus war ihnen ebenso wichtig als eine politische Beratschlagung. *Äschylus* schrieb auch ganz im Charakter der damaligen Zeit. Seinen Prometheus muß auch der Kälteste *bewundern*: aber gerührt wird man nicht so leicht in seinen Stücken. Sein Ausdruck ist erhaben, stolz, kriegerisch wie seine Zeitgenossen. Äschylus brachte fünfzig Furien auf die Bühne. Die Kinder starben am Schrecken. Drauf wurde die Anzahl des Chors auf fünfzehn Personen eingeschränkt. Äschylus war auch Held. Man rühmt seine und seiner Brüder Tapferkeit in der Marathonischen Schlacht.

1 Winckelmanns Gesch., pag. 318.
2 Winckelmann 2. T., pag. 327.

Wir haben noch 7 Trauerspiele von ihm. Er war zu Eleusis in Attika in der 63. Olympiade geboren und starb in der 78. Horaz sagt von ihm:

Post hunc (Thespitem) personae pallaeque repertor honestae
Aeschylus, et modicis instravit pulpita tignis,
Et docuit magnumque loqui nitique cothurno.[1]

Wieland übersetzt:

> Nach ihm war Äschylus der zweite, oder
> Vielmehr der wahre Vater dessen, was
> Den Namen eines Heldenspiels
> Mit Recht verdiente, er erfand die Maske
> Und den Kothurn, erweiterte den Schauplatz,
> Veredelte die Kleidung, und was mehr ist,
> Den wahren Ton der tragischen Camöne.

Mit dem Zusatz: „Ich gestehe, daß ich hier aus Ehrfurcht für die göttlichen Manen des Äschylus etwas mehr gesagt habe als Horaz. Indessen ist's in animam Horatii. Denn an seinem Respekt für den Äschylus zu zweifeln, wäre beinahe ebenso große Sünde, als den Dichter der „Eumeniden" und des „Agamemnon" so ohne Zeremonie mit Thespis in eine Kategorie zu werfen."

Äschylus' Zeitgenosse war der Redner *Gorgias.* Diesem ward zu Delphi eine Bildsäule gesetzt.[2] Nun aber treffen wir auf einen Mann, bei dem sich leicht alles vorige vergessen ließe: es ist *Pindarus.* Wir bewundern, die Griechen vergötterten ihn. In der Königl. Halle zu Athen stand seine eherne Bildsäule, mit einem Diadem umkränzt. Zu Delphi ward der Stuhl, auf dem er den Apollo besang, wie eine Reliquie aufbewahrt. Plato nennt ihn bald den göttlichen, bald den weisesten. Man sagte, Pan singe seine Lieder in den Wäldern. Und als der Eroberer Alexander seine Vaterstadt Thebä zerstörte, schonte er das Haus, wo einst der

1 Epist. Libr. II. 3., V. 278–280.
2 Cicero de orat. Libr. III, cap. 32.

Dichter gewohnt hatte, und nahm seine Familie in Schutz. Ich möchte beinahe sagen, sein Hymnus sei das Summum der Dichtkunst. Das Epos und Drama haben größern Umfang, aber eben das macht Pindars Hymnen so unerreichbar, eben das fodert von dem Leser, in dessen Seele seine Gewalt sich offenbaren soll, so viel Kräfte und Anstrengung, daß er in dieser gedrängten Kürze die Darstellung des Epos und die Leidenschaft des Trauerspiels vereinigt hat. Pindar soll sehr viel geschrieben haben: wir haben nur noch die auf die griechischen Spiele verfertigten Siegeshymnen vollständig. Sein Vater soll ein Flötenspieler und auch er soll darin unterrichtet gewesen sein. Pythagoras war sein Lieblingsphilosoph. Er starb ungefähr in der 81. Olympiade.

Nun fehlte nur noch ein Mann, der all die herrlichen Produkte in der Anwendung vereinte, um Griechenland auf den höchsten Grad der Kultur zu bringen. Er kam, und mit ihm die güldene Zeit der Kunst. Ausgerüstet mit all den Talenten, all den Leidenschaften, die das bewürken mußten, was bald bewürkt ward, trat *Perikles* auf. Still und in sich gekehrt, bracht er seine Jugend hin, aber desto gewaltiger waren die Entwürfe, die in der jungen Seele arbeiteten. Beredt wie wenige war er von Natur. Er suchte dieses Talent zur möglichsten Vollkommenheit zu bringen: das hatte seine Ursache. Er stählte seinen Körper durch gymnastische Übungen und erweiterte und veredelte seine Seele durch Philosophie. Auch dies im Hinblick auf seine kühnen Entwürfe. Er war im Äußern dem Pisistrat ganz ähnlich; auch im Innern, seinem Ehrgeiz, seiner Geschmeidigkeit, seinen Planen. Nun trat er zum erstenmal, aber wie's schien, ganz ohne Anspruch, bloß aus Notwendigkeit als Redner auf. Das Volk vergötterte ihn. Die wichtigsten Ehrenstellen wurden ihm angetragen: nach einigen politisch-bescheidenen Umwegen nahm er sie an. Seine Aussichten auf Selbstherrschaft waren die größten: Die Natur begünstigte sie. Sie brachte Genies hervor, die auch ohne sein Zutun den Enthusiasmus der Griechen für die schönen Künste hätten aufs Höchste bringen können, und dieser Enthusiasmus sollte den Perikles zu seinem Zwecke bringen. Doch dies liegt außer dem Bezirk meiner Geschichte. *Sophokles* trat bald mit Vorzügen in die Fußtapfen seines Lehrers Äschylus, die diesem für seinen Ruhm bange machten. Sophokles war ein Athenienser, feingebildet an Leib und Seele, Meister in Musik und Tanzkunst. Im 16. Jahre sang er zur Leier und mit mimischen Tänzen den Athenern ihren Salaminischen Sieg vor, und alles ward für den Jüngling eingenommen. Im 25. Jahr trat er zum erstenmal mit einem Trauerspiel vor sein Volk; bei 20malen gewann er den Preis. Zur Belohnung für seine „Antigone" bekam er die Präfektur von Samus, und endlich ging die Achtung der Athener für den großen Dichter so weit, daß sie ihn dem Perikles als Amtsgenossen in der höchsten Staatsbedienung zugaben. Er starb endlich im 95. Jahr vor Freude über einen Sieg, den ihm eines seiner Trauerspiele errungen hatte. So wie Äschylus im Geist seiner kriegerischen Dezenne schrieb, so Sophokles im Geist seiner kultivierteren Epoche. Ganz die Mischung von stolzer Männlichkeit und weiblicher Weichheit: der reine, überdachte, und doch so warme hinreißende Ausdruck, der den Perikleischen Zeiten eigen war! Überall Leidenschaft von Geschmack geleitet. Sophokles steht zwischen Äschylus und *Euripides* inne. Dieser ist schon weichlicher, empfindsamer.

Ich komme nun an die *Bildhauerei* der Perikleischen Epoche. Plinius ist hier außer Pausanias der einzige, der uns etwas Ausführliches davon geliefert hat. Der erste, größte Künstler aller vergangenen und folgenden Jahrhunderte ist *Phidias*. Er wuchs unter seinem Meister Eladas auf. Das Systematische, das diesem wie allen seinen Zeitgenossen eigen war, die harten Umrisse, die Phidias vor sich sah, lehrten ihn Präzision und war eine nötige Vorbereitung zu seiner Vollkommenheit. Sein Genie fühlte aber bald, daß diese Fesseln die Würkung seiner Kunst merklich einschränkten: er benutzte sie also bloß, um sie nicht von dem Ideal seiner Einbildung zu verlieren. Aber dieses Ideal entsprang unmittelbar aus der schöpferischen Seele. Dieses Ideal war von jeder Schlacke frei, welche vielleicht dem Bilde mehr Ausdruck gegeben, aber eben dardurch die edle Einfalt, das der Bildhauerei so ganz eigentümliche Dekorum verdorben hätte. So ward sein Jupiter. Er war nicht der zürnende Jupiter: Zorn ist vorübergehend, das Bild steht ewig, wie's gebildet ist. Zorn entstellt; das Bild des Griechen sollte schön sein, auch bei der höchsten denkbaren Würde. Der zürnende Jupiter ward also unter Phidias' Händen zum ernsten Jupiter. Majestätische Ruhe charakterisierte die Göttergestalt. Perikles wußte den großen Mann zu schätzen. Unter Phidias' Direktion wurden all die prächtigen Denkmäler des damaligen Athens aufgerichtet. Unter seinen andern Meisterwerken ist eine Minerva das meisterhafteste. Aber diese war die Ursache seines traurigen Todes. Perikles hatte Feinde, wie sich leicht begreifen läßt; aber so mächtig sie und so viel ihrer auch waren, so wagten sie es doch nicht, ihn unmittelbar anzugreifen. Der Haß fiel auf seine verdienten Freunde und Günstlinge. Phidias wurde angeklagt, er habe einen Teil des Golds entwendet, womit er die Säule der Minerva hätte schmücken sollen: Der große Mann rechtfertigte sich, starb aber nichtsdestoweniger in den Ketten. Seine berühmtesten Schüler sind *Alkamenes* von Athen und *Agorakritus* von Paros. Beede verfertigten im Wettstreit eine Venus. Alkamenes gewann den Preis, nicht sowohl aus Verdienst, als weil er ein Athener war. Agorakritus suchte sich an den parteiischen Richtern zu rächen: er verkaufte seine Säule nach Rhamnusium und hieß sie Nemesis. Der zweite, den Plinius in der Reihe der berühmtesten nennet, ist *Polyklet* aus Sicyon. Sein Meister war Ageladas. Er verfertigte eine Bildsäule von solcher herrlicher Gestalt, so vollkommenen Verhältnissen, daß sie die erstaunten Künstler die *Regel* nannten. Der dritte ist *Myron* von Eleutherä. Seine Kuh hat ihn besonders berühmt gemacht. Der vierte ist *Pythagoras* von *Rhegium*, der fünfte *Pythagoras* von *Leontini*. Von beeden ward *Myron* in einem Wettstreite besiegt. Der Leontiner war der erste, welcher Nerven und Adern ausdrückte und in die Bildung der Haare mehr Genauigkeit brachte. In diese Zeit fällt auch die Epoche des *Scopas.* Seine Venus rang in den folgenden Jahrhunderten mit der des Praxiteles um den Vorzug. Er verfertigte mit drei jüngeren Künstlern, dem Bryaxis, Timotheus und Leochares, deren Epoche in die 95. Olympiade fällt, das berühmte Grabmal des karischen Königs Mausolus. Doch ich gehe zu weit über das Perikleische Zeitalter hinaus, da ohnedies von den Malern dieser Epoche, dem Pamphilus und Polygnot, nebst andern, noch so vieles zu sagen wäre, wenn es der Raum gestattete. Ebendeswegen schweig ich auch von der folgenden so fruchtbaren Periode der schönen Künste, die bis auf Alexander den Großen fortgeht. Ich brauche auch nur einen Euripides, Demosthenes, Praxiteles; Lysippus, Menander, Apelles, Zeuxis und das letzte, herrlichste Werk dieser Periode, welches freilich nach andern aus den Zeiten der römischen Kaiser ist, den Laokoon zu nennen, um zu zeigen, wie schön die Kunst noch in der Blüte war, ehe sie unter den Ptolemäern und weiterhin zur Nachahmung heruntersank und nach und nach erstarb.

ZU JACOBIS BRIEFEN ÜBER DIE LEHRE DES SPINOZA

I

1. *Lessing* war ein Spinozist (pag. 2). Die orthodoxen Begriffe von der Gottheit waren nicht für ihn. Er konnte sie nicht genießen. *Εν και Παν!* Anders wußte er nichts. Sollte er sich nach jemand nennen, so wüßte er keinen andern als Spinoza (pag. 12). Kenne man ihn ganz, so sei einem nicht zu helfen. Man soll lieber ganz sein Freund werden. Es gebe keine andre Philosophie als die des Spinoza (pag. 13). –

Wenn der Determinist bündig sein will, muß er zum Fatalisten werden; dann gibt sich das übrige von selbst. – Der

Geist des Spinoza mag wohl kein andrer gewesen sein als das uralte: a nihilo nihil fit. Dieses im abstraktesten Sinne genommen, fand Spinoza, daß durch ein jedes Entstehen in dem Endlichen, durch jeden Wechsel in demselben ein *Etwas aus dem Nichts* gesetzt werde. Er verwarf also jeden *Übergang* des Unendlichen zum Endlichen. Setzte dafür ein *immanentes* Ensoph (pag. 14). – Diesem gab er, insofern es Ursache der Welt ist, weder Verstand noch Willen. Denn der Wille und der Verstand findet *ohne einen Gegenstand* nicht statt. Und zufolge der transzendentalen *Einheit* und absoluten Unendlichkeit der ersten Ursache findet *kein Gegenstand statt.* Und einen Begriff vor seinem Gegenstande hervorzubringen, einen bestimmten Willen zu haben, ehe etwas da, auf das er sich beziehen könnte, sei ungereimt.

So muß man eine unendliche Reihe von Wirkungen annehmen. Der Einwurf, daß eine unendliche Reihe von Wirkungen unmöglich, widerlege sich selbst, weil jede Reihe, die nicht aus *nichts* entspringen soll, schlechterdings eine unendliche, indeterminabilis ist. Und dann sind es nicht bloße Wirkungen, weil die inwohnende Ursache immer und überall ist. Überdies ist die *Vorstellung* von Folge und Dauer bloße *Erscheinung*: nur die Form, welcher wir uns bedienen, das *Mannigfaltige* in dem Unendlichen anzuschauen (pag. 16/17).

2. *Jacobi glaubt* eine verständige persönliche Ursache der Welt. Er sieht die Einwürfe des Spinoza so klar, daß sie beinahe zur Eigentümlichkeit in ihm werden. Aber er hilft sich dadurch, daß er bloß den Hauptteil der spinozistischen *positiven* Lehre angreift. Er schließt aus dem Fatalismus unmittelbar gegen den Fatalismus und alles, was mit ihm verknüpft ist. Wenn es lauter würkende und keine Endursachen gibt, so hat das denkende Vermögen in der ganzen Natur bloß das Zusehen. Sein einziges Geschäfte ist, den Mechanismus der würkenden Kräfte zu begleiten. Auch die Affekten würken nicht, insofern sie Empfindungen und Ge-

danken *mit sich führen.* Und im Grunde bewegt uns ein *Etwas*, das von allen Äußerungen *nichts weiß* und das, *insoferne*, von Empfindung und Gedanke schlechterdings entblößt ist. Empfindung und Gedanke sind nur Begriffe von Ausdehnung, Bewegung, Graden von Geschwindigkeit usw. – a. wendet aber Lessing ein, daß es zu den menschlichen Vorurteilen gehöre, den Gedanken als das erste und vornehmste zu betrachten und aus ihm alles herleiten zu wollen, da doch alles, mitsamt den Vorstellungen, von höhern Prinzipien abhange. Es gebe eine höhere Kraft, die unendlich vortrefflicher sei als die oder jene Würkung. Es könne auch eine Art des Genusses für dieselbe geben, die nicht nur alle Begriffe übersteige, sondern völlig *außer* dem Begriffe liege. Dies hebe aber ihre Möglichkeit nicht auf. – Dem Spinoza habe *Einsicht* zwar über alles gegolten, aber nur insofern, als sie *für den Menschen*, das endliche bestimmte Wesen, das Mittel sei, womit er über seine Endlichkeit hinausreiche. Er sei ferne gewesen, unsre elende Art, nach Absichten zu handeln, für die höchste Methode zu halten und den Gedanken oben zu setzen. – b. gesteht Jacobi, daß er sich von der extramundanen Gottheit keine genügende Vorstellung machen könne, daß die Prinzipia des Leibniz den spinozistischen kein Ende machen. Die Monaden samt ihren vinculis, sagt er, lassen ihm Ausdehnung und Denken, überhaupt *Realität*, so unbegreiflich, als er sie schon gehabt habe. Er wisse da weder rechts noch links. Es sei ihm sogar, als käme ihm noch überdies etwas aus der Tasche. –

Lessing zeigt ihm überdies eine Stelle im Leibniz, die *offenbar spinozistisch* ist. Es heißt da von Gott: *Er befinde sich in einer immerwährenden Expansion und Kontraktion. Dieses wäre die Schöpfung und das Bestehen der Welt.* Und Jacobi findet, daß kein Lehrgebäude so sehr, wie das von Leibniz, mit dem Spinozismus übereinkäme. 1. habe Mendelssohn öffentlich gezeigt, daß die Harmonia praestabilita im Spinoza stehe. – 2. haben beide im Grunde *dieselbe Lehre von der Freiheit*, und nur ein Blendwerk unterscheide ihre Theorie.

Spinoza erläutere unser Gefühl von Freiheit durch das Beispiel eines Steins, welcher dächte und wüßte, daß er sich bestrebt, seine Bewegung, soviel er kann, fortzusetzen (Ep. LXII. Op. Posth. p. 584 et 585).

Leibniz erläutere dasselbe mit dem Beispiele einer Magnetnadel, welche Lust hätte, sich nach Norden zu bewegen und in der Meinung stände, sie drehe sich unabhängig von einer andern Ursache, indem sie der unmerklichen Bewegung der magnetischen Materie nicht inne würde.

Die Endursachen erklärt Leibniz durch einen Appetitum, einen Conatum immanentem (conscientia sui praeditum). Ebenso Spinoza, der, in diesem Sinne, sie vollkommen gelten lassen konnte; und bei welchem *Vorstellung des Äußerlichen und der Begierde das Wesen der Seele ausmachen.*

Bei Leibniz, wie bei Spinoza, setzt eine jede Endursache eine würkende voraus. Das Denken ist nicht die Quelle der Substanz; sondern die Substanz ist die Quelle des Denkens (pag. 17–26).

Jacobi zieht sich aus einer Philosophie zurück, die den vollkommnen Skeptizismus notwendig macht. Er liebt den Spinoza, weil er ihn, mehr als irgendein andrer Philosoph, zu der vollkommenen Überzeugung geleitet hat, daß sich gewisse Dinge nicht entwicklen lassen: vor denen man darum die Augen nicht zudrücken muß, sondern sie nehmen, so wie man sie findet.

Das größte Verdienst des Forschers ist, *Dasein* zu enthüllen und zu offenbaren. Erklärung ist ihm Mittel, Weg zum Ziele, nächster – niemals letzter Zweck. Sein letzter Zweck ist, was sich nicht erklären läßt: das Unauflösliche, Unmittelbare, Einfache (pag. 29–31).

[PREDIGT ÜBER 2. JOH. 7–9]

Meine Freunde!

Seit Anbeginn ehrte nichts die Menschheit so wie die Menschwerdung Christi. Das Wesen, welches das Leben in ihm selber hatte, dessen Dasein einzig unabhängig war, dessen Allmacht unzähliges Leben hervorbrachte, dieses Wesen wird Lehrer der Menschen nicht bloß dadurch, daß es sich als Schöpfer und Regierer der Welt offenbart, sondern in menschlicher Gestalt unterrichtet es die Menschen vom besten Wege zur Glückseligkeit. Dies sagt in meinen Textesworten der Liebling seines Meisters, Johannes. Und nach seiner Anleitung red ich von

der Menschwerdung also, daß ich

1. von Christo als Lehrer der Menschen,
2. von der Glückseligkeit rede, die uns durch Christi Lehre bereitet worden ist.

Meine Freunde!

Christus hat sich vorzüglich dadurch als Lehrer der Menschheit bewiesen, daß er a) die Begriffe von der Gottheit, b) die von unsrer Beziehung auf sie geläutert und befestiget hat.

ad a) Die Anlagen, die wir zur Religion in uns haben, sind so vielen Verirrungen ausgesetzt, daß ohne einen solchen festen Erkenntnisgrund, wie unmittelbare göttliche Offenbarung ist, bei dem ungebildeten Teile der Menschheit Aberglaube, bei dem gebildetern Unglaube oder doch Unruhe über die wichtigsten Gegenstände fast unvermeidlich ist.

Vor beedem sichert uns die Erscheinung Christi auf Erden. So sehr seine göttliche Lehre zu Aberglauben gemißbraucht worden ist, so unverkennbar muß doch jedem unverdorbnen Sinne ihre Reinigkeit und Einfalt sein.

Und wenn je eine Lehre vermögend ist, über Unglauben

und Zweifel zu siegen, so ist es die christliche. Sie beruht auf unwiderlegbaren Tatsachen – auf den Wundern Christi und seiner Apostel, womit diese ihre göttliche Gesandtschaft, jener seine Göttlichkeit bewies.

Was aber die christliche Sittenlehre betrifft, so ist sie so lauter, so für die Menschheit angemessen, daß auch die Feinde des Christentums ihr und dem Herzenskündiger, der sie vortrug, die Ehrfurcht nicht versagen können. Ist irgendein Sittengesetz, welches mit menschlicher Freiheit mehr bestehen könnte als das Gesetz der Liebe? Ist nicht vielmehr eben die reine Liebe zu Gott und der Menschheit sittliche Freiheit, das höchste Gut, das unser Herz beglücken kann? –

Nach allem diesem scheint beinahe überflüssig, noch von der Glückseligkeit zu reden, die uns durch Christi Lehre bereitet worden ist. Diese Glückseligkeit ist aber so ausgebreitet, daß das Wenige, was mir davon zu sagen übrig, die Fülle von Segen noch lange nicht erschöpft, die uns durch die christliche Lehre zuteil worden ist.

Es sei mir vergönnt, meine Freunde, zwei Punkte auszuheben.

Sie lehrt uns a) festes kindliches Vertrauen auf Gott, b) gewisse Hoffnung der Unsterblichkeit.

ad a) Wie sehr lebendiges Vertrauen auf Gott als unsern Vater unser Herz veredle und es über Freuden erhebe, denen es an Schuldlosigkeit und Dauer gebricht, wie eben diese Reinigkeit des Herzens den Menschen für Freuden empfänglich mache, die vielleicht nahe grenzen an die Freuden des Himmels, kann nur der begreifen, der es erfährt.

Auch vermag bei einem solchen Vertrauen keine Sorge, keine fehlgeschlagene Hoffnung, keine unverdiente Mißhandlung den Geist niederzudrücken, denn jenes Vertrauen gibt uns die Überzeugung, daß die Vorsehung durch jede Lage, die uns treffen kann, die wohltätigsten Zwecke entweder in Rücksicht auf uns oder auf unsere Mitmenschen bewirke.

Ebenso mächtigen Einfluß auf unsre Glückseligkeit hat die gewisse Hoffnung eines bessern Lebens. Der Gedanke gibt unaussprechlichen Mut, daß jede Kraft in uns, alles was wir duldeten und taten, fortwirke, daß wenn einst die Harmonie der seelenlosen Natur aufgelöst ist, die viel höhere Harmonie der sittlichen Welt beginnen werde. Und all dies danken wir der Lehre Christi. Lasset uns ihm nachfolgen, daß wir einst, wie er, in seine Herrlichkeit eingehen.

1794 – 1795

[ÜBER DAS GESETZ DER FREIHEIT]

Es gibt einen Naturzustand der Einbildungskraft, der mit jener Anarchie der Vorstellungen, die der Verstand organisierte, zwar die Gesetzlosigkeit gemein hat, aber in Rücksicht auf das Gesetz, durch das er geordnet werden soll, von jenem wohl unterschieden werden muß.

Ich meine unter diesem Naturzustande der Einbildungskraft, unter dieser Gesetzlosigkeit die moralische, unter diesem Gesetze das Gesetz der Freiheit.

Dort wird die Einbildungskraft an und für sich, hier in Verbindung mit dem Begehrungsvermögen betrachtet.

In jener Anarchie der Vorstellungen, wo die Einbildungskraft theoretisch betrachtet wird, war zwar eine Einheit des Mannigfaltigen, Ordnung der Wahrnehmungen möglich, aber zufällig.

In diesem Naturzustande der Phantasie, wo sie in Verbindung mit dem Begehrungsvermögen betrachtet wird, ist zwar moralische Gesetzmäßigkeit möglich, aber zufällig.

Es gibt eine Seite des empirischen Begehrungsvermögens, die Analogie dessen, was Natur heißt, die am auffallendsten ist, wo das Notwendige mit der Freiheit, das Bedingte mit dem Unbedingten, das Sinnliche mit dem Heiligen sich zu verbrüdern scheint, eine natürliche Unschuld, man möchte sagen eine Moralität des Instinkts, und die ihm gleichgestimmte Phantasie ist himmlisch.

Aber dieser Naturzustand hängt als ein solcher auch von Naturursachen ab.

Es ist ein bloßes Glück, so gestimmt zu sein.

Wäre das Gesetz der Freiheit nicht, unter welchem das

Begehrungsvermögen zusamt der Phantasie stände, so würde es niemals einen festen Zustand geben, der demjenigen gliche, der soeben angedeutet worden ist, wenigstens würde es nicht von uns abhängen, ihn festzuhalten. Sein Gegenteil würde ebenso stattfinden, ohne daß wir es hindern könnten.

Das Gesetz der Freiheit aber *gebietet*, ohne alle Rücksicht auf die Hülfe der Natur. Die Natur mag zu Ausübung desselben förderlich sein oder nicht, es gebietet. Vielmehr setzt es einen Widerstand in der Natur voraus, sonst würde es nicht *gebieten*. Das erstemal, daß das Gesetz der Freiheit sich an uns äußert, erscheint es strafend. Der Anfang all unsrer Tugend geschieht vom Bösen. Die Moralität kann also niemals der Natur anvertraut werden. Denn wenn die Moralität auch nicht aufhörte, Moralität zu sein, sobald die Bestimmungsgründe in der Natur und nicht in der Freiheit liegen, so wäre doch die Legalität, die durch bloße Natur hervorgebracht werden könnte, ein sehr unsicheres, nach Zeit und Umständen wandelbares Ding. Sowie die Naturursachen anders bestimmt würden, würde diese Legalität...

[AN KALLIAS]

Ich schlummerte, mein Kallias! Und mein Schlummer war süß. Holde Dämmerung lag über meinem Geiste wie über den Seelen in Platons Vorelysium. Aber der Genius von Mäonia hat mich geweckt. Halbzürnend trat er vor mich, und mein Innerstes bebte wider von seinem Aufruf.

In süßer Trunkenheit lag ich am Ufer unsers Archipelagus, und mein Auge weidete sich an ihm, wie er so freundlich und still mir zulächelte und der rosenfarbne Nebel über ihm wie wohlmeinend die Ferne verbarg, wo du lebst und weiterhin unsre Helden. Sanft und süß wie die schmeichelnde Hand meiner Glycera regte sich die frische Morgenluft an meiner Wange. Ich spielt in kindlichen Träumen mit dem holden Geschöpfe. –

Erschöpft von glühenden Phantasien, griff ich endlich zu meinem Homer.

Zufällig traf ich auf die Stelle, wo der kluge Laërtiade und Diomedes, der wilde, nach dem Schlachttag hingehn nach Mitternacht, durch Blut und Waffen ins Lager der Feinde, wo die Thrazier ermattet von der Arbeit des Tags, ferne von den Feuern der Wächter im tiefen Schlafe liegen. Diomedes wütet wie ein zürnender Löwe unter den Schlafenden ringsumher. Indes bindet Ulysses die trefflichen Rosse zu erfreulicher Beute. Und räumt die Leichname weg, die Diomedes' Schwert traf, daß die Rosse nicht drob scheu würden, und flüstert jetzt dem wilden Gefährten zu, daß es Zeit sei. Dieser sinnt noch auf etwas Kühnes. Entweder will er den Wagen neben ihm, voll von mancherlei Waffen, in die Höhe heben, und forttragen, oder zu den dreizehn Thraziern, die sein Schwert traf, mehrere gesellen. Aber Athene tritt vor ihn und mahnt zur Rückkehr.

Und nun die Siegesfreude nach dem ungeheuren Wagestück! Wie sie von den Rossen springen beim freundlichen Empfang der Waffenbrüder mit Handschlag und süßer Rede! dann ins kühle Meer sich stürzen, den Schweiß abzubaden und die müden Glieder zu stärken, und nun verjüngt und wohlgemut zum Schmause sich setzen und der Beschützerin Athene süßen Wein aus dem Kelche gießen, zum kindlichen Opfer! O mein Kallias! dies Triumphgefühl der Kraft und der Kühnheit!

Dies war auch dir bereitet, rief's mir zu, und ich hätte mein glühendes Gesicht in der Erde bergen mögen, so gewaltig ergriff mich die Scham vor den unsern und Homeros' Helden! Ich bin nun entschlossen, es koste, was es wolle.

Du müßtest sehn, wie ich der ernsten Mahnung meines Herzens gar künstlich fröhliche Farben aufzwang, um sie mir erträglicher zu machen und sie wie einen guten Einfall belächeln und vergessen zu können!

Es scheint, als wäre die Nemesis der Alten nicht sowohl um ihrer Furchtbarkeit als um ihres geheimnisvollen Ursprungs willen als eine Tochter der Nacht dargestellt worden.

Es ist das notwendige Schicksal aller Feinde der Prinzipien, daß sie mit allen ihren Behauptungen in einen Zirkel geraten. (Beweis.)

Im gegenwärtigen Falle würd es bei ihnen lauten: Strafe ist das *Leiden* rechtmäßigen Widerstands und die Folge böser Handlungen. Böse Handlungen sind aber solche, worauf Strafe folgt. Und Strafe folgt da, wo böse Handlungen sind. Sie könnten unmöglich ein für sich bestehendes Kriterium der bösen Handlung angeben. Denn, wenn sie konsequent sind, muß nach ihnen die Folge den Wert der Tat bestimmen. Wollen sie dies vermeiden, so müssen sie vom Prinzip ausgehen. Tun sie dies nicht und bestimmen sie den Wert der Tat nach ihren Folgen, so sind diese Folgen – moralisch betrachtet – in nichts Höherem begründet, und die Rechtmäßigkeit des Widerstands ist nichts mehr als ein Wort, Strafe ist eben Strafe, und wenn mir der Mechanism oder der Zufall oder die Willkür, wie man will, etwas Unangenehmes zufügt, so weiß ich, daß ich bös gehandelt habe, ich habe nun weiter nichts mehr zu fragen, was geschiehet, geschiehet von Rechts wegen, weil es geschiehet.

Nun scheint es zwar, als ob wirklich so etwas der Fall wäre, da wo der ursprüngliche Begriff der Strafe stattfindet, in dem moralischen Bewußtsein. Da kündet sich uns nämlich das Sittengesetz negativ an und kann, als unendlich, sich nicht anders uns ankündigen. Wir sollen etwas nicht wollen, das ist seine unmittelbare Stimme an uns. Wir müssen also etwas wollen, dem das Sittengesetz sich entgegensetzt. Was das Sittengesetz ist, wußten wir aber weder zuvor, ehe es sich unserem Willen entgegensetzte, noch wissen wir es jetzt, da es sich uns entgegensetzt, wir leiden nur seinen Widerstand als die Folge von dem, daß wir etwas wollten, das dem Sittengesetz entgegen ist, wir bestimmen nach dieser Folge den Wert unseres Willens; weil wir Widerstand litten, betrachten wir unsern Willen als böse, wir können die Rechtmäßigkeit jenes Widerstands, wie es scheint, nicht weiter untersuchen, und wenn dies der Fall ist, so kennen wir ihn nur daran, daß wir leiden; er unterscheidet sich nicht von jedem andern Leiden, und mit ebendem Rechte, womit ich vom Widerstande, den ich den Widerstand des Sittengesetzes nenne, auf einen bösen Willen schließe, schließe ich von jedem erlittenen Widerstande auf einen bösen Willen. Alles Leiden ist Strafe.

Es ist aber ein Unterschied zwischen dem Erkenntnisgrunde und Realgrunde. Es ist nichts weniger als identisch, wenn ich das eine Mal sage: ich erkenne das Gesetz an seinem Widerstande, und das andre Mal: ich erkenne das Gesetz um seines Widerstandes willen an. Die sind den obigen Zirkel zu machen genötiget, für die der Widerstand des Gesetzes Realgrund des Gesetzes ist. Für sie findet das Gesetz gar nicht statt, wenn sie nicht seinen Widerstand erfahren, ihr Wille ist nur darum gesetzwidrig, weil sie diese Gesetzwidrigkeit empfinden; leiden sie keine Strafe, so sind sie auch nicht böse. Strafe ist, was auf das Böse folgt. Und bös ist, worauf Strafe folgt.

Es scheint dann aber doch mit der Unterscheidung zwischen dem Erkenntnisgrunde und Realgrunde wenig geholfen zu sein. Wenn der Widerstand des Gesetzes gegen meinen Willen Strafe ist und ich also an der Strafe erst das Gesetz erkenne, so fragt sich einmal: kann ich an der Strafe das Gesetz erkennen? und dann: kann ich bestraft werden für die Übertretung eines Gesetzes, das ich nicht kannte?

Hierauf kann geantwortet werden, daß man, insofern man sich als bestraft betrachte, notwendig die Übertretung des Gesetzes in sich voraussetze, daß man in der Strafe, insofern man sie als Strafe beurteile, notwendig des ...

[URTEIL UND SEIN]

Urteil ist im höchsten und strengsten Sinne die ursprüngliche Trennung des in der intellektualen Anschauung innigst vereinigten Objekts und Subjekts, diejenige Trennung, wodurch erst Objekt und Subjekt möglich wird, die Ur-Teilung. Im Begriffe der Teilung liegt schon der Begriff der gegenseitigen Beziehung des Objekts und Subjekts aufeinander und die notwendige Voraussetzung eines Ganzen, wovon Objekt und Subjekt die Teile sind. „Ich bin Ich" ist das passendste Beispiel zu diesem Begriffe der Urteilung, als *theoretischer* Urteilung, denn in der praktischen Urteilung setzt es sich dem *Nicht-Ich*, nicht *sich selbst* entgegen.

Wirklichkeit und Möglichkeit ist unterschieden, wie mittelbares und unmittelbares Bewußtsein. Wenn ich einen Gegenstand als möglich denke, so wiederhol ich nur das vorhergegangene Bewußtsein, kraft dessen er wirklich ist. Es gibt für uns keine denkbare Möglichkeit, die nicht Wirklichkeit war. Deswegen gilt der Begriff der Möglichkeit auch gar nicht von den Gegenständen der Vernunft, weil sie niemals als das, was sie sein sollen, im Bewußtsein vorkommen, sondern nur der Begriff der Notwendigkeit. Der Begriff der Möglichkeit gilt von den Gegenständen des Verstandes, der der Wirklichkeit von den Gegenständen der Wahrnehmung und Anschauung.

Sein drückt die Verbindung des Subjekts und Objekts aus.

Wo Subjekt und Objekt schlechthin, nicht nur zum Teil vereiniget ist, mithin so vereiniget, daß gar keine Teilung vorgenommen werden kann, ohne das Wesen desjenigen, was getrennt werden soll, zu verletzen, da und sonst nirgends kann von einem *Sein schlechthin* die Rede sein, wie es bei der intellektualen Anschauung der Fall ist.

Aber dieses Sein muß nicht mit der Identität verwechselt

werden. Wenn ich sage: Ich bin Ich, so ist das Subjekt (Ich) und das Objekt (Ich) nicht so vereiniget, daß gar keine Trennung vorgenommen werden kann, ohne das Wesen desjenigen, was getrennt werden soll, zu verletzen; im Gegenteil: das Ich ist nur durch diese Trennung des Ichs vom Ich möglich. Wie kann ich sagen: Ich! ohne Selbstbewußtsein? Wie ist aber Selbstbewußtsein möglich? Dadurch, daß ich mich mir selbst entgegensetze, mich von mir selbst trenne, aber ungeachtet dieser Trennung mich im Entgegengesetzten als dasselbe erkenne. Aber inwieferne als dasselbe? Ich kann, ich muß so fragen; denn in einer andern Rücksicht ist es sich entgegengesetzt. Also ist die Identität keine Vereinigung des Objekts und Subjekts, die schlechthin stattfände, also ist die Identität nicht = dem absoluten Sein.

HERMOKRATES AN CEPHALUS

Du glaubst also im Ernste, das Ideal des Wissens könnte wohl in irgendeiner bestimmten Zeit in irgendeinem Systeme dargestellt erscheinen, das alle ahndeten, die wenigsten durchaus erkennten? Du glaubst sogar, dies Ideal sei jetzt schon wirklich geworden, und es fehle zum Jupiter Olympius nichts mehr als das Piedestal?

Vielleicht! besonders, nachdem man das letztere nimmt!

Aber wunderbar wär es dann doch, wenn gerade diese Art des sterblichen Strebens ein Vorrecht hätte, wenn gerade hier die Vollendung, die jedes sucht und keines findet, vorhanden wäre?

Ich glaubte sonst immer, der Mensch bedürfe für sein Wissen wie für sein Handeln eines unendlichen Fortschritts, einer grenzenlosen Zeit, um dem grenzenlosen Ideale sich zu nähern; ich nannte die Meinung, als ob die Wissenschaft in einer bestimmten Zeit vollendet werden könnte, oder vollendet wäre, einen scientivischen Quietismus, der Irrtum wäre, in jedem Falle, er mochte sich bei einer individuell bestimmten Grenze begnügen oder die Grenze überhaupt verleugnen, wo sie doch war, aber nicht sein sollte.

Das war aber freilich unter gewissen Voraussetzungen möglich, die du mir zu seiner Zeit mit aller Strenge in Anspruch nehmen sollst. Inzwischen laß mich doch fragen, ob denn wirklich die Hyperbel mit ihrer Asymptote vereinigt, ob der Übergang vom ...

1798 – 1799

DER GESICHTSPUNKT, AUS DEM WIR DAS ALTERTUM ANZUSEHEN HABEN

Wir träumen von Bildung, Frömmigkeit p. p. und haben gar keine, sie ist angenommen – wir träumen von Originalität und Selbständigkeit, wir glauben lauter Neues zu sagen, und alles dies ist doch Reaktion, gleichsam eine milde Rache gegen die Knechtschaft, womit wir uns verhalten haben gegen das Altertum. Es scheint wirklich fast keine andere Wahl offen zu sein, erdrückt zu werden von Angenommenem und Positivem oder, mit gewaltsamer Anmaßung, sich gegen alles Erlernte, Gegebene, Positive, als lebendige Kraft entgegenzusetzen. Das schwerste dabei scheint, daß das Altertum ganz unserem ursprünglichen Triebe entgegenzusein scheint, der darauf geht, das Ungebildete zu bilden, das Ursprüngliche, Natürliche zu vervollkommnen, so daß der zur Kunst geborene Mensch natürlicherweise und überall sich lieber mehr das Rohe, Ungelehrte, Kindliche, holt, als einen gebildeten Stoff, wo ihm, der bilden will, schon vorgearbeitet ist. Und was allgemeiner Grund vom Untergang aller Völker war, nämlich, daß ihre Originalität, ihre eigene lebendige Natur erlag unter den positiven Formen, unter dem Luxus, den ihre Väter hervorgebracht hatten (Beispiele, lebhaft dargestellt), das scheint auch unser Schicksal zu sein, nur in größerem Maße, indem eine fast grenzenlose Vorwelt, die wir entweder durch Unterricht oder durch Erfahrung innewerden, auf uns wirkt und drückt. (Ausführung.) Von der andern Seite scheint nichts günstiger zu sein als gerade diese Umstände, in denen wir uns befinden. *Es ist nämlich ein*

Unterschied, ob jener Bildungstrieb blind wirkt oder mit Bewußtsein, ob er weiß, woraus er hervorging und wohin er strebt, denn dies ist der einzige Fehler der Menschen, daß ihr Bildungstrieb sich verirrt, eine unwürdige, überhaupt falsche Richtung nimmt oder doch seine eigentümliche Stelle verfehlt oder, wenn er diese gefunden hat, auf halbem Wege, bei den Mitteln, die ihn zu seinem Zwecke führen sollten, stehen bleibt. (Beispiele lebhaft.) *Daß dieses in hohem Grade weniger geschehe* (vorzüglich ins Auge zu fassen), *wird dadurch gesichert, daß wir wissen, wovon und worauf jener Bildungstrieb überhaupt ausgehe, daß wir die wesentlichsten Richtungen kennen, in denen er seinem Ziele entgegengeht, daß uns auch die Umwege oder Abwege, die er nehmen kann, nicht unbekannt sind, daß wir alles, was vor und um uns aus jenem Triebe hervorgegangen ist,* betrachten als aus dem gemeinschaftlichen ursprünglichen Grunde hervorgegangen, woraus er mit seinen Produkten überall hervorgeht, daß wir die wesentlichsten Richtungen, die er vor und um uns nahm, auch seine Verirrungen um uns her erkennen und nun, aus demselben Grunde, den wir lebendig, und überall gleich, als den Ursprung alles Bildungstriebs annehmen, unsere eigene Richtung uns vorsetzen, die bestimmt wird durch die vorhergegangenen reinen und unreinen Richtungen, die wir aus Einsicht nicht wiederholen, so daß wir im *Urgrunde aller Werke und Taten der Menschen* uns *gleich und einig fühlen mit allen, sie seien so groß oder so klein,* aber in der besondern Richtung, die wir nehmen ...

[ÜBER ACHILL (1)]

Mich freut es, daß du von Achill sprachst. Er ist mein Liebling unter den Helden, so stark und zart, die gelungenste und vergänglichste Blüte der Heroenwelt, „*so für kurze Zeit geboren*“ nach Homer, eben weil er so schön ist. Ich möchte auch fast denken, der alte Poet lass' ihn nur darum so wenig in Handlung erscheinen und lasse die andern lärmen, indes sein Held im Zelte sitzt, um ihn sowenig wie möglich unter dem Getümmel vor Troja zu profanieren. Von Ulyß konnte er Sachen genug beschreiben. Dieser ist ein Sack voll Scheidemünze, wo man lange zu zählen hat, mit dem Gold ist man viel bälder fertig.

[ÜBER ACHILL (2)]

Am meisten aber lieb ich und bewundere den Dichter aller Dichter um seines Achilles willen. Es ist einzig, mit welcher Liebe und welchem Geiste er diesen Charakter durchschaut und gehalten und gehoben hat. Nimm die alten Herrn Agamemnon und Ulysses und Nestor mit ihrer Weisheit und Torheit, nimm den Lärmer Diomed, den blindtobenden Ajax und halte sie gegen den genialischen, allgewaltigen, melancholischzärtlichen Göttersohn, den Achill, gegen dieses enfant gâté der Natur, und wie der Dichter ihn, den Jüngling voll Löwenkraft und Geist und Anmut, in die Mitte gestellt hat zwischen Altklugheit und Roheit, und du wirst ein Wunder der Kunst in Achilles Charakter finden. Im schönsten Kontraste stehet der Jüngling mit Hektor, dem edeln, treuen, frommen Manne, der so ganz aus Pflicht und feinem Gewissen Held ist, da der andre alles aus reicher, schöner Natur ist. Sie sind sich ebenso entgegengesetzt, als sie verwandt sind, und eben dadurch wird es um so tragischer, wenn Achill am Ende als Todfeind des Hektor auftritt. Der freundliche Patroklus gesellt sich lieblich zu Achill und schickt sich so recht zu dem Trotzigen.

Man siehet auch wohl, wie hoch Homer den Helden seines Herzens achtete. Man hat sich oft gewundert, warum Homer, der doch den Zorn des Achill besingen wolle, ihn fast gar nicht erscheinen lasse. Er wollte den Götterjüngling nicht profanieren in dem Getümmel vor Troja.

Der Idealische durfte nicht alltäglich erscheinen. Und er konnt ihn wirklich nicht herrlicher und zärtlicher besingen als dadurch, daß er ihn zurücktreten läßt (weil sich der Jüngling in seiner genialischen Natur vom rangstolzen Agamemnon als ein Unendlicher unendlich beleidiget fühlt), so daß jeder Verlust der Griechen, von dem Tag an, wo man den Einzigen im Heere vermißt, an seine Überlegenheit über die ganze prächtige Menge der Herren und Diener mahnt und die seltenen Momente, wo der Dichter ihn vor uns erscheinen läßt, durch seine Abwesenheit nur desto mehr ins Licht gesetzt werden. Diese sind dann auch mit wunderbarer Kraft gezeichnet, und der Jüngling tritt wechselsweise, klagend und rächend, unaussprechlich rührend, und dann wieder furchtbar so lange nacheinander auf, bis am Ende, nachdem sein Leiden und sein Grimm aufs höchste gestiegen sind, nach fürchterlichem Ausbruch das Gewitter austobt und der Göttersohn, kurz vor seinem Tode, den er vorausweiß, sich mit allem, sogar mit dem alten Vater Priamus aussöhnt.

Diese letzte Szene ist himmlisch nach allem, was vorhergegangen war.

EIN WORT ÜBER DIE ILIADE

Man ist manchmal bei sich selber uneins über die Vorzüge verschiedener Menschen und fast in einer Verlegenheit wie die Kinder, wenn man sie fragt, wen sie am meisten lieben unter denen, die sie nahe angehn, jeder hat seine eigene Vortrefflichkeit und dabei seinen eigenen Mangel; dieser empfiehlt sich uns dadurch, daß er das, worin er lebt, vollkommen erfüllt, indem sich sein Gemüt und sein Verstand für eine beschränktere, aber der menschlichen Natur dennoch gemäße Lage gebildet haben; wir nennen ihn einen natürlichen Menschen, weil er und seine einfache Sphäre ein harmonisches Ganze sind, aber es scheint ihm dagegen verglichen mit andern an Energie und dann auch wieder an tiefem Gefühl und Geist zu mangeln; ein anderer interessiert uns mehr durch Größe und Stärke und Beharrlichkeit seiner Kräfte und Gesinnungen, durch Mut und Aufopferungsgabe, aber er dünkt uns zu gespannt, zu ungenügsam, zu gewaltsam, zu einseitig in manchen Fällen, zu sehr im Widerspruche mit der Welt; wieder ein anderer gewinnt uns durch die größere Harmonie seiner inneren Kräfte, durch die Vollständigkeit und Integrität und Seele, womit er die Eindrücke aufnimmt, durch die Bedeutung, die ebendeswegen ein Gegenstand, die Welt, die ihn umgibt, im Einzelnen und Ganzen für ihn hat, für ihn haben kann und die dann auch in seinen Äußerungen über den Gegenstand sich findet, und wie die Unbedeutenheit uns mehr als alles andere schmerzt, so wäre uns auch der vorzüglich willkommen, der uns und das, worin wir leben, wahrhaft bedeutend nimmt, sobald er seine Art zu sehen und zu fühlen uns nur leicht genug und gänzlich faßlich machen könnte, aber wir sind nicht selten versucht, zu denken, daß er, indem er den Geist des Ganzen fühle, das Einzelne zu wenig ins Auge fasse, daß er, wenn andere vor lauter Bäumen den Wald nicht sehn, über dem Walde die Bäume vergesse, daß er bei aller Seele ziemlich unverständig und deswegen auch für andere unverständlich sei.

Wir sagen uns dann auch wieder, daß kein Mensch in seinem äußern Leben alles zugleich sein könne, daß man, um ein Dasein und Bewußtsein in der Welt zu haben, sich für irgend etwas determinieren müsse, daß Neigung und Umstände den einen zu dieser, den andern zu einer andern Eigentümlichkeit bestimme, daß diese Eigentümlichkeit dann freilich am meisten zum Vorschein komme, daß aber andere Vorzüge, die wir vermissen, deswegen nicht ganz fehlen bei einem echten Charakter und nur mehr im Hintergrunde liegen, daß diese vermißten Vorzüge . . .

ÜBER DIE VERSCHIEDNEN ARTEN, ZU DICHTEN

Man ist manchmal bei sich selber uneins über die Vorzüge verschiedener Menschen. Jeder hat seine Vortrefflichkeit und dabei seinen eigenen Mangel. Dieser gefällt uns durch die Einfachheit und Akkuratesse und Unbefangenheit, womit er in einer bestimmten Richtung fortgeht, der er sich hingab. Die Momente seines Lebens folgen sich ununterbrochen und leicht, alles hat bei ihm seine Stelle und seine Zeit; nichts schwankt, nichts stört sich, und weil er beim Gewöhnlichen bleibt, so ist er auch selten großer Mühe und großem Zweifel ausgesetzt. Bestimmt, klar, immer gleich und moderiert und der Stelle und dem Augenblicke angemessen und ganz in der Gegenwart, ist er uns, wenn wir nicht zu gespannt und hochgestimmt sind, auch niemals ungelegen, er läßt uns, wie wir sind, wir vertragen uns leicht mit ihm; er bringt uns nicht gerade um vieles weiter, interessiert uns eigentlich auch nicht tief; aber dies wünschen wir ja auch nicht immer, und besonders unter gewaltsamen Erschütterungen haben wir vorerst kein echteres Bedürfnis als einen solchen Umgang, einen solchen Gegenstand, bei dem wir uns am leichtesten in einem Gleichgewichte, in Ruhe und Klarheit wiederfinden.

Wir nennen den beschriebenen Charakter vorzugsweise *natürlich* und haben mit dieser Huldigung wenigstens so sehr recht als einer der sieben Weisen, welcher in seiner Sprache und Vorstellungsweise behauptete, alles sei – aus Wasser entstanden. Denn wenn in der sittlichen Welt die Natur, wie es wirklich scheint, in ihrem Fortschritt immer von den einfachsten Verhältnissen und Lebensarten ausgeht, so sind jene schlichten Charaktere nicht ohne Grund die ursprünglichen, die natürlichsten zu nennen.

...
verständiget hat, so ist es für jeden, der seine Meinung darüber äußern möchte, notwendig, sich vorerst in festen Begriffen und Worten zu erklären.

So auch hier.

Der natürliche Ton, der vorzüglich dem epischen Gedichte eigen, ist schon an seiner Außenseite leicht erkennbar.

Bei einer einzigen Stelle im Homer läßt sich eben das sagen, was sich von diesem Tone im großen und ganzen sagen läßt. (Wie überhaupt in einem guten Gedichte eine Redeperiode das ganze Werk repräsentieren kann, so finden wir es auch bei diesem Tone und diesem Gedichte.) Ich wähle hiezu die Rede des Phönix, wo er den zürnenden Achill bewegen will, sich mit Agamemnon auszusöhnen und den Achaiern wieder im Kampfe gegen die Trojer zu helfen.

Dich auch macht ich zum Manne, du göttergleicher Achilles,
Liebend mit herzlicher Treu; auch wolltest du nimmer mit andern
Weder zum Gastmahl gehn, noch daheim in den Wohnungen essen,
Eh ich selber dich nahm, auf meine Knie dich setzend,
Und die zerschnittene Speise dir reicht und den Becher dir vorhielt.
Oftmals hast du das Kleid mir vorn am Busen befeuchtet,
Wein aus dem Munde verschüttend in unbehülflicher Kindheit.
Also hab ich so manches durchstrebt und so manches erduldet
Deinethalb, ich bedachte, wie eigene Kinder die Götter
Mir versagt, und wählte, du göttergleicher Achilles,
Dich zum Sohn, daß du einst vor traurigem Schicksal mich schirmtest,
Zähme dein großes Herz, o Achilleus! Nicht ja geziemt dir
Unerbarmender Sinn; oft wenden sich selber die Götter,
Die doch weit erhabner an Herrlichkeit, Ehr und Gewalt sind.[1]

1 Ich brauche wohl wenigen zu sagen, daß dies Vossische Übersetzung ist, und denen, die sie noch nicht kennen, gestehe ich, daß auch ich zu meinem Bedauern erst seit kurzem damit bekannter geworden bin.

Der ausführliche, stetige, wirklich wahre Ton fällt in die Augen.

Und so hält sich dann auch das epische Gedicht im größeren an das Wirkliche. Es ist, wenn man es (bloß) in seiner Eigentümlichkeit betrachtet, ein Charaktergemälde, und aus diesem Gesichtspunkt durchaus angesehn, interessiert und erklärt sich auch eben die Iliade erst recht von allen Seiten.[1] In einem Charaktergemälde sind dann auch alle übrigen Vorzüge des natürlichen Tons an ihren wesentlichen Stellen. Diese *sichtbare* sinnliche Einheit, daß alles vorzüglich vom Helden aus- und wieder auf ihn zurückgeht, daß Anfang und Katastrophe und Ende an ihn gebunden ist, daß alle Charaktere und Situationen in ihrer ganzen Mannigfaltigkeit mit allem, was geschiehet und gesagt wird, wie die Punkte in einer Linie gerichtet sind auf den Moment, wo er in seiner höchsten Individualität auftritt, *diese* Einheit ist, wie man leicht einsieht, nur in einem Werke möglich, das seinen eigentlichen Zweck in die Darstellung von Charakteren setzt und wo so im Hauptcharakter der Hauptquell liegt.

So folgt aus diesem Punkte auch die ruhige Moderation, die dem natürlichen Tone so eigen ist, die die Charaktere so innerhalb ihrer Grenze zeigt und sie vielfältig sanft abstuft. Der Künstler ist in der Dichtart, wovon die Rede ist, nicht deswegen so moderat, weil er dieses Verfahren für das einzigpoetische hält, er vermeidet z. B. die Extreme und Gegensätze nicht darum, weil er sie in keinem Falle brauchen mag, er weiß wohl, daß es am rechten Orte poetischwahre Extreme und Gegensätze der Personen, der Ereignisse, der Gedanken, der Leidenschaften, der Bilder, der Empfindungen gibt, er schließt sie nur aus, insoferne sie zum jetzigen Werke nicht passen; er mußte sich einen festen Standpunkt wählen, und dieser ist jetzt das Individuum, der Charakter seines Helden, so wie er durch Natur und Bildung

1 Und wenn die Begebenheiten und Umstände, worin sich die Charaktere darstellen, so ausführlich entwickelt werden, so ist es vorzüglich darum, weil diese gerade vor den Menschen, die in ihnen leben, so erscheinen, ohne sehr alteriert und aus der gewöhnlichen Stimmung und Weise herausgetrieben zu sein.

ein bestimmtes eignes Dasein, eine Wirklichkeit gewonnen hat. Aber eben diese Individualität des Charakters gehet notwendigerweise in Extremen verloren. Hätte Homer seinen entzündbaren Achill nicht so zärtlich sorgfältig dem Getümmel entrückt, wir würden den Göttersohn kaum noch von dem Elemente unterscheiden, das ihn umgibt, und nur wo wir ihn ruhig im Zelte finden, wie er mit der Leier sein Herz erfreut und Siegstaten der Männer singt, indessen sein Patroklus gegenübersitzt und schweigend harrt, bis er den Gesang vollendet, hier nur haben wir den Jüngling recht vor Augen.

Also, um die Individualität des dargestellten Charakters zu erhalten, um die es ihm jetzt gerade am meisten zu tun ist, ist der epische Dichter so durchaus moderat.

Und wenn die Umstände, in denen sich die epischen Charaktere befinden, so genau und ausführlich dargestellt werden, so ist es wieder nicht, weil der Dichter in diese Umständlichkeit allen poetischen Wert setzt. In einem andern Falle würde er sie bis auf einen gewissen Grad vermeiden; aber hier, wo sein Standpunkt Individualität, Wirklichkeit, bestimmtes Dasein der Charaktere ist, muß auch die umgebende Welt aus diesem Standpunkte erscheinen. Und daß die umgebenden Gegenstände aus diesem Standpunkte eben in jener Genauigkeit erscheinen, erfahren wir an uns selbst, sooft wir in unserer eigenen gewöhnlichsten Stimmung ungestört an den Umständen gegenwärtig sind, in denen wir selber leben.

Ich wünschte noch manches hinzuzusetzen, wenn ich nicht auszuschweifen fürchtete. Noch setze ich hinzu, daß diese Ausführlichkeit in den dargestellten Umständen bloß Widerschein der Charaktere ist, insoferne sie Individuen überhaupt und noch nicht näher bestimmt sind. Das Umgebende kann noch auf eine andere Art dem Charakter angepaßt werden. In der Iliade teilt sich zuletzt die Individualität des Achill, die freilich auch dafür geschaffen ist, mehr oder weniger allem und jedem mit, was ihn umgibt, und nicht bloß den Umständen, auch den Charakteren. Bei den Kampfspielen, die dem toten Patroklus zu Ehren angestellt werden, tragen merklicher und unmerklicher die übrigen Helden des griechischen Heeres fast alle seine Farbe, und endlich scheint sich der alte Priamus in allem seinem Leide noch vor dem Heroen, der doch sein Feind war, zu verjüngen.

Aber man siehet leicht, daß dies letztere schon über den natürlichen Ton hinausgeht, so wie er bis jetzt betrachtet und beschrieben worden ist, in seiner *bloßen* Eigentümlichkeit.

In dieser wirkt er dann allerdings schon günstig auf uns, durch seine Ausführlichkeit, seinen stetigen Wechsel, seine Wirklichkeit.

[REFLEXION]

Es gibt Grade der Begeisterung. Von der Lustigkeit an, die wohl der unterste ist, bis zur Begeisterung des Feldherrn, der mitten in der Schlacht unter Besonnenheit den Genius mächtig erhält, gibt es eine unendliche Stufenleiter. Auf dieser auf- und abzusteigen, ist Beruf und Wonne des Dichters.

Man hat Inversionen der Worte in der Periode. Größer und wirksamer muß aber dann auch die Inversion der Perioden selbst sein. Die logische Stellung der Perioden, wo dem Grunde (der Grundperiode) das Werden, dem Werden das Ziel, dem Ziele der Zweck folgt und die Nebensätze immer nur hinten angehängt sind an die Hauptsätze, worauf sie sich zunächst beziehen – ist dem Dichter gewiß nur höchst selten brauchbar.

Das ist das Maß Begeisterung, das jedem einzelnen gegeben ist, daß der eine bei größerem, der andere nur bei schwächerem Feuer die Besinnung noch im nötigen Grade behält. Da wo die Nüchternheit dich verläßt, da ist die Grenze deiner Begeisterung. Der große Dichter ist niemals von sich selbst verlassen, er mag sich so weit über sich selbst erheben, als er will. Man kann auch in die Höhe *fallen*, so wie in die Tiefe. Das letztere verhindert der elastische Geist, das erstere die Schwerkraft, die in nüchternem Besinnen liegt. Das Gefühl ist aber wohl die beste Nüchternheit und Besinnung des Dichters, wenn es richtig und warm und klar und kräftig ist. Es ist Zügel und Sporn dem Geist. Durch Wärme treibt es den Geist weiter, durch Zartheit und Richtigkeit und Klarheit schreibt es ihm die Grenze vor und hält ihn, daß er sich nicht verliert; und so ist es Verstand und Wille zugleich. Ist es aber zu zart und weichlich, so wird es tötend, ein nagender Wurm. Begrenzt sich der Geist, so fühlt es zu ängstlich die augenblickliche Schranke, wird zu warm, verliert die Klarheit und treibt den Geist mit einer unverständlichen Unruhe ins Grenzenlose; ist der Geist freier und hebt er sich augenblicklich über Regel und Stoff, so fürchtet es ebenso ängstlich die Gefahr, daß er sich verliere, so wie es zuvor die Eingeschränktheit fürchtete, es wird frostig und dumpf und ermattet den Geist, daß er sinkt und stockt und an überflüssigem Zweifel sich abarbeitet. Ist einmal das Gefühl so krank, so kann der Dichter nichts bessers, als daß er, weil er es kennt, sich, in keinem Falle, gleich schrecken läßt von ihm und es nur so weit achtet, daß er etwas gehaltner fortfährt und so leicht wie möglich sich des Verstands bedient, um das Gefühl, es seie beschränkend oder befreiend, augenblicklich zu berichtigen und, wenn er so sich mehrmal durchgeholfen hat, dem Gefühle die natürliche Sicherheit und Konsistenz wiederzugeben. Überhaupt muß er sich gewöhnen, nicht in den einzelnen Momenten das Ganze, das er vorhat, erreichen zu wollen und das augenblicklich Unvollständige zu ertragen; seine Lust muß sein, daß er sich von einem Augenblicke zum andern selber übertrifft, *in dem Maße und in der Art, wie es die Sache erfordert*, bis am Ende der Hauptton seines Ganzen gewinnt. Er muß aber ja nicht denken, daß er nur im crescendo vom Schwächern zum Stärkern sich selber übertreffen könne, so wird er unwahr werden und sich überspannen; er muß fühlen, daß er an Leichtigkeit gewinnt, was er an Bedeutsamkeit verliert, daß Stille die Heftigkeit und das Sinnige den Schwung gar schön ersetzt, und so wird es im Fortgang seines Werks nicht einen notwendigen Ton geben, der nicht den vorhergehenden gewissermaßen überträfe, und der herrschende Ton wird es nur darum sein, weil das Ganze auf diese und keine andere Art komponiert ist.

Nur das ist die wahrste Wahrheit, in der auch der Irrtum, weil sie ihn im Ganzen ihres Systems in seine Zeit und seine Stelle setzt, zur Wahrheit wird. Sie ist das Licht, das sich selber und auch die Nacht erleuchtet. Dies ist auch die höchste Poesie, in der auch das Unpoetische, weil es zu rechter Zeit und am rechten Orte im Ganzen des Kunstwerks gesagt ist, poetisch wird. Aber hiezu ist schneller Begriff am nötigsten. Wie kannst du die Sache am rechten Ort brauchen, wenn du noch scheu darüber verweilst und nicht weißt, wieviel an ihr ist, wieviel oder wenig daraus zu machen. Das ist ewige Heiterkeit, ist Gottesfreude, daß man alles Einzelne in die Stelle des Ganzen setzt, wohin es gehört; deswegen ohne Verstand oder ohne ein durch und durch organisiertes Gefühl keine Vortrefflichkeit, kein Leben.

Muß denn der Mensch an Gewandtheit der Kraft und des Sinnes verlieren, was er an vielumfassendem Geiste gewinnt? Ist doch keines nichts ohne das andere!

Aus Freude mußt du das Reine überhaupt, die Menschen und andern Wesen verstehen, „alles Wesentliche und Bezeichnende“ derselben auffassen und alle Verhältnisse nacheinander erkennen und ihre Bestandteile in ihrem Zusammenhange so lange dir wiederholen, bis wieder die lebendige Anschauung *objektiver* aus dem Gedanken hervorgeht, aus

Freude, ehe die Not eintritt; der Verstand, der bloß aus Not kommt, ist immer einseitig schief.

Dahingegen die Liebe gerne zart entdeckt (wenn nicht Gemüt und Sinne scheu und trüb geworden sind durch harte Schicksale und Mönchsmoral) und nichts übersehen mag und, wo sie sogenannte Irren oder Fehler findet (Teile, die in dem, was sie sind, oder durch ihre Stellung und Bewegung aus dem Tone des Ganzen augenblicklich abweichen), das Ganze nur desto inniger fühlt und anschaut. Deswegen sollte alles Erkennen vom Studium des Schönen anfangen. Denn der hat viel gewonnen, der das Leben verstehen kann, ohne zu trauern. Übrigens ist auch Schwärmerei und Leidenschaft gut, Andacht, die das Leben nicht berühren, nicht erkennen mag, und dann Verzweiflung, wenn das Leben selber aus seiner Unendlichkeit hervorgeht. Das tiefe Gefühl der Sterblichkeit, des Veränderns, seiner zeitlichen Beschränkungen entflammt den Menschen, daß er viel versucht, übt alle seine Kräfte und läßt ihn nicht in Müßiggang geraten, und man ringt so lange um Chimären, bis sich endlich wieder etwas Wahres und Reelles findet zur Erkenntnis und Beschäftigung. In guten Zeiten gibt es selten Schwärmer. Aber wenn's dem Menschen an großen, reinen Gegenständen fehlt, dann schafft er irgendein Phantom aus dem und jenem und drückt die Augen zu, daß er dafür sich interessieren kann und dafür leben.

Es kommt alles darauf an, daß die Vortrefflichen das Inferieure, die Schönern das Barbarische nicht zu sehr von sich ausschließen, sich aber auch nicht zu sehr damit vermischen, *daß sie die Distanz, die zwischen ihnen und den andern ist, bestimmt und leidenschaftlos erkennen und aus dieser Erkenntnis wirken und dulden.* Isolieren sie sich zu sehr, so ist die Wirksamkeit verloren, und sie gehen in ihrer Einsamkeit unter. Vermischen sie sich zu sehr, so ist auch wieder keine rechte Wirksamkeit möglich, denn entweder sprechen und handeln sie gegen die andern wie gegen ihresgleichen und übersehen den Punkt, wo diesen es fehlt und wo sie zunächst ergriffen werden müssen, oder sie richten sich zu sehr nach diesen und wiederholen die Unart, die sie reinigen sollten; in beiden Fällen wirken sie nichts und müssen vergehen, weil sie entweder immer ohne Widerklang sich in den Tag hinein äußern und einsam bleiben mit allem Ringen und Bitten oder auch, weil sie das Fremde, Gemeinere zu dienstbar in sich aufnehmen und sich damit ersticken.

[ÜBER RELIGION]

Du fragst mich, wenn auch die Menschen, ihrer Natur nach, sich über die Not erheben und so in einer mannigfaltigern und innigeren Beziehung mit ihrer Welt sich befinden, wenn sie auch, inwie*weit* sie über die physische und moralische Notdurft sich erheben, immer ein menschlich höheres Leben leben, so daß ein höherer, mehr als mechanischer *Zusammenhang,* daß ein höheres *Geschick* zwischen ihnen und ihrer Welt sei, wenn auch wirklich dieser höhere Zusammenhang ihnen ihr Heiligstes sei, weil sie in ihm sich selbst und ihre Welt und alles, was sie haben und seien, vereiniget fühlen, warum sie sich den Zusammenhang zwischen sich und ihrer Welt gerade *vorstellen,* warum sie sich eine Idee oder ein Bild machen müssen von ihrem Geschick, das sich, genau betrachtet, weder recht denken ließe noch auch vor den Sinnen liege?

So fragst du mich, und ich kann dir nur so viel darauf antworten, daß der Mensch auch insofern sich über die Not erhebt, als er sich seines Geschicks *erinnern,* als er für sein Leben *dankbar* sein kann und mag, daß er seinen durchgängigern Zusammenhang mit dem Elemente, in dem er sich regt, auch durchgängiger *empfindet,* daß er, indem er sich in seiner Wirksamkeit und den damit verbundenen Erfahrungen über die Not erhebt, auch eine unendlichere, durchgängigere Befriedigung erfährt, als die Befriedigung der Notdurft ist, wenn anders seine Tätigkeit rechter Art, nicht *für ihn*, für seine Kräfte und seine Geschicklichkeit zu weitaussehend, wenn er nicht zu unruhig, zu unbestimmt, von der andern Seite nicht zu ängstlich, zu eingeschränkt, zu mäßig ist. Greift es aber der Mensch nur recht an, so gibt es für ihn, in jeder ihm eigentümlichen Sphäre, ein mehr als notdürftiges, ein höheres Leben, also eine mehr als notdürftige, eine unendlichere Befriedigung. So wie nun jede Befriedigung ein momentaner Stillstand des *wirklichen Lebens* ist, so ist es auch eine solche unendlichere Befriedigung, nur mit *diesem* großen Unterschiede, daß auf die Befriedigung der Notdurft eine *negative* erfolgt, wie z. B. die Tiere gewöhnlich schlafen, wenn sie satt sind, auf eine unendlichere Befriedigung aber zwar auch ein Stillstand des *wirklichen Lebens*, aber daß dieses eine Leben im Geiste erfolgt und daß die Kraft des Menschen das wirkliche Leben, das ihm die Befriedigung gab, im Geiste wiederholt, bis ihn die dieser geistigen Wiederholung eigentümliche Vollkommenheit und Unvollkommenheit wieder ins wirkliche Leben treibt. Ich sage, jener unendlichere, mehr als notdürftige Zusammenhang, jenes höhere Geschick, das der Mensch in seinem Elemente erfahre, werde auch unendlicher von ihm empfunden, befriedige ihn unendlicher, und aus dieser Befriedigung gehe das geistige Leben hervor, wo er gleichsam sein wirkliches Leben wiederhole. Insofern aber ein höherer, unendlicherer Zusammenhang zwischen ihm und seinem Elemente ist in seinem wirklichen Leben, kann dieser weder bloß in *Gedanken* noch bloß im *Gedächtnis* wiederholt werden, denn der bloße Gedanke, so edel er ist, kann doch nur den *notwendigen Zusammenhang*, nur die unverbrüchlichen, allgültigen, unentbehrlichen Gesetze des Lebens wiederholen, und in ebendem Grade, in welchem er sich über dieses ihm eigentümliche Gebiet hinaus und den innigeren Zusammenhang des Lebens zu denken wagt, verleugnet er auch seinen eigentümlichen Charakter, der darin besteht, daß er ohne besondere Beispiele eingesehen und bewiesen werden kann.

Jene unendlicheren, mehr als notwendigen Beziehungen des Lebens können zwar auch gedacht, aber nur nicht *bloß* gedacht werden; der Gedanke erschöpft sie nicht, und wenn es höhere Gesetze gibt, die jenen unendlichern Zusammenhang des Lebens bestimmen, wenn es ungeschriebene göttliche Gesetze gibt, von denen Antigone spricht, als sie, trotz des öffentlichen strengen Verbots, ihren Bruder begraben hatte – und es muß wohl solche geben, wenn jener höhere Zusammenhang keine Schwärmerei ist –, ich sage, wenn es solche gibt, so sind sie, insofern sie bloß für sich und nicht im Leben begriffen werden, vorgestellt werden, unzulänglich, einmal weil in ebendem Grade, in welchem der Zusammenhang des Lebens unendlicher wird, die Tätigkeit und ihr Element, die Verfahrungsart und die Sphäre, in der sie beobachtet wird, also das Gesetz und die besondere Welt, in der es ausgeübt wird, unendlicher verbunden ist und ebendeswegen das Gesetz, wenn es auch gleich ein für gesittete Menschen allgemeines wäre, doch niemals ohne einen besondern Fall, niemals abstrakt gedacht werden könnte, wenn man ihm nicht seine Eigentümlichkeit, seine innige Verbundenheit mit der Sphäre, in der es ausgeübt wird, nehmen wollte. Und dann sind die Gesetze jenes unendlichern Zusammenhangs, in dem sich der Mensch mit seiner Sphäre befinden kann, doch immer nur die Bedingungen, um jenen Zusammenhang möglich zu machen, und nicht der Zusammenhang selbst.

Also kann dieser höhere Zusammenhang nicht bloß in Gedanken wiederholt werden. So kann man von den Pflichten der Liebe und Freundschaft und Verwandtschaft, von den Pflichten der Hospitalität, von der Pflicht, großmütig gegen Feinde zu sein, man kann von dem sprechen, was sich für die oder jene Lebensweise, für den oder jenen Stand, für dies oder jenes Alter oder Geschlecht schicke und nicht schicke, und wir haben wirklich aus den feinern, unendlichern Beziehungen des Lebens zum Teil eine arrogante Moral, zum Teil eine eitle Etikette oder auch eine schale Geschmacksregel gemacht und glauben uns mit unsern eisernen Begriffen aufgeklärter als die Alten, die jene zarten Verhältnisse als religiöse, das heißt als solche Verhältnisse betrachteten, die man nicht sowohl an und für sich, als aus dem *Geiste* betrachten müsse, der in der Sphäre herrsche, in der jene Verhältnisse stattfinden. (Weitere Ausführung.)

Und dies ist eben die höhere Aufklärung, die uns größtenteils abgeht. Jene zartern und unendlichern Verhältnisse müssen also aus dem Geiste betrachtet werden, der in der Sphäre herrscht, in der sie stattfinden. Dieser Geist aber, dieser unendlichere Zusammenhang, selbst . . .

. . .

halten muß, und diesen und nichts anders meint und muß er meinen, wenn er von einer Gottheit redet und von Herzen und nicht aus einem dienstbaren Gedächtnis oder aus Profession spricht. Der Beweis liegt in wenigen Worten. Weder aus sich selbst allein noch einzig aus den Gegenständen, die ihn umgeben, kann der Mensch erfahren, daß mehr als Maschinengang, daß ein Geist, ein Gott, ist in der Welt, aber wohl in einer lebendigeren, über die Notdurft erhabnen Beziehung, in der er stehet mit dem, was ihn umgibt.

Und jeder hätte demnach seinen eigenen Gott, insoferne jeder seine eigene Sphäre hat, in der er wirkt und die er erfährt, und nur insoferne mehrere Menschen eine gemeinschaftliche Sphäre haben, in der sie menschlich, d. h. über die Notdurft erhaben wirken und leiden, nur insoferne haben sie eine gemeinschaftliche Gottheit; und wenn es eine Sphäre gibt, in der alle zugleich leben und mit der sie in mehr als notdürftiger Beziehung sich fühlen, dann, aber auch nur insoferne, haben sie alle eine gemeinschaftliche Gottheit.

Es muß aber hiebei nicht vergessen werden, daß der Mensch sich wohl auch in die Lage des andern versetzen, daß er die Sphäre des andern zu seiner eigenen Sphäre machen kann, daß es also dem einen, natürlicherweise, nicht so schwerfallen kann, die Empfindungsweise und Vorstellung zu billigen von Göttlichem, die sich aus den besondern Beziehungen bildet, in denen er mit der Welt steht – wenn anders jene Vorstellung nicht aus einem leidenschaftlichen, übermütigen oder knechtischen Leben hervorgegangen ist, woraus dann immer auch eine gleich notdürftige, leidenschaftliche Vorstellung von dem Geiste, der in diesem Leben herrsche, sich bildet, so daß dieser Geist immer die Gestalt des Tyrannen oder des Knechts trägt. Aber auch in einem beschränkten Leben kann der Mensch unendlich leben, und auch die beschränkte Vorstellung einer Gottheit, die aus seinem Leben für ihn hervorgeht, kann eine unendliche sein. (Ausführung.)

Also, wie einer die beschränkte, aber reine Lebensweise des andern billigen kann, so kann er auch die beschränkte, aber reine Vorstellungsweise billigen, die der andere von Göttlichem hat. Es ist im Gegenteil Bedürfnis der Menschen, solange sie nicht gekränkt und geärgert, nicht gedrückt und nicht empört in gerechtem oder ungerechtem Kampfe begriffen sind, ihre verschiedenen Vorstellungsarten von Göttlichem eben wie in übrigem Interesse sich einander zuzugesellen und so der Beschränktheit, die jede einzelne Vorstellungsart hat und haben muß, ihre Freiheit zu geben, indem sie in einem harmonischen Ganzen von Vorstellungsarten begriffen ist, und zugleich, eben weil in jeder besondern Vorstellungsart auch die Bedeutung der besonderen Lebensweise liegt, die jeder hat, der notwendigen Beschränktheit dieser Lebensweise ihre Freiheit zu geben, indem sie in einem harmonischen Ganzen von Lebensweisen begriffen ist.

...

d. h. solche sind, wo die Menschen, die in ihnen stehen, insofern wohl ohneeinander isoliert bestehen können, und daß diese Rechtverhältnisse erst durch ihre Störung positiv werden, d. h., daß diese Störung kein Unterlassen, sondern eine Gewalttat ist und ebenso wieder durch Gewalt und Zwang gehindert und beschränkt wird, daß also auch die Gesetze jener Verhältnisse an sich negativ und nur unter Voraussetzung ihrer Übertretung positiv sind; da hingegen jene freieren Verhältnisse, solange sie sind, was sie sind, und ungestört bestehen, . . .

Winke zur Fortsetzung.
Unterschied religiöser Verhältnisse von intellektualen, moralischen, rechtlichen Verhältnissen einesteils und von physischen, mechanischen, historischen Verhältnissen andernteils, so daß die religiösen Verhältnisse einesteils in ihren Teilen die Persönlichkeit, die Selbständigkeit, die gegenseitige Beschränkung, das negative gleiche Nebeneinandersein der intellektualen Verhältnisse, andernteils den innigen Zusammenhang, das Gegebensein des einen zum andern, die Unzertrennlichkeit in ihren Teilen haben, welche die Teile eines physischen Verhältnisses charakterisiert, so daß die religiösen Verhältnisse in ihrer *Vorstellung* weder intellektuell noch historisch, sondern intellektuell historisch, d. h. *mythisch* sind, sowohl was ihren Stoff als was ihren Vortrag betrifft. Sie werden also in Rücksicht des Stoffs weder bloß Ideen oder Begriffe oder Charaktere, noch auch bloße Begebenheiten, Tatsachen, enthalten, auch nicht beedes getrennt, sondern beedes in einem, und zwar so, daß, wo die persönlichen Teile mehr Gewicht haben, Hauptpartien, der innere Gehalt sind, die Darstellung, der äußere Gehalt geschichtlicher sein wird (epische Mythe), und wo die Begebenheit Hauptpartie ist, innerer Gehalt, der äußere Gehalt persönlicher sein wird (dramatische Mythe), nur muß nicht vergessen werden, daß sowohl die persönlichen Teile als die geschichtlichen immer nur Nebenteile sind, im Verhältnis zur eigentlichen Hauptpartie, zu dem *Gott der Mythe.* (Das Lyrischmythische ist noch zu bestimmen.)

So auch der Vortrag der Mythe. Ihre Teile werden einerseits so zusammengestellt, daß durch ihre durchgängige gegenseitige schickliche Beschränkung keiner *zu* sehr hervorspringt und jeder einen gewissen Grad von Selbständigkeit ebendadurch erhält, und insofern wird der Vortrag einen intellektualen Charakter tragen, anderseits werden sie, indem jeder Teil etwas weiter gehet, als nötig ist, ebendadurch jene Unzertrennlichkeit erhalten, die sonst nur den Teilen eines physischen, mechanischen Verhältnisses eigen ist.

So wäre alle Religion ihrem Wesen nach poetisch.

Hier kann nun noch gesprochen werden über die Vereinigung mehrerer zu einer Religion, wo jeder seinen Gott und alle einen gemeinschaftlichen in dichterischen Vorstellungen ehren, wo jeder sein höheres Leben und alle ein gemeinschaftliches höheres Leben, die Feier des Lebens mythisch feiern. Ferner könnte noch gesprochen werden von Religionsstiftern und von Priestern, was sie aus diesem Gesichtspunkte sind; jene die Religionsstifter (wenn es nicht die Väter einer Familie sind, die das Geschäft und Geschick derselben forterbt), wenn sie einem ...

[ÜBER DIE VERFAHRUNGSWEISE DES POETISCHEN GEISTES]

Wenn der Dichter einmal des Geistes mächtig ist, wenn er die gemeinschaftliche Seele, die allem gemein und jedem eigen ist, gefühlt und sich zugeeignet, sie festgehalten, sich ihrer versichert hat, wenn er ferner der freien Bewegung, des harmonischen Wechsels und Fortstrebens, worin der Geist sich in sich selber und in anderen zu reproduzieren geneigt ist, wenn er des schönen, im Ideale des Geistes vorgezeichneten Progresses und seiner poetischen Folgerungsweise gewiß ist, wenn er eingesehen hat, daß ein notwendiger Widerstreit entstehe zwischen der ursprünglichsten Forderung des Geistes, die auf Gemeinschaft und einiges Zugleichsein aller Teile geht, und zwischen der anderen Forderung, welche ihm gebietet, aus sich herauszugehen und in einem schönen Fortschritt und Wechsel sich in sich selbst und in anderen zu reproduzieren, wenn dieser Widerstreit ihn immer festhält und fortzieht auf dem Wege zur Ausführung, wenn er ferner eingesehen hat, daß einmal jene Gemeinschaft und Verwandtschaft aller Teile, jener geistige Gehalt gar nicht fühlbar wäre, wenn diese nicht dem sinnlichen Gehalte, dem Grade nach, auch den harmonischen Wechsel abgerechnet, auch bei der Gleichheit der geistigen Form (des Zugleich- und Beisammenseins), verschieden wären, daß ferner jener harmonische Wechsel, jenes Fortstreben, wieder nicht fühlbar und ein leeres, leichtes Schattenspiel wäre, wenn die wechselnden Teile, auch bei der Verschiedenheit des *sinnlichen* Gehalts, nicht in der *sinnlichen* Form sich unter dem Wechsel und Fortstreben gleichbleiben, wenn er eingesehen hat, daß *jener Widerstreit zwischen geistigem Gehalt* (zwischen der Verwandtschaft aller Teile) *und geistiger Form* (dem Wechsel aller Teile), zwischen dem Verweilen und Fortstreben des Geistes, *sich dadurch löse*, daß eben beim Fortstreben des Geistes, beim Wechsel der geistigen Form die *Form des Stoffes in allen Teilen identisch bleibe* und daß sie ebensoviel ersetze, als von ursprünglicher Verwandtschaft und Einigkeit der Teile verloren werden muß im harmonischen Wechsel, daß sie den objektiven *Gehalt* ausmache im Gegensatze gegen die geistige Form und dieser ihre völlige Bedeutung gebe, daß auf der anderen Seite *der materielle Wechsel* des *Stoffes*, der das Ewige des *geistigen* Gehalts begleitet, die Mannigfaltigkeit desselben die Forderungen des Geistes, die er *in seinem Fortschritt* macht und die durch die *Forderung der Einigkeit und Ewigkeit in jedem Momente aufgehalten* sind, befriedige, daß eben dieser materielle Wechsel die objektive Form, die Gestalt ausmache im Gegensatze gegen den geistigen Gehalt; wenn er eingesehen hat, daß andererseits *der Widerstreit* zwischen dem *materiellen Wechsel* und der *materiellen Identität dadurch* gelöst werde, daß der Verlust von materieller Identität[1], von leidenschaftlichem, die Unterbrechung fliehendem Fortschritt ersetzt wird durch den immerforttönenden allesausgleichenden *geistigen Gehalt* und der Verlust an materieller Mannigfaltigkeit, der durch das schnellere Fortstreben zum Hauptpunkt und Eindruck, durch diese materielle Identität entsteht, ersetzt wird durch die immerwechselnde idealische geistige Form; wenn er eingesehen hat, wie umgekehrterweise eben der Widerstreit zwischen geistigem ruhigem Gehalt und geistiger wechselnder Form, soviel sie unvereinbar sind, so auch der Widerstreit zwischen materiellem *Wechsel* und materiellem *identischem* Fortstreben zum Hauptmoment, soviel sie unvereinbar sind, das eine wie das andere *fühlbar* macht, wenn er endlich eingesehen hat, wie der Widerstreit des geistigen Gehalts und der idealischen Form einerseits und des materiellen Wechsels und identischen Fortstrebens andererseits sich vereinigen in den Ruhepunkten und Hauptmomenten, und soviel sie in diesen nicht vereinbar sind, eben in diesen auch und ebendeswegen fühlbar und gefühlt werden, wenn er dieses eingesehen hat, so kommt ihm alles an auf die Rezeptivität des Stoffs zum idealischen Gehalt und zur idealischen Form. Ist er des einen ge-

1 Materielle Identität? Sie muß ursprünglich das im Stoffe sein, vor dem materiellen Wechsel, was im Geiste die Einigkeit vor dem idealischen Wechsel ist, sie muß der sinnliche Berührungspunkt aller Teile sein. Der Stoff muß nämlich auch, wie der Geist, vom Dichter *zu eigen gemacht* und *festgehalten werden*, mit freiem Interesse, *wenn* er einmal in seiner ganzen Anlage gegenwärtig ist, *wenn* der Eindruck, den er auf den Dichter gemacht, das erste Wohlgefallen, das auch zufällig sein könnte, untersucht und als rezeptiv für die Behandlung des Geistes und wirksam, angemessen gefunden worden ist für den Zweck, daß der Geist sich in sich selber und in anderen reproduziere, *wenn* er nach dieser Untersuchung wieder empfunden und in allen seinen Teilen wieder hervorgerufen und in einer noch unausgesprochenen gefühlten Wirkung begriffen ist. Und diese Wirkung ist eigentlich die Identität des Stoffs, weil in ihr sich alle Teile konzentrieren. Aber sie ist unbestimmt gelassen, der Stoff ist noch unentwickelt. Er muß in allen seinen Teilen deutlich ausgesprochen und eben hiedurch in der Lebhaftigkeit seines Totaleindrucks geschwächt werden. Er muß dies, denn in der unausgesprochenen Wirkung ist er wohl dem Dichter, aber nicht anderen gegenwärtig, überdies hat dies in der unausgesprochenen Wirkung der Geist noch nicht wirklich reproduziert, sie gibt ihm nur die Fähigkeit, die im Stoffe dazu liegt, zu erkennen, und ein Streben, die Reproduktion zu realisieren. Der Stoff muß also verteilt, der Totaleindruck muß aufgehalten und die Identität ein Fortstreben von einem Punkte zum andern werden, wo denn der Totaleindruck sich wohl also findet, daß der Anfangspunkt und Mittelpunkt und Endpunkt in der innigsten Beziehung stehen, so daß beim Beschlusse der Endpunkt auf den Anfangspunkt und dieser auf den Mittelpunkt zurückkehrt.

wiß und mächtig wie des andern, der Rezeptivität des Stoffs, wie des Geistes, so kann es im Hauptmomente nicht fehlen.

Wie muß nun der Stoff beschaffen sein, der für das Idealische, für seinen Gehalt, für die Metapher, und seine Form, den Übergang, vorzüglich rezeptiv ist?

Der Stoff ist entweder eine Reihe von Begebenheiten oder Anschauungen, Wirklichkeiten, subjektiv oder objektiv zu beschreiben, zu malen, oder er ist eine Reihe von Bestrebungen, Vorstellungen, Gedanken oder Leidenschaften, Notwendigkeiten, subjektiv oder objektiv zu bezeichnen, oder eine Reihe von Phantasien, Möglichkeiten, subjektiv oder objektiv zu bilden.[1] In allen drei Fällen muß er der idealischen Behandlung fähig sein, wenn nämlich ein echter Grund zu den Begebenheiten, zu den Anschauungen, die erzählt, beschrieben, oder zu den Gedanken und Leidenschaften, welche gezeichnet, oder zu den Phantasien, welche gebildet werden sollen, vorhanden ist, wenn die Begebenheiten oder Anschauungen hervorgehn aus rechten Bestrebungen, die Gedanken und Leidenschaften aus einer rechten Sache, die Phantasien aus schöner Empfindung. Dieser Grund des Gedichts, seine Bedeutung, soll den Übergang bilden zwischen dem Ausdruck, dem Dargestellten, dem sinnlichen Stoffe, dem eigentlich Ausgesprochenen im Gedichte, und zwischen dem Geiste, der idealischen Behandlung. Die Bedeutung des Gedichts kann zweierlei heißen, so wie auch der Geist, das Idealische, wie auch der Stoff, die Darstellung, zweierlei heißen, nämlich insofern es angewandt oder unangewandt verstanden wird. Unangewandt sagen diese Worte nichts aus als die poetische Verfahrungsweise, wie sie, genialisch und vom Urteile geleitet, in jedem echtpoetischen Geschäfte bemerkbar ist; angewandt bezeichnen jene Worte die Angemessenheit des jedesmaligen poetischen Wirkungskreises

1 Ist die Empfindung Bedeutung, so ist die Darstellung bildlich, und die geistige Behandlung zeigt sich episodisch. – Ist die intellektuelle Anschauung Bedeutung, so ist der Ausdruck, das Materielle, leidenschaftlich, die geistige Behandlung zeigt sich mehr im Stil. – Ist die Bedeutung ein eigentlicherer Zweck, so ist der Ausdruck sinnlich, die freie Behandlung metaphorisch.

zu jener Verfahrungsweise, die Möglichkeit, die im Elemente liegt, jene Verfahrungsweise zu realisieren, so daß man sagen kann, im jedesmaligen Elemente liege objektiv und reell Idealisches dem Idealischen, Lebendiges dem Lebendigen, Individuelles dem Individuellen gegenüber, und es fragt sich nur, was unter diesem Wirkungskreise zu verstehen sei. Er ist das, worin und woran das jedesmalige poetische Geschäft und Verfahren sich realisiert, das Vehikel des Geistes, wodurch er sich in sich selbst und in andern reproduziert. *An* sich ist der Wirkungskreis größer als der poetische Geist, aber nicht *für* sich selber. Insofern er im Zusammenhange der Welt betrachtet wird, ist er größer; insofern er vom Dichter festgehalten und zugeeignet ist, ist er subordiniert. Er ist der Tendenz nach, dem Gehalte seines Strebens nach dem poetischen Geschäfte entgegen, und der Dichter wird nur zu leicht durch seinen Stoff irre geführt, indem dieser, aus dem Zusammenhange der lebendigen Welt genommen, der poetischen Beschränkung widerstrebt, indem er dem Geiste nicht bloß als Vehikel dienen will; indem, wenn er auch recht gewählt ist, sein nächster und erster Fortschritt in Rücksicht auf ihn Gegensatz und Sporn ist in Rücksicht auf die dichterische Erfüllung, so daß sein zweiter Fortschritt zum Teil unerfüllt, zum Teil erfüllt werden muß, p. p.

Es muß sich aber zeigen, wie dieses Widerstreits ungeachtet, in dem der poetische Geist bei seinem Geschäfte mit dem jedesmaligen Elemente und Wirkungskreise steht, dieser dennoch jenen begünstige und wie sich jener Widerstreit auflöse, wie in dem Elemente, das sich der Dichter zum Vehikel wählt, dennoch eine Rezeptivität für das poetische Geschäft liege und wie er alle Forderungen, die ganze poetische Verfahrungsweise in ihrem Metaphorischen, ihrem Hyperbolischen und ihrem   Charakter in sich realisiere in Wechselwirkung mit dem Elemente, das zwar in seiner anfänglichen Tendenz widerstrebt und gerade entgegengesetzt ist, aber im Mittelpunkte sich mit jenen vereiniget.

Zwischen dem Ausdrucke (der Darstellung) und der freien idealischen Behandlung liegt die Begründung und Bedeutung des Gedichts. Sie ist's, die dem Gedichte seinen Ernst, seine Festigkeit, seine Wahrheit gibt, sie sichert das Gedicht davor, daß die freie idealische Behandlung nicht zur leeren Manier und Darstellung nicht zur Eitelkeit werde. Sie ist das Geistigsinnliche, das Formalmaterielle, des Gedichts; und wenn die idealische Behandlung in ihrer Metapher, ihrem Übergang, ihren Episoden, mehr vereinigend ist, hingegen der Ausdruck, die Darstellung in ihren Charakteren, ihrer Leidenschaft, ihren Individualitäten, mehr trennend, so stehet die Bedeutung zwischen beiden, sie zeichnet sich aus dadurch, daß sie sich selber überall entgegengesetzt ist: daß sie, statt daß der Geist alles der Form nach Entgegengesetzte vergleicht, alles Einige trennt, alles Freie festsetzt, alles Besondere verallgemeinert, weil nach ihr das Behandelte nicht bloß ein individuelles Ganze, noch ein mit seinem Harmonischentgegengesetzten zum Ganzen verbundenes Ganze, sondern ein Ganzes überhaupt ist und die Verbindung mit dem Harmonischentgegengesetzten auch möglich ist durch ein der individuellen Tendenz nach, aber nicht der Form nach Entgegengesetztes; daß sie durch Entgegensetzung, durch das Berühren der Extreme vereiniget, indem diese sich nicht dem Gehalte nach, aber in der Richtung und dem Grade der Entgegensetzung vergleichbar sind, so daß sie auch das *Widersprechendste vergleicht* und durchaus hyperbolisch ist, daß sie nicht fortschreitet durch Entgegensetzung in der Form, wo aber das erste dem zweiten dem Gehalte nach verwandt ist, sondern durch Entgegensetzung im Gehalt, wo aber das erste dem zweiten der Form nach gleich ist, so daß naive und heroische und idealische Tendenz, im Objekt ihrer Tendenz, sich widersprechen, aber in der Form des Widerstreits und Strebens vergleichbar sind und einig nach dem Gesetze der Tätigkeit, also einig im Allgemeinsten, im Leben.

Eben dadurch, durch dieses hyperbolische Verfahren, nach

welchem das Idealische, harmonisch Entgegengesetzte und Verbundene, nicht bloß als dieses, als schönes Leben, sondern auch als Leben überhaupt betrachtet, also auch als eines andern Zustandes fähig betrachtet wird, und zwar nicht eines andern harmonischentgegengesetzten, sondern eines geradentgegengesetzten, eines äußersten, so daß dieser neue Zustand mit dem vorigen nur vergleichbar ist durch die Idee des Lebens überhaupt – eben dadurch gibt der Dichter dem Idealischen einen Anfang, eine Richtung, eine Bedeutung. Das Idealische in dieser Gestalt ist der subjektive Grund des Gedichts, von dem aus-, auf den zurückgegangen wird, und da das innere idealische Leben in verschiedenen Stimmungen aufgefaßt, als Leben überhaupt, als ein Verallgemeinbares, als ein Festsetzbares, als ein Trennbares betrachtet werden kann, so gibt es auch verschiedene Arten des subjektiven Begründens; entweder wird die idealische Stimmung als Empfindung aufgefaßt, dann ist sie der subjektive Grund des Gedichts, die Hauptstimmung des Dichters beim ganzen Geschäfte, und eben weil sie als Empfindung festgehalten ist, wird sie durch das Begründen als ein *Verallgemeinbares* betrachtet – oder sie wird als Streben festgesetzt, dann wird sie die Hauptstimmung des Dichters beim ganzen Geschäfte, und daß sie als Streben festgesetzt ist, macht, daß sie als *Erfüllbares* durch das Begründen betrachtet wird, oder wird sie als intellektuale Anschauung festgehalten, dann ist diese die Grundstimmung des Dichters beim ganzen Geschäfte, und eben daß sie als diese festgehalten worden ist, macht, daß sie als *Realisierbares* betrachtet wird. Und so fordert und bestimmt die subjektive Begründung eine objektive und bereitet sie vor. Im ersten Fall wird also der Stoff als Allgemeines *zuerst*, im zweiten als Erfüllendes, im dritten als Geschehendes aufgefaßt werden.

Ist das freie idealische poetische Leben einmal so fixiert und ist ihm, je nachdem es fixiert war, seine Bedeutsamkeit gegeben, als Verallgemeinbares, als Erfüllbares, als Realisierbares, ist es, auf diese Art, durch die Idee des Lebens überhaupt, mit seinem direkt Entgegengesetzten verbunden und hyperbolisch genommen, so fehlt in der Verfahrungsweise des poetischen Geistes noch ein wichtiger Punkt, wodurch er seinem Geschäfte nicht die Stimmung, den Ton, auch nicht die Bedeutung und Richtung, aber die Wirklichkeit gibt.

Als *reines poetisches* Leben *betrachtet*, bleibt nämlich *seinem Gehalte nach*, als vermöge des Harmonischen überhaupt und des zeitlichen Mangels ein mit *Harmonischentgegengesetzten Verbundenes*, das poetische Leben *sich* durchaus einig, und nur im Wechsel der Formen ist es entgegengesetzt, nur in der Art, nicht im Grunde seines Fortstrebens, es ist nur geschwungner oder zielender oder geworfner, nur zufällig mehr oder weniger unterbrochen; als durch die poetische Reflexion vermöge der Idee des Lebens überhaupt und des Mangels in der Einigkeit bestimmtes und begründetes Leben *betrachtet*, fängt es mit einer idealisch charakteristischen Stimmung an, es ist nun nicht mehr ein mit Harmonischentgegengesetzten Verbundenes überhaupt, es ist als solches in bestimmter Form vorhanden und schreitet fort im Wechsel der Stimmungen, wo jedesmal die nachfolgende durch die vorhergehende bestimmt und ihr dem Gehalt nach, das heißt, den Organen nach, in denen sie begriffen, entgegengesetzt und insofern individueller, allgemeiner, voller ist, so daß die verschiedenen Stimmungen nur in dem, worin das Reine seine Entgegensetzung findet, nämlich in der Art des Fortstrebens, verbunden sind, als Leben überhaupt, so daß das rein poetische Leben nicht mehr zu finden ist, denn in jeder der wechselnden Stimmungen ist es in besonderer Form also mit seinem Geradentgegengesetzten verbunden, also nicht mehr rein, im Ganzen ist es nur als fortstrebendes und nach dem Gesetze des Fortstrebens nur als Leben überhaupt vorhanden, und es herrscht auf diesem Gesichtspunkte durchaus ein Widerstreit von Individuellem (Materialem), Allgemeinem (Formalem) und Reinem.

Das Reine, in jeder besondern Stimmung begriffenes,

widerstreitet dem Organ, in dem es begriffen, es widerstreitet dem Reinen des andern Organs, es widerstreitet dem Wechsel.

Das Allgemeine widerstreitet als besonderes Organ (Form), als charakteristische Stimmung dem Reinen, welches es in dieser Stimmung begreift, es widerstreitet als Fortstreben im Ganzen dem Reinen, welches in ihm begriffen ist, es widerstreitet als charakteristische Stimmung der zunächstliegenden.

Das Individuelle widerstreitet dem Reinen, welches es begreift, es widerstreitet der zunächstliegenden Form, es widerstreitet als Individuelles dem Allgemeinen des Wechsels.

Die Verfahrungsweise des poetischen Geistes bei seinem Geschäfte kann also unmöglich hiemit enden. Wenn sie die wahre ist, so muß noch etwas anders in ihr aufzufinden sein, und es muß sich zeigen, daß die Verfahrungsart, welche dem Gedichte seine Bedeutung gibt, nur der Übergang vom Reinen zu diesem Aufzufindenden sowie rückwärts von diesem zum Reinen ist. (Verbindungsmittel zwischen Geist und Zeichen.)

Wenn nun das dem Geiste direkt Entgegengesetzte, das Organ, worin er enthalten und wodurch alle Entgegensetzung möglich ist, könnte betrachtet und begriffen werden nicht nur als das, wo*durch* das Harmonischverbundene formal entgegengesetzt, sondern wodurch es auch formal verbunden ist, wenn es könnte betrachtet und begriffen werden nicht nur als das, wodurch die verschiedenen unharmonischen Stimmungen materiell entgegengesetzt und formal verbunden, sondern wodurch sie auch materiell verbunden und formal entgegengesetzt sind, wenn es könnte betrachtet und begriffen werden nicht nur als das, was als verbindendes bloß formales Leben überhaupt und als besonderes und materielles nicht verbindend, nur entgegensetzend und trennend, ist, wenn es als materielles als verbindend, *wenn das Organ des Geistes könnte betrachtet werden als dasjenige, welches, um* *das Harmonischentgegengesetzte möglich zu machen,* r e - z e p t i v sein muß *sowohl für das eine wie für das andre Harmonischentgegengesetzte,* daß es also, insofern es für das rein poetische Leben formale Entgegensetzung ist, auch formale Verbindung sein muß, daß es, insofern es für das bestimmte poetische Leben und seine Stimmungen material entgegensetzend ist, auch material verbindend sein muß, daß das Begrenzende und Bestimmende nicht bloß negativ, daß es auch positiv ist, daß es zwar bei harmonisch Verbundenem, abgesondert betrachtet, dem einen wie dem andern entgegengesetzt ist, aber beide zusammengedacht die Vereinigung von beiden ist, dann wird derjenige Akt des Geistes, welcher in Rücksicht auf die Bedeutung nur einen durchgängigen Widerstreit zur Folge hatte, ein ebenso vereinigender sein, als er entgegensetzend war.

Wie wird er aber in dieser Qualität begriffen? als möglich und als notwendig? Nicht bloß *durch das Leben überhaupt,* denn so ist er es, insofern er bloß als material entgegensetzend und formal verbindend, das Leben direkt bestimmend, betrachtet wird. Auch nicht bloß durch die *Einigkeit* überhaupt, denn so ist er es, insofern er bloß als formal entgegensetzend betrachtet wird, aber im Begriffe der *Einheit* des *Einigen,* so daß von Harmonischverbundenem *eines* wie *das andere* im *Punkte der Entgegensetzung und Vereinigung vorhanden* ist und daß *i n d i e s e m P u n k t e d e r G e i s t i n s e i n e r U n e n d l i c h k e i t f ü h l b a r* ist, der durch die Entgegensetzung als Endliches erschien, daß das Reine, das dem Organ an sich widerstritt, in ebendiesem Organ sich *selber gegenwärtig* und so erst *ein Lebendiges* ist, daß, wo es in verschiedenen Stimmungen vorhanden ist, die unmittelbar auf die Grundstimmung folgende nur *der verlängerte Punkt* ist, der *dahin,* nämlich zum *Mittelpunkte* führt, wo sich die harmonischentgegengesetzten Stimmungen begegnen, daß also gerade im stärksten Gegensatz, im Gegensatz der ersten idealischen und zweiten künstlich reflektierten Stimmung, in der *materiellsten* Entgegensetzung (die zwischen harmonisch verbundenem, im Mittelpunkte zusammentreffendem, im Mittelpunkte gegenwärtigem Geist und Leben liegt), daß gerade in dieser materiellsten Entgegensetzung, welche sich selbst entgegengesetzt ist (*in Beziehung auf den Vereinigungspunkt, wohin sie strebt*), in den widerstreitenden *fortstrebenden* Akten des Geistes, wenn sie nur *aus dem wechselseitigen Charakter der harmonischentgegengesetzten Stimmungen entstehen*, daß gerade da das Unendlichste sich am fühlbarsten, am negativpositivsten und hyperbolisch darstellt, daß durch diesen Gegensatz der Darstellung des Unendlichen im widerstreitenden Fortstreben zum Punkt und seines Zusammentreffens im Punkt die simultane Innigkeit und Unterscheidung der harmonischentgegengesetzten lebendigen zum Grunde liegenden Empfindung ersetzt und zugleich klarer von dem freien Bewußtsein und gebildeter, allgemeiner, als eigene Welt der Form nach, als Welt in der Welt und so als Stimme des Ewigen zum Ewigen dargestellt wird.

Der poetische Geist kann also in der Verfahrungsweise, die er bei seinem Geschäfte beobachtet, sich nicht begnügen in einem harmonischentgegengesetzten Leben, auch nicht bei dem Auffassen und Festhalten desselben durch hyperbolische Entgegensetzung; wenn er so weit ist, wenn es seinem Geschäfte weder an harmonischer Einigkeit noch an Bedeutung und Energie gebricht, weder an harmonischem Geiste überhaupt noch an harmonischem Wechsel gebricht, so ist notwendig, wenn das Einige nicht entweder (sofern es an sich selbst betrachtet werden kann) als ein Ununterscheidbares sich selbst aufheben und zur *leeren* Unendlichkeit werden soll oder wenn es nicht in einem Wechsel von Gegensätzen, seien diese auch noch so harmonisch, seine Identität verlieren, also nichts Ganzes und Einiges mehr sein, sondern in eine Unendlichkeit isolierter Momente (gleichsam eine Atomenreihe) zerfallen soll – ich sage: so ist notwendig, daß der poetische Geist bei seiner Einigkeit und harmonischem Progreß auch einen unendlichen Gesichtspunkt sich gebe beim Geschäfte, eine Einheit, wo im harmonischen Progreß und Wechsel alles vor- und rückwärts gehe und durch seine *durchgängige charakteristische Beziehung* auf diese Einheit nicht bloß objektiven Zusammenhang, für den Betrachter auch gefühlten und fühlbaren Zusammenhang und Identität im Wechsel der Gegensätze gewinne, und es ist seine letzte Aufgabe, beim harmonischen Wechsel einen Faden, eine Erinnerung zu haben, damit der Geist nie im einzelnen Momente und wieder einem einzelnen Momente, sondern in einem Momente wie im andern fortdauernd und in den verschiedenen Stimmungen sich gegenwärtig bleibe, so wie er sich ganz gegenwärtig ist, *in der unendlichen Einheit*, welche einmal Scheidepunkt des Einigen als Einigen, dann aber auch Vereinigungspunkt des Einigen als Entgegengesetzten, endlich auch beedes zugleich ist, so daß in ihr das Harmonischentgegengesetzte weder als Einiges entgegengesetzt noch als Entgegengesetztes vereinigt, sondern als beedes in *einem*, als Einigentgegengesetztes unzertrennlich gefühlt und als Gefühltes erfunden wird. Dieser Sinn ist eigentlich poetischer Charakter, weder Genie noch Kunst, poetische Individualität, und dieser allein ist die Identität der Begeisterung, ihr die Vollendung des Genie und der Kunst, die Vergegenwärtigung des Unendlichen, der göttliche Moment gegeben.

Sie ist also nie bloß Entgegensetzung des Einigen, auch nie bloß Beziehung, Vereinigung des Entgegengesetzten und Wechselnden, Entgegengesetztes und Einiges ist in ihr unzertrennlich. Wenn dies ist, so kann sie in ihrer Reinheit und subjektiven Ganzheit, als ursprünglicher Sinn, zwar in den Akten des Entgegensetzens und Vereinigens, womit sie in harmonischentgegengesetztem Leben wirksam ist, passiv sein, aber in ihrem letzten Akt, wo das Harmonischentgegengesetzte als harmonisches Entgegengesetztes, das Einige als Wechselwirkung in ihr als eines begriffen ist, in diesem Akte kann und darf sie schlechterdings nicht durch sich selbst begriffen, sich selber zum Objekte werden, wenn sie nicht statt einer unendlich einigen und lebendigen Einheit eine tote und tötende Einheit, ein unendlich positives Gewordenes sein soll; denn wenn Einigkeit und Entgegensetzung in ihr unzertrennlich verbunden und eines ist, so kann sie der Reflexion weder als entgegensetzbares Einiges noch als vereinbares Entgegengesetztes erscheinen, sie kann also gar nicht erscheinen oder nur im Charakter eines positiven Nichts, eines unendlichen Stillstands, und es ist die Hyperbel aller Hyperbeln, der kühnste und letzte Versuch des poetischen Geistes, wenn er in seiner Verfahrungsweise ihn je macht, die ursprüngliche poetische Individualität, das poetische Ich aufzufassen, ein Versuch, wodurch er diese Individualität und ihr reines Objekt, das Einige und Lebendige, harmonische, wechselseitig wirksame Leben aufhöbe, und doch muß er es, denn da er alles, was er in seinem Geschäfte ist, mit *Freiheit* sein soll und muß, indem er eine eigene Welt schafft, und der Instinkt natürlicherweise zur eigentlichen Welt, in der er da ist, gehört, da er also alles mit Freiheit sein soll, so muß er auch dieser seiner Individualität sich versichern. Da er aber sie nicht durch sich selbst und an sich selbst erkennen kann, so ist ein äußeres Objekt notwendig, und zwar ein solches, wodurch die reine Individualität unter mehreren besondern, weder bloß entgegensetzenden noch bloß beziehenden, sondern poetischen Charakteren, die sie annehmen kann, irgendeinen anzunehmen bestimmt werde, so daß also sowohl an der reinen Individualität als an den andern Charakteren die jetzt gewählte Individualität und ihr durch den jetzt gewählten Stoff bestimmter Charakter erkennbar und mit Freiheit festzuhalten ist.

(Innerhalb der subjektiven Natur kann das Ich nur als Entgegensetzendes oder als Beziehendes, innerhalb der subjektiven Natur kann es sich aber nicht als poetisches Ich in dreifacher Eigenschaft erkennen, denn so wie es innerhalb der subjektiven Natur erscheint und von sich selber unterschieden wird, und an und durch sich selber unterschieden, so muß das Erkannte immer nur mit dem Erkennenden und der Erkenntnis beeder zusammengenommen jene dreifache Natur des poetischen Ich ausmachen, und weder als Erkanntes aufgefaßt vom Erkennenden, noch als Erkennendes aufgefaßt vom Erkennenden, noch als Erkanntes und Erkennendes aufgefaßt von der Erkenntnis, noch als Erkenntnis aufgefaßt vom Erkennenden, in keiner dieser drei abgesondert gedachten Qualitäten wird es als reines poetisches Ich in seiner dreifachen Natur, als entgegensetzend das Harmonischentgegengesetzte, als (formal) vereinigend das Harmonischentgegengesetzte, als in einem begreifend das Harmonischentgegengesetzte, die Entgegensetzung und Vereinigung, erfunden, im Gegenteile bleibt es mit und für sich selbst im realen Widerspruche.[1] – Also nur, insofern es nicht

1 Es ist sich als material Entgegen*gesetztes* hiemit (für ein drittes, aber nicht für sich selbst) *formal* Vereinendes (als Erkanntes), als Entgegen*setzendes* hiemit (für ein drittes) *formal* Vereinigtes, als Erkennendes schlechterdings nicht begreiflich in seinem realen Widerstreit; als Entgegengesetztes formal Vereinendes, als Entgegensetzendes formal Vereinigtes in der Erkenntnis, im material Vereinigten und Entgegengesetzten entgegengesetzt, also . . .

Indem nämlich das Ich in seiner subjektiven Natur sich von sich selber unterscheidet und sich setzt als entgegensetzende Einheit im Harmonischentgegengesetzten, insofern dieses harmonisch ist, oder als vereinende Einheit im Harmonischentgegengesetzten, insofern dieses entgegengesetzt ist, so muß es entweder die Realität des Gegensatzes, des Unterschiedes, in dem es sich selbst erkennt, leugnen und das Unterscheiden innerhalb der subjektiven Natur entweder für eine Täuschung und Willkür erklären, die es sich selbst als Einheit macht, um seine Identität zu erkennen, dann ist auch die Identität, als daraus erkannt, eine Täuschung, es erkennt sich nicht, oder es ist nicht Einheit, nimmt die Unterscheidung von sich selber für (dogmatisch) real an, daß nämlich das Ich als Unterscheidendes oder als Vereinendes sich verhalte, je nachdem es, in seiner subjektiven Natur, ein zu Unterscheidendes oder ein zu Vereinendes vorfinde; es setzt sich also als Unterscheidendes und als Vereinendes abhängig, und weil dies in seiner subjektiven Natur stattfinden soll, von der es nicht abstrahieren kann, ohne sich aufzuheben, absolut abhängig in seinen Akten, so daß es weder als Entgegensetzendes noch als Vereinendes sich *selbst, seinen* Akt erkennt. In diesem Falle kann es sich wieder nicht als identisch erkennen, weil die verschiedenen Akte, in denen es vorhanden ist, nicht *seine* Akte sind, es kann sich nicht einmal setzen als in diesen Akten begriffen, denn diese Akte hängen nicht von ihm ab, nicht das Ich ist das von sich selber Unterschiedene, sondern seine Natur ist's, in der es sich als getriebenes so verhält.

Aber wenn nun auch das Ich sich setzen wollte als identisch mit dem Harmonischentgegengesetzten seiner Natur (den Widerspruch zwischen Kunst und Genie, Freiheit und organischer Notwendigkeit, diesen ewigen Knoten mit dem Schwert zerhauen), so hilft es nichts; denn ist der Unterschied des Entgegensetzens und Vereinens nicht reell, so ist weder das Ich in seinem harmonischentgegengesetzten

von sich selber und an und durch sich selber unterschieden wird, wenn es durch ein drittes bestimmt unterscheidbar gemacht wird und wenn dieses dritte, insoferne es mit Freiheit erwählt war, insofern auch in seinen Einflüssen und Bestimmungen die reine Individualität nicht aufhebt, sondern von dieser betrachtet werden kann, wo sie dann zugleich sich selbst als ein durch eine Wahl Bestimmtes, empirisch Individualisiertes und Charakterisiertes betrachtet, nur dann ist es möglich, daß das Ich im harmonischentgegengesetzten Leben als Einheit und umgekehrt das Harmonischentgegengesetzte als Einheit im Ich erscheine und in schöner Individualität zum Objekte werde.)

a) Wie ist es aber möglich? im Allgemeinen?

b) Wenn es auf solche Art möglich wird, daß das Ich sich in poetischer Individualität erkenne und verhalte, welches Resultat entspringt daraus für die poetische Darstellung? (Es erkennt in den dreierlei subjektiven und objektiven Versuchen das Streben zu reiner Einheit.)

a) Wenn der Mensch in diesem Alleinsein, in diesem Leben mit sich selbst, diesem widersprechenden *Mittelzustande* zwischen natürlichem Zusammenhange mit einer natürlich vorhandenen Welt und zwischen dem höheren Zusammenhange mit einer auch natürlich vorhandenen, aber mit *freier Wahl* zur Sphäre erkornen, voraus erkannten und in allen ihren Einflüssen nicht ohne seinen Willen ihn bestimmenden Welt, wenn er in jenem Mittelzustande zwischen

Leben noch das harmonischentgegengesetzte Leben im Ich als Einheit erkennbar; ist er reell, so ist wiederum weder das Ich im Harmonischentgegengesetzten als Einheit durch sich erkennbar, denn es ist ein getriebnes, noch ist das Harmonischentgegengesetzte als Einheit erkennbar in seinem Ich, denn dies ist, als getriebenes, nicht als Einheit erkennbar.

Alles kommt also darauf an, daß das Ich nicht bloß mit seiner subjektiven Natur, von der es nicht abstrahieren kann, ohne sich aufzuheben, in Wechselwirkung bleibe, sondern daß es sich *mit Freiheit* ein *Objekt wähle, von dem* es, *wenn es will, abstrahieren* kann, um von diesem *durchaus angemessen bestimmt zu werden* und es *zu bestimmen.*

Hierin liegt die Möglichkeit, daß das Ich im harmonischentgegengesetzten Leben als Einheit und das Harmonischentgegengesetzte als Einheit erkennbar werde im Ich in reiner (poetischer) Individualität. Zur freien Individualität, zur Einheit und Identität in sich selbst gebracht, wird das reine subjektive Leben erst durch die Wahl seines Gegenstands.

Kindheit und reifer Humanität, zwischen mechanisch schönem und menschlich schönem, mit Freiheit schönem Leben gelebt hat und diesen Mittelzustand erkannt und erfahren, wie er schlechterdings im Widerspruche mit sich selber, im notwendigen Widerstreite 1. des Strebens zur reinen Selbstheit und Identität, 2. des Strebens zur Bedeutenheit und Unterscheidung, 3. des Strebens zur Harmonie verbleiben und wie in diesem Widerstreite jede dieser Bestrebungen sich aufheben und als unrealisierbar sich zeigen muß, wie er also resignieren, in Kindheit zurückfallen oder in fruchtlosen Widersprüchen mit sich selber sich aufreiben muß, wenn er in diesem Zustande verharrt, so ist eines, was ihn aus dieser traurigen Alternative zieht, und das Problem, frei zu sein wie ein Jüngling und in der Welt zu leben wie ein Kind, der Unabhängigkeit eines kultivierten Menschen und der Akkommodation eines gewöhnlichen Menschen, löst sich auf in Befolgung der Regel:

Setze dich *mit freier Wahl* in harmonische Entgegensetzung mit einer äußeren Sphäre, so wie du in dir selber in *harmonischer* Entgegensetzung bist, von Natur, aber unerkennbarerweise, solange du in dir selbst bleibst.

Denn hier, in Befolgung dieser Regel ist ein wichtiger Unterschied von dem Verhalten im vorigen Zustande.

Im vorigen Zustande, in dem des Alleinseins nämlich, konnte darum die harmonischentgegengesetzte Natur nicht zur erkennbaren Einheit werden, weil das Ich, ohne sich aufzuheben, sich weder als tätige Einheit setzen und erkennen könnte, ohne die Realität der Unterscheidung, also die Realität *des Erkennens* aufzuheben, noch als leidende Einheit, ohne die Realität der Einheit, ihr Kriterium der Identität, nämlich die Tätigkeit aufzuheben, und daß das Ich, indem es seine Einheit im Harmonischentgegengesetzten und das Harmonischentgegengesetzte in seiner Einheit zu erkennen strebt, sich so absolut und dogmatisch als tätige Einheit oder als leidende Einheit setzen muß, entstehet daher, weil es, um sich selber durch sich selber zu erkennen, die natürliche innige Verbindung, in der es mit sich selber steht, und wodurch das Unterscheiden ihm erschwert wird, nur durch eine unnatürliche (sich selber aufhebende) Unterscheidung ersetzen kann, weil es so von Natur eines in seiner Verschiedenheit mit sich selber ist, daß die zur Erkenntnis notwendige Verschiedenheit, die es sich durch Freiheit gibt, nur in Extremen möglich ist, also nur in Streben in Denkversuchen, die, *auf diese Art* realisiert, sich selber aufheben würden, weil es, um seine Einheit im (subjektiven) Harmonischentgegengesetzten und das (subjektive) Harmonischentgegengesetzte in seiner Einheit zu *erkennen*, notwendigerweise von sich selber abstrahieren muß, insofern es im (subjektiven) Harmonischentgegengesetzten gesetzt ist, und auf sich reflektieren, insofern es nicht im (subjektiven) Harmonischentgegengesetzten gesetzt ist, und umgekehrt, da es aber diese Abstraktion von seinem Sein im (subjektiven) Harmonischentgegengesetzten und diese Reflexion aufs Nichtsein in ihm nicht machen kann, ohne sich und das Harmonischentgegengesetzte, ohne das subjektive Harmonische und Entgegengesetzte und die Einheit aufzuheben, so müssen auch die Versuche, die es auf diese Art dennoch macht, solche Versuche sein, die, wenn sie auf diese Art realisiert würden, sich selbst aufhöben.

Dies ist also der Unterschied zwischen dem Zustande des Alleinseins (der Ahndung seines Wesens) und dem neuen Zustande, wo sich der Mensch mit einer äußern Sphäre durch freie Wahl in harmonische Entgegensetzung setzt, daß er, *eben weil er mit dieser nicht so innig verbunden ist, von dieser abstrahieren und von sich, insofern er in ihr gesetzt ist, und auf sich reflektieren* kann, insofern er nicht in ihr gesetzt ist, dies ist der Grund, warum er aus sich herausgeht, dies die Regel für seine Verfahrungsart in der äußern Welt. Auf diese Art erreicht er seine Bestimmung, welche ist – Erkenntnis des Harmonischentgegengesetzten in ihm, in seiner Einheit und Individualität, und hinwiederum Erkenntnis seiner Identität, seiner Einheit und Individualität im Harmonischentgegengesetzten. Dies ist die wahre Freiheit seines Wesens, und wenn er an dieser äußerlichen harmonischentgegengesetzten Sphäre nicht zu sehr hängt, nicht identisch mit ihr wird, wie mit sich selbst, so daß er nimmer von ihr abstrahieren kann, noch auch zu sehr an sich sich hängt und von sich als Unabhängigem zu wenig abstrahieren kann, wenn er weder auf sich zu sehr reflektiert noch auf seine Sphäre und Zeit zu sehr reflektiert, dann ist er auf dem rechten Wege seiner Bestimmung. Die Kindheit des gewöhnlichen Lebens, wo er identisch mit der Welt war und gar nicht von ihr abstrahieren konnte, ohne Freiheit war, deswegen ohne Erkenntnis seiner selbst im Harmonischentgegengesetzten noch des Harmonischentgegengesetzten in ihm selbst, an sich betrachtet ohne Festigkeit, Selbständigkeit, eigentliche Identität im reinen Leben, diese Zeit wird von ihm als die Zeit der Wünsche betrachtet werden, wo der Mensch sich im Harmonischentgegengesetzten und jenes in ihm selber als Einheit zu erkennen strebt, dadurch daß er sich dem objektiven Leben ganz hingibt; wo aber sich die Unmöglichkeit einer erkennbaren Identität im Harmonischentgegengesetzten objektiv zeigt, wie sie subjektiv schon gezeigt worden ist. Denn da er in diesem Zustande sich gar nicht in seiner subjektiven Natur kennt, bloß objektives Leben im Objektiven ist, so kann er die Einheit im Harmonischentgegengesetzten nur dadurch zu erkennen streben, daß er in seiner Sphäre, von der er sowenig abstrahieren kann als der subjektive Mensch von seiner subjektiven Sphäre, ebenso verfährt wie dieser in der seinen. Er ist in ihr gesetzt als in Harmonischentgegengesetztem. Er muß sich zu erkennen streben, sich von sich selber in ihr zu unterscheiden suchen, indem er sich zum Entgegensetzenden macht, insoferne sie harmonisch ist, und zum Vereinenden, insofern sie entgegengesetzt ist. Aber wenn er sich in dieser Verschiedenheit zu erkennen strebt, so muß er entweder die Realität des Widerstreits, in dem er sich mit sich selber findet, vor sich selber leugnen und dies widerstreitende Verfahren für eine Täuschung und Willkür halten, die bloß dahin sich äußert, damit er seine Identität im Harmonischentgegengesetzten erkenne, aber dann ist auch diese seine Identität, als Erkanntes, eine Täuschung, oder er hält jene Unterscheidung für reell, daß er nämlich als Vereinendes und als Unterscheidendes sich verhalte, je nachdem er in seiner objektiven Sphäre ein zu Unterscheidendes oder zu Vereinendes vorfinde, setzt sich also als Vereinendes und als Unterscheidendes abhängig, und weil dies in seiner objektiven Sphäre stattfinden soll, von der er nicht abstrahieren kann, ohne sich selber aufzuheben, absolut abhängig, so daß er weder als Vereinendes noch als Entgegensetzendes *sich selber, seinen* Akt erkennt. In diesem Falle kann er sich wieder nicht erkennen als identisch, weil die verschiedenen Akte, in denen er sich findet, nicht seine Akte sind. Er kann *sich* gar nicht erkennen, er ist kein Unterscheidbares, seine Sphäre ist es, in der er sich mechanisch so verhält. Aber wenn er nun auch als identisch mit dieser sich setzen wollte, den Widerstreit des Lebens und der Personalität, den er immer zu vereinigen und in einem zu erkennen strebt und streben muß, in höchster Innigkeit auflösen, so hilft es nichts, insofern er sich so in seiner Sphäre verhält, daß er nicht von ihr abstrahieren kann, denn er kann sich ebendeswegen nur in Extremen von Gegensätzen des Unterscheidens und Vereinens erkennen, weil er zu innig in seiner Sphäre lebt.

Der Mensch sucht also in einem zu subjektiven Zustande wie in einem zu objektiven vergebens seine Bestimmung zu erreichen, welche darin besteht, daß er sich als Einheit in Göttlichem-Harmonischentgegengesetztem enthalten sowie umgekehrt das Göttliche, Einige, Harmonischentgegengesetzte in sich als Einheit enthalten erkenne. *Denn dies ist allein in schöner heiliger, göttlicher Empfindung möglich*, in einer Empfindung, welche darum schön ist, weil sie weder bloß angenehm und glücklich, noch bloß erhaben und stark, noch bloß einig und ruhig, sondern alles zugleich ist und allein sein kann, in einer Empfindung, welche darum heilig ist, weil sie weder bloß uneigennützig ihrem Objekte hingegeben, noch bloß uneigennützig auf ihrem innern Grunde ruhend, noch bloß uneigennützig zwischen ihrem innern Grunde und ihrem Objekte schwebend, sondern alles zugleich ist und allein sein kann, in einer Empfindung, welche darum göttlich ist, weil sie weder bloßes Bewußtsein, bloße Reflexion (subjektive oder objektive) mit Verlust des innern und äußern Lebens, noch bloßes Streben (subjektiv oder objektiv bestimmtes) mit Verlust der innern und äußern Harmonie, noch bloße Harmonie, wie die intellektuale Anschauung und ihr mythisches bildliches Subjekt-Objekt, mit Verlust des Bewußtseins und der Einheit, sondern weil sie alles dies zugleich ist und allein sein kann, in einer Empfindung, welche darum transzendental ist und dies allein sein kann, weil sie in Vereinigung und Wechselwirkung der genannten Eigenschaften weder zu angenehm und sinnlich, noch zu energisch und wild, noch zu innig und schwärmerisch, weder zu uneigennützig, d. h. zu selbstvergessen ihrem Objekte hingegeben, noch zu uneigen*nützig*, d. h. zu eigen*mächtig* auf ihrem innern Grunde ruhend, noch zu eigennützig, d. h. zu unentschieden und leer und unbestimmt zwischen ihrem innern Grunde und ihrem Objekte schwebend, weder zu reflektiert, sich ihrer zu bewußt, zu scharf und ebendeswegen ihres innern und äußern Grundes unbewußt, noch zu bewegt, zu sehr in ihrem innern und äußern Grunde begriffen, ebendeswegen der Harmonie des Innern und Äußern unbewußt, noch zu harmonisch, ebendeswegen sich ihrer selbst und des innern und äußern Grundes zu wenig bewußt, ebendeswegen zu unbestimmt und des eigentlich Unendlichen, welches durch sie als eine *bestimmte* wirkliche Unendlichkeit, als außerhalb liegend bestimmt wird, weniger empfänglich und geringerer Dauer fähig. Kurz, sie ist, weil sie in dreifacher Eigenschaft vorhanden ist, und dies allein sein kann, weniger einer Einseitigkeit ausgesetzt in irgendeiner der drei Eigenschaften. Im Gegenteil erwachsen aus ihr ursprünglich alle die Kräfte, welche jene Eigenschaften zwar bestimmter und erkennbarer, aber auch isolierter besitzen, so wie sich jene Kräfte und ihre Eigenschaften und Äußerungen auch wieder in ihr konzentrieren und in ihr und durch gegenseitigen Zusammenhang und lebendige, für sich selbst bestehende Bestimmtheit, als Organe von ihr, und Freiheit, als zu ihr gehörig und nicht in ihrer Beschränktheit auf sich selber eingeschränkt, und Vollständigkeit, als in ihrer Ganzheit begriffen, gewinnen; jene drei Eigenschaften mögen als Bestrebungen, das Harmonischentgegengesetzte in der lebendigen Einheit oder diese in jenem zu erkennen, im subjektiveren oder objektiveren Zustande sich äußern. Denn eben diese verschiedenen Zustände gehen auch aus ihr als der Vereinigung derselben hervor.

Wink für die Darstellung und Sprache

Ist die Sprache nicht wie die Erkenntnis, von der die Rede war und von der gesagt wurde, daß in ihr, als Einheit, das Einige enthalten seie und umgekehrt? und daß sie dreifacher Art sei p. p.

Muß nicht für das eine wie für das andere der schönste Moment da liegen, wo der eigentliche *Ausdruck*, die geistigste Sprache, das lebendigste Bewußtsein, wo der Übergang von einer bestimmten Unendlichkeit zur allgemeineren liegt?

Liegt nicht eben hierin der feste Punkt, wodurch der Folge der Zeichnung ihre Verhältnisart und den Lokalfarben wie der Beleuchtung ihr Charakter und Grad bestimmt wird?

Wird nicht alle Beurteilung der Sprache sich darauf reduzieren, daß man nach den sichersten und möglich untrüglichsten Kennzeichen sie prüft, ob sie die Sprache einer echten, schön beschriebenen Empfindung sei?

So wie die Erkenntnis die Sprache ahndet, so erinnert sich die Sprache der Erkenntnis.

Die Erkenntnis ahndet die Sprache, nachdem sie 1. noch unreflektierte reine Empfindung des Lebens war, der bestimmten Unendlichkeit, worin sie enthalten ist, 2. nachdem sie sich in den Dissonanzen des innerlichen Reflektierens und Strebens und Dichtens wiederholt hatte und nun, nach diesen vergebenen Versuchen, sich innerlich wiederzufinden und zu reproduzieren, nach diesen verschwiegenen Ahndungen, die auch ihre Zeit haben müssen, über sich selbst hinausgeht und in der ganzen Unendlichkeit sich wiederfindet, d. h. durch die stofflose reine Stimmung, gleichsam durch den Widerklang der ursprünglichen lebendigen Empfindung, den sie gewann und gewinnen konnte, durch die gesamte Wirkung aller innerlichen Versuche, durch diese höhere göttliche Empfänglichkeit ihres ganzen innern und äußern Lebens mächtig und inne wird. In ebendiesem Augenblicke, wo sich die ursprüngliche lebendige, nun zur reinen, eines Unendlichen empfänglichen Stimmung geläuterte Empfindung, als Unendliches im Unendlichen, als geistiges Ganze im lebendigen Ganzen befindet, in diesem Augenblicke ist es, wo man sagen kann, daß die Sprache geahndet wird, und wenn nun wie in der ursprünglichen Empfindung eine Reflexion erfolgt, so ist sie nicht mehr auflösend und verallgemeinernd, verteilend und ausbildend bis zur bloßen Stimmung, sie gibt dem Herzen alles wieder, was sie ihm nahm, sie ist belebende Kunst, wie sie zuvor vergeistigende Kunst war, und mit einem Zauberschlage um den andern ruft sie das verlorene Leben schöner hervor, bis es wieder so ganz sich fühlt, wie es sich ursprünglich fühlte. Und wenn es der Gang und die Bestimmung des Lebens überhaupt ist, aus der ursprünglichen Einfalt sich zur höchsten Form zu bilden, wo dem Menschen ebendeswegen das unendliche Leben gegenwärtig ist und wo er als das Abstrakteste alles nur um so inniger aufnimmt, dann aus dieser höchsten Entgegensetzung und Vereinigung des Lebendigen und Geistigen, des formalen und des materialen Subjekt-Objekts, dem Geistigen sein Leben, dem Lebendigen seine Gestalt, dem Menschen seine Liebe und sein Herz und seiner Welt den Dank wiederzubringen, und endlich nach erfüllter Ahndung und

Hoffnung, wenn nämlich in der *Äußerung* jener höchste Punkt der Bildung, die höchste Form im höchsten Leben vorhanden war, und nicht bloß an sich selbst, wie im Anfang der eigentlichen Äußerung, noch im Streben wie im Fortgang derselben, wo die Äußerung das Leben aus dem Geiste und aus dem Leben den Geist hervorruft, sondern wo sie das ursprüngliche Leben in der höchsten Form gefunden hat, wo *Geist und Leben auf beiden Seiten gleich ist*, und ihren Fund, das Unendliche im Unendlichen, erkennt, nach dieser letzten und dritten Vollendung, die nicht bloß ursprüngliche Einfalt des Herzens und Lebens, wo sich der Mensch unbefangen *als* in einer beschränkten Unendlichkeit fühlt, auch nicht bloß errungene Einfalt des Geistes, wo eben jene Empfindung, zur reinen formalen Stimmung geläutert, die ganze Unendlichkeit des Lebens aufnimmt (und Ideal ist), sondern die aus dem unendlichen Leben wiederbelebter Geist, nicht Glück, nicht Ideal, sondern gelungenes Werk und Schöpfung ist und nur in der Äußerung gefunden werden und außerhalb der Äußerung nur in dem aus ihrer bestimmten ursprünglichen Empfindung hervorgegangenen Ideale gehofft werden kann, wie endlich nach dieser dritten Vollendung, wo die bestimmte Unendlichkeit so weit ins Leben gerufen, die unendliche so weit vergeistigt ist, daß eines an Geist und Leben dem andern gleich ist, wie nach dieser dritten Vollendung das Bestimmte immer mehr belebt, das Unendliche immer mehr vergeistigt wird, bis die ursprüngliche Empfindung ebenso als Leben endigt, wie sie *in der Äußerung* als Geist anfing, und sich die höhere Unendlichkeit, aus der sie ihr Leben nahm, ebenso vergeistigt, wie sie in der Äußerung als Lebendiges vorhanden war –
also wenn dies der Gang und die Bestimmung des Menschen überhaupt zu sein scheint, so ist ebendasselbe der Gang und die Bestimmung aller und jeder Poesie, und wie auf jener Stufe der Bildung, wo der Mensch, aus ursprünglicher Kindheit hervorgegangen, in entgegengesetzten Ver-

suchen zur höchsten Form, zum reinen Widerklang des ersten Lebens emporgerungen hat und *so* als unendlicher Geist im unendlichen Leben sich fühlt, wie der Mensch auf dieser Stufe der Bildung erst eigentlich das Leben antritt und sein Wirken und seine Bestimmung ahndet, so ahndet der Dichter auf jener Stufe, wo er auch aus einer ursprünglichen Empfindung, durch entgegengesetzte Versuche, sich zum Ton, zur höchsten reinen Form derselben Empfindung emporgerungen hat und ganz in seinem ganzen inneren und äußeren Leben mit jenem Tone sich begriffen sieht, auf dieser Stufe ahndet er seine Sprache und mit ihr die eigentliche Vollendung für die jetzige und zugleich für alle Poesie.

Es ist schon gesagt worden, daß auf jener Stufe eine neue Reflexion eintrete, welche dem Herzen alles wiedergebe, was sie ihm genommen habe, welche für den Geist des Dichters und seines zukünftigen Gedichts belebende Kunst sei, wie sie für die ursprüngliche Empfindung des Dichters und seines Gedichts seie vergeistigende Kunst gewesen. *Das Produkt dieser schöpferischen Reflexion* ist die *Sprache.* Indem sich nämlich der Dichter mit dem reinen Tone seiner ursprünglichen Empfindung in seinem ganzen innern und äußern Leben begriffen fühlt und sich umsieht in seiner Welt, ist ihm diese ebenso neu und unbekannt; die Summe aller seiner Erfahrungen, seines Wissens, seines Anschauens, seines Denkens, Kunst und Natur, wie sie in ihm und außer ihm sich darstellt, alles ist wie zum ersten Male, ebendeswegen unbegriffen, unbestimmt, in lauter Stoff und Leben aufgelöst, ihm gegenwärtig, und es ist vorzüglich wichtig, daß er in diesem Augenblicke nichts als gegeben annehme, von nichts Positivem ausgehe, daß die Natur und Kunst, so wie er sie kennengelernt hat und sieht, nicht eher *spreche*, ehe für *ihn* eine Sprache da ist, d. h., ehe das jetzt Unbekannte und Ungenannte in seiner Welt ebendadurch für ihn bekannt und namhaft wird, daß es mit seiner Stimmung verglichen und als übereinstimmend erfunden worden ist, *denn* wäre vor der Reflexion auf den unendlichen Stoff und die unendliche Form irgendeine Sprache der Natur und Kunst für ihn in bestimmter Gestalt da, so wäre er *insofern* nicht innerhalb seines Wirkungskreises, er träte aus seiner Schöpfung heraus, und die Sprache der Natur oder der Kunst, jeder modus exprimendi der einen oder der andern wäre erstlich, insofern sie nicht *seine* Sprache, nicht aus seinem Leben und aus seinem Geiste *hervor*gegangenes Produkt, sondern als Sprache der Kunst, sobald sie in bestimmter Gestalt mir gegenwärtig ist, schon zuvor ein bestimmender Akt der schöpferischen Reflexion des Künstlers, welcher darin bestand, daß er aus seiner Welt, aus der Summe seines äußern und innern Lebens, das mehr oder weniger auch das meinige ist, daß er aus dieser Welt den Stoff nahm, um die Töne seines Geistes zu bezeichnen, aus seiner Stimmung das zum Grunde liegende Leben durch dies verwandte Zeichen hervorzurufen, daß er also, insofern er mir dieses Zeichen nennt, aus meiner Welt den Stoff entlehnt, mich veranlaßt, diesen Stoff in das Zeichen überzutragen, wo dann derjenige wichtige Unterschied zwischen mir als Bestimmtem und ihm als Bestimmendem ist, daß er, indem er sich verständlich und faßlich macht, von der leblosen, immateriellen, ebendeswegen weniger entgegensetzbaren und bewußtloseren Stimmung fortschreitet ebendadurch, daß er sie erklärt 1. in ihrer Unendlichkeit der Zusammenstimmung durch eine sowohl der Form als Materie nach verhältnismäßige Totalität verwandten Stoffs und durch idealisch wechselnde Welt, 2. in ihrer Bestimmtheit und eigentlichen Endlichkeit durch die Darstellung und Aufzählung ihres eigenen Stoffs, 3. in ihrer Tendenz, ihrer Allgemeinheit im Besondern, durch den Gegensatz ihres eigenen Stoffs zum unendlichen Stoff, 4. in ihrem Maß, in der schönen Bestimmtheit und Einheit und Festigkeit ihrer unendlichen Zusammenstimmung, in ihrer unendlichen Identität und Individualität, und Haltung, in ihrer poetischen Prosa eines allbegrenzenden Moments, wohin und worin sich negativ und ebendeswegen ausdrücklich und sinnlich alle genannten Stücke beziehen und vereinigen, nämlich die unendliche Form mit dem unendlichen Stoffe dadurch, daß *durch jenen Moment* die unendliche Form ein Gebild, den Wechsel des Schwächern und Stärkern, der unendliche Stoff einen Wohlklang annimmt, einen Wechsel des Hellern und Leisern, und sich beede in der Langsamkeit und Schnelligkeit, endlich im Stillstande der Bewegung negativ vereinigen, immer durch ihn und die ihm zum Grunde liegende Tätigkeit, die *unendliche* schöne Reflexion, welche in der durchgängigen Begrenzung zugleich durchgängig beziehend und vereinigend ist.

[ÜBER DEN UNTERSCHIED DER DICHTARTEN]

Das lyrische, dem Schein nach idealische Gedicht ist in seiner Bedeutung naiv. Es ist eine fortgehende Metapher *eines* Gefühls.

Das epische, dem Schein nach naive Gedicht ist in seiner Bedeutung heroisch. Es ist die Metapher großer Bestrebungen.

Das tragische, dem Schein nach heroische Gedicht ist in seiner Bedeutung idealisch. Es ist die Metapher *einer* intellektuellen Anschauung.

Das lyrische Gedicht ist in seiner *Grundstimmung* das *sinnlichere*, indem diese eine Einigkeit enthält, die am leichtesten sich gibt, eben darum strebt es im äußern Schein nicht sowohl nach Wirklichkeit und Heiterkeit und Anmut, es gehet der sinnlichen Verknüpfung und Darstellung so sehr aus dem Wege (weil der reine Grundton eben dahin sich neigen möchte), daß es in seinen Bildungen und der Zusammenstellung derselben gerne wunderbar und übersinnlich ist, und die heroischen, energischen Dissonanzen, wo es weder seine Wirklichkeit, sein Lebendiges, wie im idealischen Bilde, noch seine Tendenz zur Erhebung, wie im unmittelbareren Ausdruck, verliert, diese energischen, heroischen Dissonanzen, die Erhebung und Leben vereinigen, sind die Auflösung des Widerspruchs, in den es gerät, indem es von einer Seite nicht ins Sinnliche fallen, von der andern seinen Grundton, das innige Leben nicht verleugnen kann und will. Ist sein Grundton jedoch heroischer, gehaltreicher, wie z. B. der einer Pindarischen Hymne an den Fechter Diagoras, hat er also an Innigkeit weniger zu verlieren, so fängt es naiv an, ist er idealischer, dem Kunstcharakter, dem uneigentlichen Tone verwandter, hat er also an Leben weniger zu verlieren, so fängt es heroisch an, ist er am innigsten, hat er an Gehalt, noch mehr aber an Erhebung, Reinheit des Gehalts zu verlieren, so fängt es idealisch an.

In lyrischen Gedichten fällt der Nachdruck auf die unmittelbarere Empfindungssprache, auf das Innigste; das Verweilen, die Haltung auf das Heroische, die Richtung auf das Idealische hin.

Das epische, dem äußern Scheine nach *naive Gedicht* ist in seiner *Grundstimmung* das *pathetischere*, das heroischere, aorgischere; es strebt deswegen in seiner Ausführung, seinem Kunstcharakter nicht sowohl nach Energie und Bewegung und Leben, als nach Präzision und Ruhe und Bildlichkeit. Der Gegensatz seiner Grundstimmung mit seinem Kunstcharakter, seines eigentlichen Tons mit seinem uneigentlichen, metaphorischen löst sich im Idealischen auf, wo es von einer Seite nicht soviel an Leben verliert wie in seinem engbegrenzenden Kunstcharakter, noch an Moderation soviel wie bei der unmittelbareren Äußerung seines Grundtones. Ist sein Grundton, der wohl auch verschiedener Stimmung sein kann, idealischer, hat er weniger an Leben zu verlieren und hingegen mehr Anlage zur Organisation, Ganzheit, so kann das Gedicht mit seinem Grundtone, dem heroischen, anfangen, *μηνιν αειδε θεα* – und heroischepisch sein. Hat der energische Grundton weniger idealische Anlage, hingegen mehr Verwandtschaft mit dem Kunstcharakter, welcher der naive ist, so fängt es idealisch an; hat der Grundton seinen eigentlichen Charakter so sehr, daß er darüber an Anlage zum Idealen, noch mehr aber zur Naivetät verlieren muß, so fängt es naiv an. Wenn das, was den Grundton und den Kunstcharakter eines Gedichts vereiniget und vermittelt, der Geist des Gedichts ist und dieser am meisten gehalten werden muß und dieser Geist im epischen Gedichte das Idealische ist, so muß das epische Gedicht bei diesem am meisten verweilen, da hingegen auf den Grundton, der hier der energische ist, am meisten Nachdruck und auf das Naive, als den Kunstcharakter, die Richtung fallen und alles darin sich konzentrieren und darin sich auszeichnen und individualisieren muß.

Das tragische, in seinem *äußeren Scheine heroische Gedicht* ist, seinem *Grundtone* nach, *idealisch*, und allen Werken dieser Art muß *eine* intellektuale Anschauung zum Grunde liegen, welche keine andere sein kann, als jene Einigkeit mit allem, was lebt, die zwar von dem beschränkteren Gemüte nicht gefühlt, die in seinen höchsten Bestrebungen nur geahndet, aber vom Geiste erkannt werden kann und aus der Unmöglichkeit einer absoluten Trennung und Vereinzelung hervorgeht und am leichtesten sich ausspricht dadurch, daß man sagt, die wirkliche Trennung, und mit ihr alles wirklich Materielle, Vergängliche, so auch die Verbindung, und mit ihr alles wirklich Geistige, Bleibende, das Objektive als solches, so auch das Subjektive als solches, seien nur ein Zustand des Ursprünglicheinigen, in dem es sich befinde, weil es aus sich herausgehen müsse, des Stillstands wegen, der darum in ihm nicht stattfinden könne, weil die Art der Vereinigung in ihm nicht immer dieselbe bleiben dürfe, der Materie nach, weil die Teile des Einigen nicht immer in derselben näheren und entfernteren Beziehung bleiben dürfen, damit alles allem begegene und jeden ihr ganzes Recht, ihr ganzes Maß von Leben werde und jeder Teil im Fortgang dem Ganzen gleich sei an Vollständigkeit, das Ganze hingegen im Fortgang den Teilen gleich werde an Bestimmtheit, jenes an Inhalt gewinne, diese an Innigkeit, jenes an Leben, diese an Lebhaftigkeit, jenes im Fortgange mehr sich fühle, diese im Fortgang sich mehr erfüllen; denn es ist ewiges Gesetz, daß das gehaltreiche Ganze in seiner Einigkeit nicht mit der Bestimmtheit und Lebhaftigkeit sich fühlt, nicht in dieser sinnlichen Einheit, in welcher seine Teile, die auch ein Ganzes, nur leichter verbunden sind, sich fühlen, so daß man sagen kann, wenn die Lebhaftigkeit, Bestimmtheit, Einheit der Teile, wo sich ihre Ganzheit fühlt, die Grenze *für diese* übersteige und zum Leiden und *möglichst* absoluter Entschiedenheit und Vereinzelung werde, dann fühle das Ganze *in diesen Teilen* sich erst so lebhaft und bestimmt, wie jene sich in einem ruhigern, aber auch bewegten Zustande, in ihrer beschränkteren Ganzheit fühlen (wie z. B. die lyrische (individuellere) Stimmung ist, wo die individuelle Welt in ihrem vollendetsten Leben und reinsten Einigkeit sich aufzulösen strebt und in dem Punkte, wo sie sich individualisiert, in dem Teile, worin ihre Teile zusammenlaufen, zu vergehen scheint, im innigsten Gefühle, wie da erst die individuelle Welt in ihrer Ganzheit sich fühlt, wie da erst, wo sich Fühlender und Gefühltes scheiden wollen, die individuellere Einigkeit am lebhaftesten und bestimmtesten gegenwärtig ist und widertönt). Die Fühlbarkeit des Ganzen schreitet also in ebendem Grade und Verhältnisse fort, in welchem die Trennung in den Teilen und in ihrem Zentrum, worin die Teile und das Ganze am fühlbarsten sind, fortschreitet. Die in der intellektualen Anschauung vorhandene Einigkeit versinnlichet sich in ebendem Maße, in welchem sie aus sich herausgehet, in welchem die Trennung ihrer Teile stattfindet, die denn auch nur darum sich trennen, weil sie sich zu einig fühlen, wenn sie im Ganzen dem Mittelpunkte näher sind, oder weil sie sich nicht einig genug fühlen der Vollständigkeit nach, wenn sie Nebenteile sind, vom Mittelpunkte entfernter liegen, oder der Lebhaftigkeit nach, wenn sie weder Nebenteile im genannten Sinne noch wesentliche Teile im genannten Sinne sind, sondern weil sie noch nicht gewordene, weil sie erst teilbare Teile sind. Und hier, im Übermaß des

Geistes in der Einigkeit und seinem Streben nach Materialität, im Streben des teilbaren Unendlichern, Aorgischern, in welchem alles Organischere enthalten sein muß, weil alles bestimmter und notwendiger Vorhandene ein Unbestimmteres, unnotwendiger Vorhandenes notwendig macht, in diesem Streben des teilbaren Unendlichern nach Trennung, welches sich im Zustande der höchsten Einigkeit alles Organischen allen in dieser enthaltenen Teilen mitteilt, in dieser notwendigen *Willkür des Zeus* liegt eigentlich der ideale Anfang der wirklichen Trennung.

Von diesem gehet sie fort bis dahin, wo die Teile in ihrer äußersten Spannung sind, wo diese sich am stärksten widerstreben. Von diesem Widerstreit gehet sie wieder in sich selbst zurück, nämlich dahin, wo die Teile, wenigstens die ursprünglich innigsten, in ihrer Besonderheit, als *diese* Teile, in dieser Stelle des Ganzen sich aufheben und eine neue Einigkeit entsteht. Der Übergang von der ersten zur zweiten ist wohl eben jene höchste Spannung des Widerstreits. Und der Ausgang bis zu ihm unterscheidet sich vom Rückgang darin, daß der erste ideeller, der zweite realer ist, daß im ersten das Motiv ideal bestimmend, reflektiert, mehr aus dem Ganzen als individuell ist, p. p., im zweiten aus Leidenschaft und den Individuen hervorgegangen ist.

Dieser Grundton ist weniger lebhaft als der lyrische, individuellere. Deswegen ist er auch, weil er universeller und der universellste ist, . . .

Ist im Grundton des tragischen Gedichts mehr Anlage zur Reflexion und Empfindung zu seinem mittleren Charakter, hingegen weniger Anlage zur Darstellung, weniger irdisches Element, wie es denn natürlich, daß ein Gedicht, dessen Bedeutung tiefer und dessen Haltung und Spannung und Bewegkraft stärker und zarter sich in seiner sprechendsten Äußerung so schnell und leicht nicht zeigt, wie wenn die Bedeutung und die Motive der Äußerung näher liegen, sinnlicher sind, so fängt es füglich vom idealischen Grundton an, ...

Ist die intellektuelle Anschauung subjektiver und gehet die Trennung vorzüglich von den konzentrierenden Teilen aus, wie bei der Antigone, so ist der Stil lyrisch, gehet sie mehr von den Nebenteilen aus und ist objektiver, so ist er episch, geht sie von dem höchsten Trennbaren, von Zeus aus, wie bei Ödipus, so ist er tragisch.

Die Empfindung *spricht* im Gedichte idealisch – die Leidenschaft naiv – die Phantasie energisch.

So wirkt auch wieder das Idealische im Gedichte auf die Empfindung (vermittelst der Leidenschaft), das Naive auf die Leidenschaft (vermittelst der Phantasie), das Energische auf die Phantasie (vermittelst der Empfindung).

Naives Gedicht
Grundton:
Leidenschaft pp. vermittelst der Phantasie
Sprache:
Empfindung Leidenschaft Phantasie Empfindung
Leidenschaft Phantasie Empfindung
vermittelst der Phantasie
Wirkung:
Leidenschaft Phantasie Empfindung Leidenschaft
Phantasie Empfindung Leidenschaft

Energisches Gedicht
Grundton:
Phantasie pp. vermittelst der Empfindung
Sprache:
Leidenschaft Phantasie Empfindung Leidenschaft
Phantasie Empfindung Leidenschaft
vorz. vermittelst der Empfindung

Wirkung:

    Phantasie Empfindung Leidenschaft Phantasie
              Empfindung Leidenschaft Phantasie

Idealisches Gedicht

Grundton:

    Empfindung pp.   vermittelst der Leidenschaft

Sprache:

    Phantasie Empfindung Leidenschaft Phantasie
              Empfindung Leidenschaft Phantasie
                           vorz. vermittelst der Leidenschaft

Wirkung:

    Empfindung Leidenschaft Phantasie Empfindung
               Leidenschaft Phantasie Empfindung

? Phantasie Leidenschaft Empfindung Phantasie
            Leidenschaft Empfindung Phantasie
                         vermittelst der Empfindung
  Empfindung Phantasie Leidenschaft Empfindung
             Phantasie Leidenschaft Empfindung
                         Stil des Lieds Diotima

In jeder Dichtart, der epischen, tragischen und lyrischen, wird ein *stoffreicherer* Grundton im naiven, ein *intensiverer, empfindungsvollerer* im idealischen, ein *geistreicherer* im energischen Stile sich äußern; denn wenn im geistreicheren Grundton die Trennung vom Unendlichen aus geschieht, so muß sie zuerst auf die konzentrierenden Teile oder auf das Zentrum wirken, sie muß sich diesen mitteilen, und insofern die Trennung eine empfangene ist, so kann sie sich nicht bildend, nicht ihr eigenes Ganzes reproduzierend äußern, sie kann nur reagieren, und dies ist der energische Anfang. Durch sie erst reagiert der entgegengesetzte Hauptteil, den die ursprüngliche Trennung auch traf, der aber als der empfänglichere sie so schnell nicht wiedergab und nun erst reagierte; durch die Wirkung und Gegenwirkung der Hauptteile werden die Nebenteile, die auch durch die ursprüngliche Trennung ergriffen waren, aber nur bis zum Streben nach Veränderung, nun bis zur wirklichen Äußerung ergriffen, durch diese Äußerung die Hauptteile pp., bis das ursprünglich Trennende zu seiner völligen Äußerung gekommen ist.

Gehet die Trennung vom Zentrum aus, so geschieht es entweder durch den empfänglicheren Hauptteil; denn dann reproduziert sich dieser im idealischen Bilden, die Trennung teilt...

[WECHSEL DER TÖNE]

Löst sich nicht die idealische Katastrophe, dadurch, daß der natürliche Anfangston zum Gegensatze wird, ins Heroische auf?

Löst sich nicht die natürliche Katastrophe, dadurch, daß der heroische Anfangston zum Gegensatze wird, ins Idealische auf?

Löst sich nicht die heroische Katastrophe, dadurch, daß der idealische Anfangston zum Gegensatze wird, ins Natürliche auf?

Wohl für das epische Gedicht. Das tragische Gedicht gehet um einen Ton weiter, das lyrische gebraucht diesen Ton als Gegensatz und kehrt auf diese Art, bei jedem Stil, in seinen Anfangston zurück, oder: Das epische Gedicht hört mit seinem anfänglichen Gegensatz, das tragische mit dem Tone seiner Katastrophe, das lyrische mit sich selber auf, so daß das lyrische Ende...

Das Lyrische

naiv	heroisch	idealisch
Idealisch	Naiv	Heroisch

Das Tragische

idealisch	naiv	heroisch
Heroisch	Idealisch	Naiv

Das Epische

heroisch × idealisch × naiv
Naiv × Heroisch × Idealisch

Lyrisch
naiv *Idealisch*, heroisch *Naiv*, idealisch *Heroisch* – heroisch *Idealisch*, idealisch *Naiv*, naiv *Heroisch*, heroisch *Idealisch*

Tragisch
idealisch *Heroisch*, naiv *Idealisch*, heroisch *Naiv* – naiv *Heroisch*, heroisch *Idealisch*, idealisch *Naiv*, naiv *Heroisch*

Episch
heroisch *Naiv*, idealisch *Heroisch*, naiv *Idealisch* – idealisch *Naiv*, naiv *Heroisch*, heroisch *Idealisch*, idealisch *Naiv*

L.	T.	N.
naiv Idealisch	idealisch Heroisch	heroisch Naiv
heroisch Naiv	naiv Idealisch	idealisch Heroisch
(idealisch Heroisch	(heroisch Naiv	(naiv Idealisch
heroisch Idealisch)	naiv Heroisch)	idealisch Naiv)
idealisch Naiv	heroisch Idealisch	naiv Heroisch
naiv Heroisch	idealisch Naiv	heroisch Idealisch
heroisch Idealisch	naiv Heroisch	idealisch Naiv
	Aj.	
	Oder umgekehrt:	
	heroisch Idealisch	
	idealisch Naiv	
	(naiv Heroisch	
	heroisch Naiv)	
	idealisch Heroisch	
	naiv Idealisch	
	heroisch Naiv	
	Ant.	

id. n. h. id. / n. h. id.
n. h. id. n. / h. id. n.
(h. id. n. h. / id. n. h.
\ id. n. h. id. / n. h. id.
n. h. id. n. / h. id. n.
h. id. n. h. / id. n. h.
id. n. h. id. / n. h. id.

h. id. n. h. / id. n. h.
id. n. h. id. / n. h. id.
(n. h. id. n. / h. id. n.
\ h. id. n. h. / id. n. h.
id. n. h. id. / n. h. id.
n. h. id. n. / h. id. n.
h. id. n. h. / id. n. h.

n. h. id. n. h. id. n.
h. id. n. h. id. n. h.
(id. n. h. id. n. h. id.
\ n. h. id. n. h. id. n.
h. id. n. h. id. n. h.
id. n. h. id. n. h. id.
n. h. id. n. h. id. n.

I	2	3	4	5	6	7
hinh	inhi	nhin	hinh	inhi	nhin	hinh
hinhinh	inhinhi	nhinhin	hinhinh	inhinhi	nhinhin	hinhinh

[VERSCHIEDENARTIGE BEMERKUNGEN]

Die Weisen aber, die nur mit dem Geiste, nur allgemein unterscheiden, eilen schnell wieder ins reine Sein zurück und fallen in eine um so größere Indifferenz, weil sie hinlänglich unterschieden zu haben glauben und die Nichtentgegensetzung, auf die sie zurückgekommen sind, für eine ewige nehmen. Sie haben ihre Natur mit dem untersten Grade der Wirklichkeit, mit dem Schatten der Wirklichkeit, der idealen Entgegensetzung und Unterscheidung getäuscht, und sie rächt sich dadurch ...

Der Ausdruck, das Sinnliche, Gewöhnliche, Individuelle des Gedichts bleibt sich immer gleich, und wenn jede der verschiedenen Partien in sich selbst verschieden ist, so ist das erste in jeder Partie gleich dem ersten der andern, das zweite jeder Partie gleich dem zweiten der andern, das dritte jeder Partie gleich dem dritten der andern. Der Stil, das ...

Der tragische Dichter tut wohl, den lyrischen, der lyrische den epischen, der epische den tragischen zu studieren. Denn im tragischen liegt die Vollendung des epischen, im lyrischen die Vollendung des tragischen, im epischen die Vollendung des lyrischen. Denn wenn schon die Vollendung von allen ein vermischter Ausdruck von allen ist, so ist doch eine der drei Seiten in jedem die hervorstechendste.

Die Bedeutung der Tragödien ist am leichtesten aus dem Paradoxon zu begreifen. Denn alles Ursprüngliche, weil alles Vermögen gerecht und gleich geteilt ist, erscheint zwar nicht in ursprünglicher Stärke, sondern eigentlich in seiner Schwäche, so daß recht eigentlich das Lebenslicht und die Erscheinung der Schwäche jedes Ganzen angehört. Im Tragischen nun ist das Zeichen an sich selbst unbedeutend, wirkungslos, aber das Ursprüngliche ist gerade heraus. Eigentlich nämlich kann das Ursprüngliche nur in seiner Schwäche erscheinen, insofern aber das Zeichen an sich selbst als unbedeutend = 0 gesetzt wird, kann auch das Ursprüngliche, der verborgene Grund jeder Natur sich darstellen. Stellt die Natur in ihrer schwächsten Gabe sich eigentlich dar, so ist das Zeichen, wenn sie sich in ihrer stärksten Gabe darstellt, = 0.

[DAS WERDEN IM VERGEHEN]

Das untergehende Vaterland, Natur und Menschen, insofern sie in einer besondern Wechselwirkung stehen, eine *besondere* ideal gewordene Welt und Verbindung der Dinge ausmachen und sich insofern auflösen, damit aus ihr und aus dem überbleibenden Geschlechte und den überbleibenden Kräften der Natur, die das andere, reale Prinzip sind, eine neue Welt, eine neue, aber auch besondere Wechselwirkung sich bilde, so wie jener Untergang aus einer reinen, aber besondern Welt hervorging. Denn die Welt aller Welten, das Alles in Allen, welches immer *ist*, *stellt* sich nur in aller Zeit – oder im Untergange oder im Moment oder genetischer im Werden des Moments und Anfang von Zeit und Welt *dar*, und dieser Untergang und Anfang ist wie die Sprache Ausdruck, Zeichen, Darstellung eines lebendigen, aber besondern Ganzen, welches eben wieder in seinen Wirkungen dazu wird, und zwar so, daß in ihm, sowie in der Sprache, von einer Seite weniger oder nichts lebendig Bestehendes, von der anderen Seite alles zu liegen scheint. Im lebendig Bestehenden herrscht eine Beziehungsart und *Stoffart* vor; wiewohl alle übrigen darin zu ahnden sind, im Übergehenden ist die Möglichkeit aller Beziehungen vorherrschend, doch die besondere ist daraus abzunehmen, zu schöpfen, so daß durch sie Unendlichkeit, die endliche Wirkung hervorgeht.

Dieser Untergang oder Übergang des Vaterlandes (in diesem Sinne) fühlt sich in den Gliedern der bestehenden Welt so, daß in ebendem Momente und Grade, worin sich das Bestehende auflöst, auch das Neueintretende, Jugendliche, Mögliche sich fühlt. Denn wie könnte die Auflösung empfunden werden ohne Vereinigung, wenn also das Bestehende in seiner Auflösung empfunden werden soll und empfunden wird, so muß *dabei das Unerschöpfte* und *Unerschöpfliche* der *Beziehungen* und *Kräfte*, und jene, die Auflösung, mehr durch diese empfunden werden, als umgekehrt, denn aus Nichts wird nichts, und dies gradweise genommen heißt so viel, als daß dasjenige, welches zur Negation gehet, und insofern es aus der Wirklichkeit gehet und noch nicht ein Mögliches ist, nicht wirken könne.

Aber *das Mögliche*, welches in die *Wirklichkeit* tritt, indem *die Wirklichkeit sich auflöst*, dies wirkt, und es bewirkt sowohl die Empfindung der Auflösung als die Erinnerung des Aufgelösten.

Deswegen das durchaus Originelle jeder echttragischen Sprache, das immerwährend Schöpfrische, das Entstehen des Individuellen aus Unendlichem und das Entstehen des Endlichunendlichen oder Individuellewigen aus beeden, das Begreifen, Beleben, nicht des unbegreifbar, unselig Gewordenen, sondern des Unbegreifbaren, des Unseligen der Auflösung und des Streites, des Todes selbst, durch das Harmonische, Begreifliche, Lebendige. Es drückt sich hierin nicht der erste, rohe, in seiner Tiefe dem Leidenden und Betrachtenden *noch zu* unbekannte Schmerz der Auflösung aus; in diesem ist das Neuentstehende, Idealische, unbestimmt, mehr ein Gegenstand der Furcht, da hingegen die Auflösung an sich ein Bestehendes, selber wirklicher *scheint* und Reales oder das sich Auflösende im Zustande zwischen Sein und Nichtsein im Notwendigen begriffen ist.

Das neue Leben ist jetzt wirklich, das sich auflösen sollte und aufgelöst hat, möglich (ideal *alt*), die Auflösung notwendig und trägt ihren eigentümlichen Charakter zwischen Sein und Nichtsein. Im Zustande zwischen Sein und Nichtsein wird aber überall das Mögliche real und das Wirkliche ideal, und dies ist in der freien Kunstnachahmung ein furchtbarer, aber göttlicher Traum. Die Auflösung also als notwendige, auf dem Gesichtspunkte der idealischen Erinnerung, wird als solche idealisches Objekt des neuentwickelten Lebens, ein Rückblick auf den Weg, der zurückgelegt werden mußte, vom Anfang der Auflösung bis dahin, wo aus dem neuen Leben eine Erinnerung des Aufgelösten und daraus, als Erklärung und Vereinigung der Lücke und des Kontrasts, der zwischen dem Neuen und dem Vergangenen stattfindet, die Erinnerung der Auflösung erfolgen kann. Diese idealische Auflösung ist furchtlos. Anfangs- und Endpunkt ist schon gesetzt, gefunden, gesichert, deswegen ist diese Auflösung auch sicherer, unaufhaltsamer, kühner, und sie stellt sich hiemit als das, was sie eigentlich ist, als einen reproduktiven Akt, dar, wodurch das Leben alle seine Punkte durchläuft und, um die ganze Summe zu gewinnen, auf keinem verweilt, auf jedem sich auflöst, um in dem nächsten sich herzustellen; nur daß in dem Grade die Auflösung idealer wird, in welchem sie sich von ihrem Anfangspunkte entfernt, hingegen in ebendem Grade die Herstellung realer, bis endlich aus der Summe dieser in einem Moment unendlich durchlaufenen Empfindungen des Vergehens und Entstehens ein ganzes Lebensgefühl und hieraus das einzig Ausgeschlossene, das anfänglich Aufgelöste in der Erinnerung (durch die Notwendigkeit eines Objekts im vollendetsten Zustande) hervorgeht, und nachdem diese Erinnerung des Aufgelösten, Individuellen mit dem unendlichen Lebensgefühl durch die Erinnerung der Auflösung vereiniget und die Lücke zwischen denselben ausgefüllt ist, so gehet aus dieser Vereinigung und Vergleichung des vergangenen Einzelnen und des unendlichen Gegenwärtigen der eigentlich neue Zustand, der nächste Schritt, der dem Vergangenen folgen soll, hervor.

Also in der Erinnerung der Auflösung wird diese, weil ihre beeden Enden fest stehen, ganz der sichere, unaufhaltsame, kühne Akt, der sie eigentlich ist.

Aber diese idealische Auflösung unterscheidet sich auch dadurch von der wirklichen, auch wieder, weil sie aus dem Unendlichgegenwärtigen zum Endlichvergangenen geht, daß 1. auf jedem Punkte derselben Auflösung und Herstellung,

2. ein Punkt in seiner Auflösung und Herstellung mit jedem andern, 3. jeder Punkt in seiner Auflösung und Herstellung mit dem Totalgefühl der Auflösung und Herstellung unendlich verflochtner ist und alles sich in Schmerz und Freude, in Streit und Frieden, in Bewegung und Ruhe, und Gestalt und Ungestalt unendlicher durchdringt, berühret und angeht und so ein himmlisches Feuer statt irdischem wirkt.

Endlich, auch wieder, weil die idealische Auflösung umgekehrt vom Unendlichgegenwärtigen zum Endlichvergangenen geht, unterscheidet sich die idealische Auflösung von der wirklichen dadurch, daß sie durchgängiger bestimmt sein kann, daß sie nicht mit ängstlicher Unruhe mehrere wesentliche Punkte der Auflösung und Herstellung in eines zusammenzuraffen, auch nicht ängstlich auf Unwesentliches, der gefürchteten Auflösung, also auch der Herstellung Hinderliches, also eigentlich Tödliches abzuirren, auch nicht auf einen Punkt der Auflösung und Herstellung einseitig ängstig sich bis aufs äußerste zu beschränken und so wieder zum eigentlich Toten veranlaßt ist, sondern daß sie ihren präzisen, geraden, freien Gang geht, auf jedem Punkte der Auflösung und Herstellung ganz das, was sie auf ihm, aber auch nur auf ihm sein kann, also wahrhaft individuell, ist, natürlicherweise also auch auf diesen Punkt nicht Ungehöriges, Zerstreuendes, an sich und hiehin Unbedeutendes herzwingt, aber frei und vollständig den einzelnen Punkt durchgeht in allen seinen Beziehungen mit den übrigen Punkten der Auflösung und Herstellung, welche nach den zwei ersten der Auflösung und Herstellung *fähigen* Punkten, nämlich dem entgegengesetzten Unendlichneuen und Endlichalten, dem Realtotalen und Idealpartikularen liegen.

Endlich unterscheidet sich die idealische Auflösung von der sogenannt wirklichen (weil jene umgekehrterweise vom Unendlichen zum Endlichen gehet, *nachdem sie vom Endlichen zum Unendlichen gegangen war*) dadurch, daß die Auflösung aus Unkenntnis ihres End- und Anfangspunktes schlechterdings als reales Nichts erscheinen muß, so daß jedes Bestehende, also Besondere, als Alles erscheint, und ein sinnlicher Idealismus, ein Epikuräismus erscheint, wie ihn Horaz, der wohl diesen Gesichtpunkt nur dramatisch brauchte, in seinem „Prudens futuri temporis exitum" pp. treffend darstellt – also die idealische Auflösung unterscheidet sich von der sogenannt wirklichen endlich dadurch, daß diese ein reales Nichts zu sein scheint, jene, weil sie ein Werden des Idealindividuellen zum Unendlichrealen und des Unendlichrealen zum Individuellidealen ist, in ebendem Grade an Gehalt und Harmonie gewinnt, je mehr sie gedacht wird als Übergang aus Bestehendem ins Bestehende, so wie auch das Bestehende in ebendem Grade an Geist gewinnt, je mehr es als entstanden aus jenem Übergange oder entstehend zu jenem Übergange gedacht wird, so daß die Auflösung des Idealindividuellen nicht als Schwächung und Tod, sondern als Aufleben, als Wachstum, die Auflösung des Unendlichneuen nicht als vernichtende Gewalt, sondern als Liebe und beedes zusammen als ein (transzendentaler) schöpferischer Akt erscheint, dessen Wesen es ist, Idealindividuelles und Realunendliches zu vereinen, dessen Produkt also das mit Idealindividuellem vereinigte Realunendliche ist, wo dann das Unendlichreale die Gestalt des Individuellidealen und dieses das Leben des Unendlichrealen annimmt und beede sich in einem mythischen Zustande vereinigen, wo, mit dem Gegensatze des Unendlichrealen und Endlichidealen, auch der Übergang aufhört, so weit, daß dieser an Ruhe gewinnt, was jene an Leben gewonnen, ein Zustand, welcher nicht zu verwechseln mit dem lyrischen Unendlichrealen, sowenig als er in seiner Entstehung während des Überganges zu verwechseln ist mit dem episch darstellbaren Individuellidealen, denn in beeden Fällen vereiniget er den Geist des einen mit der Faßlichkeit, Sinnlichkeit des andern. Er ist in beeden Fällen tragisch, d. h., er vereiniget in beeden Fällen Unendlichreales mit Endlichidealem, und beede Fälle sind nur gradweise verschieden, denn auch während des Überganges sind Geist und Zeichen, mit andern Worten die Materie des Überganges mit diesem und dieser mit jener (Transzendentales mit Isoliertem), wie beseelte Organe mit organischer Seele, harmonisch entgegengesetzt Eines.

Aus dieser tragischen Vereinigung des Unendlichneuen und Endlichalten entwickelt sich dann ein neues Individuelles, indem das Unendlichneue vermittelst dessen, daß es die Gestalt des Endlichalten annahm, sich nun in eigener Gestalt individualisiert.

Das Neuindividuelle strebt nun in ebendem Grade sich zu isolieren und aus der Unendlichkeit loszuwinden, als auf dem zweiten Gesichtspunkte das Isolierte, Individuellalte, sich zu verallgemeinern und ins unendliche Lebensgefühl aufzulösen strebt. *Der Moment, wo die Periode des Individuellneuen sich endet, ist da, wo das Unendlichneue als auflösende,* als *unbekannte* Macht zum Individuellalten sich verhält, ebenso wie in der vorigen Periode das Neue sich als unbekannte Macht zum Unendlichalten verhalten, und diese zwei Perioden sind sich entgegengesetzt, und zwar die erste als Herrschaft des Individuellen über das Unendliche, des Einzelnen über das Ganze, der zweiten als der Herrschaft des Unendlichen über das Individuelle, des Ganzen über das Einzelne. Das Ende dieser zweiten Periode und der Anfang der dritten liegt in dem Moment, wo das Unendlichneue als Lebensgefühl (als Ich) sich zum Individuellalten als Gegenstand (als Nicht-Ich) verhält, . . .

Nach diesen Gegensätzen tragische Vereinigung der Charaktere, nach dieser Gegensätze der Charaktere zum Wechselseitigen und umgekehrt. Nach diesen die tragische Vereinigung beeder.

1801 – 1803

[ÜBER SIEGFRIED SCHMIDS SCHAUSPIEL „DIE HEROINE"]

Diese Schrift zeichnet sich vor andern in diesem Fache gewöhnlichen, der Kunst und Humanität so nachteiligen unechten Produkten wesentlich aus, und weil sich einerseits der Geschmack fürs Komische offenbar und unverhältnismäßig zur Karikatur neigt, andrerseits sich eben dadurch ein ungerechtes Vorurteil gegen alles Komische zu verbreiten scheint, so muß es wohl Maxime sein, die echten Schriften dieser Art vorzüglich zu begünstigen.

Charaktere und Situationen in diesem Schauspiel, sowie die ganze Fabel, sind, was sie auch in diesem Fache der Poesie sein müssen, treues, aber *dichterisch gefaßtes* und *künstlerisch dargestelltes* Abbild des sogenannten gewöhnlichen, das heißt desjenigen Lebens, welches in schwächeren und entfernteren Beziehungen mit dem Ganzen steht und eben darum dichterisch begriffen unendlich bedeutend, an sich in hohem Grade unbedeutend sein muß.

Gerade dieser Kontrast ist es auch, womit der komische Dichter sich beschäftigt, von dem er uns eine ästhetisch wahre Ansicht gibt. Mit ahnendem Geiste und menschenfreundlichem Gemüte begreifet er so die gemeinen wie die ungemeinen Charaktere und Situationen seiner Fabel, diese, wie sie, zu wenig beschäftigt und fixiert durch ihr Objekt, überall geneigt sind, mehr in die Dinge hineinzulegen, als *würklich* in ihnen ist; jene, wie sie, zu sehr gefesselt ans Würkliche derselben Sphäre, sich mit Gewalt und List herauszuwinden und deswegen die Verhältnisse einer so bedeutend unbedeutenden Sphäre zu stören streben, und wie es beiden daran fehlt, daß ihnen die enge Sphäre an sich nicht völlig genug tun kann und sie doch zu sehr in ihr befangen, deswegen beiderseits Phantasien sind.

Daß der Dichter deutlicher oder dunkler dies begreift und daß er einsieht, wie er bei einem so gearteten, wie er bei jedem Stoffe, den er wählen möchte, immer ein Fragment des Lebens aus dem lebendigen Zusammenhang reißen und zur Behandlung wählen muß, dies eben ist es, was ihn zum Künstler macht, was nämlich den Grund enthält zum Vortrag seines Gedichts. Bei diesem Vortrag geht nämlich alles dahin, den Kontrast des Überschwinglichen und Einseitigen, in welchem jeder Stoff außerhalb des lebendigen Zusammenhangs erscheinen muß, zu lösen und auszumitteln. Dies versucht der Dichter einmal dadurch, daß er jenen Kontrast in reinen Gegensätzen gleichmäßig und scharf genug darstellt; denn dadurch, daß er ihn hinlänglich begründet und motiviert, und endlich dadurch, daß er alle Teile des Stoffs in die möglichste durchgängige Beziehung setzt, durch alles dieses sucht der Dichter, dem isolierten, deswegen zwischen Extremen schwankenden Stoff diejenige Ausbildung zu geben, wodurch er in seiner reinsten und besten eigentümlichen Beziehung zum Ganzen erscheint, er sucht ihn nicht sowohl zu erheben oder zu versinnlichen, als zur Naturwahrheit herzustellen. Und gerade wo sein Stoff am meisten aus der Würklichkeit genommen ist, wie in der Idylle und Komödie und Elegie, da wird er den Diebstahl vorzüglich gutzumachen haben dadurch, daß er ihm eine ästhetisch wahre Ansicht gibt, daß er ihn in seiner natürlichsten Beziehung zum Ganzen vorstellt, nicht dadurch, daß er ihn noch mehr versinnlicht. Denn dies ist nur Geschäfte des großen Epos, das eigentlich vom übersinnlichsten poetischen Stoff ausgeht und ebendeswegen den weitesten Weg zu machen hat, um seinen ätherischen eigentlichen Gegenstand mit dem übrigen Leben wieder zusammen- und den Sinnen nahe zu bringen; deswegen glaubt auch Rezensent, die Darstellung und Sprache der Iliade gewinne noch eine ganz andere Bedeutung, wenn man fühle, wie sie wohl vielmehr dem Vater Jupiter als Achilln oder einem andern zu Ehren gesungen sei.

Rezensent glaubt für diese Umschweife Entschuldigung zu finden, weil die Ungewißheit und das Vorurteil über die berührten Punkte, allem nach, noch mächtig genug und gewiß nichts weniger als gleichgültig ist und weil man es gewiß erträglicher finden wird, wenn er aus guter Meinung ein Wort zur Unzeit sagt, als wenn er, um einen Eigensinn durchzusetzen, die schicklichste Zeit erwählte.

Rezensent meint auch durch das bisher Gesagte, soweit es für die Komödie anwendbar ist, den Gesichtspunkt erraten zu haben, welcher vorzüglich den Verfasser dieses Schauspiels geleitet haben mag, und wie weit der Dichter konsequent verfuhr, sah Rezensent vorzüglich daraus, daß die kleinen Inkonsequenzen im Gedicht so leicht auffallen.

So findet Rezensent die Gespräche der Soldaten in den meisten Szenen manchmal zu ununterbrochen fortgesetzt. Oder müssen die Reden nicht auch um so schneller oder stärker sich unterbrechen, je extravaganter ins Gemeine oder Ungemeine sie sein *müssen?* Aber mit vielem Glücke und recht aus dem Gefühl seiner Zweckmäßigkeit ist der Jamb auch in jenen Gesprächen gebraucht, so daß man ihn eben deswegen nicht fühlt, weil er hingehört, und zwar hiehin deswegen, damit Wort für Wort ein schärferer Gegensatz in den unedlen Reden fühlbar werde. Auch hierin wie in manchem andern hat der Verfasser die Autorität der alten Komiker, z. B. des Terenz, für sich, und der Geschmack zu jenen Zeiten war doch wohl nicht übel.

Meisterhaft dürfen besonders genannt werden die zwischen entgegengesetzte Rollen gestellten vermittelnden, ergänzenden Charaktere wie die des *Klapp*, des *Knaben* im Walde zusamt der *einfältigen Wirtin.*

Aber für manche schöne wohlherbeigeführte, im Charakter des Stücks und der Personen liegende Digression wird man dem Dichter besonders danken und sich freuen, daß man hier nicht mit leerer Schale getäuscht wird.

Um so mehr, da größtenteils in der Komödie das, was man die Intrigue des Stücks heißt, nichts weiter als ein Sprödetun der Musen ist, wodurch die Menschenkinder angezogen werden müssen, und da sich ja das Ungebührige in nichts auflöst und nur das Reine übrig bleibt, so wäre zu wünschen gewesen, daß sich der Verfasser jene Partie des Stücks erleichtert hätte. Die Anlage ist, was den Charakter betrifft, in hohem Grade richtig. Die Charaktere sind so wahr als passend für die Komödie gewählt, bornierte, eben darum schlau sein wollende Menschen. Aber ihre richtig angelegte Affektation schien doch dem Rezensenten zu unverhältnismäßig hart dargestellt.

Dies ist aber dem Verfasser zu verzeihen, da es größtenteils Gebrauch moderner Poesie ist, auch hierin, wie im lyrischen Gedicht mit den Reimen, schwer Gewicht statt merkurialischer Schwingen an den Sohlen zu tragen und die Verwicklungen in der Komödie noch schlimmer zu machen, als sie im ernsteren Leben selbst sind.

Da aber die Schwierigkeit, die sich der Dichter hiemit macht, ohnedies auch nur von denen gefühlt wird, die ebensosehr fühlen, wieviel doch immerhin dabei geopfert wird, da überdies des Künstlers Leben kurz genug ist unter uns, so ist es wohl kein schlimmer Rat, daß der von Natur antiker gestimmte dichterische Deutsche sich nicht länger von seinen umständlicheren Nachbarn irremachen lassen sollte, daß auch hierin mehr und mehr Einfachheit und *zweckmäßigere* Bequemlichkeit eingeführt würde.

ANHANG

PROOEMIUM HABENDUM D. 27. DEZ. 1785. DIE IOANNIS, IN CAPUT PRIMUM EPISTOLAE AD EBRAEOS

Nachdem vorzeiten Gott manchmal und mancherlei Weise geredt hat zu den Vätern durch die Propheten, hat er am letzten in diesen Tagen zu uns geredt durch den Sohn, welchen er gesetzt hat zum Erben über alles, durch welchen er auch die Welt gemacht hat. Diese zwei Verse des ersten Kapitels an die Ebräer, das wir heute betrachten, enthalten für uns schon unendlich viel Seliges. Lange lehrte Gott die Menschen durch unmittelbare Offenbarung und Erscheinungen; lange lehrte Gott sein Volk durch Propheten, denen er seinen göttlichen Willen durch seinen Geist, durch Gesichte und Träume anzeigte; denn er sahe wohl, daß der bereits gefallene Mensch immer tiefer in Blindheit und Sünde verfallen würde, wann nicht immer wieder seine Lehre dessen verderbtes Herz zurückrufen würde. Allein endlich sandte der Gott voll Liebe seinen Feinden, dem halsstarrigen Menschengeschlecht, dessen Natur immer gerade wider seinen Befehl handelte, seinen Sohn; den Sohn, Geliebteste, der von Ewigkeit in gleicher Göttlichkeit mit ihm war, der die ganze Welt, Himmel und Erde, als allmächtiger Gott, erschuf, den sandte er ihnen. Ihm gleicht kein Engel, ob dieser schon eines der herrlichsten Geschöpfe Gottes ist, sondern dieser betet den Sohn Gottes, indem er gar wohl seiner Niedrigkeit gegen demselben bewußt ist, in tiefster Ehrfurcht an. Der Sohn Gottes regiert ebenso weise, so gerecht als der Vater; er erhält und trägt ebenso alle Dinge wie der Vater. Zu ihm hat der Vater gesagt: *Das ist mein lieber*

Sohn, an dem ich Wohlgefallen habe: Lucä am 3. im 22. Vers. Ihm sind alle Kreaturen im Himmel, auf Erden und unter der Erde ebenso Dank und Verehrung schuldig, dann er nimmt sich mit ebender allmächtigen Güte eines jeden seiner Geschöpfe an als sein Vater; Er ist die zweite Person der h. Dreieinigkeit, welche für unsre kurzsichtige Vernunft ein so heiliges Rätsel ist; Er ist mit dem Vater gleiches Wesens, Macht und Herrlichkeit. Und dieser eingeborne Sohn Gottes hat sich auf die Erde, in die schwache Hülle der Sünder, seiner Feinde, aber ohne Sünde, begeben, um durch seine göttliche Lehre ihre blinde Herzen zu erleuchten und durch seinen Tod und Leiden ihre ganze Sündenlast zu tilgen und also ihr Mittler zu werden.

Oh! unausdenkliches Geheimnis der Liebe und Barmherzigkeit Gottes! Der Erlöser sahe wohl voraus, wie ihn eben diese, um deren willen er vorzüglich sich auf die Erde begab, wie ihn das Volk Gottes, ja selbst ihre Vorgesetzte mit der schnödesten Verachtung von sich stoßen würden; wie diese elende Menschen seine Majestät so oft, so boshaft, so niederträchtig beleidigen würden: allein seine ewige Liebe war noch viel größer als eine solche Widerspenstigkeit! Oh! *Teuerste Zuhörer!* sollte wohl jemand unter uns so tief im Schlamm der Sünde versunken sein, daß nicht ein tiefes Gefühl des Dankes und der Freude in ihm erwachte? besonders zu der wirklichen Zeit, wo vor mehr als siebzehnhundert Jahren dieser große Tag erschienen ist, der dem Menschengeschlecht ihren Heiland brachte. Nein! wir wollen das Irdische fahrenlassen und die Freude über die heilreiche Geburt Jesu Christi ganz genießen.

Jede Stunde soll ihm gewidmet, jede soll des fröhlichsten Dankes und Lobes voll sein, und auch diese soll dir, ewiger Gottmensch, geheiligt sein. Laßt uns aber den Herrn zuvor um seinen Segen anrufen und also beten: ...

[DAS ÄLTESTE SYSTEMPROGRAMM DES DEUTSCHEN IDEALISMUS]

...
eine Ethik. Da die ganze Metaphysik künftig in die *Moral* fällt (wovon Kant mit seinen beiden praktischen Postulaten nur ein *Beispiel* gegeben, nichts *erschöpft* hat), so wird diese Ethik nichts andres als ein vollständiges System aller Ideen oder, was dasselbe ist, aller praktischen Postulate sein. Die erste Idee ist natürlich die Vorstellung *von mir selbst* als einem absolut freien Wesen. Mit dem freien, selbstbewußten Wesen tritt zugleich eine ganze *Welt* – aus dem Nichts hervor – die einzig wahre und gedenkbare *Schöpfung aus Nichts.* – Hier werde ich auf die Felder der Physik herabsteigen; die Frage ist diese: Wie muß eine Welt für ein moralisches Wesen beschaffen sein? Ich möchte unsrer langsamen, an Experimenten mühsam schreitenden Physik einmal wieder Flügel geben.

So – wenn die Philosophie die Ideen, die Erfahrung die Data angibt, können wir endlich die Physik im Großen bekommen, die ich von spätern Zeitaltern erwarte. Es scheint nicht, daß die jetzige Physik einen schöpferischen Geist, wie der unsrige ist oder sein soll, befriedigen könne.

Von der Natur komme ich aufs *Menschenwerk.* Die Idee der Menschheit voran – will ich zeigen, daß es keine Idee vom *Staat* gibt, weil der Staat etwas *Mechanisches* ist, sowenig als es eine Idee von einer *Maschine* gibt. Nur was Gegenstand der *Freiheit* ist, heißt *Idee.* Wir müssen also auch über den Staat hinaus! – Denn jeder Staat muß freie Menschen als mechanisches Räderwerk behandeln; und das soll er nicht; also soll er *aufhören.* Ihr seht von selbst, daß hier alle die Ideen vom ewigen Frieden usw. nur *untergeordnete* Ideen einer höhern Idee sind. Zugleich will ich hier die Prinzipien für eine *Geschichte der Menschheit* niederlegen und das ganze elende Menschenwerk von Staat, Verfassung, Regierung, Gesetzgebung – bis auf die Haut entblößen. Endlich kommen die Ideen von einer moralischen Welt, Gottheit, Unsterblichkeit – Umsturz alles Afterglaubens, Verfolgung des Priestertums, das neuerdings Vernunft heuchelt, durch die Vernunft selbst. – Absolute Freiheit aller Geister, die die intellektuelle Welt in sich tragen und weder Gott noch Unsterblichkeit *außer sich* suchen dürfen.

Zuletzt die Idee, die alle vereinigt, die Idee der *Schönheit*, das Wort in höherem, platonischem Sinne genommen. Ich bin nun überzeugt, daß der höchste Akt der Vernunft, der, indem sie alle Ideen umfaßt, ein ästhetischer Akt ist, und daß *Wahrheit und Güte* nur *in der Schönheit* verschwistert sind. Der Philosoph muß ebensoviel ästhetische Kraft besitzen als der Dichter. Die Menschen ohne ästhetischen Sinn sind unsre Buchstabenphilosophen. Die Philosophie des Geistes ist eine ästhetische Philosophie. Man kann in nichts geistreich sein, selbst über Geschichte kann man nicht geistreich raisonnieren – ohne ästhetischen Sinn. Hier soll offenbar werden, woran es eigentlich den Menschen fehlt, die keine Ideen verstehen – und treuherzig genug gestehen, daß ihnen alles dunkel ist, sobald es über Tabellen und Register hinausgeht.

Die Poesie bekömmt dadurch eine höhere Würde, sie wird am Ende wieder, was sie am Anfang war – *Lehrerin der Menschheit*; denn es gibt keine Philosophie, keine Geschichte mehr, die Dichtkunst allein wird alle übrigen Wissenschaften und Künste überleben.

Zu gleicher Zeit hören wir so oft, der große Haufen müsse eine *sinnliche Religion* haben. Nicht nur der große Haufen, auch der Philosoph bedarf ihrer. Monotheismus der Vernunft und des Herzens, Polytheismus der Einbildungskraft und der Kunst, dies ist's, was wir bedürfen!

Zuerst werde ich hier von einer Idee sprechen, die, soviel ich weiß, noch in keines Menschen Sinn gekommen ist – wir müssen eine neue Mythologie haben, diese Mythologie aber muß im Dienste der Ideen stehen, sie muß eine Mythologie der *Vernunft* werden.

Ehe wir die Ideen ästhetisch, d. h. mythologisch machen, haben sie für das *Volk* kein Interesse, und umgekehrt: ehe die Mythologie vernünftig ist, muß sich der Philosoph ihrer schämen. So müssen endlich Aufgeklärte und Unaufgeklärte sich die Hand reichen, die Mythologie muß philosophisch werden, um das Volk vernünftig, und die Philosophie muß mythologisch werden, um die Philosophen sinnlich zu machen. Dann herrscht ewige Einheit unter uns. Nimmer der verachtende Blick, nimmer das blinde Zittern des Volks vor seinen Weisen und Priestern. Dann erst erwartet uns *gleiche* Ausbildung *aller* Kräfte, des einzelnen sowohl als aller Individuen. Keine Kraft wird mehr unterdrückt werden, dann herrscht allgemeine Freiheit und Gleichheit der Geister! – Ein höherer Geist, vom Himmel gesandt, muß diese neue Religion unter uns stiften, sie wird das letzte, größte Werk der Menschheit sein.

[VON DER FABEL DER ALTEN]

Von der Fabel der Alten.

Ihre Prinzipien.
Gestalt derselben.
System.
Beziehung. Bewegbarkeit.

Verschiedene Formen, die diese, trotz der Notwendigkeit ihrer Bildung, als Prinzipien leiden.

Sinn und Inhalt derselben.

Mythologischer Inhalt.
Heroischer.
Reinmenschlicher.

Sinn solcher Fabeln überhaupt.

Höhere Moral.

Unendlichkeit der Weisheit.

Zusammenhang der Menschen und Geister.
Natur, in der Einwirkung Geschichte.

ANMERKUNGEN

HYPERION

Entstehung

Mit dem „Hyperion" hat sich Hölderlin über Jahre hin intensiv beschäftigt. Die Arbeit daran reicht bis in die Tübinger Zeit zurück und wurde vielleicht erst in Homburg beendet. So nimmt es nicht wunder, daß der Roman, ehe er der literarischen Öffentlichkeit vorlag, vielfältigen Umgestaltungen unterworfen war. Individuelle, geistig-philosophische und zeitgeschichtliche Erlebnisse haben auf ihn eingewirkt, erzwangen immer wieder Neuformungen von Stoff, Gehalt und Gestalt. In die Entstehungszeit fallen die Aufenthalte in Jena (1794–1795), wo Hölderlin Schiller und Fichte kennenlernte, und Frankfurt (1796–1798), wo ihm Susette Gontard begegnete, sowie die letzte Phase der Französischen Revolution (1793–1794) und der erste Revolutionskrieg (1792 bis 1797).

Folgende Fassungen des Romans sind nachweisbar:

1. Die Tübinger Fassung (1792–1793)
2. Die Waltershäuser Fassung (1794)
3. Die metrische Fassung (Ende 1794 – Anfang 1795)
4. „Hyperions Jugend" (1795)
5. Die vorletzte Fassung (1795)
6. Die endgültige Fassung (1796–1798)

Tübinger Fassung (Ur-Hyperion)

Entstehungsdaten:

Wohl im Mai 1792:	Plan.
Sommer 1792:	Beginn der Arbeit.
Oktober 1792:	Hölderlin liest Magenau aus den ersten Entwürfen vor.
Mai 1793:	Hölderlin liest Stäudlin aus dem Fragment vor.

Juli 1793: Der größte Teil des ersten Buches ist vollendet. Hölderlin schickt zur Beurteilung an Stäudlin (vermutlich für das geplante Journal) ein größeres Fragment mit einem (nicht erhaltenen) Begleitbrief.

Wohl Ende 1793: Abbruch der Arbeit an dieser Fassung.

Zeugnisse:

Magenau an Hölderlin am 3. Juni 1792
Magenau an Neuffer im Herbst 1792
Hölderlin an Neuffer wahrscheinlich im Mai 1793
Hölderlin an Neuffer zwischen 21. und 23. Juli 1793
Stäudlin an Hölderlin am 4. September 1793

Im April 1792 war der Krieg der österreichisch-preußischen Koalition gegen das revolutionäre Frankreich ausgebrochen. Offensichtlich im Zusammenhang damit steigerte sich die antifeudale Stimmung unter den Tübinger Stiftlern. In den Briefen Hölderlins, der einem revolutionären Studentenkreis eng verbunden war, wurden die politischen Äußerungen konsequenter: „Wir müssen dem Vaterlande und der Welt ein Beispiel geben, daß wir nicht geschaffen sind, um mit uns nach Willkür spielen zu lassen." (An die Schwester Ende Februar oder Anfang März 1792.) Ganz folgerichtig nahm er im Revolutionskrieg Partei für das französische Heer: „Glaube mir, liebe Schwester, wir kriegen schlimme Zeit, wenn die Östreicher gewinnen. Der Mißbrauch fürstlicher Gewalt wird schröcklich werden. Glaube das mir! und bete für die Franzosen, die Verfechter der menschlichen Rechte." (19. oder 20. Juni 1792.) In diesem Geiste wußte er sich eins mit dem Stuttgarter Freundeskreis um Gotthold Friedrich Stäudlin (1758–1796), dem von ihm verehrten Fortsetzer der Schubartschen „Chronik" (die im Jahre 1793 vom Reichshofrat in Wien wegen allzu starker Parteinahme für die Französische Revolution verboten wurde), und um seinen ehemaligen Stiftsfreund Christian Ludwig Neuffer. Als Hölderlin Anfang April 1792 bei ihnen einige Tage zubrachte, wurde er von einer tiefen Neigung zu einer uns Unbekannten ergriffen, die er eine „holde Gestalt" nannte und in der er das Winckelmannsche Humanitätsideal verkörpert sah. (Vgl. Hölderlins Briefe an Neuffer vom April und September 1792 in Band 4.)

Das ist der historische und biographische Hintergrund zu Hölderlins Plan, einen „griechischen Roman" zu schreiben, in dessen Mittelpunkt er statt der „wort- und abenteuerreichen Ritter" einen „freiheitsliebenden Helden“ und „echten Griechen“ stellte. Bestärkt wurde er in diesem Vorsatz durch die Erkenntnis, daß seine Hymnen ihm „doch selten in dem Geschlechte, wo doch die Herzen schöner sind, ein Herz gewinnen werden“: Bis September 1792 waren nicht einmal zwei Dutzend Exemplare des Stäudlinschen „Musenalmanachs fürs Jahr 1792“, in dem er das erstemal als Dichter vor die Öffentlichkeit trat, verkauft worden. Der Titel des Romans ist ein Programm, wie die erste Erwähnung dieses Namens in der zweiten „Hymne an die Freiheit“ vom Frühjahr 1792 zeigt:

> Wenn ihr Haupt die bleichen Sterne neigen,
> Strahlt Hyperion im Heldenlauf –
> Modert, Knechte! freie Tage steigen
> Lächelnd über euern Gräbern auf.

Sehr wahrscheinlich war von vornherein beabsichtigt, Hyperion am Freiheitskampf der Griechen teilnehmen zu lassen, und Stäudlins Hinweis, Hölderlin möge doch nicht unterlassen, „versteckte Stellen über den Geist der Zeit in dieses Werk einzuschalten“, war gewiß im Sinne des Autors. Dessen Stiftsfreund Rudolf Magenau, der die „kräftigen Prinzipien“ Hyperions für sein Leben „gerne hörte“, nannte den Entwurf, vermutlich auf einen Vergleich Hölderlins zurückgreifend, einen „zweiten Donamar“ und wies damit auf den seit 1791 (bis 1793) erscheinenden Roman des Philosophen und Schriftstellers Friedrich Bouterwek (1766–1828) hin („Graf Donamar, Briefe, geschrieben zur Zeit des Siebenjährigen Krieges in Deutschland“).

Das wichtigste Zeugnis Hölderlins über die Tübinger Fassung des Romans, von der sich nichts erhalten hat, ist ein Brief an Neuffer (zwischen dem 21. und 23. Juli 1793). Dort schildert er die „Götterstunden“, die er im „Schoße der beseligenden Natur“ oder unter „Schülern Platons“ zubringt, wo er „dem Fluge des Herrlichen“ nachsieht, und er fährt fort: „. . . ich müßte doch einen Funken der süßen Flamme, die in solchen Augenblicken mich wärmt und erleuchtet, meinem Werkchen, in dem ich wirklich lebe und webe, meinem Hyperion mitteilen können.“ Nicht von Rousseaus „Gesellschaftsvertrag“ genährter kämpferischer Optimismus ist es, der den Dichter in diesen Augenblicken erfüllt, sondern ein ganz anderes ideelles und Stimmungsmoment: Mit Platon erhebt er sich über die gesellschaftliche Realität bis in die „entlegensten Enden des Geisterlands, wo die Seele der Welt ihr Leben versendet in die tausend Pulse der Natur“ („Timaios“), und lauscht den begeisterten Huldigungen der „heiligen Liebe" („Symposion"). Hyperion sollte eben nicht nur ein „freiheitsliebender Held", sondern gleichzeitig ein „echter Grieche" sein. Vielleicht läßt sich der geistige Raum, in dem die Tübinger Fassung des Romans angesiedelt ist, am besten durch die beiden Gedichte „Griechenland. An Stäudlin" und „Dem Genius der Kühnheit" abstecken (vgl. die Einleitung, Band 1, S. 35 ff.).

Die sich offenbar aus der inhaltlichen Spannweite ergebenden Schwierigkeiten wurden noch verstärkt durch Hölderlins Absicht, mit diesem Werk in die „terra incognita" des Romans vorzustoßen: „Vorgänger genug, wenige, die auf neues, schönes Land gerieten, und noch eine Unermessenheit zur Entdeckung und Bearbeitung!" Von Anfang an war sein Anspruch an die künstlerische Form sehr hoch. Einerseits wollte er „mehr das Geschmacksvermögen durch ein Gemälde von Ideen und Empfindungen (zu ästhetischem Genusse) als den Verstand durch regelmäßige psychologische Entwicklung beschäftigen", andererseits sollte sich am Ende doch „alles genau auf den Charakter und die Umstände, die auf ihn wirken, zurückführen lassen" und die „überdachte Entwicklung eines festgefaßten Charakters" sichtbar werden. Wahrscheinlich gelang es dem Dichter nicht, die widersprüchlichen „Ideen und Empfindungen" mit dem ästhetischen Programm zu einer Einheit zu verschmelzen.

Waltershäuser Fassung („Fragment von Hyperion")

Entstehungsdaten:

Frühjahr 1794:	Beginn der Umformung der Tübinger Fassung.
Sommer 1794:	Intensive Arbeit am Roman.
wohl Anfang September 1794:	Die ersten fünf Briefe werden von der neuen Fassung als das für die „Neue Thalia" bestimmte „Fragment von Hyperion" abgesondert und an Schiller gesandt.
Oktober 1794:	Der erste Teil des Romans, der dem ersten Band der Endfassung entspricht, ist fast vollendet.
Anfang November 1794:	Das „Fragment von Hyperion" erscheint in Schillers „Neuer Thalia". Schiller überreicht Hölderlin in Goethes Gegenwart das „Thalia"-Bändchen.

Zeugnisse:

Hölderlin an Neuffer wahrscheinlich Anfang April 1794
Hölderlin an Neuffer gegen Mitte April 1794
Hölderlin an den Bruder am 21. Mai 1794
Neuffer an Hölderlin am 3. Juni 1794
Hölderlin an Neuffer um den 10.–15. Juli 1794
Charlotte von Kalb an Schiller im August oder Anfang September 1794
Charlotte von Kalb an Charlotte Schiller kurz vor dem 8. September 1794
Hölderlin an Neuffer am 10. Oktober 1794
Hölderlin an Neuffer wohl Mitte November 1794
Neuffer an Hölderlin am 26. Januar 1795

Wann Hölderlin daranging, durch eine gründliche Umgestaltung der bereits vorliegenden Materialien „mehr Einheit" in das Ganze zu bringen, läßt sich nicht genau feststellen. Die Mitteilung von Anfang April 1794 aus Waltershausen, wo er seit Ende 1793 durch Schillers Vermittlung Hofmeister bei Charlotte von Kalb war, ihn beschäftige „jetzt beinahe einzig" sein Roman, wird sich wohl schon auf die Neubearbeitung beziehen. Hölderlin rang nun vor allem darum, „tiefer in den Menschen hineinzugehn" und aus der „Region des Abstrakten", in die er sich mit seinem „ganzen Wesen verloren hatte", herauszufinden. Ob erst in diesem Arbeitsstadium der Stoff die Form eines Briefromans erhielt, läßt sich nicht exakt ermitteln. Vielleicht sah Hölderlin gerade in dieser Formgebung ein geeignetes Mittel, näher an die Wirklichkeit heranzukommen. Die Umgestaltung war derart radikal, daß von seinen alten Papieren „fast keine Zeile blieb", wie er Neuffer im Oktober 1794 versicherte. In demselben Brief formulierte er als Thema des Romans: „Der große Übergang aus der Jugend in das Wesen des Mannes, vom Affekte zur Vernunft, aus dem Reiche der Phantasie ins Reich der Wahrheit und Freiheit."

Wie sehr ihn dieses Thema als temporäres Problem seines eigenen Lebens beschäftigte, geht aus anderen Briefen hervor und steht gewiß im Zusammenhang mit seiner intensiven Kant-Lektüre gerade in der Waltershausener Zeit (vgl. vor allem Hölderlins Briefe an den Bruder vom 21. Mai 1794 und vom 21. August 1794 in Band 4). Zum Studium von Kants „Kritik der Urteilskraft" gesellte sich die Lektüre von Platons Dialog „Phaidros", von Schillers Abhandlung „Über Anmut und Würde" und die Bekanntschaft mit den Schriften Herders. Kant, Schiller, Platon und Herder – das ist der weltanschauliche und ästhetische Boden, aus dem die Ideen des „Fragments von Hyperion" erwuchsen. Wie sie im Kunstwerk einander durchdringen und zu einer neuen Einheit werden, zeigt die Vorrede oder – besonders eindringlich – das Gespräch zwischen Hyperion, Adamas und Melite in der Grotte Homers.

Lebendigen Anteil am Gelingen des Werkes scheint Charlotte von Kalb genommen zu haben. In Gesprächen mit ihr mag oft von dem Roman die Rede gewesen sein, und noch während des Entstehungsprozesses hat sie im Manuskript gelesen. Sie war deshalb sicher mit dem Grundanliegen des „Hyperion" gut vertraut, als sie im August oder Anfang September 1794 Schiller von Hölderlins Arbeit an diesem Werk unterrichtete und ihn fragte, ob Hölderlin den Roman, ehe er ihn zum Druck befördere, „seiner Meinung übergeben" könne. Auch Charlotte Schiller bat sie wohl kurze Zeit danach, sie möge Schiller ersuchen, „daß er diesem jungen Mann bald auf seinen Brief antworte und mit einiger Vorliebe das Bruchstück in die Hand nehme, welches er ihm zusendet. Sein Urteil über diesen Versuch seines bildenden Geistes sei gerecht, aber auch gütig". Schiller nahm das „Fragment" in die „Neue Thalia" auf. Neuffer, der bereits im Juni 1794 an Hölderlin geschrieben hatte, er sei auf dessen Roman „sehr begierig", gestand dem Freunde nach der Lektüre: „Lieber Hölderlin! es war mir, als wenn ich Dich vor mir hätte. Ich fand Dich ganz in Deinem Werke, Deinen Empfindungen und Deinen Maximen."

Metrische Fassung und „Hyperions Jugend"

Entstehungsdaten:

November 1794 bis Januar 1795:	Arbeit an der metrischen Fassung.
Januar oder Februar 1795:	Beginn der Auflösung der metrischen Fassung in Prosa.
März 1795:	Cotta erklärt sich auf Empfehlung Schillers bereit, den Roman zu verlegen.
April 1795:	Frühester Beginn der Reinschrift (H^2).
Juli/August 1795:	Abbruch der Reinschrift.

Zeugnisse:

Hölderlin an die Mutter am 16. Januar 1795
Hölderlin an Hegel am 26. Januar 1795
Hölderlin an die Mutter am 22. Februar 1795
Schiller an Cotta am 9. März 1795
Hölderlin an die Mutter am 12. März 1795
Cotta an Schiller am 20. März 1795
Hölderlin an den Bruder am 13. April 1795
Hölderlin an Neuffer am 28. April 1795
Hölderlin an die Mutter am 22. Mai 1795

Zwischen die beiden von Hölderlin selbst zum Druck beförderten Fassungen, das am Anfang stehende Thalia-Fragment und die in der Buchausgabe vorliegende endgültige Fassung, schiebt sich eine Anzahl von handschriftlichen Entwürfen und Fragmenten, aus denen sich klar drei Fassungen absondern lassen, von denen zwei eng zusammengehören: die metrische Fassung und „Hyperions Jugend". Für einen Teil der metrischen Fassung, von der knapp 250 Verse überliefert sind, existiert ein Vorentwurf in Prosa. Die metrische Fassung wiederum diente als Vorlage für „Hyperions Jugend", in der die Verse der metrischen Fassung in Prosa aufgelöst sind. Dieser ganze Komplex eng benachbarter Niederschriften entstand während Hölderlins Aufenthalt in Jena, wohin er Anfang November 1794 mit seinem zehn Jahre alten Zögling Fritz von Kalb gekommen war, und im unmittelbaren Anschluß daran.

Hauptursache für die Neukonzeption des Romans in Jena scheint die unmittelbare Begegnung mit der Persönlichkeit und der Weltanschauung Fichtes gewesen zu sein (vgl. die Einleitung, Band 1, S. 43 ff.). Vor allem die Gestalt des Alabanda ist es, in die wesentliche Züge dieses für die Menschheit kämpfenden „Titanen", wie Hölderlin Fichte sah, eingegangen sind, insbesondere dessen revolutionär-demokratische Auffassung vom Sinn des menschlichen Daseins, die in der Aufforderung gipfelt, sich mit der gegebenen gesellschaftlichen und natürlichen Realität nicht abzufinden, sondern umgestaltend auf sie einzuwirken. Eine Folge des Versuches, den Roman auf Fichtes Philosophie zu gründen, ist vielleicht auch die völlige Umdisposition des Stoffes und die neue Form der Rahmenerzählung. Während die Waltershäuser Fassung in der Gestalt eines Briefromans erschienen war, in dem Hyperions Begegnung mit Melite (Diotima) den Auftakt bildete, formte Hölderlin nun aus den vorhandenen Materialien, dabei sicher auch auf die Tübinger Fassung zurückgreifend, eine Rahmenerzählung: Der Greis Hyperion erzählt in chronologischer Abfolge einem jungen Besucher seine Jugendgeschichte. Die metrische Form – der Blankvers – wurde jedoch bald wieder verworfen, und die bereits vorliegenden Teile löste Hölderlin in die Prosa von „Hyperions Jugend" auf. Wie weit die metrische Fassung bereits gediehen war, läßt sich nicht genau sagen. Gewiß aber diente sie auch noch als Vorlage für einen Teil des 2. Kapitels der Prosa-Erzählung.

Am 9. März 1795 schrieb Schiller an den Verleger Cotta in Tübingen: „Hölderlin hat einen kleinen Roman, ‚Hyperion', davon in dem vorletzten Stück der ‚Thalia' etwas eingerückt ist, unter der Feder. Der erste Teil, der etwa 12 Bogen betragen wird, wird in einigen Monaten fertig. Es wäre mir gar lieb, wenn Sie ihn in Verlag nehmen wollten. Er hat recht viel Genialisches, und ich hoffe auch noch einigen Einfluß darauf zu haben. Ich rechne überhaupt auf Hölderlin für die ‚Horen' in Zukunft, denn er ist sehr fleißig, und an Talent fehlt es ihm gar nicht, einmal in der literarischen Welt etwas Rechtes zu werden." Cotta übernahm den Verlag des Romans für ein Honorar von 100 Gulden. Wie wenig Hölderlin mit dem Werk zufrieden war, als er für Cotta die Reinschrift herstellte, geht aus seinem Brief an Neuffer vom 28. April 1795 hervor: „Skandalisiere Dich ja nicht an dem Werkchen! Ich schreib es aus, weil es einmal angefangen und besser als gar nichts ist, und tröste mich mit der Hoffnung, bald mit etwas anderem meinen Kredit zu retten." Seinen Vorsatz scheint Hölderlin jedoch nicht ausgeführt zu haben: Es ist kaum anzunehmen, daß die als Druckvorlage gedachte Reinschrift von „Hyperions Jugend" abgeschlossen und Cotta vorgelegt worden ist.

Vorletzte Fassung

Entstehungsdaten:

August/September 1795:	Beginn der Arbeit an dieser Fassung.
wahrscheinlich erste Hälfte des Dezember 1795:	Absendung zumindest eines Teils (vielleicht des ersten Bandes) der Druckvorlage (H^3) an Cotta.
vielleicht Dezember 1795, spätestens aber Mai 1796:	Abbruch der Arbeit an dieser Fassung.

Zeugnisse:

Hölderlin an den Bruder am 11. Februar 1796
Hölderlin an Cotta am 15. Mai 1796

Welche Gründe den Dichter bewogen haben mögen, in Nürtingen, wohin er Hals über Kopf Ende Mai 1795 von Jena aufgebrochen war, nochmals eine radikale Umgestaltung des Romans vorzunehmen, läßt sich wegen fehlender Zeugnisse nicht ermitteln. In gewisser Weise bedeutet die neue Fassung eine Rückkehr zum „Fragment von Hyperion". Die Form der in Kapitel gegliederten Rahmenerzählung wurde verworfen und der Stoff abermals in einen Briefroman umgegossen. Dessen Komposition wich jedoch erheblich von der Waltershäuser Fassung ab, und auch der Umfang des Werkes nahm beträchtlich zu. In welche Richtung die ideelle Neubearbeitung vorstieß, kann man – wegen der fragmentarischen Überlieferung – am ehesten wohl der gegen Ende 1795 niedergeschriebenen Vorrede entnehmen, in der Hölderlin über den subjektiven Idealismus Kants, Fichtes und Schillers hinausgeht und zu einer pantheistischen Auffassung der Wirklichkeit gelangt. Das wahrscheinlich im April 1795 entstandene Aufsatz-Fragment „Urteil und Sein", in dem Hölderlin Kantische und Fichtesche Ideen mit Hilfe von Spinoza und Platon umdeutete, und das zwischen dem Spätsommer 1795 und dem Frühjahr 1796 entworfene sogenannte „Älteste Systemprogramm des deutschen Idealismus", dessen Konzeption wesentlich von Hölderlin beeinflußt worden ist, sind in besonderem Maße geeignet, die sich in der Vorrede zur vorletzten Fassung des „Hyperion" ausdrückende philosophisch-ästhetische Position begreifbar zu machen.

Endgültige Fassung

Entstehungsdaten:

Mai 1796: Hölderlin erklärt sich mit Cottas Empfehlung einverstanden, das Manuskript zu kürzen.

spätestens Dezember 1796 oder Januar 1797: Beendigung der Druckvorlage des ersten Bandes.

April 1797: Erscheinen des ersten Bandes.

vielleicht August oder September 1798: Abschluß des zweiten Bandes.

Herbst 1799: Erscheinen des zweiten Bandes.

Zeugnisse:

Hölderlin an Cotta am 15. Mai 1796
Hölderlin an den Bruder am 2. Juni 1796
Hölderlin an den Bruder wohl am 21. November 1796
Magenau an Neuffer am 24. November 1796
Hölderlin an Neuffer am 16. Februar 1797
Hölderlin an die Schwester Ende April 1797
Hölderlin an Schiller am 20. Juni 1797
Hölderlin an Neuffer am 10. Juli 1797
Hölderlin an den Bruder im August 1797
Hölderlin an den Bruder am 2. November 1797
Hölderlin an den Bruder am 4. Juli 1798
Susette Gontard an Hölderlin Ende September bis Anfang Oktober 1798
Hölderlin an Susette Gontard im Oktober oder Anfang November 1799

Kurz vor Ende des Jahres 1795 war Hölderlin in Frankfurt eingetroffen. Vielleicht arbeitete er in den ersten Frankfurter Monaten noch an der vorletzten Fassung des Romans weiter. Gleichzeitig wartete er auf Cottas Urteil über das ihm zugesandte Manuskript. Die (nicht erhaltene) Zuschrift des Verlegers, die Hölderlin in der ersten Mai-Hälfte erreichte, gab den Anstoß zu einer erneuten Überarbeitung. Cotta hatte auf den großen Umfang des Werkes aufmerksam gemacht und um Kürzung gebeten. Hölderlin ging darauf ein und glaubte zunächst, sein Vorhaben in kurzer Zeit ausführen zu können. Aber die Frist, die er sich selbst gesetzt hatte, konnte er nicht einhalten. Zu sehr war der ganze Roman auf die künstlerische Bewältigung der individuellen Erfahrungen und der historischen Realität angelegt, als daß die neuen politischen und sozialen Erlebnisse der Jahre 1796/97 und die Liebe zu Susette Gontard (vgl. die Einleitung Band 1, S. 53 ff.) eine formale Kürzung des Werkes zugelassen hätten. Besondere Schwierigkeiten mußten sich vor allem bei der Arbeit am zweiten Band des Romans ergeben. Ein Vergleich der Entwürfe zur endgültigen Fassung mit dem gedruckten Text läßt erkennen, daß Hölderlin bis zuletzt darum rang, die historische Problematik des Koalitionskrieges adäquat zu erfassen. Da Susette Gontard bereits in ihrem ersten Brief nach Hölderlins Weggang von Frankfurt (Ende September 1798) diesen bittet, ihr auch den zweiten Band des Romans zu schicken, kann man annehmen, daß die Druckvorlage zu dieser Zeit schon an den Verleger abgesandt war. Aber erst im Herbst 1799 kann er ihr diesen Band zusenden: „Hier *unsern* Hyperion, Liebe! Ein wenig Freude wird diese Frucht unserer seelenvollen Tage Dir doch geben. Verzeih mir's, daß Diotima stirbt. Du erinnerst Dich, wir haben uns ehmals nicht ganz darüber vereinigen können. Ich glaubte, es wäre, der ganzen Anlage nach, notwendig. Liebste! alles, was von ihr und uns, vom Leben unseres Lebens hie und da gesagt ist, nimm es wie einen Dank, der öfters um so wahrer ist, je ungeschickter er sich ausdrückt."

Quellen

Zwei Werke sind es vor allem, die Hölderlins Vorstellung von der griechischen Landschaft prägten und ihn mit den geschichtlichen Ereignissen des Jahres 1770 vertraut machten:

1. Richard Chandler: Travels in Asia Minor and Greece; or An Account of a Tour, Made at the Expense of the Society of Dilettanti, Oxford 1775/76. – Wahrscheinlich benutzte Hölderlin dieses Werk in der anonymen deutschen Übersetzung: Reisen in Kleinasien, unternommen auf Kosten der Gesellschaft der Dilettanti und beschrieben von Richard Chandler, Leipzig, bei Weidmanns Erben und Reich, 1776; Reisen in Griechenland, unternommen auf Kosten der Gesellschaft der Dilettanti und beschrieben von Richard Chandler, Leipzig, bei Weidmanns Erben und Reich, 1777.
2. Choiseul-Gouffier: Voyage pittoresque de la Grèce, Paris 1782 und 1809. – Die ersten Lieferungen dieses Werkes dienten Hölderlin ebenfalls in einer deutschen Übersetzung (von Heinrich August Ottokar Reichard) als Quelle. Noch bevor der erste Band abgeschlossen war, lag in der Übersetzung ein erstes Heft vor: Reise des Grafen von Choiseul-Gouffier durch Griechenland. Aus dem Französischen übersetzt. Mit Kupfern und Karten. Erster Band, erstes Heft, Gotha, bei Karl Wilhelm Ettinger, 1780. Das zweite Heft folgte 1782.

Die Schilderung des griechischen Aufstandes durch Reichard sei hier zusammenhängend abgedruckt:

„Alles erweckte Grausen in diesem unglücklichen Lande, als ich ankam; alles seufzte noch unter den traurigen Folgen eines grausamen Kriegs; die griechische, unter den Kanonen des Schlosses liegende Stadt, die sonst zu den ziemlich gut gebauten gehörte, war nichts weiter als ein Haufen Schutt und ihre Gegenden, so wie ganz Griechenland, der Raub albanischer Horden, die der Großherr in dem letztern Kriege dahin schickte, um die Russen zu vertreiben und die rebellischen Griechen zu unterjochen, die aber nach dem Frieden sich weigerten, in ihre Gebirge zurückzukehren, und dem Sultan den Beistand von Verheerung teuer bezahlen ließen, den er von ihnen empfangen hatte. Die ausgearteten und durch die lange Knechtschaft entnervte Griechen wagten es nicht einmal, sich gegen diese Handvoll Räuber zu verteidigen, und ließen sich metzeln wie eine Schlachtherde. Doch die Erzählung der Belagerung von Koron und der moreischen Expedition wird ihre Feigheit noch besser auseinandersetzen.

Die russische Flotte erschien den 28. Februar 1770 auf dieser Höhe, und Schrecken verbreitete sich bald durch die Besatzung. Der Kommandant sprach schon von Übergabe, ehe er noch wußte, ob er angegriffen werden sollte. Unterdessen daß er die Vermittelung des französischen Konsuls anflehte, verließen einige tausend von russischen Offizieren aufgewiegelte Magnotten ihre Berge und überschwemmten die Gegenden um Koron. Der Graf Theodor Orlow langte den 10. Mai mit seiner Flotte an, die aus drei Linienschiffen und zwei Fregatten bestand, er setzte Truppen und Geschütz ans Land und führte zwei Batterien auf, deren Feuer aber langsam ging und ohne den mindesten Erfolg war. Bei der kleinen Anzahl der ausgeschifften Stücke, und sonderlich bei ihrem geringen Kaliber, konnte es nicht anders sein, zumal da der Platz überdies ziemlich fest gebaut ist und die Mauern auf der Seite, wo der Angriff geschah, der einzigen, wo er mit dem Lande zusammenhängt, noch dazu besser als die andern und fast überall mit Felsen verbunden sind, die einen natürlichen Wall bilden. Diese Mauern haben sehr wenig gelitten, ohngeachtet sie nur halben Schuß weit von den Batterien entfernt lagen, deren Stellen ich leicht erkennen konnte. Man kann die Fehlschlagung dieses Angriffs allein den Griechen und ihren Exzessen von allerlei Art zuschreiben, die den Grafen Orlow endlich nötigten, sie zu verabschieden und als Räuber wegzujagen, die nicht für die gemeine Freiheit zu streiten, sondern ihre Mitbrüder zu plündern gekommen waren. Er setzte die Belagerung bloß mit seinen Russen und der Verstärkung eines Schiffes von 74 Kanonen, eines englischen Fahrzeugs, und einer Bombardiergaliote fort, die aber eigentlich zu nichts half, weil sie keinen Mörser hatte. Unterdessen hätte sie doch beinahe alle die Würkung herfürgebracht, die man sich nur von ihr versprechen konnte; denn ihre Erscheinung bestürzte die

Türken so sehr, daß sie sich ergeben wollten. Der Bey, der ihre wenige Herzhaftigkeit kannte und sich vielleicht innerlich eben nicht besser beschlagen fühlte, hat mir gestanden, er habe sie gefleht, zu ihrer Ehre und seiner Rechtfertigung nur die erste Bombe abzuwarten. Zwar suchte der russische Feldherr diesen Mangel durch eine Mine abzuhelfen, die er unter dem vornehmsten Bollwerke anlegen ließ und dessen Zerstörung das Schloß geöffnet haben würde; allein einige entschlossene Türken, die sich in diesem Augenblicke selbst übertrafen, entdeckten und vereitelten sie.

Graf Orlow wußte aus der Erfahrung, wie wenig auf die Griechen zu rechnen war, von denen er doch den ganzen Ausschlag seiner Unternehmung erwartet hatte; er beschloß also zuletzt, die Belagerung von Koron aufzuheben, und tat es den 16. April 1770. Kaum sah die türkische Besatzung die Flotte unter Segel, so fiel sie aus dem Schloß und ruinierte die griechische Stadt gänzlich. Die Magazine der Kaufleute, lauter Franzosen, wurden geplündert und verbrannt. Diese Unglücklichen, welche die Sorgfalt des russischen Befehlshabers bis jetzt beschützte, hatten sich gleich zu Anfang der Belagerung auf einen Kauffahrer eingeschifft, den das Ohngefähr hieher führte, und im Mittel der Flotte die Entscheidung ihres Schicksals abgewartet. Sie verloren an einem Tage alle Früchte ihrer Arbeit.

Ganz Morea schwamm damals im Blute; die Stadt Patrasso wurde wechselweise von den Albanern und der türkischen Besatzung in Lepanto heimgesucht, die darin über 1500 Griechen niedermachten; zuletzt fielen noch ihre Nachbarn, die Insulaner von Zante und Kephalonien, in dies unglückliche Land und kehrten mit der Beute ihrer Landsleute und der Türken zurück. Die Stadt Navarin hatte sich nach einer sechstägigen Belagerung an ein Corps Magnotten ergeben, die von vierzig russischen Offizieren kommandiert wurden und ohne Zeitverlust auf Misistra marschierten, das nicht fern von dem alten Sparta liegt. Sie eroberten es durch Kapitulation; aber diese Räuber, denen der Verlust einer so reichen Plünderung, des einzigen Zweckes ihrer Heldenzüge, naheging, verbreiteten sich durch die Stadt, aller angewandten Mühe der Russen ohngeachtet, töteten ihre Einwohner, ihre Mitbürger, ihre Freunde, ihre Verwandte zu Tausenden und erneuerten jene Auftritte des Abscheus und Entsetzens, wovon die Jahrbücher der Welt, leider! nur zu voll sind. Schandtaten, wie man sie kaum von den feindseligsten und erbittertsten Nationen vermuten sollte, übten Menschen gegeneinander aus, die *ein* Himmel geboren werden sah, und zwar, was noch außerordentlicher ist, abergläubische Menschen, die doch Gleichheit der Religion durch ein Band zu vereinigen schien, das oft stärker ist als selbst das Band der Natur.

Dieser Schwarm von Barbaren, den täglich neue Haufen aus den Gebirgen vergrößerten, die ihre Laster und Beuten zu teilen eilten, war im Begriff, sich Meister von Tripolissa zu machen. Ihre Einwohner wurden nur noch durch einige wenige Türken zurückgehalten, die in einer elenden Burg verschanzt waren. Fünfhundert albanische Reuter erschienen, den Säbel in der Faust, und die 15 000 Griechen ergriffen die Flucht in ihre Berge und ließen die vierzig Russen im Stich. Keiner von diesen braven Leuten wollte Quartier, und sie erlagen, nachdem sie Wunder der unglaublichsten Tapferkeit getan hatten; auch nicht *einer* kam davon. Ihr hartnäckiges Wehren verschaffte den Flüchtigen Zeit, sich zu retten. Die Albaner, voll Wut, sie nicht mehr einholen zu können, zogen in die Stadt und hieben, unter dem Vorwande, daß die Einwohner insgeheim die Absicht gehabt hätten, sich zu ergeben, dreitausend derselben in weniger denn drei Stunden nieder; die Stadt wurde geplündert und angezündet, und dies von denen, die sie zu verteidigen kamen.

Fünftausend Türken zwangen die Russen, die Belagerung der Stadt Modon aufzuheben, die zu Wasser und zu Lande geführt wurde, und sogar ihre Artillerie zurückzulassen. Der Fürst Dolgourucki tat an der Spitze von 500 Mann, um Navarin zu erreichen, einen Rückzug, dem es nur an kunstverständigen Zeugen fehlte, um nach seinem ganzen Wert geschätzt zu werden. Aber alle Tapferkeit der Russen in diesem ganzen Kriege ging durch die unglaubliche Memmheit der Griechen verloren. Zwar diese letztern wurden die ersten Opfer derselben und mußten teuer genug ihre unüberlegte Meuterei und den Enthusiasmus bezahlen, mit dem sie ihre neuen Herrn aufnahmen, die ihnen vielleicht die alten bald würden bedaurend gemacht haben. Denn, wie hätte der Sklave einer so schwachen und schwankenden Herrschaft, wie der Ottomanen ihre ist, einige Erleichterung unter dem Regiment eines gleich despotischen Staats finden können, dem bloß seine Jugend, wenn es zu sagen erlaubt ist, eine Kraft gibt, die jener verloren hat?“

(Reichard, 1. Heft, S. 4–10)

„Auf der Küste von Asien, Scio im Gesicht, ist eine kleine Stadt, die im Altertum unter dem Namen Cyssus und durch den Sieg bekannt war, den die Römer hier über die Flotte des Antiochus 191 Jahr vor C. G. erfochten; in neuern Zeiten wurde sie als Tschesme und als der Schauplatz der gänzlichen Niederlage berühmt, welche hier die türkische Flotte 1770 von den Russen erlitt. Erstere war der letztern weit überlegen und bestand aus fünfundzwanzig Segeln, worunter fünfzehn große Karavellen. Die russische Flotte, unter dem Befehl des Grafen Alexis Orlow, zählte nur neun Linienschiffe und sechs Fregatten. Sie verfolgten schon einige Tage ihre Feinde, bis die Türken sich endlich beim Eingang des Sciotischen Kanals, über den Inseln Spalmadori, quer vorlegten, aber bei der ersten Miene, welche die Russen machten, sie anzugreifen, aufbrachen, in den Kanal gingen und sich längs der Küste von Asien, im Norden von Tschesme, in Ordnung stellten. Den andern Tag, es war der 5. Julius, näherte sich ihnen das russische Geschwader in drei Abteilungen, wovon die erste der Admiral Spiritow, die zweite der Graf Alexis Orlow und die dritte der Contre-Admiral Elphinston anführte.

Der Admiral Spiritow ging aus der Linie, um allein die Capitana anzugreifen, die an der Spitze der türkischen Linie hielt. Das Gefecht war hitzig, und die Schiffe, als sie zusammengerieten, verhakten sich im Tauwerk aneinander. Hierauf warfen die Russen eine Menge Feuerwerk ins feindliche Schiff, das aber seine Wirkung nur zu schnell tat; denn weil sie sich nicht entfernen konnten, so sprangen beide Schiffe zugleich in die Luft. Nur vierundzwanzig Russen wurden gerettet, unter welchen sich der Admiral, sein Sohn und der Graf Theodor Orlow befand. Dies prächtige Schiff führte neunzig metallene Kanonen und hatte eine Kriegskasse von 600 000 Rubeln an Bord.

Der Zufall verbreitete ein allgemeines Schrecken unter den Türken. Sie kappten sogleich ihre Anker und warfen sich durch ein Manöver, das nicht abscheulicher sein konnte, in den Hafen von Tschesme, wo sie gar bald blockiert wurden. Den 7., um Mitternacht, legten sich fünf russische Schiffe quer im Gesicht des Hafens und fingen eine entsetzliche Kanonade an, die durch das beständige Feuer einer Bombardiergaliote unterstützt wurde. Bald darauf schritten sie zu einem noch fürchterlichern Versuch, und der seine ganze Wirkung tat. Ein Brander zündete eins von den türkischen Schiffen an, und da sich in demselben Augenblick ein heftiger Wind erhob, so wurde die ganze ottomanische Flotte ein Raub der Flammen, einige wenige Fahrzeuge ausgenommen, deren sich die Russen durch ihre Schaluppen bemächtigten."

(Reichard, 1. Heft, S. 193–195)

In der Schilderung des griechischen Aufstandes ist Reichard vom französischen Original abgewichen. Durch Fälschung der Tatsachen ließ er die Rolle der Griechen noch negativer als in Wirklichkeit erscheinen. Unter Berücksichtigung anderer Darstellungen ergibt sich etwa folgender Verlauf der historischen Ereignisse: Die erfolgreichen Kampfhandlungen der russischen Truppen während des russisch-türkischen Krieges von 1768 bis 1774 brachten die Balkanvölker, die in Rußland ihren Befreier sahen, in Bewegung, und Katharina II. rief sie auf, sich gegen die seit dem 15. Jahrhundert bestehende türkische Fremdherrschaft zu erheben. Im Jahre 1770 wurde die baltische Flotte in das Ägäische Meer entsandt. Ihre Operationen hatten das Ziel, den griechischen Aufstand hervorzurufen, die Kräfte der türkischen Armee vom Hauptkriegsschauplatz, dem Donauraum, abzuziehen sowie Konstantinopel vom Ägäischen Meer und vom Mittelmeer abzuschneiden. Gegen Ende Februar erreichte eine kleine Flottenabteilung unter Theodor Orlow mit fünfhundert Russen die Maina, die mittlere der drei südlichen Halbinseln des Peloponnes, konnte jedoch erst am 10. März an Land gehen. Die Bewohner dieser Halbinsel, die Mainoten (oder Magnotten), auf die die Russen vor allem rechneten, wurden zum gemeinsamen Handeln aufgerufen. Nach und nach sollen sich 50 000 erhoben haben. Die fünfhundert Russen und mehrere tausend Mainoten belagerten zunächst die Hafenfestung Koron (am Messenischen Golf), zogen jedoch im April erfolglos wieder ab. Erfolgreicher war der Kampf mit Unterstützung einer anderen, erst im April gelandeten russischen Abteilung, der sich gegen die Hafenstädte Patras (an der Nordküste des Peloponnes) und Navarino (heute: Pylos; an der Südwestküste des Peloponnes) richtete. Mit dieser zweiten Abteilung war der Graf Alexei Orlow, der ein Bruder von Theodor Orlow war und die gesamte Expedition befehligte, gelandet. Als sich Navarino wohl gegen Ende April ergeben hatte, wurden die Türken von den Mainoten ermordet, und die Stadt ging in Flammen auf. Unterdessen waren von russischen Offizieren begleitete Mainoten gegen Misistra (bei Sparta) und gegen Tripolizza (im Zentrum des Peloponnes) vorgegangen. Zu Misistra verübten die Mainoten nach der Kapitulation der Stadt abscheuliche Greuel (sie sollen vierhundert Türken erwürgt und eingeborene Kinder grausam umgebracht haben). Bei Tripolizza erlitten sie im April eine Niederlage; die überlebenden Mainoten flüchteten sich in die Berge, und alle griechischen Bürger der Stadt wurden niedergemetzelt. Als keine Hoffnung mehr bestand, das Innere des Peloponnes zu beherrschen, richteten die Russen ihre Kräfte gegen Modon (westlich Koron an der Westküste des Peloponnes). Ende April wurde die Stadt von achthundert Russen und dreitausend Mainoten eingeschlossen, jedoch Anfang Mai wieder entsetzt. Auf das erste Feuer hin ergriffen die Griechen die Flucht. Mit Hilfe einer abermaligen russischen Verstärkung wurden nochmals Koron und Modon zugleich belagert. Bei Modon unterlagen die Russen gegen die Übermacht der Türken am 18. Mai, nachdem sie empfindliche Verluste erlitten hatten. Diese Niederlage und das unrühmliche Verhalten der Griechen nahmen die Russen zum Anlaß, die Belagerungen aufzuheben, Navarino zu räumen und sich – wohl Anfang Juni – wieder einzuschiffen. Über 150 000 Albanesen überschritten bald den Isthmos und richteten unter den Griechen ein furchtbares Blutbad an. Die russische Flotte verfolgte die der Türken und schlug sie in der Nacht zum 26. Juni (6. Juli) vernichtend.

Überlieferung

Neben den Erstdrucken des „Fragments" und der endgültigen Fassung haben sich 42 Handschriften (Einzelblätter, Doppelblätter und ineinandergelegte Doppelblätter) erhalten. Die knappe Hälfte davon wird in der Stadtbibliothek Homburg v. d. H. aufbewahrt, während sich der übrige Teil in der Württembergischen Landesbibliothek Stuttgart, in der Sammlung Dr. Martin Bodmer in Cologny bei Genf, im Schiller-Nationalmuseum Marbach am Neckar und an einigen anderen Orten befindet.

Fragment von Hyperion (J)

Erstdruck: „Neue Thalia. Herausgegeben von F. Schiller. Vierter Teil. Fünftes Stück des Jahrganges 1793. Leipzig, bei Georg Joachim Göschen". Dieses (vorletzte) Stück der Zeitschrift, in das Schiller auch Hölderlins Gedicht „Das Schicksal" aufgenommen hatte, lag erst im November 1794 vor. (Vgl. Hölderlins Brief an Neuffer, den er wohl Mitte November 1794 schrieb und in dem er schilderte, wie ihm Schiller in Jena dieses Heft in Anwesenheit Goethes überreichte.) Eine (nicht erhaltene) Abschrift des Fragments von fremder Hand hatte Susette Gontard schon 1794 in Händen.

Erhalten ist dagegen die – erst 1956 aufgefundene – Abschrift eines Paralipomenons: der einzige Rest der Waltershäuser Fassung (oder ihrer Vorform), aus der das „Fragment von Hyperion" hervorging.

Metrische Fassung (H^1)

Diese Fassung ist auf einem Doppelblatt und drei Einzelblättern überliefert. Der Prosa-Entwurf steht in den linken Spalten des noch einmal längs gefalteten Doppelblattes, während rechts die metrische Ausführung niedergeschrieben wurde (mit Ausnahme der 4. Seite, die beidspaltig vom Entwurf ausgefüllt wird). Die metrische Ausführung setzt sich auf den Einzelblättern fort. Sicherlich ist davon mehr fertig gewesen als die beiden zufällig erhaltenen Bruchstücke (Vers 1–184; 185–248).

Hyperions Jugend (H^2)

Die bruchstückhaft erhaltene Reinschrift dieser Fassung war ursprünglich als Druckvorlage gedacht. Nachweislich haben 9 Lagen von jeweils zwei ineinandergelegten Doppelblättern existiert (72 engbeschriebene Seiten); vielleicht aber war die Reinschrift beträchtlich umfangreicher. Überliefert sind die Lagen a und b, e und f, h und i sowie von der Lage g die Blätter 2 und 3, also insgesamt 52 Seiten.

Vorletzte Fassung (H^3)

Diese Fassung lag ursprünglich in Gestalt einer abgeschlossenen Reinschrift vor, die Hölderlin zumindest teilweise wohl im Dezember 1795 als Druckvorlage an Cotta sandte. Von der wenigstens 140 Seiten (18 Lagen) umfassenden Reinschrift sind nur folgende Bruchstücke erhalten: ein Doppelblatt (Vorrede), die Lage 14 (wohl ausnahmsweise nur aus einem Doppelblatt bestehend) von der Hand Karl Goks, der dem Bruder bei der Anfertigung der Druckvorlage geholfen hat, die Lagen 16 und 17 (jeweils zwei ineinandergelegte Doppelblätter) und ein weiteres Doppelblatt.

Endgültige Fassung (H^4 und E^1)

Die Entwürfe zur endgültigen Fassung sind nur sehr fragmentarisch überliefert. Insgesamt sind 23 Stücke, zwischen denen oft große Lücken klaffen, erhalten: 9 Einzelblätter, 11 Doppelblätter, eine Lage von zwei ineinandergelegten Doppelblättern, eine Lage von sechs ineinandergelegten Doppelblättern und die letzten drei beschriebenen Seiten des Homburger Quarthefts. Die aus sechs ineinandergelegten Doppelblättern bestehende Lage diente zuerst Henry Gontard als Schulheft. In ihr findet sich auch der Frankfurter Plan des „Empedokles" (H^1 des Trauerspiels), den Hölderlin im August 1797 niederschrieb. Die Druckvorlage ist nicht erhalten, so daß der Wortlaut der endgültigen Fassung nur in der Erstausgabe (E^1) überliefert ist:

Hyperion oder der Eremit in Griechenland von Friedrich Hölderlin. Erster Band. Tübingen 1797. In der J. G. Cotta'schen Buchhandlung.

Zweiter Band. Tübingen 1799. In der J. G. Cotta'schen Buchhandlung.

Ein Exemplar dieser Ausgabe überreichte Hölderlin mit handschriftlichen Verbesserungen und Unterstreichungen Susette Gontard. Die Widmung des ersten Bandes lautet: „Der Einfluß edler Naturen ist dem Künstler so notwendig wie das Tagslicht der Pflanze, und so wie das Tagslicht in der Pflanze sich wiederfindet, nicht wie es selbst ist, sondern nur im bunten irdischen Spiele der Farben, so finden edle Naturen nicht sich selbst, aber zerstreute Spuren ihrer Vortrefflichkeit in den mannigfaltigen Gestalten und Spielen des Künstlers." Den zweiten Band widmete Hölderlin Susette Gontard mit den Worten „Wem sonst als Dir", einem Zitat aus dem „Fragment von Hyperion" (vgl. S. 23). Vgl. auch den unvollendeten Entwurf des Begleitbriefes von Anfang November 1799. Dieses Widmungsexemplar, wahrscheinlich das einzige auf Velinpapier, das Hölderlin von Cotta erhalten hat, befindet sich im Schiller-Nationalmuseum Marbach am Neckar.

Ein weiteres Exemplar, allerdings nur des ersten Bandes, ist aus dem Nachlaß von Franz Wilhelm Jung (1757–1833), dem Mentor des jungen Sinclair, ebenfalls nach Marbach gekommen. Dieses Buch, in dem Hölderlin auch Textfehler verbessert hat, enthält folgende Widmung:

Klopstock

Die Dichter, die nur spielen,
Die wissen nicht, wer sie und wer die Leser sind,
Der rechte Leser ist kein Kind,
Er will sein männlich Herz viel lieber fühlen
Als spielen.

(Vgl. hierzu Hölderlins Brief an den Bruder vom 2. November 1797 in Band 4.)

Noch ein drittes Exemplar ist von Belang. Es war Eigentum der Familie Zimmer, die den kranken Dichter gepflegt hat, und soll ursprünglich Hölderlins Handexemplar gewesen sein. Druckfehler sind darin nicht verbessert. Vielleicht hat Hölderlin aber darin die fehlenden Seiten 65–80 selbst handschriftlich ergänzt.

Entweder den ganzen Roman oder aber einen einzelnen Band widmete Hölderlin auch der Prinzessin Auguste von Homburg mit folgenden Worten: „Meist haben sich Dichter zu Anfang oder zu Ende einer Weltperiode gebildet. Mit Gesang steigen die Völker aus dem Himmel ihrer Kindheit ins tätige Leben, ins Land der Kultur. Mit Gesang kehren sie von da zurück ins ursprüngliche Leben. Die Kunst ist der Übergang aus der Natur zur Bildung und aus der Bildung zur Natur." Erhalten hat sich nur der handschriftliche Entwurf der Widmung und deren Abschrift von der Hand der Prinzessin Auguste von Homburg.

Eine neue Auflage des Romans (E^2) erschien 1822:

Hyperion oder der Eremit in Griechenland von Friederich Hölderlin. Erster Band. Zweite Auflage. Stuttgart und Tübingen. In der J. G. Cotta'schen Buchhandlung. 1822.

Zweiter Band. Zweite Auflage. Stuttgart und Tübingen. In der J. G. Cotta'schen Buchhandlung. 1822.

Bruchstücke einer späteren Fassung (H^5)

Das erste Bruchstück (bis „pranget") ist auf den Seiten 1–4 von zwei ineinandergelegten Doppelblättern überliefert. (Die Seiten 5–8 werden durch das überschriftslose Rollengedicht aus Diotimas Munde mit dem Anfang „Wenn aus der Ferne ..." ausgefüllt.) Das zweite Bruchstück findet sich auf der Vorderseite eines Einzelblattes, dessen Rückseite leer ist. Wahrscheinlich hat noch ein weiteres Bruchstück auf einem jetzt verschollenen Blatt existiert.

ERLÄUTERUNGEN

Fragment von Hyperion

5 *Hyperion* – Vgl. die Anm. zu S. 99.

7 *Grabschrift des Loyola* – Vgl. die Anm. zu S. 101.

Zante – Italienische Namensform (griech.: Zakynthos) der südlichsten der Ionischen Inseln vor der Westküste des Peloponnes.

7 *mein Ionien* – Die Heimat Hyperions ist hier noch das an der Westküste Kleinasiens gelegene Smyrna (heute: Izmir), nicht wie in der endgültigen Fassung die Insel Tina.

8 *Wolken, und keine Juno* – Anspielung auf den Ixion-Mythos: Nachdem Ixion zum Tischgenossen der Götter gemacht worden ist, belästigt er Hera (Juno), die Gattin des Zeus. Zur Strafe täuscht ihn dieser durch ein Trugbild Heras, das aus einer Wolke besteht. Dann bindet ihn Zeus auf ein feuriges Rad, auf dem er seitdem durch die Luft gewirbelt wird oder das sich (nach späterer Sage) im Hades immerfort dreht. Vgl. Pindars zweite Pythische Ode, die von Hölderlin später übersetzt wurde (Band 3, S. 275).

10 *sonderbare Erwartungen* – Hier: sonderliche, ungewöhnliche Erwartungen.

Chierwein – Wein von der Insel Chios.

Gorgonda Notara – Vgl. die Anm. zu S. 154.

11 *Melite* – Die Betonung dieses in der antiken Literatur (u. a. bei Homer und Hesiod) mehrfach überlieferten Namens, der in „Hyperions Jugend" durch Diotima ersetzt wird, ist unsicher.

12 *Paktol* – Im Altertum durch seinen Goldreichtum bekannter Fluß in Lydien (Kleinasien).

Tmolus – Gebirgszug, auf dem der Paktol entspringt.

ein sonderbarer Mann – Sonderbar: vgl. die erste Anm. zu S. 10.

13 *Sappho und Alcäus* – Griechische Lyriker auf der Insel Lesbos (um 600 v. u. Z.).

Anakreon – Die Heimat dieses griechischen Lyrikers (um 550 v. u. Z.) war die ionische Hafenstadt Teos (südwestlich von Smyrna).

Homer ... Nio ... Meles – Homer (wohl 8. Jh. v. u. Z.) stammte vermutlich aus dem Raum von Smyrna (Ionien), vielleicht aus Smyrna selbst. Er soll ursprünglich Melesigenes (nach dem Fluß Meles bei Smyrna) geheißen haben und auf der Kykladen-Insel Nio (heute: Ios) begraben sein.

Bilder des Dädalus – Dem mythischen griechischen Künstler Daidalos werden zahlreiche Neuerungen in der Kunst zugeschrieben. So soll er die steife Haltung der archaischen Statuen überwunden oder gar solche Figuren geschaffen haben, die sich automatisch bewegten.

Pausanias – Griechischer Schriftsteller aus Kleinasien (um 175 u. Z.); Verfasser einer Beschreibung Griechenlands in 10 Büchern, die reiches kunstgeschichtliches Material enthalten. Hölderlin scheint dieses Werk aus zweiter Hand zu zitieren.

13 *Dioskuren* – Vgl. die Anm. zu S. 135.

Achill und Patroklus – Vgl. die sechste Anm. zu S. 135.

Phalanx der Sparter – Vgl. die Anm. zu S. 64.

wo man die Waffen tauschte – Vgl. die Hymne „Das Schicksal" (Band 1), in der es von den Dioskuren (S. 270) heißt: „Und Schwert und Lanze ward getauscht." In Homers „Ilias" (6. Gesang, Vers 230–236) tauscht Diomedes seine bronzene Rüstung gegen die goldene des Glaukos. Anstatt gegeneinander zu kämpfen, erneuern sie so die Gastfreundschaft aus Väterzeiten.

‚Ihr Griechen seid alle Zeit Jünglinge!' – Von Platon im „Timaios" überlieferter Ausspruch.

15 *Pyrgo in Morea* – Pyrgo (heute: Pyrgos) liegt westlich von Olympia, nahe der Alpheusmündung, gegenüber der Insel Zakynthos (Zante). Morea ist der in der Spätantike aufgekommene Name für den Peloponnes.

17 *Korax* – Gebirgszug südlich von Smyrna.

Ajax Mastigophoros – In der Sophokleischen Tragödie „Aias" (lat.: Ajax) ist der Held tief gekränkt, daß nicht ihm, sondern Odysseus die Waffen Achills zugesprochen wurden. In seiner Empörung möchte er alle griechischen Heerführer ermorden. Athene jedoch läßt ihn in Wahnsinn fallen, so daß er das gesamte Beutevieh für die Fürsten nimmt und es grimmig geißelt und niedermetzelt. Deshalb erhielt er den Beinamen „Mastigophoros" (griech.: Geißelträger).

18 *Bogen des Friedens* – Der Regenbogen.

Das alles ging mir, wie ein Schwert, durch die Seele – Nach dem Neuen Testament, Lukas 2, 35.

19 *sonderbar* – Vgl. die erste Anm. zu S. 10.

21 *mit einem jungen Tinioten* – Hyperions gleichaltriger Freund Adamas, der in der endgültigen Fassung Alabanda heißt, stammt von der (Delos benachbarten) Kykladen-Insel Tina. Dieser Name ist eine von Hölderlin übernommene fehlerhafte Form von „Tenos".

die äolische Küste – Die Nordwestküste Kleinasiens, die von dem griechischen Stamm der Äoler besiedelt war.

Troas – Landschaft im nordwestlichen Kleinasien mit dem alten Hauptort Troia, dem Fluß Skamander und dem Ida-Gebirge.

22 *die Abkunft Homers* – Mehr als sieben Städte stritten im Altertum um die Ehre, Geburtsstadt Homers zu sein, darunter Smyrna, Chios, Argos und Athen. Vgl. dazu die dritte Anm. zu S. 13.

Mäonide – Homer als Sohn Mäons.

23 *Nänie* – Trauerlied, Klagelied auf einen Verstorbenen; im republikanischen Rom die Totenklage.

des lieben blinden Mannes – Die Vorstellung vom blinden Homer, wie ihn die klassischen und hellenistischen Bildnisse zeigen, ist wohl ein legendärer Zug.

Totenopfer – Daß die Nachlebenden dem Toten ihre abgeschnittenen Locken opfern, ist fast nur in der Dichtung bezeugt (z. B. in Homers „Ilias", 23. Gesang, Vers 134–153) und scheint in historischer Zeit nicht vorgekommen zu sein. Nach dem Mythos wurde das Haar oder eine Locke auf dem Leichnam oder dem Grab niedergelegt.

25 *Priesterin zu Dodona* – Dodona (in Epeiros, Nordgriechenland) war die nächst Delphi wichtigste griechische Orakelstätte. In diesem dem Zeus geweihten Heiligtum wurde in der ältesten Zeit das Rauschen einer heiligen Eiche, später der Klang von Erzbecken durch Propheten gedeutet. Die Funktion der Priesterinnen ist unklar.

es vergeht, um wiederzukehren ... – Vgl. Hölderlins Brief an Neuffer vom Juli 1794 (Band 4, S. 146 f.), in dem er eine Stelle aus Herders „Tithon und Aurora" zitiert.

Myrten – Friedrich Beißner erwägt die Konjektur „Mythen" (Große Stuttgarter Ausgabe, Band 3, S. 498).

26 *Kastri am Parnaß* – Auf der Schuttschicht von Delphi (am Berghang des Parnassos), gründete man ein Dorf mit dem Namen Kastri, das vor Beginn der Ausgrabungen verlegt wurde.

27 *Achill ... Ajax Telamon* – Die Asche der drei vor Troia gefallenen Freunde Achill, Patroklos und Antilochos wurde nach Homers „Odyssee" (24. Gesang, Vers 71–84) am Sigeion, dem Vorgebirge im Nordwesten der Landschaft Troas (Kleinasien), unter einem „weitbewunderten Denkmal" beigesetzt. Vgl. auch das Gedicht „Mnemosyne" und die erste Anm. zu S. 496 im Band 1. Ajax Telamon (Sohn des Telamon, des Königs von Salamis) ist identisch mit dem oben erwähnten Aias Mastigophoros (zweite Anm. zu S. 17).

27 *Helden des Sternenhimmels* – Wie z. B. die Dioskuren Kastor und Pollux, die man in dem Sternbild der Zwillinge erkennen wollte (vgl. die Anm. zu S. 135).
Pagus – Hügel bei Smyrna mit einem Felsenschloß.
Inbat – Ein von Chandler (vgl. den Abschnitt „Quellen", S. 457) immer wieder erwähnter Seewind.

28 *Hahnenschrei* – Vgl. Shakespeares „Hamlet", den Schluß der Eingangsszene: Als Horatio den Geist anspricht, antwortet er nicht, sondern verschwindet beim ersten Hahnenschrei.

29 *Kithäron* – Grenzgebirge zwischen Böotien und Attika.

Die metrische Fassung

38 *als ... mit dem Überflusse / Sich so die Armut gattete, da ward / Die Liebe.* – Vgl. dazu in Platons „Symposion" (Das Gastmahl) folgende Stelle: „Als nämlich Aphrodite geboren war, schmausten die Götter, und unter den übrigen auch Poros, der Sohn der Metis. Als sie nun speisten, kam, um sich etwas zu erbetteln, da es doch festlich herging, auch Penia und stand an der Türe. Poros nun, berauscht vom Nektar, denn Wein gab es noch nicht, ging in den Garten des Zeus hinaus, und schwer und müde wie er war, schlief er ein. Penia aber, die in ihrer Mittellosigkeit danach trachtete, ein Kind von Poros zu bekommen, legte sich zu ihm und empfing den Eros. Deshalb ist auch Eros der Aphrodite Begleiter und Diener geworden wegen seiner Empfängnis an ihrem Geburtsfest und weil er von Natur ein Liebhaber des Schönen ist und Aphrodite schön ist." (Platon, Hauptwerke. Ausgewählt und eingeleitet von Wilhelm Nestle, Stuttgart 1952, S. 122.) Wilhelm Nestle erläutert: „Poros ist zwar Gegensatz zu Penia, der Armut, aber nicht Reichtum, sondern der, der Mittel und Wege weiß, daher der Sohn der Metis, d. h. der Überlegung und Klugheit" (S. 332).

40 *der freie Sinn ist hin* – Zu der Lücke vgl. die Fortsetzung an der entsprechenden Stelle von „Hyperions Jugend" (S. 47, Z. 25). Höchstwahrscheinlich ist das gesamte einleitende Gespräch zwischen dem „weisen Manne" Hyperion und dem jugendlichen Besucher auch metrisch ausgeführt gewesen, aber verlorengegangen.
Das beste Wort ... – Hier erzählt Hyperion die Geschichte seines „jugendlichen Lebens" (vgl. die Einleitung in das zweite Kapitel von „Hyperions Jugend"). Die Auflösung dieser Verse in Prosa,

die ihren Platz im zweiten Kapitel von „Hyperions Jugend" gehabt haben mag, ist verschollen.

41 *Panagia* – (griech.) Die Allheilige (die Muttergottes; die Jungfrau Maria).

42 *der Pelide* – Vgl. die Elegie „Achill" (Band 1, S. 334) und die einführende Bemerkung dazu.

Hyperions Jugend

43 *Hyperion* – Vgl. die Anm. zu S. 99.

49 *Achill* – Vgl. die zweite Anm. zu S. 114.

Sirene – Eines der durch große Sangeskunst ausgezeichneten dämonischen Wesen mit Vogelleib und Frauenkopf, die als Totenseelen die Lebenden mit sich ziehen wollen. Vgl. Homers „Odyssee", 12. Gesang, Vers 39 ff.

50 *Geschmeide* – Hier in der älteren Bedeutung: Rüstung (und Waffen).

Hektor – Vgl. Homers „Ilias", 6. Gesang, Vers 466 ff.: Als Hektor, der Hauptheld der Troer, seinen Knaben Astyanax auf die Arme nehmen will, schreckt dieser vor dem Helm des Vaters zurück. Deshalb nimmt er ihn ab, worauf sich das Kind küssen und in den Armen wiegen läßt.

51 *Zweites Kapitel* – In diesem Kapitel beginnt der alte Hyperion, der „gute Mann" (S. 44), die Geschichte seiner Jugend zu erzählen.

Mutterpfennig – Sogenannter Glückspfennig, den ein Kind von der Mutter bei besonderer Gelegenheit empfängt und der nach dem Volksglauben die Kraft haben soll, sich zu vermehren.

Bogen des Friedens – Der Regenbogen.

52 *Drittes Kapitel* – Hier belehrt der väterliche Freund (der Adamas der endgültigen Fassung), Diotimas Vater, auf der Insel Delos den Knaben Hyperion.

Miltiade und Aristide – Hier im generalisierenden Plural genannte athenische Feldherren: Miltiades (um 550–489 v. u. Z.) siegte bei Marathon (490) über die Perser; Aristeides (um 530 bis um 467 v. u. Z.) war Stratege bei Marathon, später bei Salamis (480) und bei Plataiai (479).

beim Wettgesange ... und im Kampfspiel – Den Wettstreit, den Wettkampf (griech.: Agon), pflegten die Griechen der älteren und klassischen Zeit in verschiedenen Formen. Neben die gymnastisch-kriegerischen Wettspiele, in denen es auf körperliche Gewandtheit und auf Mut ankam, traten die geistig-musischen Wettstreite in Musik, Dichtkunst, Tanz und Redekunst. Die Sieger der Olympischen Spiele erhielten einen Kranz von wilden Oliven, während der Preis der (zu Ehren Apollons in Delphi stattfindenden) Pythischen Spiele ein im Tale des Tempe geschnittener Kranz von Lorbeerblättern war.

53 *der arme Perser* – Gemeint ist Xerxes I., von 485–465 v. u. Z. König der Perser, der im Jahre 480, zehn Jahre nach der Niederlage seines Vaters bei Marathon, mit einem Heer zur Eroberung Griechenlands aufbrach. Über den Hellespont hatte er zwei Brücken schlagen lassen, die jedoch ein Sturm gänzlich zerstörte. Daraufhin züchtigte er das Meer mit dreihundert Peitschenhieben, wie Herodot in seinem Geschichtswerk (7. Buch, Kap. 34/35) berichtet. Nach seinem Sieg bei den Thermopylen (480) ließ er die meisten mittelgriechischen Städte zerstören. Bei Salamis (480) und bei Plataiai (479) wurde er dann entscheidend geschlagen.

54 *Tina* – Vgl. die Anm. zu S. 109.

55 *Plutarch* – Vgl. die Anm. zu S. 112.

60 *San-Nicolo* – Stadt auf der Insel Tina.

61 *Ronnecatanz* – Dieser kunstvolle griechische Volkstanz heißt eigentlich Romaica. Die durch einen Druckfehler zustande gekommene falsche Namensform „Ronneca" entnahm Hölderlin Reichards Übersetzung des Choiseul (vgl. den Abschnitt „Quellen", S. 457).

62 *Diotima* – Diesen (auf der vorletzten Silbe zu betonenden) Namen, den Hölderlin später auf Susette Gontard (vgl. die Einleitung, Band 1, S. 57 f.) übertrug, entlehnte er dem „Symposion" von Platon.

63 *umfloß sie* – Nämlich Diotima.
über ihrer Schwester – Hier nach älterem Gebrauch Verwendung des Dativs.
Panagia – Vgl. die Anm. zu S. 41.

64 *Paktol . . . Tmolus* – Vgl. die Anm. zu S. 12.
Achill und Patroklus – Vgl. die sechste Anm. zu S. 135.
Koborte der Thebaner – Epameinondas, der bedeutendste Heerführer und Politiker Thebens, führte die taktische Neuerung der „schiefen Schlachtordnung" ein, die eine neue Epoche der Krieg-

führung begründete: Er schob den verstärkten linken Flügel mit der „heiligen Schar", auserlesenen Kämpfern, die durch unverbrüchliche Freundschaft verbunden waren, an der Spitze keilartig vor, während er den schwächeren rechten Flügel in hinhaltendem Gefecht zurückhielt. Vom Sieg über die Spartaner bei Leuktra 371 v. u. Z. bis zur Schlacht bei Mantineia 362 v. u. Z. bildete Theben unter Epimeinondas und Pelopidas (vgl. die Anm. zu S. 209) die Vormacht Griechenlands.

64 *Phalanx der Sparter* – Der feste Zusammenschluß der Linien in der Schlacht und damit der Übergang vom Einzelkampf zur Phalanx (Schlachtreihe), die sich durch die gleichmäßige Unterordnung der Hopliten (Schwerbewaffneten) unter die Erfordernisse der als einheitlicher Körper wirkenden Schlachtordnung, in der jeder unbedingt seinen Platz zu halten hatte, auszeichnet, erfolgte zuerst in Sparta um 600 v. u. Z.

Dion und Plato – Die dauernde Freundschaft zwischen dem Syrakusaner Dion (um 409–354 v. u. Z.) und Platon geht auf dessen ersten Aufenthalt in Sizilien (388) zurück. Sie gründete sich auf gemeinsame politische Reformpläne für Syrakus: die Umwandlung der Tyrannis in ein gesetzlich begrenztes Königtum.

65 *wo man die Waffen tauschte* – Vgl. die Anm. zu S. 13.

‚ihr Griechen seid allzeit Jünglinge!' – Vgl. die Anm. zu S. 13.

Minerva mit der Ägide – Minerva ist der römische Name für Athene, die als Göttin der Kriegskunst meist bewaffnet dargestellt wurde. Besonderes Attribut ihrer Rüstung ist die schildartige Ägis mit dem schlangenumzüngelten Haupte der Gorgo Medusa.

an Delos und den Cynthus denken – Auf der kleinen Kykladeninsel Delos mit dem 113 Meter hohen Kynthos empfing der junge Hyperion die Lehren von Diotimas Vater.

66 *unter dem Fenster* – In der Handschrift stand zuerst: „Ich lag die ganze Nacht unter dem Fenster." Friedrich Beißner erläutert: „Im Schwäbischen sagt man von einem, der auf die Unterarme gestützt aus dem Fenster schaut, er ‚liege unterm Fenster'." (Große Stuttgarter Ausgabe, Band 3, S. 515.)

ich schlummert endlich stehend ein – Vielleicht liegt hier ein Schreibfehler vor, so daß „sehnend" statt „stehend" zu lesen wäre.

68 *sie bieten allem auf* – Entsprechend älterem Sprachgebrauch steht hier nach „aufbieten" der Dativ.

72 *Tropfe* – Ältere Nominativform der ursprünglich schwachen Maskulina. Hölderlin gebrauchte daneben allerdings auch, wohl in Anlehnung an Klopstock, die feminine Form „die Tropfe".

74 *womit ich das Herz mir schweigte* – Noch heute wird das Verb „schweigen" in der schwäbischen Mundart kausativ gebraucht.

75 *unter den heiligen Ruinen* – Schon Anfang des 1. Jahrtausends v. u. Z. war das Apollonheiligtum auf Delos kultischer Mittelpunkt der ionischen Griechen einschließlich der Athener. Alljährlich wurde ein großes Fest mit körperlichen und musischen Wettkämpfen gefeiert. Im 1. Jahrhundert v. u. Z. wurde die Insel schwer verwüstet, und schon im 2. Jahrhundert u. Z. war sie unbewohnt.

Die vorletzte Fassung

81 *Archipelagus* – Der nicht antike Name, dessen Herkunft umstritten ist, bezeichnet eigentlich eine Inselgruppe, besonders die des Ägäischen Meeres. Hölderlin jedoch überträgt ihn auf das Meer selbst. Vgl. das Hexametergedicht „Der Archipelagus" (Band 1, S. 372).

82 *Aber es muß ja Ärgernis kommen* – Vgl. Neues Testament, Matthäus 18, 7.

Εν και Παν – (Hen kai pan; griech.) Eines und Alles: Das Eine (Gott) ist mit dem All (der Welt) identisch. Friedrich Heinrich Jacobi hatte in seiner Schrift „Über die Lehre des Spinoza in Briefen an den Herrn Moses Mendelssohn" (1785) Lessings Bekenntnis zu Spinoza mitgeteilt: „Die orthodoxen Begriffe von der Gottheit sind nicht mehr für mich; ich kann sie nicht genießen. *Εν και παν*! Ich weiß nichts anders." Im Anschluß an diese Veröffentlichung, die Hölderlin exzerpierte (vgl. S. 350 dieses Bandes), konzentrierte sich in dieser Formel die Weltanschauung des Pantheismus. Hölderlins lebendige Anteilnahme am Pantheismusstreit wird überdies dadurch belegt, daß er auch Mendelssohns Antwort in seinem Besitz hatte: „Moses Mendelssohn an die Freunde Lessings" (1786). Wie sehr die Formel geheime weltanschauliche Beziehungen offenbart, belegt der Vermerk des „Symbolums" in Hegels Stammbuch unter Hölderlins Eintrag vom 12. Februar 1791; höchstwahrscheinlich hat es Hegel selbst daruntergesetzt. Die Formel kommt bei Spinoza selbst nicht vor. Ihrem Sinn nach ist sie allerdings schon in der griechischen Philosophie bei den Vorsokratikern vorgeprägt. Vielleicht stammt sie von Lessing. – Pantheistische und vorsokratische Auffassungen waren Hölderlin auch in Wilhelm Heinses Roman „Ardinghello und die glückseligen Inseln" (1787), dem er das Motto zur „Hymne an die Göttin der Harmonie" entnahm, begegnet. Als Heinse am „Ardinghello" arbeitete, lebte er als Gast Friedrich Heinrich Jacobis in Düsseldorf, der gerade damals seine Schrift über Spinoza verfaßte. Nach dem „Hyperion" verwendete Hölderlin die Formel „Eines und Alles" nur noch einmal unverändert, wieder in Verbindung mit Heinse, dem er 1796 persönlich begegnet war: in der ihm gewidmeten Elegie „Brot und Wein" (vgl. Band 1, S. 411).

82 *Frieden alles Friedens ...* – Vgl. Neues Testament, Paulus an die Philipper 4, 7.

83 *die bestimmte Linie ...* – Die Asymptote, die Gerade, nähert sich der Hyperbel, der Kurve, unbegrenzt, ohne sie im Endlichen zu erreichen. Vgl. zu den in dieser Vorrede ausgeführten Gedanken Hölderlins Briefe vom 4. September 1795 an Schiller und vom 24. Februar 1796 an Niethammer, aber auch den als „Das älteste Systemprogramm des deutschen Idealismus" bezeichneten philosophischen Entwurf (S. 441 dieses Bandes): Mit Schelling geht Hölderlin über den subjektiven Idealismus Kants und Fichtes hinaus.

84 *Hyperion* – Vgl. die Anm. zu S. 99.
Tina – Vgl. die Anm. zu S. 109.

85 *sie ... das Kind* – Wohl eine Nebenperson ohne individuelle Funktion.
doch ging das Wort mir durch die Seele wie ein Schwert – Vgl. die Anm. zu S. 18.

86 *Der „Ajax" des Sophokles ...* – Vgl. die erste der von Hölderlin übersetzten Stellen aus dieser Tragödie (Band 3, S. 458 f.).
Skamander – Vgl. die dritte Anm. zu S. 21.
Argiver – Hier: die Griechen.
eine Tropfe – Vgl. die Anm. zu S. 72.

87 *Tinioten* – Bewohner der Insel Tina.
wer hat, dem wird gegeben – Vgl. Neues Testament, Matthäus 13, 12.

88 *Kinder des Hauses* – Vgl. die Anm. zu S. 158.
Plane – Die im 18. Jahrhundert übliche Pluralform.

89 *der Sohn meines Pflegevaters* – Notara.

89 *Paros* – Name der durch den Marmor berühmten Kykladen-Insel und gleichzeitig ihres Hauptortes.

90 *ihr habt Vernunft, aber keinen Verstand* – Vgl. Hölderlins Brief an den Bruder vom 2. Juni 1796 (Band 4, S. 234), wo er diese beiden Begriffe voneinander unterscheidet.

könnt ihr – Konjunktivisch gemeint: könntet ihr.

91 *Dioskuren* – Das Sternbild der Zwillinge. Vgl. die Anm. zu S. 135.

92 *die knechtischen Tücke* – In der Mundart erhaltene Pluralform des alten starken Maskulinums „der Tuck".

94 *Da ich ein Kind war ...* – Beginn der Abschrift der Tagebuchaufzeichnungen.

Beere – Alte Pluralform.

96 *in den Labyrinthen des Ronnecatanzes* – Vgl. die Anm. zu S. 61.

Hyperion oder Der Eremit in Griechenland
Erster Band

99 *Hyperion* – Ursprünglich ein Titan, der Vater des Sonnengottes Helios, mit dem er aber schon bei Homer identifiziert wird. (Hölderlin betonte den Namen auf der zweiten Silbe.) Zur Deutung der Namen in Hölderlins Roman vgl. Wolfgang Binder, „Hölderlins Namenssymbolik"; in: Hölderlin-Jahrbuch 1961/62, S. 95–204.

101 *Non coerceri ...* – Die von Hölderlin zitierte Sentenz aus der Grabschrift des Ignatius von Loyola, eigentlich: Iñigo López de Recalde (1491 oder 1495–1556), des Gründers des Jesuitenordens, lautet zu deutsch: „Nicht eingeschränkt werden vom Größten und doch umschlossen werden vom Kleinsten ist göttlich." Etwas variiert und ohne den Schlußteil des Satzes steht der Denkspruch schon im „Fragment von Hyperion".

103 *fabula docet* – (lat.) (das, was) die Fabel lehrt.

105 *der eine der beeden Meerbusen* – Der Golf von Korinth. Die Gebirge Helikon und Parnassos liegen nördlich des Golfs, die Ebene von Sikyon, einer Stadt westlich Korinths, südlich von ihm.

106 *Pfenning* – Mundartform.

107 *Urania* – Beiname der Aphrodite als Göttin der Schönheit.

109 *Tina* – Kykladen-Insel; Hyperions Heimat. Der Name ist eine von Hölderlin übernommene fehlerhafte Form von „Tenos".

110 *Schöpfer des Himmels ... und der Erde* – Vgl. den Anfang des Apostolischen Glaubensbekenntnisses.

110 *Plato und sein Stella* – In einigen Epigrammen Platons heißt ein von ihm geliebter (uns unbekannter) Schüler, mit dem er astronomische Studien trieb, Aster (griech.: Stern; lat.: stella).

111 *Adamas* – Der väterliche Freund und Lehrer Hyperions. Vgl. das dritte Kapitel in „Hyperions Jugend" (S. 52 ff.).

112 *Plutarch* – Griechischer Schriftsteller (um 46 bis nach 120), Verfasser einer Sammlung von 24 Biographienpaaren, den „Parallelen Lebensbeschreibungen" (Bioi paralleloi), in denen er je einen Griechen und einen Römer zusammenstellte und miteinander verglich. Dieses Werk gehörte zur Lieblingslektüre Hölderlins, Rousseaus und des jungen Schiller. Seinen zehnjährigen Zögling Henry Gontard machte Hölderlin mit der römischen Geschichte an Hand dieses Werkes bekannt. (Im Nachlaß Hölderlins befanden sich zwei Plutarch-Ausgaben: von 1588 und 1743. Zudem ist bekannt, daß er auf die Ausgabe von Johann Georg Hutten, die 1791 bei Cotta zu erscheinen begann, subskribierte und sie auch tatsächlich erhielt.)

113 *Manen* – In der römischen Mythologie die guten Totengeister.

Athos – Der 2033 m hohe Gipfel auf der östlichen Spitze der nordgriechischen Halbinsel Chalkidike.

Tänarum – Die südlichste Landspitze des Peloponnes (griech.: Tainaron) mit einem berühmten Heiligtum des Poseidon in einer Höhle an der Ostseite des Kaps. Das Vorgebirge galt in der Antike als einer der Eingänge in die Unterwelt.

Eurotas – Hauptfluß der peloponnesischen Landschaft Lakonien.

Elis – Nordwestlichste Landschaft des Peloponnes (heute: Eleia) mit dem Hauptfluß Peneios.

Nemea – Tal südwestlich von Korinth, das alle zwei Jahre Schauplatz der Nemeischen Wettspiele war.

Olympia – Uraltes Heiligtum am rechten Ufer des Alpheios (Elis), in dessen Nähe die bedeutendsten der hellenischen Wettkämpfe, die Olympischen Spiele, alle vier Jahre zu Ehren des Zeus stattfanden.

Lobeerrosen – Oleander.

Lazerte – Eidechse.

wie Nestor . . . erzählen – Der sagenhafte Herrscher von Pylos, einer der griechischen Könige vor Troia, wurde u. a. wegen seiner Beredsamkeit gerühmt. Vgl. Hölderlins Übersetzung der Verse 247 bis 249 aus dem 1. Gesang der „Ilias": „der lieblichredende

Nestor, der beredte pylische Redner, von welches Munde die Rede süßer als Honig träufte"; Band 3, S. 174.

114 *Delos . . . Cynthus . . . Sonnengott* – Nach einer Version der griechischen Mythologie soll Apollon, der seit dem 5. Jahrhundert v. u. Z. mit dem Sonnengott Helios gleichgesetzt wurde, auf der kleinen, im 113 m hohen Kynthos gipfelnden Kykladen-Insel Delos geboren worden sein.

wie Achill in den Styx – Nach einer antiken Sagenversion badet sich der Jüngling Achill nicht selbst im Styx, sondern wird als Neugeborener von seiner Mutter, der Nereide Thetis, in diesen Fluß getaucht, damit er unverwundbar werde.

der unsterbliche Titan – Vgl. die Anm. zu S. 99.

115 *Irrstern* – Die Sonne.

Nio – Südlich von Naxos gelegene Kykladen-Insel (heute: Ios).

116 *Acheron* – Fluß der Unterwelt.

117 *Sein Bogen war gespannt . . .* – Vgl. Hölderlins Übersetzung des 1. Gesangs von Homers „Ilias" (Band 3, S. 168), wo es in bezug auf Apollon heißt: „Auf den Schultern trug er den Bogen, den wohlverwahrten Köcher. Auf den Schultern des Zürnenden rauschten die Pfeile."

118 *prüfe alles und wähle das Beste* – Nach dem Neuen Testament, 1. Thessalonicher 5, 21: „Prüfet aber alles, und das Gute behaltet."

119 *Meles* – Kleinasiatischer Fluß bei Smyrna, dem vermutlichen Geburtsort Homers.

Sardes – Königsstadt Lydiens am Fuß des Tmolus, auf dem rechten Ufer des goldführenden Paktolus, eines Nebenflusses des Hermos. Beim ionischen Aufstand im Jahre 499 v. u. Z. wurden die Stadt und der alte Tempel der kleinasiatischen Naturgottheit Kybele, der „Großen Mutter" alles Erdenlebens, durch die Griechen zerstört.

Tmolus – Gebirgszug im westlichen Kleinasien.

Ladanstrauch – Ein Strauch, der ein wohlriechendes Harz gibt (Ladanum, Labdanum), das im Altertum als Heilmittel, jetzt als Räucherpulver (Weihrauch) verwendet wird.

120 *der Strom* – Der Paktolus.

Sipylus – Bergzug westlich des Tmolus, nördlich von Smyrna.

Kayster – Dieser Fluß, dessen Name dreisilbig zu sprechen ist und den Hölderlin auf der zweiten Silbe betonte, entspringt wie der Paktol auf dem Tmolus, fließt aber zunächst in südlicher Richtung.

120 *Messogis* – Bergzug südwestlich des Tmolus.

122 *Geschlecht* – Hier wohl: Generation, Gesamtheit der gleichzeitig lebenden Menschen.

schon damals kannt ich dich – Nämlich Diotima. Vgl. in Platons „Phaidros" die Lehre von der Anamnesis (der Erkenntnis als Wiedererinnerung an Ideen, die die Seele im Zustand der Präexistenz geschaut hat).

124 *Mimas* – Bergzug auf der westlich von Smyrna liegenden Halbinsel.

karabornische Räuber – Karabornu (heute: Karaburun): Ort und Vorgebirge der westlich von Smyrna gelegenen Halbinsel. Die Karabornioten waren als Räuber berüchtigt.

125 *gingen uns vorüber* – Dieser transitive Gebrauch ist bis ins 19. Jahrhundert hinein belegt.

Khan – Türkische Herberge.

126 *Nemesis* – Griechische Göttin der ausgleichenden und strafenden Gerechtigkeit.

127 *Plato, wo er ... vom Altern und Verjüngen spricht* – In dem Mythos, den er in seinen Dialog „Politikos" (Der Staatsmann) eingeschoben hat.

130 *Chios* – Die nördlichste ionische Insel dicht vor der Westküste Kleinasiens.

Herkules mit der Megära im Kampfe – Hölderlin denkt wohl an die von ihm übersetzte Stelle aus Lucans „Pharsalia": „Drehte den Stahl, wie, gesandt von der grollenden Juno, Megära / Einst den Alziden entseelt', als er schon den Pluto gesehen." (Vgl. Band 3, S. 222 und die Anm. dazu.)

131 *die neue Kirche* – Vgl. die Einleitung, Band 1, S. 41 ff.

132 *Krankenhäuser ... Kerker* – Im übertragenen Sinne gemeint: der Körper als Wohnsitz der Seele.

das in die Seele ging, wie ein Schwert – Nach dem Neuen Testament, Lukas 2,35.

135 *eingelegtes Feuer* – Brandstiftung.

Gelust – Verlangen.

läßt ihnen gar gut – steht ihnen gar gut. Der intransitive Gebrauch dieses Verbs findet sich auch sonst im 18. und 19. Jahrhundert.

Dioskuren – Kastor und Polydeukes (lat.: Pollux), die Zwillingssöhne des Zeus bzw. des Tyndareos und der Leda, wollte man als

Symbol unzertrennlicher Freundschaft im Tierkreiszeichen der Zwillinge am Himmel erkennen. Kastor war ein berühmter Rossebändiger und Polydeukes ein großer Faustkämpfer. Nachdem Kastor, der sterbliche Sohn des sagenhaften spartanischen Königs Tyndareos, im Kampf gefallen ist, kann Polydeukes, der unsterbliche Sohn des Zeus, wählen, ob er mit den Göttern den Olymp bewohnen oder aber seine eigene Unsterblichkeit mit Kastor teilen wolle. Polydeukes entscheidet sich für das zweite, so daß die beiden Brüder gemeinsam je einen Tag im Olymp und einen Tag in der Unterwelt verbringen dürfen.

135 *Ida* – Gebirge bei Troia, im Nordwesten Kleinasiens (heute: Kazdagi).

Achills und seines Geliebten – Das Freundespaar in Homers „Ilias“, Achill und Patroklos, zieht gemeinsam in den Trojanischen Krieg. Achill überläßt Patroklos seine eigene Rüstung, in der dieser von Hektor getötet wird. Achills Trauer ist maßlos. Voll Zorn stürzt er sich in die Schlacht, tötet Hektor und läßt Patroklos feierlich bestatten. Später wird nach Homers „Odyssee“ (24. Gesang, Vers 71–84) die Asche der drei vor Troia gefallenen Freunde Achill, Patroklos und Antilochos am Sigeion, dem Vorgebirge im Nordwesten der Landschaft Troas, gemeinsam in einer Urne beigesetzt.

136 *Akropolis* – (griech.) Oberstadt; Festung auf dem Burgberg.

138 *Ephesus* – Im Altertum eine der wichtigsten Städte Ioniens (an der westkleinasiatischen Küste, an der Mündung des Kaystros); im 7. Jahrhundert endgültig untergegangen.

Teos – Stadt im nördlichen Ionien (südwestlich von Smyrna).

Milet – Die im 7. und 6. Jahrhundert v. u. Z. bedeutendste Stadt der griechischen Welt lag an der südlichen Westküste Kleinasiens, etwa in der Höhe der Insel Samos.

139 *Plane* – Im 18. Jahrhundert übliche Pluralform.

Orpheus – Der mythische Sänger vermochte mit seinem Gesang und Saitenspiel nicht nur auf Menschen und Götter zu wirken, sondern auch wilde Tiere, Pflanzen und Steine zu bezaubern.

Trident – (lat.) Dreizack; Attribut (in Gestalt einer Gabel) des Poseidon, der damit sowohl Felsen spalten als auch das Meer aufwühlen und bändigen konnte.

140 *müßt* – Diese dreimal gebrauchte Verbalform hat wahrscheinlich konjunktivische Bedeutung, da im ersten Druck „müßt'“ steht.

140 *hinzuflog ... wie der Vogel nach der gemalten Traube* – Bei einem Wettstreit zwischen den beiden griechischen Malern Parrhasios und Zeuxis (um 420 v. u. Z.) soll dieser ein Bild mit Trauben gemalt haben, die so echt wirkten, daß Vögel nach ihnen pickten.

141 *Ehle* – (mundartlich) Elle.

142 *das ewigleere Faß der Danaiden* – Die Töchter des sagenhaften Königs Danaos ermordeten ihre Männer in der ersten Nacht, weil diese gewaltsam die Heirat verlangten. Deshalb mußten sie in der Unterwelt zur Sühne für ihre Untat Wasser in ein durchlöchertes Faß schöpfen.

143 *Zukunft* – Hier: das Herannahen.

145 *Themistokles* – Athenischer Staatsmann und Feldherr (um 524 bis 459 v. u. Z.) Führer der demokratischen (See-) Partei. Er hatte große Verdienste um den Sieg der Griechen in der Seeschlacht bei Salamis (480), die im Verlauf des griechisch-persischen Krieges eine entscheidende Wende herbeiführte. In der nachklassischen Literatur wurde er zum Retter von Hellas verklärt.

Scipionen – Altrömische Patrizierfamilie, aus der im 3. und 2. Jahrhundert v. u. Z. führende Staatsmänner und bedeutende Feldherren hervorgingen. Die durch sie erreichten kriegerischen Erfolge begründeten Roms Weltstellung.

Herling – Eine nachgewachsene, nicht ausgereifte, saure, harte Weinbeere.

146 *wo sind denn deine hundert Arme, Titan ...* – Anspielung auf die riesenhaften, gigantenähnlichen Aloaden (die Söhne des Aloeus) Ephialtes und Otos, die die Götter bedrohten, indem sie den Ossa und den Pelion, zwei Gebirgszüge an der ostgriechischen Küste, auf den Olymp türmen wollten, um den Himmel zu ersteigen (vgl. Homers „Odyssee", 11. Gesang, Vers 315 f.). Hundertarmig waren aber eigentlich nicht sie, sondern die Hekatoncheiren genannten Riesen, die an der Titanomachie (Titanenschlacht) auf der Seite des Zeus teilnahmen. Schon in der Antike wurden die (sterblichen) Giganten mit den (unsterblichen) Titanen verwechselt.

147 *Ajax* – Aias (lat.: Ajax), der Sohn Telamons, des Königs von Salamis, war Führer der Salaminier vor Troia.

Salamis – Athen vorgelagerte Insel im Saronischen Golf.

147 *Mastixzweige* – Der Mastixbaum ist ein immergrünes, hauptsächlich im Mittelmeergebiet vorkommendes Strauchgewächs, dessen Harz gekaut wurde.

Seekrieg, der an Salamis ... vertobte – Vgl. die erste Anm. zu S. 145.

148 *Wie Jupiters Adler ...* – Vgl. den Anfang der von Hölderlin übersetzten 1. Pythischen Ode Pindars, wo dieser die Macht der goldenen Leier Apollons und der Musen schildert: Selbst der Adler, der Herr der Vögel, entschlummert auf dem Zepter des Zeus.

Parzen – Römische Schicksalsgöttinnen, die den griechischen Moiren gleichgesetzt wurden. Die eine (Klotho) spinnt den Lebensfaden, die andere (Lachesis) erhält und bewahrt ihn, und die dritte (Atropos) durchschneidet ihn.

Kalaurea – Heute: Poros. Insel im Saronischen Golf vor der Ostküste des Peloponnes.

149 *Charon* – Der Fährmann, der die Toten über die Ströme der Unterwelt an das Tor des Hades bringt.

aus der Schale der Vergessenheit zu trinken – Anspielung auf den Unterweltfluß Lethe: Wer aus ihm trinkt, verliert die Erinnerung an das irdische Leben.

151 *Palladium* – Ursprünglich das Kultbild der Göttin Pallas Athene, das Zeus vom Himmel warf und dessen Besitz den Bestand der Stadt, die es birgt, garantiert. Deshalb: heiliges, schützendes Unterpfand.

153 *Diotima* – Diesen (auf der vorletzten Silbe zu betonenden) Namen, den Hölderlin später auf Susette Gontard (vgl. die Einleitung, Band 1, S. 57 f.) übertrug, entlehnte er dem „Symposion" von Platon.

154 *Notara* – Den Namen entnahm Hölderlin dem im Abschnitt „Quellen" (S. 457) erwähnten Werk Chandlers. Eine Charakteristik dieses „Bekannten" gibt Hölderlin in der vorletzten Fassung des „Hyperion" (S. 89 f.).

155 *wie der Adler seinen Ganymed* – Ganymed, der Sohn des troischen Königs Tros, wurde wegen seiner außergewöhnlichen Schönheit von Zeus in Gestalt eines Adlers geraubt und zum Mundschenken der Götter gemacht.

157 *entgegenkömmt* – Möglicherweise Lesefehler des Setzers statt „entgegentönt", wie es in der Vorstufe der endgültigen Fassung heißt.

158 *die getrockneten gepflückten Beere* – Alte Pluralform.
Kinder des Hauses – Vgl. dazu in Schillers Abhandlung „Über Anmut und Würde": „Womit aber hatten es die Kinder des Hauses verschuldet, daß er nur für die Knechte sorgte?"

160 *Knäblein, die ... eine Wölfin gesäugt* – In der Romsage werden die Zwillinge Romulus und Remus auf dem Tiber ausgesetzt, jedoch gerettet, von einer Wölfin gesäugt und von einem Hirten aufgezogen.

161 *Palliativ* – Hier: Notbehelf.

162 *Schwestern des Schicksals* – Die Parzen.

164 *Harmodius und Aristogiton* – Die vielleicht aus rein privaten Motiven, objektiv aber im Interesse der Aristokratie erfolgte Ermordung Hipparchs (vgl. die erste Anm. zu S. 180) wurde schon im 5. Jahrhundert v. u. Z. durch das demokratische Athen als entscheidender Tyrannenmord, der den Sturz der Tyrannis zur Folge gehabt habe, verherrlicht. Harmodios, der an Ort und Stelle erschlagen wurde, und Aristogeiton, der verhaftet, gefoltert und hingerichtet wurde, galten so als Tyrannenmörder und Freiheitshelden.
Minos – Sagenhafter König von Kreta, der nach dem Tode wegen seiner gerechten Gesetzgebung Totenrichter in der Unterwelt wurde.
Tantalus – Reicher König von Sipylos (Kleinasien), den die olympischen Götter an ihrer Tafel teilnehmen lassen. Er aber frevelt gegen sie und muß deshalb im Hades büßen.

167 *Vulkan* – Hephaistos, der griechische Gott des Feuers, der Schmiede und Handwerker (dem schon früh der römische Vulcanus gleichgesetzt wurde), wird nach einer Sagenversion von Zeus aus dem Olymp geworfen, weil er seiner Mutter Hera gegen den Vater beistehen will. Dieser Sturz soll die Ursache seiner Lahmheit sein. Vgl. Homers „Ilias", 1. Gesang, Vers 590–594. An anderer Stelle jedoch (18. Gesang, Vers 394–399) berichtet Homer, Hera habe Hephaistos aus dem Olymp ins Meer geworfen, da er lahm zur Welt gekommen sei.

168 *Alpheus ... Arethusa* – Alpheios, der Gott des größten und wasserreichsten Flusses des Peloponnes (in Arkadien entspringend und westlich von Olympia mündend), verfolgt die Nymphe Arethusa, die vor ihm unter dem Meer hin bis Sizilien flieht, wo sie an der Nordseite der (heute mit dem Land verbundenen) Insel Ortygia bei Syrakus als starke Quelle hervorbricht.

171 *meine Perlen will ich vor die alberne Menge nicht werfen* – Nach dem Neuen Testament, Matthäus 7, 6: „Eure Perlen sollt ihr nicht vor die Säue werfen."

wie ein gefangener Titan – Die Titanomachie, der Kampf der Titanen (unter Kronos) gegen die Kroniden (unter Zeus) endet mit dem Sturze der Titanen in den Tartaros, wo sie fortan gefangengehalten werden.

Vorelysium – Platon lehrt („Phaidon"), daß dem gegenwärtigen Dasein der Seele eine unbegrenzte Präexistenz vorausgehe und eine ebensolche Postexistenz folge.

172 *Sirius ... Arktur* – Fixsterne.

173 *Dianens Schatten ...* – Artemis, der schon früh Diana gleichgesetzt wurde, ist nicht nur die jungfräuliche Jagdgöttin der Griechen, sondern auch Todesgöttin. Vgl. Goethes „Iphigenie auf Tauris", vor allem Vers 1 und Vers 561.

174 *der herrliche Hyperion des Himmels* – Die Sonne. Vgl. die Anm. zu S. 99.

175 *Grazien* – Griechische Göttinnen, die Anmut, Liebreiz und Frohsinn verkörpern.

178 *Demosthenes* – Der berühmteste athenische Redner (384–322 v. u. Z.) war ein leidenschaftlicher Kämpfer für die Freiheit der griechischen Polis und gegen die makedonische Herrschaft. Nach der Niederlage Athens im Lamischen Krieg (322) verlangte der makedonische Heerführer Antipatros auch die Auslieferung von Demosthenes. Ihm wurde zwar die Flucht aus Athen ermöglicht, aber im Poseidontempel auf Kalaurea konnte er sich der Festnahme nur noch durch Selbstmord (Gift) entziehen. Vgl. Plutarchs Biographie.

Athen war Alexanders Dirne geworden – Nach dem Sieg der Makedonier in der Schlacht bei Chaironeia (338 v. u. Z.).

Olympion – Das Heiligtum des olympischen Zeus in Athen (Unterstadt).

179 *Trefflichkeit des alten Athenervolks* – Vgl. zu den folgenden Ausführungen in Johann Joachim Winckelmanns „Geschichte der Kunst des Altertums" das Stück „Von den Gründen und Ursachen des Aufnehmens und des Vorzugs der griechischen Kunst vor andern Völkern", wo sich Winckelmann an den geographischen Materialismus von Jean-Baptiste Dubos anlehnt, den dieser in der Schrift „Réflexions critiques sur la poésie, la peinture et la

musique" (Kritische Betrachtungen über Dichtkunst, Malerei und Musik; 1719) entwickelt hat. Vgl. aber auch das 13. Buch von Herders „Ideen zur Philosophie der Geschichte der Menschheit".

180 *die Zeiten des Pisistratus und Hipparch* – Peisistratos war, gestützt auf die Partei der landarmen Bauern, Hirten und Tagelöhner, von 560 bis 528 Tyrann von Athen (vgl. auch die Anm. zu S. 341). Hipparchos, sein Sohn und Nachfolger, wurde 514 ermordet (vgl. die erste Anm. zu S. 164).

Lazedämon – Lakedaimon: antiker Name des Staates von Sparta.

Lykurg – Legendärer Schöpfer der Gesetze und Einrichtungen Spartas (vermutlich 9. Jh. v. u. Z.).

181 *Theseus* – Der Nationalheld der attischen Sage galt als Begründer aller wichtigen politischen Einrichtungen Athens und als Vater der athenischen Demokratie.

182 *Goten* – Hier: die Völker des Nordens.

183 *Drako* – Der athenische Aristokrat Drakon wurde 624 v. u. Z. beauftragt, das Gewohnheitsrecht zu kodifizieren. Es entstanden Gesetze, die dem Eigentum der herrschenden Aristokratenklasse durch schärfste Strafmaßnahmen (drakonische Strafen) Schutz gewährten. Selbst auf geringfügigen Diebstahl stand die Todesstrafe. Die Reformen des Solon (594 v. u. Z.) änderten dies.

wie Minerva aus Jupiters Haupt – Athene, der schon früh Minerva gleichgesetzt wurde, entspringt der Sage nach mutterlos dem Haupte des Zeus (Jupiter) und ist sofort gerüstet.

Irisbogen – Regenbogen.

das große Wort, ... des Heraklit – Dieser Gedanke des griechischen materialistischen Naturphilosophen Heraklit aus dem kleinasiatischen Ephesos (um 550–475 v. u. Z.) ist an zwei Stellen überliefert: 1. bei dem Presbyter und Kirchenlehrer Hippolytos von Rom, wo er in der Übersetzung von Diels so lautet: „Sie verstehen nicht, wie es [das Eine] auseinander getragen mit sich selbst im Sinn zusammen geht: gegenstrebige Vereinigung wie die des Bogens und der Leier." („Die Fragmente der Vorsokratiker". Griechisch und Deutsch von Hermann Diels, 6. verb. Aufl., hrsg. von Walther Kranz, 1. Band, Berlin 1951, S. 162.) Capelle übersetzt: „Sie begreifen nicht, daß es [das All-Eine] auseinanderstrebend, mit sich selber übereinstimmt: widerstrebende Harmonie wie bei Bogen und Leier." („Die Vorsokratiker". Die Fragmente und Quellenberichte übersetzt und mit einer Einfüh-

rung versehen von Wilhelm Capelle, 2. Aufl., Berlin 1961, S. 134.)
2. In Platons „Symposion“: „Von der Musik aber ist es sogar jedem klar, der auch nur im geringsten darauf merkt, daß es sich ebenso mit ihr verhält, wie vielleicht auch Herakleitos sagen will, denn den Worten nach drückt er es nicht richtig aus. Das Eine (das Grundwissen) nämlich, sagt er, gehe, eben indem es auseinandergehe, mit sich selber zusammen, wie die Fügung eines Bogens und einer Leier. Es ist aber sehr unsinnig zu sagen, daß die harmonische Fügung selbst auseinandergehe und schon im Widerstreite vorhanden sei oder aus noch Auseinandergehendem und noch Widerstreitendem bestehe.“ (Platon, Sämtliche Werke, 5. Aufl., Köln und Olten 1967, 1. Band, S. 677 f.)

184 *Isis* – Ägyptische Göttin, die die Griechen mit Demeter und Aphrodite verglichen. Ursprünglich die vergöttlichte Macht des Thrones, der als Mutter des Herrschers galt. Man stellte sie sich besonders zauberreich vor.

185 *Verstand ... Vernunft* – Vgl. die Unterscheidung dieser beiden Begriffe bei Kant: Verstand ist das Vermögen, durch Begriffe und Regeln Ordnung in die Erscheinungswelt zu bringen; Vernunft ist das Vermögen, nach Prinzipien entweder zu urteilen (theoretische Vernunft) oder zu handeln (praktische Vernunft). Hölderlins Ausführungen sind eine Kritik an Kant. Vgl. auch Hölderlins Brief an den Bruder vom 2. Juni 1796.

186 *Lykabettus* – Dieser (das heutige Stadtgebiet überragende) steile Bergkegel im Nordosten lag außerhalb der antiken Stadt.

Parthenon – Der von 447 bis 438 v. u. Z. unter Perikles erbaute Marmortempel der Athena Parthenos, deren von Pheidias geschaffene Goldelfenbeinstatue er barg; Hauptbau der Akropolis.

zu deinen Füßen liegt das Reich des Neptun, wie ein bezwungener Löwe – Vielleicht Anspielung auf den Kampf zwischen Poseidon (Neptun) und Athene um den Besitz Attikas, aus dem Athene siegreich hervorging.

Agora – Volksversammlung und Platz, auf dem sie tagte: Marktplatz. Die Agora (eigentlich auf der letzten, von Hölderlin aber auf der zweiten Silbe betont) Athens mit den wichtigsten Staatsgebäuden lag nördlich von der Akropolis.

Hain des Akademus – Das Heiligtum des attischen Heros Akademos befand sich im Nordwesten vor den Mauern Athens. In unmittelbarer Nähe gründete Platon seine Philosophenschule, die Akademie.

187 *Hymettus* – Durch seine Marmorbrüche bekanntes Gebirge östlich von Athen.

Pentele – Eigentlich: Pentelikon; Gebirge mit großen Marmorbrüchen nordöstlich von Athen.

auf Suniums grüner Spitze – Die Südspitze von Attika (Mittelgriechenland) mit der Ruine des dorischen Poseidontempels aus dem 5. Jahrhundert v. u. Z.

188 *die Stelle des alten Bacchustheaters* – Das große Dionysos-Theater befand sich am Südabhang des Burgbergs.

Theseustempel – Der am Nordende des Markthügels liegende, die Agora überragende Tempel galt früher als Theseion, als Heiligtum des attischen Heros Theseus. Jetzt nimmt man an, daß es sich um das Hephaisteion, den Tempel des Hephaistos, handelt.

Olympion – Das Heiligtum des olympischen Zeus in Athen, ein ionischer Riesentempel im Südosten der Stadt, wurde bereits im 6. Jahrhundert v. u. Z. (unter Peisistratos) begonnen, aber erst im 2. Jahrhundert u. Z. (unter Hadrian) fertiggestellt. Die von Hölderlin (in Anlehnung an Chandler) erwähnten sechzehn Säulen stehen noch heute aufrecht.

das alte Tor – Das unmittelbar westlich des Olympieions stehende Hadrianstor, ein großer Ehrenbogen römischer Form, der laut Inschrift die Grenze zwischen der alten „Stadt des Theseus" und der neuen „Stadt des Hadrian" bezeichnen soll. Der römische Kaiser Hadrian (76–138) entfaltete in Athen eine große Bautätigkeit.

189 *Kleopatra, da sie die geschmolzenen Perlen trank* – Anspielung auf die von Plinius (23–79) in seiner „Naturgeschichte" berichtete Episode aus dem Leben der ägyptischen Königin Kleopatra (1. Jh. v. u. Z.), wonach sie Perlen in Weinessig auflöste, um eine Wette (sie wollte bei einer Mahlzeit zehn Millionen Sesterzen verzehren) zu gewinnen.

Haine von Angele – Östlich von Athen.

191 *Menschheit* – Hier: Menschentum, menschliche Art, menschliches Wesen.

du mußt erleuchten, wie Apoll – Über die Beziehung Hyperion – Helios – Apollon vgl. die erste Anm. zu S. 114 und die Anm. zu S. 99. Der Sonnen- und Lichtgott Apollon ist u. a. der große, nie irrende Wahrheitskünder, der die Menschen zur Erkenntnis führt.

191 *du mußt ... erschüttern, beleben, wie Jupiter* – Anspielung auf Zeus (Jupiter) als Wetter- und Fruchtbarkeitsgott. Er sendet Donner (Jupiter Tonans) und erquickenden Regen (Jupiter Pluvius).

192 *der arabische Kaufmann ...* – Der arabische Religionsstifter Mohammed, der Begründer des Islams (um 570–632), lebte vor seinem prophetischen Wirken als Kaufmann. Der Koran, die „Heilige Schrift" des Islams, wurde erst nach Mohammeds Tod aus einzelnen mündlichen oder schriftlichen Überlieferungen zusammengestellt. Er enthält die Reden, die Mohammed in verschiedenen Zeitabschnitten seines Lebens als göttliche Offenbarung verkündigte.

Zweiter Band

195 *μη φυναι ...* – Das dem „Ödipus auf Kolonos" von Sophokles entnommene Motto (Vers 1224–1227) lautet zu deutsch: *„Nicht* geboren sein – *schönster* Wunsch! / Führte aber der Weg ins Licht, / Dann aufs schnellste den Weg *zurück,* / Das ist das Beste *danach,* bei weitem." (Übersetzung von Rudolf Schottlaender.)

198 *Rußland hat der Pforte den Krieg erklärt ...* – Vgl. dazu den Abschnitt „Quellen", S. 462.

199 *Koron* – Heute: Korone; Stadt auf dem südwestlichen Peloponnes, am Messenischen Golf.

Misistra – Stadt auf dem südlichen Peloponnes, in der Nähe von Sparta.

Harmodius – Vgl. außer der Anm. zu S. 164 die drei von Hölderlin wohl schon 1793 übersetzten Skolien (beim Gastmahl vorgetragene Lieder) auf den Tyrannenmord, in denen die das Schwert verbergende Myrte erwähnt wird (vgl. Band 3, S. 224).

201 *Siegesbote von Marathon* – Nach der Schlacht in der Ebene von Marathon (im Osten Attikas) im Jahre 490 v. u. Z., dem ersten Sieg der Athener über die Perser, soll ein Läufer den Bürgern in Athen die Siegesnachricht gebracht und dort mit dem Ruf „Wir haben gesiegt" tot zusammengebrochen sein.

203 *Rosse des Phöbus* – Apollon, der als Sonnengott den Beinamen Phoibos führt, fuhr nach der Vorstellung der Griechen in einem Viergespann über das Himmelsgewölbe.

204 *Agis und Kleomenes* – Der spartanische König Agis IV. (244 bis 241 v. u. Z.) versuchte durch eine Reform die alte spartanische Sozialordnung wiederherzustellen (Tilgung der Schulden; Neuverteilung des Landes, das fast völlig in der Hand von hundert Großgrundbesitzern war; Wiedererweckung der spartanischen Erziehung). Die Reform scheiterte; Agis wurde hingerichtet. Vielleicht hatte Hölderlin die Absicht, eine Tragödie über diesen spartanischen König zu schreiben, wie aus Dokumenten aus zweiter Hand hervorgeht. – Kleomenes III. (235–221 v. u. Z.) hatte noch weiter gehende Reformpläne. Aber auch er wollte vor allem die vermeintliche soziale und ökonomische Gleichheit des frühen Sparta wiederherstellen. Er zerschlug die Macht der Oligarchie und schickte ihre Anhänger in die Verbannung; er teilte den konfiszierten Grund und Boden in Parzellen auf, die der Allgemeinheit gehörten. Die verarmten Massen in Hellas sahen in Kleomenes einen revolutionären Führer, während die besitzenden Schichten sowohl Angst vor einem sozialen Umsturz als auch vor der von Kleomenes erstrebten spartanischen Hegemonie in Griechenland hatten. Deshalb veranlaßte der Achäische Bund unter Aratos die makedonische Militärmonarchie zur Intervention. Im Jahre 222 v. u. Z. wurde Sparta vernichtend geschlagen und mußte sich Makedonien unterstellen; die Reformen wurden annulliert. Vgl. Plutarchs Biographien dieser beiden Könige.

208 *epidaurische Berge* – Gemeint sind die Berge, die sich an der Ostküste der Argolis (Peloponnes) erstrecken und die Hölderlin nach der dort gelegenen antiken Stadt Epidauros benennt.

209 *Dodonas Hain* – Vgl. die erste Anm. zu S. 25.

Pelopidas – Thebanischer Feldherr, der vor der spartanischen Herrschaft nach Athen flüchtete und im Jahre 379 v. u. Z. die Befreiung Thebens leitete. Mit Epameinondas erkämpfte er 371 bei Leuktra als Anführer der „heiligen Schar“ (vgl. die dritte Anm. zu S. 64) den entscheidenden Sieg über die Spartaner. In der Vorstufe der endgültigen Fassung hat Hölderlin hier den Namen des Harmodius genannt.

212 *Sieger bei Salamis* – Vgl. die erste Anm. zu S. 145.

kein Posse – Hier die ursprünglich schwache maskuline Form und in der älteren Bedeutung: komisches Bildwerk.

215 *in leichter Nerve* – Dieses Substantivum erscheint auch sonst im 18. Jahrhundert als Femininum.

217 *Modon* – Eigentlich: Methone; Ort an der Südwestküste des Peloponnes.

klimmen – Vereinzelt statt „glimmen" gebraucht.

218 *dichtgedrängt in mazedonischer Reih* – Die berühmte makedonische Phalanx (Schlachtreihe, Schlachtordnung), eine bis zu sechzehn Mann tiefe, festgeschlossene Masse schwerbewaffneter Fußtruppen.

219 *Panacee* – Allesheilendes Mittel; nach Panakeia, der Personifikation der Heilkunst in der griechischen Mythologie.

220 *Navarin* – Navarino; im Altertum und heute: Pylos. Ort nördlich von Modon, an der Westküste des Peloponnes.

Marathon und Thermopylä und Platea – Entscheidende Schlachten während der Perserkriege. Bei Marathon (490 v. u. Z.) und bei Plataiai (479) siegten die Griechen, während sie an den Thermopylen (480) unterlagen.

Morea – Seit dem Mittelalter im Volksmund gebräuchlicher Name für den Peloponnes.

Tripolissa – Heute: Tripolis; Stadt im Zentrum des Peloponnes.

224 *Getümmel* – Vgl. die ausführliche Darstellung in der Vorstufe der endgültigen Fassung (S. 284 ff.).

225 *es bleibt uns überall noch eine Freude ... der Seele Freiheit fühlen* – Hölderlin zitierte diese Sätze wörtlich am 4. Juli 1798, noch vor dem Erscheinen des zweiten Bandes, in einem Brief an den Bruder (vgl. Band 4, S. 309).

228 *Polyxena* – Tochter des Königs Priamos von Troia und der Hekabe. Aus dem Satz geht hervor, daß Hölderlin den Vers 415 der „Hekabe" des Euripides, in der die Opferung der Polyxena geschildert wird, falsch verstand.

230 *Tschesme* – Die Stadt liegt an der kleinasiatischen Küste gegenüber der Insel Chios. Die Seeschlacht (vgl. den Abschnitt „Quellen", S. 460 f.) fand am 5. Juli 1770 statt.

231 *Paros* – Insel der mittleren Kykladen (südlich von Delos).

236 *der Ahorn des Ilissus* – Vgl. die Eingangsszene von Platons Dialog „Phaidros": Das „heilige Gespräch" zwischen Sokrates und Phaidros hört der dort gepriesene Baum am Ilissus, einem südlich von Athen fließenden Bach.

244 *der junge Tiniote* – Hyperion.

245 *sonderbar* – Hier: sonderlich, ausnehmend, ungewöhnlich.

247 *Größe* – Nach Christoph Schwab muß es „größte" heißen.

249 *Was lebt, ist unvertilgbar ...* – Eine Variante zu diesem Satze (wohl aus einer Vorfassung) findet sich in Hölderlins Brief an den Bruder vom 4. Juli 1798 (Band 4, S. 309).

250 *wie die schöne Taube* – Vgl. Altes Testament, 1. Moses 8, 8 ff., wo berichtet wird, daß Noah nach der Sintflut aus der Arche eine Taube ausfliegen ließ, um zu erfahren, ob die Wasser auf Erden sich verlaufen hätten.

252 *Delphi ... Gott der Begeisterung ... Pythia* – In Delphi, der bedeutendsten Orakelstätte der Griechen (an den Südabhängen des Parnaß), gab sich Apollon durch den Mund der Pythia, einer älteren Frau im Gewand einer Jungfrau, kund. Aber nicht nur bei den Wahrsagern und Orakelpriestern, sondern auch bei den Dichtern und Sängern erweckte Apollon heilige Begeisterung.

253 *ging ich keine vorüber* – ging ich an keiner vorüber. Vgl. die erste Anm. zu S. 125.

254 *stillschweigend starb die große Römerin ...* – Porcia, die Tochter des Cato Uticensis und die Gattin des Marcus Iunius Brutus, war eine glühende Anhängerin der alten Republik. Als sich ihr Gatte nach der Niederlage bei Philippi im Jahre 42 v. u. Z. den Tod gegeben hatte, folgte sie ihm nach, da auch die Republik „im Todeskampfe" rang: Mit dem Sieg bei Philippi wurde die republikanische Opposition der Caesarmörder unterdrückt, und der Weg zu der im Jahre 31 v. u. Z. beginnenden Alleinherrschaft (Kaiserzeit) war frei. Den freiwilligen Tod der Porcia schildert Plutarch in seiner Brutus-Biographie: Weil sie von ihren Freunden an der Verwirklichung ihres Vorhabens zunächst gehindert worden sei, habe sie Kohlen aus dem Feuer herausgerissen und verschluckt und sei mit geschlossenem Mund gestorben.

255 *nimmt* – Mundartform.

256 *Thronen* – Diese schwache Pluralform war im 18. Jahrhundert die übliche.

257 *Feigenwurzel* – Veilchenwurzel: Der wegen seines Veilchengeruchs so benannte Wurzelstock der Schwertlilie diente seit dem Altertum als Kaugegenstand für zahnende Kinder.

258 *solltest du ewig sein, wie ein Kind* – Solltest du ewig (wie) ein Kind sein; „ewig" ist Adverb.

die Unbegrabnen, wenn sie herauf vom Acheron kommen – Hölderlin mag hier an den 11. Gesang von Homers „Odyssee" gedacht haben: Nach dem Rat der schönen Zauberin Kirke will Odysseus den bereits verstorbenen Seher Teiresias um seine Zukunft befragen. Deshalb opfert er am Eingang zur Unterwelt den Seelen der Verstorbenen. Als erster der Geister, die sich aus der Tiefe dem Blute der Opfertiere nahen, erscheint die Seele des Elpenor, den Odysseus und seine Gefährten unbegraben in Kirkes Palast zurückgelassen hatten. Vgl. „Odyssee", 10. Gesang, Vers 552 ff., und 11. Gesang, Vers 51 ff.

259 *schöne Gottheit, wie du um Adonis einst geweint* – Aphrodite weint über den Verlust des von ihr geliebten schönen Jünglings, der auf der Jagd von einem Eber getötet wurde.

Prokrustes – Ein wegelagernder Riese, der große Wanderer in ein kleines Bett zwingt und den darüberhängenden Teil abhackt. Die kleineren Opfer aber wirft er in ein langes Bett und streckt ihnen die Glieder (Prokrustes = Strecker).

die Gedanken meiner Jugend, die ich groß geachtet – Vgl. Schillers „Don Carlos", Vers 4289–4291: „Sagen Sie / Ihm, daß er für die Träume seiner Jugend / Soll Achtung tragen."

260 *der große Sizilianer* – Empedokles von Agrigent (um 490 bis um 430 v. u. Z.), der letzte unter den großen Naturphilosophen des 5. Jahrhunderts, den sogenannten Vorsokratikern. Vgl. Hölderlins Ode „Empedokles" und sein Trauerspiel „Der Tod des Empedokles". Der Freitod des Empedokles im Ätna ist eine Legende.

ein Spötter – Wohl Horaz, der in seiner „Ars poetica" (Vers 463 bis 466) schreibt: „... und werde den Untergang des sizilischen Dichters erzählen: Weil Empedokles als unsterblicher Gott gelten wollte, sprang er kaltblütig in den glühenden Ätna."

261 *So kam ich unter die Deutschen ...* – Zu Hyperions Scheltrede vgl. Hölderlins Brief an Ebel vom 10. Januar 1797 (Band 4, S. 256).

der heimatlose blinde Ödipus – Der blinde Greis Ödipus wurde im Hain der Eumeniden zu Kolonos (bei Athen) von Theseus freundlich aufgenommen. Vgl. den Anfang der Tragödie „Ödipus auf Kolonos" von Sophokles, den Hölderlin teilweise übersetzte (Band 3, S. 457).

264 *der Dulder Ulyß* – „Ulyß" (Ulysses) ist eine Nebenform von lat. Ulyxes (griech.: Odysseus). Vgl. Homers „Odyssee", 20. Gesang, Vers 257 f. und 376 f.

Landläufer – Landstreicher, Bettler.

264 *Proteuskünste* – Verwandlungskünste. Der Meergreis Proteus hat wie viele Meergottheiten die Fähigkeit, sich in beliebige Gestalten zu verwandeln, und ist mit Seherkraft begabt. Wer seinen Rat sucht (wie Menelaos auf der Heimkehr aus Troia; vgl. Homers „Odyssee", 4. Gesang, Vers 382 ff.), muß ihn überfallen und im Ringkampf festhalten.

268 *wer reißt den?* – wer zerreißt den?

Paralipomena

271 *Fragment von Hyperion* – Dieses Paralipomenon hat in der Waltershäuser Fassung vermutlich nahe dem Anfang seinen Platz gehabt.

Gewißheit – Vom Herausgeber der Großen Stuttgarter Ausgabe ergänzt. Die Abschreiberin (Marie Rätzer, Erzieherin der jüngeren Kinder im Hause Gontard) kann aber auch ein anderes Wort (z. B. Wahrheit) ausgelassen haben.

275 *Ende des ersten Buchs* – Die genaue Bezeichnung des Ortes, an dem dieses Fragment erscheinen sollte, ist außerordentlich schwierig. Schon die Überlieferung am Schluß eines Heftes von Gedichten der Frankfurter Zeit (Homburger Quartheft) deutet auf die Sonderstellung dieses Briefes im Rahmen der Entstehungsgeschichte des Romans hin. Wir folgen in der Einordnung der Großen Stuttgarter Ausgabe, obschon auch dagegen Argumente anzuführen sind. So braucht z. B. der nur als gedankliche Stütze für den Dichter selbst gemachte Vermerk „Ende des ersten Buchs", der anstelle der zuerst gesetzten, später aber gestrichenen Überschrift „Zweites Buch" getreten ist, nicht unbedingt das Ende des 1. Buches des 1. Bandes zu meinen, sondern kann sich auch auf das Ende des 1. Buchs des 2. Bandes beziehen. Das Fragment wäre dann vielleicht zusammen mit dem Anfang des 2. Buches des 1. Bandes entworfen und später verworfen worden.

Ich scheide heute von Salamis – In der endgültigen Fassung hält sich der schreibende Hyperion nur an zwei Orten auf: auf dem Korinthischen Isthmos und auf der Insel Salamis, dem eigentlichen Ort seines Eremitendaseins.

276 *Mäste* – Hier: Schiffe. (Falsche Pluralbildung oder Schreibfehler statt der auch mindestens ungewöhnlichen starken Pluralform „Maste".)

276 *die Gefährten des Ajax* ... – Vgl. den Beginn des zweiten von Hölderlin übersetzten Stückes aus der Tragödie „Ajax" von Sophokles Band 3, S. 459).

277 *Ich weiß nicht* ... – Dieser Satz ist bereits in den Vorarbeiten zur endgültigen Fassung (H⁴) gestrichen.

Drauf fing sie an zu fragen ... – Auch dieser Passus ist bereits in den Vorarbeiten zu H⁴ getilgt und durch den endgültigen Text ersetzt.

278 *Vor allem, rief ich* ... – Diese Sätze werden ebenfalls schon in den Vorarbeiten zu H⁴ durch den endgültigen Text ersetzt.

281 *immerhin* – Hier: immerdar.

Palliative – Hier: Notbehelfe.

282 *Leonidas* – König von Sparta, der im Jahre 480 v. u. Z. mit 300 Spartiaten die Thermopylen gegen die Perser bis zum letzten Mann verteidigte.

283 *Wir liegen noch vor Misistra* ... – Dieser Brief und der folgende wurden von Hölderlin gänzlich verworfen.

285 *sechs Tage* – Choiseul spricht von einer sechstägigen Belagerung Navarins, nicht Misistras (vgl. S. 459 dieses Bandes).

287 *O einst, Hyperion* ... – Dieses Bruchstück und das folgende, zwischen denen in der Überlieferung eine Lücke klafft, vereinigte Hölderlin in der endgültigen Fassung in einem Brief.

Bruchstücke einer späteren Fassung

Diese Bruchstücke sind vielleicht während des zweiten Homburger Aufenthalts (1804/06) entstanden, möglicherweise aber auch erst viel später.

EMILIE VOR IHREM BRAUTTAG

Zur Entstehungsgeschichte dieser Idylle vgl. Hölderlins Brief an Neuffer vom 4. Juni 1799 (Band 4, S. 357), in dem er den Plan einer poetischen Monatsschrift entwickelte und den Freund bat, dafür den Verleger Johann Friedrich Steinkopf in Stuttgart zu gewinnen. Steinkopf, der wie Neuffer Mitglied einer revolutionär-demokratischen „Gesellschaft" war, verlegte bereits Neuffers jährlich erscheinendes „Taschenbuch für Frauenzimmer von Bildung". Schon am 13. Juni wandte sich Steinkopf direkt an Hölderlin und begrüßte die Idee eines Journals. Gleichzeitig bat er ihn, von Neuffer unterstützt, „um eine ganz kleine Erzählung oder Roman über *Emilie*, der der Charakter eines recht edlen, vortrefflichen Mädchens gegeben werden müsse. Das übrige stelle er vollkommen in Hölderlins Willkür. Wenn er ein etwas größeres Gedicht hätte oder verfertigen wollte, das das ‚Frauenzimmer' besonders interessiert, so bitte er sehr darum" (Regest Schlesiers). In Neuffers Taschenbuch auf das Jahr 1799 befand sich nämlich als Titelkupfer Emiliens Bildnis, „deren Geschichte im nächsten Jahre erzählt werden soll", wie es in der Erläuterung dazu heißt. Hölderlin antwortete Steinkopf am 18. Juni und kündigte darin die „Emilie" bereits für Anfang des nächsten Monats an. Am 3. Juli sandte er die Idylle an Neuffer mit einem ausführlichen Begleitbrief (vgl. Band 4, S. 373), in dem er sich über die „Methode und Manier", in der er dieses Werk geschrieben habe, äußerte. Neuffer nahm sie in sein „Taschenbuch für Frauenzimmer von Bildung, auf das Jahr 1800" auf. Vgl. auch Hölderlins Brief an Neuffer vom 4. Dezember 1799 (Band 4, S. 417).

297 *Korsika* – Das unter der Herrschaft Genuas stehende Korsika erhob sich 1755 und versuchte sich unter Führung Pasquale Paolis (1725–1807) zu befreien. Die militärischen Erfolge der Korsen veranlaßten Genua 1768, die Insel an Frankreich zu verkaufen. Im

Verlaufe eines Jahres wurde nun der Aufstand niedergeworfen, und Paoli floh nach England. Erst 1789, nach Ausbruch der Französischen Revolution, konnte er auf seine Heimatinsel zurückkehren und im Sinne der Revolution wirken. Nach der Hinrichtung Ludwigs XVI. bemühte er sich, einen von Frankreich unabhängigen Freistaat zu errichten. Als dies im Jahre 1796 endgültig mißlungen war, ging er erneut nach England und lebte dort bis zu seinem Tode.

298 *der stille Römer* – Horaz forderte die Römer in der 16. Epode auf, die durch die Bürgerkriege im unaufhaltsamen Verfall begriffene Stadt zu verlassen und nach paradiesischen Bereichen, den Inseln der Seligen, auszuwandern. Dabei wies er auf das Beispiel der Phokaier hin, deren Schicksal Herodot in seinem Geschichtswerk (1. Buch, Kap. 164 f.) erzählt: Als die Perser heranrückten und die Stadt belagerten, wanderten sie nach Kyrnos (Korsika) aus. Hölderlin übersetzte aus dieser Epode die Verse 39–48, 53 und 63 f. frei.

299 *Saturnus' Sohn . . .* – Nach dem antiken Weltaltermythos, in dem die Zeitalter mit den Namen der Metalle Gold–Silber–Bronze–Eisen bezeichnet werden, löste „Saturnus' Sohn", nämlich Zeus (Jupiter), das durch Kronos (Saturnus) repräsentierte Goldene Weltalter ab. Dieses währt jedoch noch auf den Inseln der Seligen fort. Vgl. auch Hölderlins Ode „Natur und Kunst oder Saturn und Jupiter" (Band 1, S. 427).

301 *Varustal* – Der römische Heerführer Varus wurde im Jahre 9 u. Z. im Teutoburger Wald von dem Cheruskerfürsten Arminius (Hermann) vernichtend geschlagen. Wie Heinse verlegte Hölderlin, wohl einer lokalpatriotischen Version folgend, die (noch heute umstrittene) Stelle der Schlacht an den Fuß des Knochens, eines Berges bei Bad Driburg. Vgl. Hölderlins Brief an den Bruder vom 10. Oktober 1796 (Band 4, S. 244), in dem er über seinen Aufenthalt mit Susette Gontard und Heinse in Bad Driburg berichtet.

Braga – Der nordische Gott der Dichtkunst; nach späterer Überlieferung Gemahl der Iduna, der germanischen Göttin der Jugend.

Hertha – Eigentlich: Nerthus; nach der „Germania" des Tacitus die „Mutter Erde" der Germanen; Göttin des Wachstums und der Fruchtbarkeit.

308 *es fallen / Die Lieblinge des Himmels früh . . .* – Der hier ausgesprochene Gedanke findet sich bei Plutarch und Plautus. Vgl. auch den Anfang des ersten Bruchstücks „Über Achill“ (S. 370 dieses Bandes).

309 *Phöbus* – Beiname Apollons als Sonnengott.

310 *Armenion* – Diese Namensform soll offensichtlich auf Arminius (vgl. die erste Anm. zu S. 301) anspielen, dessen adäquate griechische Form Armenios ist.

THEORETISCHE VERSUCHE

Von Hölderlins theoretischen Niederschriften sind einige wegen ihrer engen Zugehörigkeit zu bestimmten Werken in unmittelbarem Zusammenhang mit den entsprechenden Texten wiedergegeben worden. Diese Erörterungen finden sich sämtlich in Band 3: der „Grund zum Empedokles" S. 111, die „Anmerkungen zum Ödipus" S. 387, die „Anmerkungen zur Antigone" S. 449 und die Erläuterungen zu den Pindar-Fragmenten S. 316 ff.

In den Anhang verwiesen wurden einige Arbeiten, denen der Charakter einer eigenständigen Leistung fehlt, so die Predigt des Fünfzehnjährigen, die weitgehend fremden Quellen verpflichtet ist, und der Entwurf „Das älteste Systemprogramm des deutschen Idealismus", der von Schelling formuliert wurde. Aufgenommen wurde hier auch der Versuch „Von der Fabel der Alten", der sich in einer bloßen Disposition erschöpft.

1790–1791

Parallele zwischen Salomons Sprüchwörtern und Hesiods „Werken und Tagen"

Das Magisterexamen, das Hölderlin einen Tag vor dem Datum der Widmung als achter von siebenundzwanzig Stiftlern bestanden hatte, war der Abschluß der zweijährigen vorbereitenden philosophischen Ausbildung, an die sich das dreijährige eigentliche theologische Studium anschloß. Neben einem mündlichen Examen, einer Verteidigung und Disputationen (vgl. Hölderlins Briefe an die Mutter vom August 1790; Band 4, S. 68 ff.) mußten die Kandidaten der Philosophischen Fakultät zwei selbständig verfaßte Abhandlungen (Spezimina) einreichen. Die „Kandidatengeschäfte", die Hölderlin in einem bald nach dem 15. Juni 1790 geschriebenen Brief an die Mutter erwähnt, zielen wohl vor allem auf diese Abhandlungen.

Christian Friedrich Schnurrer (1742–1822), dem Hölderlin dieses Spezimen widmete, gehörte dem Inspektorat des Stifts an. Dieses setzte sich aus zwei Superattendenten (Theologieprofessoren) und dem Ephorus (Professor der Philosophischen Fakultät) zusammen. Schnurrer, von 1777 bis 1806 Ephorus, war die beherrschende Persönlichkeit des Stifts. Er war einer der bekanntesten Alttestamentler und Orientalisten seiner Zeit. Gelegentlich eines Paris-Besuchs war er im Jahre 1770 mit Rousseau bekannt geworden. Er trat für eine „liberalere Behandlung" der Stiftler ein und hinderte nicht die Freiheit der Lektüre und des Denkens. Hölderlin hatte bei ihm im Sommersemester 1790 wahrscheinlich eine Privatvorlesung über Salomons Sprüche gehört.

Das Spezimen ist nur in einer Abschrift von fremder Hand erhalten. Die hebräischen Zitate aus den Sprüchen Salomos erscheinen in den folgenden Anmerkungen in Luthers Übersetzung des Alten Testaments; die Übersetzung der griechischen Zitate aus Hesiods „Werken und Tagen" folgt Thassilo von Scheffer (Hesiod, Sämtliche Werke, Deutsch von Thassilo von Scheffer, Mit einer Übersetzung der Bruchstücke aus den Frauenkatalogen hrsg. von Ernst Günther Schmidt, 2. Aufl., Leipzig 1965).

319 *Salomons Sprüchwörter* – Die im Alten Testament durch das Buch der Sprüche (und das Buch des Predigers) überlieferte hebräische Weisheitsliteratur wurde von der jüdischen Tradition Salomo, dem König von Israel und Juda (um 965–925 v. u. Z.), zugeschrieben, in dem die spätere Zeit den Begründer einer nationalen Weisheitslehre sah (Altes Testament, 1. Könige 5, 9 ff.). In kurzen, oft lose aneinandergereihten Worten findet eine praktische Lebensklugheit als Anleitung zum richtigen Handeln ihren Ausdruck. Mag Salomo auch viele solcher Sprüche verfaßt haben, das Buch ist deutlich aus einer Reihe von Sammlungen, die zum Teil von ägyptischen Weisheitsdichtungen abhängen, zusammengesetzt und im Laufe von Jahrhunderten gewachsen.

Hesiods „Werke und Tage" – Hesiod, der nach Homer bedeutendste Epiker der archaischen Zeit (um 700 v. u. Z), führte nach dem Tode seines Vaters einen langwierigen Erbstreit mit seinem Bruder Perses, der die Richter bestochen hatte. Um ihn zu Arbeit und Rechtschaffenheit zurückzuführen, schrieb er aus der Sicht des kleinen Bauern das Mahn- und Lehrgedicht „Werke und Tage" mit den Hauptthemen Recht und Arbeit. Der erste Teil behandelt im Anschluß an eine längere Einleitung vorwiegend die „Werke“, die nach Jahreszeiten geordneten Arbeiten des Bauern, der zweite Teil die einzelnen „Tage“ des Monats und ihre glück- oder unglückverheißende Bedeutung. In der neueren Forschung wurden die Parallelen zwischen diesem Gedicht und der altorientalischen Spruchliteratur genauer untersucht.

320 *V. 7* – Des Herrn Furcht ist Anfang zu lernen.

Anrede – Mein Kind.

V. 10 ff. – Mein Kind, wenn dich die bösen Buben locken, so folge nicht. (Hölderlin zitiert nur Vers 10.)

Hauptsatz – Des Herrn Furcht ist Anfang zu lernen.

321 *Clericus ... Scaliger* – Die von Hölderlin benützte Ausgabe des Hesiod (Leipzig 1778) hatte Anmerkungen des Holländers Jean Clericus (1657–1736) und des Franzosen Joseph Justus Scaliger (1540–1609) übernommen.

Pausanias – Vgl. die Anm. zu S. 13.

Eriden – Griechische Göttinnen der Streitsucht und des Wettstreits.

der hohe Kronidas – Zeus, der Kronide (Sohn des Kronos).

322 *Pandora* – Die auf Befehl des Zeus von Hephaistos erschaffene erste Frau, die den Menschen alle Übel und Leiden bringt.

der andre – Der zweite Teil beginnt für Hölderlin mit Vers 213. Er zerfällt in zwei Unterabteilungen, deren erste (die „Salomonische“) bis Vers 382 reicht.

des Hesiods – Die Lücke erklärt sich daraus, daß der Schreiber ein Wort nicht hat lesen können.

Epitheta ... – Beiwörter nach Art des uneigentlichen Ausdrucks.

V. 56 ... – Zum Leid der betriebsamen Männer. (Vers 82, nicht Vers 56 der „Werke und Tage“.)

Partikul δε – Partikel mit adversativer (aber, sondern) und kopulativer Funktion (und, auch).

V. 311 – Arbeit bringt keine Schande, die Faulheit aber bringt Schande.

323 *V. 319* – Scham wohnt immer bei Armen, der Reiche ist keck und entschlossen.

V. 346 – Böser Nachbar ist Fluch, ein Segen aber der gute.

V. 256–262 – Und die Gerechtigkeit stammt von Zeus und ist eine Jungfrau, / Heilig und hoch geehrt von den göttlichen Himmelsbewohnern. (Hölderlin zitiert nur Vers 256 f.)

323 *Sprüchw. 8, 22* – Der Herr hat mich gehabt im Anfange seiner Wege; ehe er was machte, war ich da. Ich bin eingesetzt von Ewigkeit, von Anfang vor der Erde. Da die Tiefen noch nicht waren, da war ich schon bereitet; da die Brunnen noch nicht mit Wasser quollen.

Anrede – Mein Kind.

324 *V. 299–301* – Arbeite, Perses, erlauchter Sproß, damit dich der Hunger / Hasse, dagegen dich liebe die schönbekränzte Demeter, / Die erhabene, und dir füllt die Scheuer mit Nahrung.

12,11 – Wer seinen Acker bauet, der wird Brots die Fülle haben.

V. 312–314 – Wenn du der Arbeit ergeben, bald wird dich der Faule beneiden / Um deine Fülle; der Fülle aber folgt Ehre und Ansehn. / Wie dir dein Dämon bestimmt, ist tüchtige Arbeit das Beßre.

12,24 – Fleißige Hand wird herrschen.

V. 342–345 – Wer dich liebt, den lade zum Mahl, doch meide den Hasser, / Den aber lade zumeist, der deiner Behausung benachbart. / Denn wenn unverhofft dir etwas im Hause begegnet, / Schürzt sich der Nachbar nicht erst, dieweil die Vettern sich schürzen. / Böser Nachbar ist Fluch, ein Segen aber der gute. / Ehre wird dem zuteil, dem ein redlicher Nachbar zuteil ward. (Hölderlin zitiert die Verse 342 bis 347.)

11,25 – Die Seele, die da reichlich segnet, wird fett; und wer trunken macht, der wird auch trunken werden.

V. 282–284 – Wenn aber einer mit Vorsatz bei falschen Eiden sein Zeugnis / Lügnerisch gibt, der schändet das Recht, unheilbar verblendet. / Dessen Sippe versinkt, in Zukunft dunkel vergessen.

325 *V. 321–326* – Wer mit der Hände Gewalt sich große Güter erraffte / Oder sie auch mit der Zunge erbeutet, wie es zuweilen / Leider geschieht, wenn einer von schnöder Gewinnsucht verblendet / Und nun seine Scham durch Unverschämtheit verdrängt wird: / Leicht einen solchen verdunkeln die Götter, es mindert dem Manne / Sich das Haus, nur kurz bleibt ihm sein Segen erhalten.

10,2 – Unrecht Gut hilft nicht.

V. 3 – Der Herr stürzt der Gottlosen Schinderei.

325 *V. 373* – Laß dich von keinem Weib mit prunkenden Hüften betören, / Das mit schmeichelnden Worten in deiner Hütte dich aufsucht. (Hölderlin zitiert Vers 373 f.)

2,16 – ... die glatte Worte gibt.

326 *Urban der Zweite* – Papst von 1088 bis 1099; er rief auf den Synoden von Piacenza und Clermont (1095) zu den Kreuzzügen auf.

Erfahrungsseelenlehre – Hölderlin schließt sich in diesem Spezimen an die philosophischen, psychologischen und ästhetischen Auffassungen von Moses Mendelssohn (1729–1786), Johann Georg Sulzer (1720–1779) und Johann August Eberhard (1739–1809) an, die in der Psychologie die Grundlage der Ästhetik sahen. In deren Mittelpunkt rückten sie die Empfindungslehre und begründeten damit eine Art Gefühlsästhetik, ohne jedoch den Boden der Leibniz-Wolffschen Philosophie völlig zu verlassen.

328 *Herder* – Dieser handelt vom Parallelismus in seinen „Briefen, das Studium der Theologie betreffend" (1780/81) und in seinem Werk „Vom Geist der ebräischen Poesie" (1782/83). Die Lektüre Herders wird auch in der Thematik des Aufsatzes (Vergleich zwischen hebräischer und griechischer Poesie) sowie in der Charakteristik des Urzustandes der Menschheit (Rolle der Phantasie und der sich daraus ergebenden Notwendigkeit der Personifikation und der Mythologie) spürbar.

Ovid – Publius Ovidius Naso (43 v. u. Z. bis um 18. u. Z.) zeichnete sich durch virtuose Formgewandtheit aus; viele Hunderte sprachlicher Neubildungen gehen auf ihn zurück.

Servius ... quia præceptum ... – Der lateinische Grammatiker Servius (um 400 u. Z.) war Verfasser eines Vergilkommentars. Der von Hölderlin zitierte Satz steht am Anfang des Kommentars zu den „Georgica", in denen Vergil den Maecenas anredet, und lautet zu deutsch: „Weil die Regel sowohl die Person des Lehrers als auch des Schülers erfordert."

331 *des großen dogmatischen Philosophen Wolff* – Christian Wolff (1679–1754), rationalistischer Aufklärer, der die Leibnizsche Philosophie zur herrschenden Philosophie seiner Zeit machte, indem er sie zu einer vereinfachten Teleologie umgestaltete. Für Kant war er der typische Vertreter des „Dogmatismus" im Gegensatz zum „Kritizismus" seiner eigenen philosophischen Position.

Geschichte der schönen Künste unter den Griechen bis zu Ende des Perikleischen Zeitalters

In diesem Magisterspezimen (vgl. die einleitenden Bemerkungen zu dem vorhergehenden Aufsatz), das nur in zwei Abschriften überliefert ist (eine von der Hand Ludwig Neuffers), stützte sich Hölderlin vor allem auf folgende Werke:

1. Johann Joachim Winckelmann, Geschichte der Kunst des Altertums, Dresden 1764.
2. Eduardus Corsinus, Fasti Attici, Tomus III, Florentiae 1751 (Attische Feste, Band 3, Florenz 1751).
3. Georg Christoph Hamberger, Zuverlässige Nachrichten von den vornehmsten Schriftstellern vom Anfange der Welt bis 1500, 1. Teil, Lemgo 1756.
4. Reise des jüngern Anacharsis durch Griechenland, viertehalbhundert Jahr vor der gewöhnlichen Zeitrechnung. Aus dem Französischen des Hrn. Abt Barthelemy. Nach der zweiten Ausgabe des Originals, 2. Teil, Berlin und Libau 1790. – Dieses 1788 in französischer Sprache veröffentlichte Werk, das bald in alle europäischen Sprachen übersetzt wurde, beschreibt in Form einer fiktiven Reise das häusliche und öffentliche Leben der Griechen. Der Verfasser, Direktor des Pariser Münzkabinetts, lehnte sich dabei an die legendäre Gestalt des Skythen Anacharsis an, der Reisen nach Griechenland unternommen haben soll, um die hellenische Kultur kennenzulernen.
5. Plinius, Naturalis historia (Naturgeschichte). – In diesem enzyklopädischen 37bändigen Werk von Plinius d. Ä. (23–79), dem römischen Offizier, Beamten und Schriftsteller, das eine Schatzkammer des Wissens seiner Zeit darstellt, finden sich auch wichtige Angaben über Künstler und Kunstwerke, wodurch das Werk immer noch grundlegend für die Kenntnis antiker Kunst ist.

332 *Ende des Perikleischen Zeitalters* – Als das Perikleische Zeitalter bezeichnet man die Jahre von 443 bis 430 v. u. Z., da Perikles (494–429), der Führer der Demokraten, Jahr für Jahr als Oberstratege gewählt wurde und die überragende Persönlichkeit im politischen Leben Athens war. In dieser Zeit, einer kurzen Friedensperiode, erlebte Athen die größte politische, soziale und kulturelle Blüte.

333 *Jahr der Welt* – Nach der jüdischen Zeitrechnung gilt der 7. Oktober 3761 v. u. Z. als Tag der Weltschöpfung.

Cekrops – Nach der Sage der schlangenfüßig gedachte erste attische König (Autochthon); Schiedsrichter beim Streit zwischen Athene und Poseidon um Attika.

Kadmus – Sohn des Agenor, des Stammvaters der Phönizier; sagenhafter Gründer der Burg von Theben in Böotien (Mittelgriechenland).

Orpheus – Bei den „orphischen Argonautika" handelt es sich um eine dem mythischen thrakischen Sänger Orpheus in den Mund gelegte und um seine Gestalt kreisende Darstellung des Argonautenzuges, deren Datierung unsicher ist (nicht vor dem 3. Jahrhundert u. Z.). Die frühestens aus dem 2. Jahrhundert u. Z. stammende Sammlung von siebenundachtzig „orphischen Hymnen" ist höchstwahrscheinlich das Kultbuch einer kleinasiatischen orphischen Gemeinde.

334 *Ossian* – Legendärer altschottischer Sänger, dessen angebliche Lieder 1760–1763 von dem schottischen Dichter James Macpherson herausgegeben wurden. Tatsächlich handelt es sich um Macphersons meisterhafte Imitationen gälischer Volksdichtung, die anregend auf Herder und den Sturm und Drang gewirkt haben.

Argonautenzug – Argonauten heißen nach ihrem Schiff, der Argo, die ungefähr 50 Helden, die Jason, der Erbe von Jolkos in Thessalien, sammelt, um das Goldene Vlies in Kolchis zu gewinnen. Als Teilnehmer an der abenteuerlichen Fahrt werden alle bedeutenden griechischen Heroen, die älter sind als die Troiakämpfer, genannt, u. a. Kastor und Pollux (vgl. die vierte Anm. zu S. 135), Peleus (Vater des Achilleus), Herkules und Orpheus.

Dädalus – Vgl. die vierte Anm. zu S. 13.

Pausanias – Vgl. die Anm. zu S. 13.

Endoeus – Athenischer Bildhauer aus der 2. Hälfte des 6. Jahrhunderts v. u. Z. Aus der sagenhaften Überlieferung, er sei Schüler des Dädalus gewesen, geht sein großes Ansehen hervor.

Smilis – Berühmter Bildhauer, wahrscheinlich aus dem frühen 6. Jahrhundert v. u. Z.

Eustatius – Bischof von Saloniki (2. Hälfte des 12. Jh. u. Z.), dessen Hauptwerk ein umfangreicher Kommentar zu Homers „Ilias" und „Odyssee" ist, den er aus allen erreichbaren erläuterten Homerausgaben zusammenstellte.

334 *zur Zeit der Herakliden* – Wettkämpfe in Olympia gab es tatsächlich schon in mykenischer Zeit (2. Hälfte des 2. Jahrtausends v. u. Z.).

335 *Köppe* – Johann Heinrich Just Köppen, „Über Homers Leben und Gesänge", Hannover 1788.

Chios – Die nördlichste der ionischen Inseln an der Westküste Kleinasiens. Vgl. die dritte Anm. zu S. 13 und die erste Anm. zu S. 22.

140 Jahr nach dem Trojanischen Kriege – Das heißt nach Köppen im Jahre 1044 v. u. Z. Die Homerforschung der neueren Zeit vermutet, der Dichter habe im 8. Jahrhundert gelebt.

sed proximus illi ... – Das Zitat steht im 2. Buch des astronomischen Lehrgedichts „Astronomicon", als dessen Verfasser der römische Dichter Manilius (zu Beginn u. Z.) gilt, und lautet zu deutsch: „... aber Hesiod, der jenem [nämlich Homer] der nächste ist, erwähnt die Götter, die Eltern der Götter und das Chaos, das die Länder geboren hat usw."

Epigramm – Als Hesiod (vgl. die Anm. zu S. 319) bei einem Sängerwettstreit in Chalkis (auf Euböa) gesiegt hatte (daß unter den Teilnehmern Homer gewesen sei, ist spätere Erfindung), weihte er den Siegespreis, einen Dreifuß, den Musen an der Stelle des Helikon, wo sie ihm erschienen seien. Vgl. „Theogonie", Vers 22–34, und „Werke und Tage", Vers 654–659. Das Epigramm lautet zu deutsch: „Hesiod weihte diesen den Helikonischen Musen, nachdem er in Chalkis den göttlichen Homer im Liede besiegt hatte."

336 *das Lehrgedicht ...* – „Werke und Tage".

Lykurg – Sagenhafter Gesetzgeber Spartas (vermutlich 9. Jh. v. u. Z.).

Olympiaden – Die ersten Olympischen Spiele, von denen die Sieger überliefert sind, fanden im Jahre 776 v. u. Z. statt.

337 *Arktinus von Milet* – Epischer Dichter, wahrscheinlich aus dem 8. Jahrhundert v. u. Z. Von der „Aithiopis", einem Epos des trojanischen Sagenkreises, sind wenige Fragmente erhalten.

Dionysius von Halikarnaß – Griechischer Rhetor und Geschichtsschreiber des 1. Jahrhunderts v. u. Z.; Verfasser einer aus 20 Büchern bestehenden „Römischen Archäologie" (Antiquitates Romanae). Das Zitat konnte Hölderlin bei Corsinus finden; es lautet zu deutsch: „Der Älteste von denen, die wir kennen, ist der Dichter Arktinos."

337 *Eumelus* – Eumelos, epischer Dichter, vielleicht aus dem 8. Jahrhundert v. u. Z. Von dem griechisch genannten Titel (Prosodion auf Delos), einem Prozessionslied, haben sich zwei Hexameter erhalten.

Antimachus – Antimachos von Teos, wahrscheinlich Epiker aus dem 8. Jahrhundert v. u. Z. Dieser Dichter wird nur zweimal zitiert, davon das eine Mal in Plutarchs Biographie des Romulus, wo es heißt, ihm sei die Mondfinsternis von 754 bekannt gewesen.

Archilochus – Frühester griechischer Lyriker (um 680–640 v. u. Z.) und erste ausgeprägte Dichterpersönlichkeit; im Altertum häufig neben Homer gestellt. Archilochos gab das überkommene epische Versmaß zugunsten von Versformen auf, die mehr unmittelbaren Ausdruck gestatteten (Jambus). Oft wurde er als Erfinder der Jamben gepriesen; in Wirklichkeit übernahm er dieses Metrum aus der Volkspoesie und baute es vollendet aus. Er fiel im Krieg seiner Heimatinsel Paros gegen Naxos.

Scaliger – Joseph Justus Scaliger (1540–1609), bedeutender klassischer Philologe, der sich durch die Herausgabe antiker Schriftsteller sowie durch die Grundlegung einer wissenschaftlichen Chronologie des Altertums Verdienste erworben hat.

ad Quaestiones Tusculanas L. 1. c. 1. – (lat.) Zu den „Tusculanischen Wehklagen" [von Cicero], Buch 1, Kap. 1. Tusculum (südöstlich von Rom) war der Lieblingsaufenthalt Ciceros (106–43 v. u. Z.) und spielte eine bedeutende Rolle in der Frühgeschichte Roms.

Romulus – Vgl. die Anm. zu S. 160. Seine sagenhafte Gründung Roms verlegt die Tradition in das Jahr 753 v. u. Z.

Bularchus – Nur bei Plinius erwähnt, und zwar als Zeitgenosse Romulus', des sagenhaften Gründers von Rom.

Aristokles – Griechischer Erzbildner von Kreta, der um 500 v. u. Z. für Olympia gearbeitet haben soll.

Tyrtäus – Griechischer Lyriker, der zur Zeit des 2. Messenischen Krieges (Mitte des 7. Jh. v. u. Z.) in Sparta wirkte. Über seine Herkunft und Lebensumstände gibt es seit der Antike widersprüchliche Auffassungen.

Lazedämonier – Vgl. die Anm. zu S. 180.

338 *Arion* – Griechischer Lyriker aus Methymna auf Lesbos (um 600 v. u. Z.), der als Schöpfer des kunstmäßigen Dithyrambos (Chorlied beim Dionysoskult) galt; er soll den kyklischen, d. h. den im Kreis um den Altar stehenden Chor eingeführt haben.

338 *Terpander* – Griechischer Musiker und Dichter von der Insel Lesbos (um 675 v. u. Z.); die erste musikgeschichtlich deutlich umrissene Gestalt der Antike; errang zwischen 676 und 673 bei einem musischen Wettstreit in Sparta den Sieg mit einer von der Kithara begleiteten siebenteiligen Liedkomposition (Nomos). Er erfand die siebensaitige Leier (Lyra) und soll Homerische Texte komponiert haben. In die Rhythmik führte er den Jambus und den Trochäus ein.

Timotheus – Griechischer Lyriker aus Milet (um 450–360 v. u. Z.); er führte die elfsaitige Kithara ein.

Lesches – Griechischer Epiker aus Mytilene auf Lesbos (wohl 7. Jh. v. u. Z.).

Alkman – Griechischer Lyriker, der in der 2. Hälfte des 7. Jahrhunderts v. u. Z. in Sparta lebte, aber wahrscheinlich aus Sardes (Lydien) stammte. Wegen seines musikalischen Talents soll er aus dem Sklavenstand befreit worden sein. Da von seinen Vorgängern nichts erhalten blieb, ist er für uns der erste Chorlyriker.

Messoates – Richtig: Messoa.

Agesites – Richtig: Agesides.

Kleophantus – Verbesserte Form für einen bei Plinius nur verderbt überlieferten Namen. Heute meist: Ekphantos.

Tarquinius Priscus – Nach der Sage der fünfte König Roms.

Iustinus – Römischer Geschichtsschreiber, der im 3. Jahrhundert u. Z. einen Auszug aus dem verlorengegangenen Werk des Pompeius Trogus anfertigte. Die Fußnote muß richtig (Buch) III, (Kapitel) 5 heißen.

339 *Lanuvium* – Alte Stadt in Latium (südöstlich von Rom an der Via Appia).

Atalanta – Sagenhafte arkadische (böotische) Heroine und kühne Jägerin.

Xenophanes von Kolophon – Griechischer Dichter und Philosoph (um 570–475 v. u. Z.), einer der Vorsokratiker und Gründer der Philosophenschule in Elea (Unteritalien).

Mimnermus – Griechischer Lyriker aus Kolophon (2. Hälfte des 7. Jh. v. u. Z.); bekannt von ihm sind nur Elegien, vor allem über das Thema Jugend und Liebe. Der Titel des Werkes, dem Hölderlin das Urteil über diesen Dichter entnahm, lautet zu deutsch: Die Biographien der griechischen Dichter. Im Abriß von Herrn le Fèvre mit den Anmerkungen von Herrn Reland, Basel 1766.

339 *Cyrus* – Kyros II., der Große, persischer König von 559 bis 529 v. u. Z.

Alcäus – Griechischer Lyriker (wie Sappho) aus Mytilene auf Lesbos (um 600 v. u. Z.). An den Auseinandersetzungen zwischen Adel und Demos beteiligte er sich führend, aber erfolglos auf adliger Seite, weshalb er mehr als einmal in die Verbannung gehen mußte.

Sappho – Griechische Lyrikerin aus Mytilene auf Lesbos (um 600 v. u. Z.), wo sie einem Kreis von Mädchen, in dem die Pflege von Gesang und Tanz eine besondere Rolle spielte, vorstand. Von 604 bis 590 mußte sie, wohl aus politischen Gründen, nach Sizilien ins Exil gehen. Ihre unglückliche Liebe zu dem schönen Jüngling Phaon, dessentwegen sie sich vom laukadischen Felsen ins Meer gestürzt haben soll, ist legendär. Ein angeblich Platonisches Epigramm nannte sie die zehnte Muse.

340 *Silanion* – Griechischer Bildhauer (2. Hälfte des 4. Jh. v. u. Z.). Die von ihm geschaffene Sappho-Statue befand sich im Rathaus von Syrakus.

Cephalae Anthol. graeca a Reiskio edita. Lips. 1754 – Griechische Anthologie des Kephalas (byzantinischer Geistlicher um 900 u. Z.), herausgegeben von Reiske, Leipzig 1754.

341 *Solon* – Athenischer Dichter und Politiker (um 640 bis um 560 v. u. Z.), dessen Reformen sich gegen den grundbesitzenden Gentiladel richteten.

August – Unter Augustus (63 v. u. Z. – 14 u. Z.) erreichte die römische Literatur, von ihm gefördert und weitgehend seine Politik verherrlichend, ihre klassische Periode, so daß von der „Augusteischen Literatur“ gesprochen wird (Horaz, Vergil, Livius, Ovid, Tibull, Properz).

Pisistrat – Unter der Tyrannis des Peisistratos (560–528 v. u. Z.) wurde Athen zum Mittelpunkt der griechischen Kunst und Wissenschaft (Bau des 100 Fuß langen „Hekatompedon“, des Vorläufers des Parthenons; Beginn des Baus am Olympieion, dem Tempel des olympischen Zeus). Cicero (de oratore, lib. III = Vom Redner, Buch 3) und, ihm folgend, andere Autoren und Philologen bis in die Gegenwart nehmen an, die endgültige Redaktion der Homerischen Epen, d. h. die Sammlung und schriftliche Fixierung der vorher angeblich mündlich überlieferten Gedichte, sei unter Peisistratos erfolgt. Größere Wahrscheinlichkeit kommt der Nachricht von einer dem Solon oder Peisistratos zugeschriebenen Verordnung zu, die gebot, die Homerischen Gesänge im Zusammenhang vorzutragen.

342 *Phocylides* – Griechischer Lyriker aus Milet (um 600 v. u. Z.). Das unter seinem Namen verbreitete religiöse Lehrgedicht ist eine Fälschung aus dem 1. Jahrhundert u. Z.

Äsop – Griechischer Fabeldichter (6. Jh. v. u. Z.), über den allerdings historische Nachrichten fehlen, so daß sein Leben mit legendären Zügen ausgestattet wurde. Zumeist wird er als Phryger, gelegentlich aber auch als Thraker bezeichnet. Durch den Sklavenhandel soll er nach Samos zu einem Philosophen gekommen und später freigelassen worden sein. In Delphi sei er wegen vermeintlichen Tempeldiebstahls getötet worden. Die unter seinem Namen bekannte Hauptmasse der griechischen Fabeln wurde erst später gesammelt, wohl zuerst von Demetrios von Phaleron (um 300 v. u. Z.).

Theognis – Griechischer Lyriker (2. Hälfte des 6. Jh. v. u. Z.).

Hipparch – Zweiter Sohn des Peisistratos; im Jahre 514 v. u. Z. von Harmodios und Aristogeiton ermordet. Simonides und Anakreon kamen auf seine Einladung nach Athen.

Panathenäen – Hauptfest aller Athener zu Ehren der Athena. Die alle vier Jahre gefeierten Großen Panathenäen wurden etwa 565 v. u. Z. gestiftet; Peisistratos gab ihnen einen panhellenischen Charakter.

Anakreon – Griechischer Lyriker aus Teos in Ionien (um 550 v. u. Z.). Die kleinen erhaltenen Reste seiner Trink- und Liebeslieder unterscheiden sich in ihrer kraftvollen und lebendigen Art von den graziösen, tändelnden Anakreonteen des späten Altertums, an die sich (sie für echt haltend) die Anakreontik des 18. Jahrhunderts anlehnte.

Simonides – Griechischer Lyriker von der Kykladen-Insel Keos (um 556–468 v. u. Z.).

343 *Stoßisches Museum* – Richtiger: Stoschisches Museum; Museum des Barons Philipp von Stosch (1691–1757) in Florenz, dessen geschnittene Steine Winckelmann klassifizierte. Vgl. allerdings dazu die (für das Verständnis des Textes unerheblichen) Verwechslungen Hölderlins, die Friedrich Beißner nachgewiesen hat (Große Stuttgarter Ausgabe Band 4, S. 394 f.).

343 *Dipoenus und Scyllis* – Bildhauer aus Kreta (um 580 v. u. Z.), Schüler und Söhne des Daidalos (Dädalus). Werke von ihnen werden u. a. in Sikyon (Stadt an der Nordküste des Peloponnes, westlich von Korinth) erwähnt. Die Quellenangabe in der Fußnote muß richtig 36,4 heißen.

344 *Harmodius und Aristogiton* – Vgl. die Anm. zu S. 164.

Phidias – Pheidias (um 495–430 v. u. Z.), bedeutendster Bildhauer Athens, künstlerischer Berater des Perikles und Leiter bei der Neugestaltung des Parthenons und der Stadt Athen.

Ageladas – Griechischer Bildhauer und Bronzegießer von Argos (5. Jh. v. u. Z.). Die Überlieferung, die ihn Lehrer Polyklets, Myrons und Phidias' nennt, ist legendär. Andere Namensformen: Hageladas, Eladas. Hölderlin glaubte (wie Winckelmann), Eladas und Ageladas seien zwei verschiedene Bildhauer.

Polyklet – Griechischer Bildhauer, wohl aus Argos, nicht aus Sikyon (2. Hälfte des 5. Jh. v. u. Z.); bedeutendster Meister der argivischen Schule und neben Phidias der berühmteste griechische Bildhauer des 5. Jahrhunderts. Der von ihm geschaffene Doryphoros (Speerträger) wurde als kanonische Lösung des klassischen Standbildes betrachtet und trug deshalb den Namen „Kanon", vielleicht weil Polyklet selbst in einer Schrift gerade an dieser Figur seine Proportionslehren dargelegt hatte.

Xerxes – Vgl. die Anm. zu S. 53.

345 *Onatas* – Griechischer Bildhauer aus Ägina (1. Hälfte des 5. Jh. v. u. Z.). (An einer Stelle bei Winckelmann als Druckfehler „Regina".)

Glaucias – Griechischer Bronzebildner von Ägina (5. Jh. v. u. Z).

Gelon – Zunächst Tyrann von Gela, dann von Syrakus; er hatte 488/87 v. u. Z. beim Wagenrennen in Olympia gesiegt.

346 *Horaz sagt von ihm* – Die von Hölderlin zitierten Verse 278–280 der „Ars poetica" (Brief an die Pisonen über die Dichtkunst) lauten zu deutsch in Prosa: „Nach ihm [Thespis] hat Aischylos, der Erfinder der Maske und des ehrbaren Schleppgewandes, aus einfachen Brettern ein Gerät aufgebaut und hat gelehrt, erhaben zu sprechen und würdevoll auf dem Kothurn zu wandeln." (Ästhetik der Antike, hrsg. von Joachim Krueger, Berlin und Weimar 1964, S. 351 f.) Thespis gilt als Schöpfer des attischen Dramas: Im Jahre 534 v. u. Z. sei er erstmals als Schauspieler dem Chor gegenübergetreten.

346 *Wieland übersetzt* – In seinem Werk „Horazens Briefe aus dem Lateinischen übersetzt", Leipzig 1787, Band 2, S. 225 f.

in animam Horatii – (lat.) im Geiste von Horaz.

Gorgias – Gorgias von Leontinoi (Sizilien), berühmter griechischer Redner, Redelehrer und Stilkünstler (um 483–375 v. u. Z.), kam 427 als Haupt einer Gesandtschaft seiner Vaterstadt nach Athen und verpflanzte die sizilische Rhetorik ins griechische Mutterland. Vgl. Platons Dialog „Gorgias".

als der Eroberer Alexander ... Thebä zerstörte – Im Jahre 335 v. u. Z.

347 *Pythagoras* – Griechischer Philosoph und Mathematiker aus Samos (6. Jh. v. u. Z.), der sich u. a. mit den mathematischen Grundlagen der Musik und mit der Seelenwanderung beschäftigte. Von manchen Verehrern wurde er (vielleicht schon zu seinen Lebzeiten) als Inkarnation des Apollon betrachtet.

348 *Salaminischer Sieg* – Sieg der griechischen Flotte gegen den Perserkönig Xerxes im Jahre 480 v. u. Z. bei der Insel Salamis im Saronischen Golf.

im 95. Jahr – Wohl ein Schreibfehler, da Hamberger das 90. Jahr angibt. Sophokles lebte um 496–406 v. u. Z.

349 *sein Jupiter* – Die (nicht erhaltene) Goldelfenbeinstatue des Zeus in Olympia ist neben der über 12 m hohen Athena (Minerva) Parthenos im Parthenon in Athen (die nur in verkleinerten Nachbildungen überliefert ist) das berühmteste Werk des Phidias.

starb aber ... in den Ketten – Die Überlieferung, daß Phidias 438 v. u. Z. im Gefängnis zu Athen starb, ist nicht wahrscheinlich, da er sicher erst nach der Athena Parthenos den Zeus in Olympia schuf.

Alkamenes – Griechischer Bildhauer aus Athen oder Lemnos (2. Hälfte des 5. Jh. v. u. Z.); Schüler und Rivale des Phidias. In der Zeit des Peloponnesischen Krieges (431–404) schuf er die meisten Kultbilder Athens.

Agorakritus – Griechischer Bildhauer aus Paros (2. Hälfte des 5. Jh. v. u. Z.); Schüler der Phidias und Rivale des Alkamenes. Als sein Hauptwerk gilt die Nemesis von Rhamnus (nördlich von Marathon an der Nordküste Attikas), von der ein Stück des Kopfes und Fragmente des Basisreliefs erhalten sind.

Myron – Attischer Bronzebildner (um 450 v. u. Z.); seine Kuh, die in etwa dreißig erhaltenen Epigrammen gepriesen wird, soll so naturgetreu dargestellt gewesen sein, daß man glaubte, sie werde sogleich anfangen zu brüllen.

349 *Pythagoras* – Bildhauer aus Samos (5. Jh. v. u. Z.), der anscheinend nach 494 nach Rhegium in Unteritalien auswanderte. In der antiken Kritik rühmte man ihm, im Gegensatz zu seinem Rivalen Myron, sorgfältige Wiedergabe von Muskeln, Adern und Haaren nach. Nach Plinius hat Pythagoras von Rhegium in Delphi den Myron und den Leontiscus besiegt. „Hölderlin hat irrtümlich aus dem Leontiscus einen Pythagoras von Leontini gemacht und diesen ebenfalls über den Myron siegen lassen." (Große Stuttgarter Ausgabe, Band 4, S. 396.)

350 *Scopas* – Griechischer Bildhauer und Architekt aus Paros (um 350 v. u. Z.). Gemeinsam mit den Bildhauern Bryaxis, Leochares und Timotheus gestaltete er das Maussolleion (lat.: Mausoleum) des karischen Satrapen Maussollos (auch Mausollos und Mausolos) in Halikarnassos (Südwestküste Kleinasiens), das im Altertum als eines der Sieben Weltwunder gepriesen wurde, mit plastischem Schmuck aus.

Pamphilus – Griechischer Maler von Amphipolis (1. Hälfte des 4. Jh. v. u. Z.); in Sikyon Lehrer der Malerei, Arithmetik und Geometrie.

Polygnot – Griechischer Maler von Thasos (1. Hälfte des 5. Jh. v. u. Z.); der bedeutendste griechische Maler der vorklassischen Zeit. Er malte u. a. die Stoa Poikile, die Bunte Halle, in Athen aus.

Ptolemäer – Die Mitglieder der makedonisch-griechischen Dynastie, die seit dem Tode Alexanders des Großen Ägypten beherrschte (323–30 v. u. Z.).

Zu Jacobis Briefen über die Lehre des Spinoza

Friedrich Heinrich Jacobi (1743–1819) veröffentlichte 1785 in der Schrift „Über die Lehre des Spinoza in Briefen an den Herrn Moses Mendelssohn" das berühmte Gespräch, das er im Sommer 1780 mit Lessing geführt hatte. Hölderlin exzerpierte diese Briefe im Wintersemester 1790/91 (vgl. seinen Brief, den er wahrscheinlich am 14. Februar 1791 an die Mutter schrieb und in dem er ihr Rechenschaft vom Gang seiner „Erkenntnisse von der Gottheit" ablegte). Er benutzte dabei die erste Auflage; auf sie beziehen sich die Seitennummern an den Rändern der

Auszüge. (In der vorliegenden Ausgabe sind die Seitenzahlen in Klammern in den Text eingefügt.) Wie intensiv sich Hölderlin mit Spinozas Philosophie und ihrer Einschätzung durch Jacobi schriftlich auseinanderzusetzen gedachte, geht daraus hervor, daß die auf zwei ineinandergelegten Doppelblättern überlieferten Exzerpte nur den ersten Teil (vgl. die Numerierung „I") eines mit mehreren Kapiteln geplanten Aufsatzes bilden sollten.

Der wesentliche Teil der Jacobischen Schrift ist neuerdings wieder abgedruckt in: Gotthold Ephraim Lessing, Gesammelte Werke, hrsg. von Paul Rilla, Berlin 1956, Band 8, S. 616–634. Vgl. auch die Seiten 365–400 von Rillas Lessing-Monographie in Band 10 derselben Ausgabe.

350 *Εν και Παν* – Vgl. die Anm. zu S. 82.
Wenn der Determinist ... – Von hier an referiert Hölderlin, was Jacobi für den „Geist des Spinozismus" hielt. Von der Position einer christlich gefärbten Gefühlsphilosophie erschien diesem der Spinozismus als verkörperter Fatalismus und Atheismus.

351 *a nihilo nihil fit* – (lat.) Aus nichts entsteht nichts.
daß durch ein jedes Entstehen in dem Endlichen – Bei Jacobi heißt es statt dessen: „daß ein jedes Entstehen im Unendlichen". Während Hölderlin die Präposition „durch" richtig ergänzte, beruht die folgende Änderung vielleicht auf einem Irrtum.
ein immanentes Ensoph – Die Kabbala, die mittelalterliche jüdische Mystik, lehrt die Entstehung der Welt aus dem göttlichen Ensoph (hebr.: Unendliches) durch Emanation (lat.: Ausfluß, Ausströmung). Der Begriff „immanentes Ensoph", der den „Übergang des Unendlichen zum Endlichen" verneint, meint Spinozas unendliche Substanz: Deus sive natura (die Natur ist Gott).
indeterminabilis – (lat.) unbestimmbar.

352 *extramundane Gottheit* – außerweltliche Gottheit.
daß die Prinzipia des Leibniz den Spinozistischen kein Ende machen – ihnen also nicht widersprechen.
die Monaden samt ihren vinculis – Die Monaden (griech. monas: Einheit) sind für Leibniz einfache, unteilbare Substanzen, die Elemente der Dinge. Sie besitzen keine Ausdehnung, sind aber zu Perzeptionen (Vorstellungen) fähig. Untereinander sind sie

durch ein „vinculum substantiale" (lat.: substantielles Band) verbunden.

352 *die Harmonia praestabilita* – Da es für Leibniz kein reales Aufeinanderwirken der einzelnen Substanzen (Monaden) gibt, jedoch die Welt trotz der individuellen Bewegung jeder Substanz eine universale Harmonie bildet, erklärt er sich die Übereinstimmung zwischen allen Substanzen als prästabiliert: Gott hat sie alle von Anfang an aufeinander abgestimmt. Daß Spinoza der eigentliche Erfinder der vorherbestimmten Harmonie sei, führte Moses Mendelssohn (1729–1786) in den „Philosophischen Gesprächen" (1755) aus, die Lessing rezensierte.

353 *Appetitum, ... Conatum immanentem (conscientia sui praeditum)* – (lat.) Streben, ... innewohnende Absicht (die mit Selbstbewußtsein begabt ist): Die natürliche Veränderung der Monaden, die im Übergang von einer Perzeption zur anderen besteht, geht auf ein den Monaden immanentes Prinzip zurück, das Leibniz als Streben bezeichnet.

Vorstellung des Äußerlichen und der Begierde – Der Artikel „der" ist ein Druckfehler bei Jacobi, der am Schluß der 1. Auflage korrigiert wurde, so daß die Textstelle richtig lautet: Vorstellung des Äußerlichen und Begierde.

Predigt über 2. Joh. 7–9

Während des Mittagessens mußten die Magister täglich abwechselnd predigen, und jeder kam ungefähr alle sechs Wochen an die Reihe. Rudolf Magenau schrieb über diese Sitte in seinem Lebensabriß: „Die erträglicheren Predigten verderbte der Tumult während des Speisens. Kants Philosophie machte die meisten Köpfe schwindeln, und die Kanzel widertönte von Zeit und Raum und dergleichen." Von Hölderlin, der 1790 die Magisterprüfung abgelegt hatte, sind für 1791 drei Predigten nachweisbar, die er wahrscheinlich Anfang Januar, am 13. Februar und Ende März hielt (vgl. die Briefe dieser Zeit). Über die Zuordnung des erhaltenen Manuskripts zu einer der drei nachweisbaren Predigten herrscht Unsicherheit.

Die Textstelle, die der Predigt zugrunde liegt, ermittelte Friedrich Beißner: Neues Testament, 2. Brief des Johannes, Vers 7–9, während Franz Zinkernagel den Anfang des Johannes-Evangeliums (Vers 1–18) nannte.

354 *in ihm selber* – in sich selber. (Als Ersatz für den verlorenen Dativ des Reflexivpronomens trat zunächst der Dativ des Personalpronomens „er" ein, der erst allmählich durch die Akkusativform „sich" abgelöst wurde.)

355 *Sie beruht auf unwiderlegbaren Tatsachen* ... – Hölderlins theologischer Lehrer, das Haupt der älteren Tübinger (supranaturalistischen) Schule, Gottlob Christian Storr (1746–1805; seit 1786 Ordinarius der Theologie), bildete die Dogmatik um, hielt aber am historischen Inhalt des Christentums als übernatürlicher Offenbarung fest und verteidigte somit – trotz aller Milderung – die kirchliche Orthodoxie. Hölderlins Schlußfolgerung von den Wundern auf die Wahrheit der christlichen Lehre und auf die Göttlichkeit Jesu ist der Storrschen Argumentation verhaftet.
Was aber ... – Davor ist „ad b)" zu ergänzen.
Herzenskündiger – Herzenskundiger.

356 *Ebenso mächtigen Einfluß* ... – Davor ist ebenfalls „ad b)" zu ergänzen.

1794–1795

Über das Gesetz der Freiheit

Dieses ohne Überschrift auf einem Einzelblatt überlieferte Bruchstück, dessen Fortsetzung wohl verschollen ist, entstand spätestens im November 1794, höchstwahrscheinlich aber schon in Waltershausen. Die Überschrift stammt von Franz Zinkernagel.

359 *die Analogie ... am auffallendsten ist* – In der Handschrift hieß es zunächst: „die von allem, was Natur heißt, am nächsten ans Sittengesetz zu grenzen scheint".

An Kallias

Dieses Fragment eines fingierten Briefes, das ohne Überschrift auf einem Einzelblatt überliefert ist, entstand wahrscheinlich im November 1794, spätestens aber im Januar 1795. Völlig ausgeschlossen ist jedoch auch nicht, daß es bereits in Tübingen niedergeschrieben wurde und das einzige erhaltene Bruchstück des Ur-Hyperion darstellt (vgl. die Interpretation von Maria Cornelissen im Jahrbuch der Deutschen

Schillergesellschaft 1966). Den Namen Kallias konnte Hölderlin bei Platon, aber auch in Wielands „Agathon" finden.

360 *Vorelysium* – Vgl. die Anm. zu S. 171.
der Genius von Mäonia – Homer, dessen wahrscheinliche Vaterstadt Smyrna in der kleinasiatischen Landschaft Lydien, die auch Mäonia genannt wurde, liegt. Als Sohn des Maion heißt Homer auch der Mäonide.
Archipelagus – Vgl. die Anm. zu S. 81.
Glycera – Auch diesen Namen konnte Hölderlin bei Wieland finden, und zwar in der Vorbemerkung „Über das Historische im Agathon" (Band 1 der Ausgabe letzter Hand). Vgl. Hölderlins Brief an Neuffer von November 1794, Band 4, S. 162.
361 *wo der kluge Laërtiade und Diomedes . . . hingehn* – Vgl. Homers „Ilias", 10. Gesang, Vers 469 ff. Der „kluge Laërtiade" ist Odysseus (Ulysses), der Sohn des Laërtes.

Über den Begriff der Strafe

Dieser auf den ersten beiden Seiten eines Doppelblattes überlieferte Entwurf entstand Anfang 1795 in Jena. Die Fortsetzung des Textes ist verschollen. Rechts neben der Niederschrift wurden folgende Sätze nachgetragen, ohne daß die genaue Stelle der Einfügung angegeben wäre: „Im Faktum ist aber das Gesetz tätiger Wille. Denn ein Gesetz ist nicht tätig, es ist nur die vorgestellte Tätigkeit. Dieser tätige Wille muß gegen eine andre Tätigkeit des Willens gehen." Höchstwahrscheinlich sind diese Sätze im vierten Absatz hinter „. . . sich nicht anders uns ankündigen" einzufügen.

362 *Nemesis* – Göttin der ausgleichenden und strafenden Gerechtigkeit; sie teilt jedem das zu, was ihm zukommt (griech. nemein: zuteilen), besonders gerechte Strafe, aber auch Zorn und Rache der Götter. Ursprung und Wesen dieser Göttin sind nicht eindeutig bestimmt: „Tochter der Nacht" ist sie bei Hesiod („Theogonie", Vers 223 f.), nach anderen Auffassungen Tochter des Okeanos, der Dike oder auch des Zeus und der Demeter. Der erste, auf die Nemesis bezügliche Satz des Fragments wurde von Hölderlin nachträglich (zwischen Überschrift und Anfang) eingefügt und war vielleicht als Motto gedacht.

362 *Zirkel* – Der sogenannte circulus vitiosus (lat.: fehlerhafter Kreislauf) ist ein fehlerhafter Schluß: Die Aussage, die bewiesen werden soll, wird stillschweigend als richtig vorausgesetzt.
wir leiden nur seinen Widerstand – Ursprünglich: „wir wissen nur, was es nicht ist".

363 *ein Unterschied zwischen dem Erkenntnisgrunde und Realgrunde* – Während der Erkenntnisgrund die logische Voraussetzung für einen Begriff oder eine Aussage darstellt (also auf logischen Denkschlüssen beruht), ist der Realgrund von Erfahrungsinhalten abhängig und beruht auf Tatsachen. Die Unterscheidung dieser beiden Arten des Grundes, die auf Fichte weist, verdeutlichte Hölderlin noch durch eine Anmerkung neben dem Text: „ideal: ohne Strafe kein Gesetz / real: ohne Gesetz keine Strafe."

Urteil und Sein

Diese beiden auf einem Einzelblatt überlieferten Definitionen formulierte Hölderlin vielleicht erst Anfang April 1795. Die Überschrift stammt von Friedrich Beißner, der den Entwurf, dessen weitreichende philosophiegeschichtliche Bedeutung in einem Aufsatz von Dieter Henrich im Hölderlin-Jahrbuch 1965/66 nachgewiesen wird, erstmals 1961 veröffentlichte.

364 *intellektuale Anschauung* – Dieser Begriff findet sich auch bei Kant („Kritik der Urteilskraft") und Fichte, vor allem aber bei Schelling. Er bezeichnet eine Anschauungsform, die im Gegensatz zur sinnlichen Anschauung steht: Während die sinnliche Anschauung eine Trennung von Subjekt und Objekt voraussetzt, ist in ihr diese Trennung aufgehoben. Im Unterschied zu Hölderlin bestimmte aber Schelling in seinen Schriften „Vom Ich als Prinzip der Philosophie" (1795) und „Philosophische Briefe über Dogmatismus und Kritizismus" (1795/96) die intellektuale Anschauung subjektiv und setzte sie mit Selbstanschauung gleich. Zu Hölderlins Gebrauch dieses für seine Ästhetik wichtigen Begriffes vgl. seinen Brief an Schiller vom 4. September 1795 und den an Niethammer vom 24. Februar 1796 (Band 4, S. 207 und S. 229) sowie das Fragment „Über den Unterschied der Dichtarten" (S. 413 dieses Bandes).

Dieser auf einem Einzelblatt überlieferte Entwurf wurde frühestens im März 1795 niedergeschrieben. Er ist vielleicht der Ansatz zu einem Beitrag in Friedrich Immanuel Niethammers „Philosophischem Journal", der führenden philosophischen Zeitschrift der neunziger Jahre. Zum Inhalt des Fragments vgl. Hölderlins Brief an Schiller vom 4. September 1795 und den an Niethammer vom 24. Februar 1796 (Band 4, S. 207 und S. 229). Die beiden Namen dieses Fragments eines „philosophischen Briefes" entlehnte Hölderlin wohl Platon.

365 *das Ideal des Wissens ... dargestellt erscheinen* – In der Handschrift hieß es zunächst: „die Philosophen vollbringen in irgendeiner bestimmten Zeit das Ideal".

dies Ideal sei jetzt schon wirklich geworden ... – Vielleicht wendet sich Hölderlin gegen Fichte und Niethammer, die meinten, die „Wissenschaftslehre" sei die vollendete Darstellung des ganzen Systems des menschlichen Geistes. Indem sie das gesamte vergangene und künftige menschliche Wissen erfaßt und erschöpft habe, sei in ihr die Philosophie zur Vollendung gelangt. Nur die Einzelwissenschaften seien unendlich und könnten nie vollendet werden. – Der Jupiter Olympius ist die berühmte Zeus-Statue des Phidias.

nachdem man das letztere nimmt – In der Niederschrift stand zunächst: „nachdem das letztere verstanden wird"; d. h.: je nachdem man das Wort Piedestal versteht.

der Irrtum wäre ... sollte – Statt dessen endete der Absatz zunächst: „der sehr unrichtig und so gefährlich wäre als der Quietismus der alten Heiligen, die natürlicherweise nichts tun konnten und nichts denken, weil sie alles getan hatten und gedacht, die auch ihren glaubigen Schülern schlechterdings nicht erlauben durften, mehr zu tun und zu denken als sie, denn sie waren ja die Vollkommnen, und außerhalb des Vollkommnen liegt nur das Böse und Falsche."

366 *Zeit* – Fehlt in der Handschrift und wurde durch Zinkernagel ergänzt.

Der Gesichtspunkt, aus dem wir das Altertum anzusehen haben

Dieser auf einem Doppelblatt überlieferte Entwurf entstand – wie auch die vier nach ihm abgedruckten Niederschriften – offensichtlich im Zusammenhang mit Hölderlins Zeitschriftenplan „Iduna". (Vgl. zu diesem geplanten Unternehmen Hölderlins Briefe vom Juni 1799 bis Januar 1800 in Band 4, S. 357 ff.) Auf demselben Doppelblatt stehen ohne Überschrift folgende Zeilen aus dem Entwurf zum Programm der Zeitschrift: „als Naturprodukt seine Ehre widerfahren. Gelehrte Kritiken und Biographien, so wie alle Spekulation, die nur in den Streit gehört, liegen außerhalb unseres Zwecks. Bonhomie – nicht kalte Frivolität, leichte, klare Ordnung, Kürze des Ganzen – nicht affektiert mutwillige Sprünge und Sonderbarkeiten."

370 *Bildungstrieb* – Vgl. Hölderlins (gleichzeitigen) Brief an seinen Bruder vom 4. Juni 1799 (Band 4, S. 360).
in der besondern Richtung – Auf derselben Seite, auf der das Aufsatzfragment endet, findet sich noch folgende Bemerkung: „unsere besondere Richtung *Handeln.* Reaktion gegen positives Beleben des Toten durch *reelle Wechselvereinigung* desselben".

Über Achill

Zu dem vorigen Entwurf, „Der Gesichtspunkt, aus dem wir das Altertum anzusehen haben", findet sich auf der dritten Seite des Doppelblattes folgende Randbemerkung: „NB. In den Briefen über Homer erst Charaktere, dann Situationen, dann die Handlung, die im Charakterstück um des Charakters und des Hauptcharakters willen da ist, da von *dem Wechsel der Töne.*" Von diesen geplanten Briefen über Homer haben sich vier Bruchstücke erhalten (zu zwei Briefen je zwei Ansätze): die zwei von fremder Hand „Über Achill" betitelten, „Ein Wort über die Iliade" und „Über die verschiednen Arten, zu dichten". Das erste Bruchstück über Achill ist ohne Überschrift im Manuskript der ersten „Empedokles"-Fassung (zwischen den Versen 1888 und 1889) überliefert und etwas früher als die es einschließende Textpartie entstanden. Das zweite Fragment über Achill, ebenfalls ohne Überschrift, steht gemeinsam auf einem Blatt mit dem Prosa-Entwurf zur Elegie

„Achill“ (vgl. Band 1, S. 658). Die Chronologie der beiden Bruchstücke läßt sich allerdings nicht sicher bestimmen.

370 *„so für kurze Zeit geboren“* – Vgl. Homers „Ilias“, 1. Gesang, Vers 352.
371 *enfant gâté* – (franz.) Schoßkind.

Ein Wort über die Iliade

Dieses Bruchstück ist auf einem Einzelblatt überliefert. Die Fortsetzung ist verschollen.

Über die verschiednen Arten, zu dichten

Auch dieser Entwurf ist nur fragmentarisch auf zwei Doppelblättern überliefert. Die Lücke zwischen „... zu nennen“ und „verständiget hat“ ergibt sich aus dem Verlust wahrscheinlich eines Doppelblattes. Auch die Fortsetzung ist verschollen. – Die Niederschrift des Entwurfs wird im unteren Drittel der ersten Seite von der (dann nicht in den Gedankengang einbezogenen) Übersetzung des Anfangs der 1. Olympischen Hymne Pindars unterbrochen (vgl. Band 3, S. 246), aus der hervorgeht, daß sich Hölderlin nicht nur den naiven, natürlichen Charakter und Ton durch ein Element symbolisiert vorstellte, sondern auch den heroischen (Feuer) und den idealischen (Äther).

374 *alles sei – aus Wasser entstanden* – Thales von Milet, der Begründer der ionischen Naturphilosophie (1. Hälfte des 6. Jh. v. u. Z.), einer der Sieben Weisen Griechenlands, lehrte, Erde und Kosmos seien aus Wasser entstanden.
375 *Rede des Phönix* – Vgl. Homers „Ilias“, 9. Gesang, Vers 485 bis 498. Die Übersetzung der „Ilias“ durch Johann Heinrich Voß lag seit 1793 vor, die der „Odyssee“ seit 1781.
376 *Moderation* – Mäßigung, Besonnenheit, Gleichmut.
377 *wo wir ihn ruhig im Zelte finden* – Vgl. 9. Gesang, Vers 185–191.

Reflexion

Dieser Text ist in einer (als Druckvorlage gedachten) Reinschrift auf zwei Doppelblättern überliefert. Unmittelbar daran schließt sich die Elegie „Achill“ (H^2) an. Die Überschrift stammt nicht von Hölderlin.

Über Religion

Dieser Aufsatzentwurf ist nur lückenhaft und ohne Überschrift überliefert. Die Fortsetzung ist vermutlich verschollen. Erhalten hat sich noch ein kleiner Rest des Textes, der das zweite („... begriffen ist.") und dritte Stück („d. h. solche sind ...") miteinander verband: „... und wie er es deutlicher oder dunkler in einem Bilde auffaßt, dessen Charakter den Charakter eigentümlichen Lebens ausdrückt, das jeder in seiner Art unendlich leben kann und lebt." Die auf Seite 385 angedeutete „Weitere Ausführung" wird folgendermaßen entworfen: „Inwieferne hatten *sie recht*? Und sie hatten darum recht, weil, wie wir schon gesehen haben, in ebendem Grade, in welchem die Verhältnisse sich über das physisch und moralisch Notwendige erheben, die Verfahrungsart und ihr Element auch unzertrennlicher verbunden sind, die in der Form und Art bestimmter Grunderfahrungen absolut gedacht werden können."

Zum Inhalt des Entwurfes vgl. Hölderlins Brief an den Bruder vom 1. Januar 1799 (Band 4, S. 336).

384 *wenn es ungeschriebene göttliche Gesetze gibt* ... – Vgl. Vers 454 f. der „Antigone" des Sophokles, in Hölderlins Übertragung Vers 471 f.: „... die ungeschriebnen drüber, / Die festen Satzungen im Himmel ..."

Über die Verfahrungsweise des poetischen Geistes

Dieser schwer verständliche erste Entwurf, für den Franz Zinkernagel als Überschrift eine Wendung aus dem Text wählte, ist im Stuttgarter Foliobuch überliefert. Die Lektüre wird erleichtert durch den Kommentar von Michael Konrad: „Hölderlins Philosophie im Grundriß. Analytisch-kritischer Kommentar zu Hölderlins Aufsatzfragment ‚Über die Verfahrungsweise des poetischen Geistes'", Bonn 1967.

388 *Wenn der Dichter einmal des Geistes mächtig ist* ... – Der umfangreiche erste Satz gibt die Bedingungen für die „Rezeptivität des Stoffes", das eigentliche Thema des Aufsatzes, an. (Vgl. den abschließenden Hauptsatz S. 390: „so kommt ihm alles an auf die Rezeptivität des Stoffs zum idealischen Gehalt und zur idealischen Form.") Hölderlin unterscheidet am Gedicht, in dem Geist und

Stoff vermittelt sind, vier Aspekte: auf der Seite des Geistes den geistigen Gehalt (geistige Identität, Ideal) und die geistige Form (formaler Wechsel, Wechsel der Form); auf der Seite des Stoffes den sinnlichen Gehalt (materielle Mannigfaltigkeit, materieller Wechsel = Tendenz der Teile, sich zu verselbständigen) und die sinnliche Form (materielle Identität = Tendenz der Teile, sich zu einem Ganzen zusammenzuschließen).

391 *Metapher* – Von Hölderlin ganz wörtlich verstanden: Übergang.
Die Bedeutung des Gedichts kann zweierlei heißen ... – Den Gedankengang, der mit diesem Satz beginnt und auch den nächsten Abschnitt noch umfaßt, hat man als fragmentarischen Exkurs verstanden. Er ist für das Verständnis des gesamten Entwurfs nicht unbedingt erforderlich.

393 *dieses hyperbolische Verfahren* – Vgl. die Verwendung des Begriffs Hyperbel S. 366. Dort allerdings, zur Jenaer Zeit, wird der Begriff mathematisch gefaßt, während jetzt dessen Grundbedeutungen bestimmend sind: Hinübergehen, Übergang, Übergangsort, Paß, Übermaß, das Außerordentliche, Äußerste; „hyperbolisch" bedeutet demnach: hinübergehend, überschreitend, durch Entgegensetzung vereinigend. Das „hyperbolische Verfahren" entspricht weitgehend der dialektischen Methode.

394 *das harmonisch Entgegengesetzte* – Vgl. zu diesem wahrscheinlich von Hölderlin selbst gebildeten Begriff Platons Heraklit-Zitat im „Hyperion": „das *εν διαφερον εαυτῳ* (das Eine in sich selber unterschiedne) ... das Wesen der Schönheit" (S. 184 dieses Bandes) und die Anm. dazu.
intellektuale Anschauung – Vgl. die Anm. zu S. 364.

395 *geschwungner oder zielender oder geworfner* – Im Manuskript finden sich jeweils übereinander drei Prädikate, von denen auch die zuerst niedergeschriebenen nicht gestrichen sind: schwebender – gehaltener – geschwungner; verweilender – nachgelaßner – zielender; schneller – gespannter – geworfner.

412 *modus exprimendi* – (lat.) Art und Weise des Ausdrückens.

Über den Unterschied der Dichtarten

Auch dieser Entwurf ist ohne Überschrift im Stuttgarter Foliobuch überliefert. Die Textgestaltung stützt sich auch hier auf die Stuttgarter Ausgaben, die die „Unstimmigkeiten" im Gebrauch der Pronomina beseitigt haben. Weil aber dagegen Bedenken erhoben worden sind, seien die Abweichungen vom Manuskript hier vermerkt:

S. 413, Z. 25 strebt es im äußern Schein *für:* strebt im äußern Schein
S. 413, Z. 29 es in seinen Bildungen *für:* sie in ihren Bildungen
S. 413, Z. 31/33 wo es weder seine Wirklichkeit, sein Lebendiges, ... noch seine Tendenz *für:* wo sie weder ihre Wirklichkeit, ihr Lebendiges, ... noch ihre Tendenz
S. 414, Z. 2–3 in den es gerät, indem es von einer Seite *für:* in den sie gerät, indem sie von einer Seite
S. 414, Z. 4 seinen Grundton *für:* ihren Grundton
S. 414, Z. 5 sein Grundton *für:* ihr Grundton
S. 414, Z. 7/8 so fängt es naiv an *für:* so fängt naiv an
S. 414, Z. 10 so fängt es heroisch an *für:* so fängt sie heroisch an
S. 414, Z. 12 so fängt es idealisch an *für:* so fängt sie idealisch an
S. 414, Z. 28 Ist sein Grundton *für:* Ist ihr Grundton
S. 414, Z. 35 so fängt es idealisch an *für:* so fängt er idealisch an
S. 415, Z. 2 so fängt es naiv an *für:* so fängt er naiv an

414 *Ist sein Grundton jedoch heroischer ...* – Nachdem einleitend die drei Dichtarten (Gattungen) durch die sie auszeichnenden Töne (Bedeutung: Grundton, Grundstimmung, eigentlicher Ton; Schein: Kunstcharakter, Ausführung, Sprache, uneigentlicher oder metaphorischer Ton) unterschieden worden sind, charakterisiert Hölderlin in diesem Satz die drei Stilarten des lyrischen Gedichts. Allerdings ist dabei die Beschreibung der dritten Stilart (Grundton: „am innigsten") zumindest mißverständlich: „hat ... zu verlieren" ist zu verstehen als „muß ... verlieren".

einer Pindarischen Hymne an den Fechter Diagoras – Vgl. Pindars 7. Olympische Hymne (von der eine Übersetzung Hölderlins nicht überliefert ist).

aorgisch – Hier etwa im Sinne von: ungeformt-elementar, desorganisiert-anarchisch.

μηνιν αειδε θεα – (griech.) Singe den Zorn, o Göttin. (Die ersten Worte von Homers „Ilias".)

heroischepisch – In Analogie dazu lassen sich die Begriffe für alle neun Stilarten bilden: das naiv-, heroisch-, idealischlyrische Gedicht; das heroisch-, idealisch-, naivepische Gedicht; das idealisch-, naiv-, heroischtragische Gedicht.

418 *sinnlicher sind* – In der Handschrift schließt sich daran folgender von Hölderlin gestrichene Satz an: „so fängt es füglich vom idealischen Grundton an“. Wie auch weiter oben („... und der universellste ist“), bleibt der Satz im Entwurf unvollendet: Die beiden Lücken erklären sich nicht aus Textverlust.

Die Empfindung spricht im Gedichte idealisch – die Leidenschaft naiv – die Phantasie energisch – Hier sind wieder Grundton und Kunstcharakter (Sprache) einander dialektisch zugeordnet:

	Grundton	*Kunstcharakter*
lyrisches Gedicht:	naiv (Empfindung)	idealisch (Phantasie)
episches Gedicht:	heroisch (Leidenschaft)	naiv (Empfindung)
tragisches Gedicht:	idealisch (Phantasie)	heroisch (Leidenschaft)

(vermittelst der Leidenschaft)... (vermittelst der Phantasie)... (vermittelst der Empfindung) – Zwischen Grundton und Kunstcharakter, aber auch zwischen Kunstcharakter und Wirkung „vermittelt“ der „Geist des Gedichts“, der dritte Ton.

419 *Stil des Lieds Diotima* – Hölderlins einziger Hinweis auf die Anwendung des Wechsels der Töne in einem ganz bestimmten Gedicht. Unsicherheit herrscht allerdings darüber, ob damit die längere mittlere Fassung oder die kürzere jüngere Fassung des Gedichts „Diotima“ (Band 1, S. 287 ff.) gemeint ist. Die obere Tonreihe, vor der in der Handschrift ein Fragezeichen steht, bezieht sich höchstwahrscheinlich auf die „Sprache“ und die untere auf die „Wirkung“; der „Grundton“ wäre also noch zu ergänzen.

Wechsel der Töne

Der erste skizzenhafte Teil dieses Entwurfs ist im Stuttgarter Foliokonvolut überliefert, während sich die (später niedergeschriebenen) Tabellen im Stuttgarter Foliobuch finden. Die Überschrift stammt nicht von Hölderlin. Zum Verständnis dieses Aufsatzes, der ins Zentrum von Hölderlins Poetik führt, vgl. vor allem die Arbeit des australischen Germanisten Lawrence J. Ryan: „Hölderlins Lehre vom Wechsel der Töne“, Stuttgart 1960.

420 *Löst sich nicht die idealische Katastrophe ...* – Diese Aussage bezieht sich auf das Epische, die folgende auf das Tragische und die übernächste auf das Lyrische. Zum Verständnis vgl. die entsprechenden Kolumnen der ersten Tabelle. Unter „Katastrophe“

versteht Hölderlin die Zäsur, die „Umkehrung“ des Tonwechsels, die nach den Tabellen zwischen dem dritten und vierten Ton liegt.

420 *so daß das lyrische Ende* – In der Handschrift steht danach eingeklammert: „ein naividealisches, das tragische ein naivheroisches, das epische ein idealischheroisches ist“. Offensichtlich korrigierte Hölderlin in den Tabellen den in diesem Absatz erwogenen vorzeitigen Abbruch des epischen und tragischen Gedichts.

Das Lyrische – Fehlt in der Handschrift. Da in ihr „tragische“ und „epische“ klein geschrieben sind, vermutete man, es sei „Das lyrische Ende“ zu ergänzen. In der oberen Zeile ist immer der Grundton („Stoff“, „Bedeutung“) und in der unteren der Kunstcharakter („Schein“, „Vortrag“) angegeben. Die Bezeichnung für den Kunstcharakter wurde jeweils groß geschrieben.

421 *L. T. N.* – Lyrisch (Idealisch), Tragisch (Heroisch), Natürlich (Episch, Naiv).

Aj. Ant. – „Ajax“ und „Antigone“ des Sophokles als Beispiele für die zwei Arten des Tragischen bzw. der Tragödie. („Aj.“ ist aus ursprünglichem „Ant.“ korrigiert und „Ant.“ aus „Aj.“.)

422 *id. n. h. id. . . .* – Die drei (waagerecht und senkrecht lesbaren) Systeme wandeln den Kunstcharakter der einzelnen Dichtarten siebenfach ab, und zwar in der Reihenfolge Lyrisch, Tragisch, Episch. Die sieben numerierten Tabellen darunter halten noch einmal den Wechsel der Töne im tragischen Gedicht fest. Die obere Zeile bezeichnet den Tonwechsel einer kürzeren, auf vier Töne beschränkten Variante (viertöniges Gedicht), die untere Zeile den Tonwechsel des siebentönigen Gedichts.

Verschiedenartige Bemerkungen

Die hier zusammengestellten Bemerkungen sind im handschriftlichen Nachlaß verstreut und ohne Überschriften überliefert. Das Fragment „Die Weisen aber . . .“, das sich gegen Schellings Philosophie der Identität von Subjekt und Objekt, Denken und Sein wendet, steht in den Entwürfen zur ersten Fassung des „Empedokles“.

Das Werden im Vergehen

Ob dieser Entwurf vor oder nach dem frühestens im August oder September 1799 entstandenen „Grund zum Empedokles“ niedergeschrieben wurde, läßt sich nicht exakt ermitteln. Ganz gewiß aber ist er vor dem „Entwurf zur Fortsetzung der dritten Fassung" des Trauerspiels zu datieren (vgl. die Überlieferung im Stuttgarter Foliobuch).

425 *das immerwährend Schöpfrische* – Im Manuskript stehen hinter dem (dort klein geschriebenen) Begriff zwei Punkte.

428 *ein sinnlicher Idealismus ... wie ihn Horaz ... treffend darstellt* – Hölderlin zitiert von Horaz den Vers 29 aus der 29. Ode des 3. Buches („An Maecenas"). Mit den anschließenden Versen lautet er in der Übersetzung Geibels: „Doch weislich hüllt uns künftiger Zeiten Los / Ein Gott in dichtes Dunkel; des Sterblichen, / Der leere Schatten fürchtet, lacht er. / Was dir der heutige Tag beschieden, / In heitrem Gleichmut nutz es ..." Die sich in diesen Versen aussprechende Haltung gebrauche Horaz wohl nur „dramatisch", d. h. aus poetischen Gründen im Zusammenhang der Handlung des Gedichts; sie sei nicht eigentlich Ausdruck seiner Weltanschauung. Die von dem Griechen Epikur (341–270 v. u. Z.) begründete philosophische Strömung betrachtete das menschliche Wohlgefühl und die ausgeglichene Ruhe des Geistes als die zu erstrebende Glückseligkeit. Der Epikureismus gewann in der 1. Hälfte des 1. Jahrhunderts v. u. Z. wachsenden Einfluß auf das römische Geistesleben.

1801–1803

Über Siegfried Schmids Schauspiel „Die Heroine"

Die Rezension entstand in der ersten Hälfte des Jahres 1801 auf Grund einer Bitte von Hölderlins Freund Siegfried Schmid (vgl. die Anm. Band 1, S. 689), dessen Schauspiel „Die Heroine oder Zarter Sinn und Heldenstärke", Frankfurt am Main 1801, für die Jenaische „Allgemeine Literatur-Zeitung" zu besprechen. Sie wurde allerdings nicht gedruckt und ist nur in einer Abschrift von der Hand Sinclairs erhalten. (Die „Heroine" Fiorinde ist ihrem Geliebten, dem Rittmeister Grafen von Manta, als Offizier verkleidet ins Feld gefolgt, wird bei einem Gefecht vom Feind gefangen und – nachdem sie sich zu erkennen gegeben hat – wieder freigelassen.)

436 *merkurialische Schwingen* – Eines der ständigen Attribute des flinken Götterboten Hermes (Merkur) sind die Flügelschuhe.

ANHANG

Prooemium habendum d. 27. Dec. 1785, die Ioannis, in caput primum Epistolae ad Ebraeos

Kurz vor Weihnachten 1785 erwähnt Hölderlin in einem Brief aus Denkendorf an die Mutter unter den „Weihnachtsgeschäften", von denen sein Kopf eingenommen sei, auch die „Plane auf die Rede", die er „am Johannistage bei der Vesper" halten werde. (Während der sonn- und feiertäglichen Nachmittagsgottesdienste, der sogenannten Vesper oder Vesperlektion, hatte jeweils einer der Klosterzöglinge ein Kapitel aus der Bibel vorzulesen und eine Predigt darüber zu halten.) Hölderlin stützte sich wohl bei der „Einleitung, gehalten am (d.: dies – lat.: Tag) 27. Dezember 1785, dem Johannistag, in das 1. Kapitel des Briefes an die Hebräer" auf das 1783 in Tübingen erschienene Büchlein von Ernst Bengel: „Predigten über die feiertäglichen Episteln des ganzen Jahrs". Die Predigt ist in einer Reinschrift überliefert.

439 *Ioannis* – Johannes der Evangelist.
gegen demselben – gegenüber demselben. Der alte Dativ nach dieser Präposition kommt auch bei anderen klassischen Schriftstellern zuweilen vor.

440 *Lucä am 3. im 22. Vers* – Neues Testament, Lukas 3, 22.
zu der wirklichen Zeit – zu der gegenwärtigen Zeit.
beten: – Das Gebet hat Hölderlin nicht niedergeschrieben.

Das älteste Systemprogramm des deutschen Idealismus

Dieser fragmentarisch überlieferte Entwurf (der Anfang, vermutlich die erste Hälfte, ist verloren) eines philosophischen Programms ist zwar nicht von Hölderlin verfaßt, jedoch stark von seinen Anschauungen mitgeprägt worden. Die Niederschrift stammt von Hegels Hand, während die Forschung als Verfasser Schelling ermittelt hat. (Vgl. Ludwig Strauß, „Hölderlins Anteil an Schellings frühem Systemprogramm"; in: Deutsche Vierteljahrsschrift für Literaturwissenschaft und Geistesgeschichte, 5. Jahrg. (1927), Heft 4.) Frühestens wurde das Programm im Spätsommer 1795, spätestens im Frühjahr 1796 entworfen (Hölderlin war mit Schelling zwischen dem 21. Juli und dem 30. August 1795, im Dezember 1795 und im April 1796 zusammengetroffen). Die

Abschrift fällt in die Zeit von Juni bis August 1796. Zum Inhalt des Entwurfs vgl. Hölderlins Briefe an Schiller vom 4. September 1795, an Niethammer vom 24. Februar 1796, an den Bruder vom März 1796 (Band 4, S. 207, S. 229 und S. 232) sowie die Vorrede zur vorletzten Fassung des „Hyperion" (S. 81 dieses Bandes).

Von der Fabel der Alten

Diese Disposition, die zusammen mit dem Bruchstück 70 (Band 1, S. 577) und der späten Übersetzung „Aus Pindars erster Pythischer Ode" (Band 3, S. 524) auf einem Doppelblatt überliefert ist, entstand vielleicht 1803 oder 1804.

INHALTSVERZEICHNIS

Titel, die nicht von Hölderlin stammen, stehen in eckigen Klammern [ ].

HYPERION

THEORETISCHE VERSUCHE

1790–1791

1794–1795

1798–1799

1801–1803

ANHANG

ANMERKUNGEN

Heinrich Heine

Unterwegs in Europa
Reisebilder 1822–1846

Hrsg. von Gotthard Erler

Bildauswahl und Gesamtgestaltung Heinz Hellmis
2 Bände im Schmuckschuber
Mit etwa 80 Abbildungen, Etwa 650 Seiten
Leinen mit Schutzumschlag, Fadenheftung
158,- DM

Originelle Textzusammenstellung und Bildauswahl sind das Besondere dieser Edition. Neben den eigentlichen Reisebildern und Reisebriefen werden andere Darstellungsformen wie Bericht, Erinnerung und Roman berücksichtigt. Auch das berühmte »Deutschland. Ein Wintermärchen«, das Heine sein »versifiziertes Reisebild« nannte, fehlt nicht.